Le grand livre
d'Anthony Robbins

Du même auteur
aux éditions J'ai lu

L'éveil de votre puissance intérieure, *n° 10193*

ANTHONY ROBBINS

Le grand livre d'Anthony Robbins

Pouvoir illimité

suivi de

Les onze lois de la réussite

J'AI LU BIEN ÊTRE

POUVOIR ILLIMITÉ

Titre original : Unlimited Power
Éditeur original : Simon & Schuster, Inc., New York
Traduit de l'anglais (États-Unis) par Marie-Hélène Dumas
Pour la traduction française

LES ONZES LOIS DE LA RÉUSSITE

Titre original : Notes from a Friend
Published by Simon & Schuster, First Fireside Book,
Rockefeller Center, New York
Ouvrage précédemment paru sous le titre *De la part d'un ami*

Pouvoir illimité

Au plus grand pouvoir que vous possédiez, le pouvoir d'aimer, et à tous ceux qui vous aident à en partager la magie.

Plus que tout, pour moi, à Jairek, Joshua, Jolie, Tyler, Becky et maman.

Préface

Quand Tony Robbins m'a demandé d'écrire la préface de *Pouvoir illimité*, j'en ai été ravi pour plusieurs raisons. Tout d'abord, je trouve que Tony est un incroyable jeune homme. Notre première rencontre s'est produite en janvier 1985 alors que je me trouvais à Palm Springs pour participer à un tournoi de golf. Je venais de passer une heure à rire et plaisanter au Rancho Las Palmas Mariott et étais parti dîner avec Keith Punch, un ami australien, lorsque nous sommes passés devant un panneau annonçant le séminaire de marche sur le feu de Tony Robbins. « Libérez le pouvoir qui est en vous », lisait-on sur la pancarte. J'avais entendu parler de Tony, aussi ma curiosité fut-elle piquée au vif. Comme Keith et moi avions déjà bu un verre, nous avons estimé que nous ne pourrions pas marcher sur les braises, mais nous avons décidé d'assister quand même à ce séminaire.

Pendant les quatre heures et demie qui ont suivi, j'ai vu Tony hypnotiser une vaste assemblée composée de chefs d'entreprise, de femmes au foyer, de médecins, d'avocats, etc. Quand je dis « hypnotiser », je ne parle pas d'un quelconque phénomène de magie noire. Grâce à son charisme, à son charme et à sa profonde connaissance du comportement humain, Tony tenait toute la salle en haleine. En vingt et un ans d'activité, jamais je n'avais assisté à un séminaire aussi passionnant. À la fin, tous ceux qui y participaient traversèrent pieds nus un lit de charbons ardents de cinq mètres de long qui se consumaient depuis le début de la soirée. Et personne ne se brûla. C'était un spectacle étonnant et, pour ceux qui la vécurent, une expérience exaltante.

Tony se sert de la marche sur le feu comme d'un substitut. Il n'enseigne pas une pratique mystique. Il fournit plutôt une série d'outils permettant de vous mettre en état d'agir quelle que soit la peur qui vous en empêcherait autrement. En vous donnant les moyens de faire tout ce qui est nécessaire pour réussir, Tony Robbins met à votre portée un véritable pouvoir. Voilà pourquoi j'éprouve tant de respect et d'admiration pour lui.

Et le plaisir que j'ai à présenter ce livre tient au fait qu'il va montrer à chacun la profondeur et l'ampleur de la pensée de Robbins. Car Tony n'est pas seulement un orateur convaincant. Bien qu'il n'ait que vingt-cinq ans, on peut déjà le classer parmi les plus grands spécialistes de la psychologie de la motivation et de l'accomplissement, et je crois que *Pouvoir illimité* peut devenir le texte définitif du mouvement du potentiel humain. Les vues de Tony sur la médecine, le stress, la détermination d'objectifs, la visualisation, etc., sont tout à fait percutantes et constituent un savoir indispensable pour quiconque aspire à son accomplissement individuel. Mon vœu le plus cher est que vous retiriez autant de ce livre que j'en ai retiré moi-même. Bien qu'il soit assez long, je souhaite que vous ayez la volonté de le lire jusqu'au bout afin d'apprendre à vous servir de la pensée de Tony pour libérer la magie qui est en vous.

Kenneth BLANCHARD,
coauteur de *The One Minute Manager*
(Chef d'entreprise en une minute).

Introduction

J'ai eu toute ma vie des difficultés à parler en public, même quand je faisais du cinéma. Juste avant de jouer, il m'arrivait d'éprouver un malaise physique. Aussi peut-on imaginer la fébrilité que j'ai ressentie quand j'ai appris qu'Anthony Robbins, l'homme qui transforme la peur en pouvoir, possédait le moyen de me guérir.

Si j'étais très impatient de rencontrer Robbins, je ne pouvais malgré tout réprimer quelques doutes. J'avais déjà entendu parler de la Programmation Neuro Linguistique et des autres méthodes dans lesquelles Tony est un expert reconnu, mais j'avais aussi passé des heures innombrables et dépensé des milliers de dollars pour me faire aider par ce genre de spécialiste.

Tous ceux à qui je m'étais adressé m'avaient dit que, comme ma peur s'était peu à peu constituée au fil des années, je ne pouvais guère espérer un traitement rapide. Ils prévoyaient de me revoir toutes les semaines pour travailler sans relâche sur mon problème.

Quand j'ai rencontré Tony, j'ai tout d'abord été frappé par sa taille. Je rencontre très rarement des gens plus grands que moi. Il devait mesurer 1,98 m et peser près de 115 kilos. Et il était si jeune, si agréable ! Nous nous sommes assis et quand il s'est mis à me poser des questions sur ce dont je souffrais, je me suis senti extrêmement mal à l'aise.

Puis il m'a demandé ce que je voulais et comment je voulais changer. J'ai alors eu l'impression que ma phobie se dressait pour se défendre, pour empêcher que ne se produise ce qui pouvait se produire. Mais j'ai commencé à écouter ce que Tony disait, je me suis laissé bercer par le rythme apaisant de sa voix.

J'ai alors revécu mes impressions de panique à l'idée de parler en public. Et soudain je les ai remplacées par de nouvelles impressions faites de force et de confiance. Tony m'a fait revenir en esprit à un moment où j'étais sur une estrade en train de prononcer un discours réussi. Pendant que je parlais mentalement, il me donnait des points d'ancrage. Les points d'ancrage sont des choses auxquelles je peux faire appel pour renforcer mon audace et ma confiance quand je parle. Tout cela vous sera expliqué dans le livre.

Pendant les trois quarts d'heure que dura notre entretien, je suis resté les yeux fermés. De temps à autre, Tony me touchait les genoux et les mains pour me fournir des points d'ancrage physiques. Quand cela a été fini, je me suis mis debout. Je ne m'étais jamais senti aussi détendu, aussi calme et paisible. Je n'éprouvais aucune sensation de faiblesse. J'avais désormais suffisamment confiance en moi pour participer, comme on me l'avait demandé, à une émission de la télévision luxembourgeoise qui a une audience potentielle de 450 millions de personnes.

Si les méthodes de Tony produisent des résultats aussi extraordinaires sur les autres qu'elles en ont produit sur moi, des gens du monde entier vont pouvoir en profiter. Il y a des individus qui sont alités, l'esprit habité par l'idée de la mort. Leurs médecins leur ont dit qu'ils avaient un cancer et ils en sont tellement bouleversés que leur corps en est envahi par le stress. Or, si la phobie dont je souffrais depuis toujours a pu être éliminée en une heure, les méthodes de Tony devraient aussi servir à ceux qui souffrent de toutes sortes de maux psychologiques ou physiques. Eux aussi peuvent être soulagés de leurs peurs, de leurs tensions et de leurs angoisses. Je pense que nous n'avons plus le droit de perdre de temps. Pourquoi auriez-vous peur de l'eau, de l'altitude, du public, des serpents, des patrons, de l'échec ou de la mort ?

Je suis libre désormais, et grâce à ce livre, vous pouvez le devenir vous aussi. Mais *Pouvoir illimité* va bien au-delà de l'élimination de la peur, car il apprend au lecteur ce qui déclenche tout comportement humain. En assimilant le contenu de cet ouvrage, vous acquerrez la maîtrise totale de votre esprit et de votre corps, donc de votre vie.

Jason WINTER,
auteur de *Comment tuer le cancer*

LA RÉUSSITE

Rire souvent et beaucoup, mériter le respect des gens intelligents et l'affection des enfants, gagner l'estime des critiques honnêtes et endurer les trahisons de ceux qui ne sont pas de vrais amis, apprécier la beauté, trouver ce qu'il y a de mieux dans les autres, laisser derrière soi un monde un peu meilleur, par un bel enfant, un jardin fleuri, ou une condition sociale moins dure, savoir qu'une vie seulement a respiré plus facilement grâce à vous, voilà ce qu'est la réussite.

PREMIÈRE PARTIE

APPRENDRE L'EXCELLENCE HUMAINE

1

La marchandise des rois

Le grand but de la vie n'est pas le savoir mais l'action.

Thomas HUXLEY

J'entendais parler de lui depuis plusieurs mois. On disait qu'il était jeune, riche, en bonne santé, heureux et qu'il avait réussi. Il fallait que je me rende compte par moi-même. Je l'ai examiné attentivement à la sortie du studio de télévision, et au cours des semaines qui ont suivi, je me suis attaché à ses pas, le regardant prodiguer ses conseils à tous, qu'il s'agisse de chefs d'État ou de malades phobiques. Je l'ai vu participer à des débats avec des diététiciens, former des cadres supérieurs et travailler avec des sportifs et des enfants handicapés. Il paraissait incroyablement heureux et très amoureux de sa femme, qui l'accompagnait dans tous ses déplacements aux États-Unis et dans le reste du monde. Et quand le voyage fut terminé, ils reprirent l'avion pour San Diego où ils comptaient passer quelques jours en famille dans leur château qui domine l'océan Pacifique.

Comment se faisait-il que ce gamin de vingt-cinq ans, tout juste diplômé, ait pu accomplir tant de choses en si peu de temps ? Après tout, c'était un garçon qui, seulement trois ans plus tôt, habitait encore une garçonnière de quarante mètres carrés où il faisait la vaisselle dans la baignoire. Comment cet individu extrêmement malheureux, qui se trouvait trop gros, qui avait toujours eu beaucoup de difficultés à communiquer avec les autres et dont les perspectives n'étaient guère reluisantes, était-il devenu cet homme posé, plein de santé, capable d'établir des liens intenses avec autrui et dont les possibilités de réussite semblaient illimitées ?

Tout cela paraissait incroyable, d'autant plus que cet homme, c'était moi ! « Son » histoire est la mienne.

Je ne suis absolument pas en train de dire que mon expérience constitue le seul type de réussite qui existe. Il est bien évident que nous avons tous des idées et des rêves différents sur ce que nous voulons faire de notre vie. En outre, je suis bien conscient que les relations qu'on a, les lieux que l'on fréquente et les biens que l'on possède ne donnent pas la vraie mesure de la réussite personnelle. Pour moi, la réussite, c'est le processus par lequel on s'efforce de devenir « plus ». C'est la possibilité de se développer sur le plan affectif, social, spirituel, psychologique, intellectuel et matériel, tout en apportant quelque chose de positif aux autres. La route qui mène à la réussite est toujours en construction. C'est un parcours progressif, non un but final à atteindre.

L'idée où je veux en venir est simple. En appliquant les principes que vous allez découvrir dans ce livre, j'ai réussi à modifier non seulement ce que je pensais de moi-même mais aussi ce que je faisais de ma vie, et les changements que j'ai opérés sont à la fois considérables et mesurables. L'objet de ce livre est de partager avec vous ces découvertes qui ont changé toute mon existence. Je forme le vœu sincère que les techniques, la stratégie, le savoir-faire et la philosophie enseignés dans ces pages vous donneront autant de pouvoir qu'ils m'en ont donné à moi. Le pouvoir de transformer magiquement notre vie en donnant corps aux rêves grandioses que nous abritons tous en nous et qu'il est temps de libérer !

Quand je considère la vitesse à laquelle j'ai réussi à transformer mes rêves en une réalité vécue, je ne puis m'empêcher d'éprouver un sentiment presque inconcevable de gratitude et d'effroi. Et je suis certainement loin d'être un cas unique. Le fait est que nous vivons à une époque où des tas de gens parviennent à réaliser des choses merveilleuses du jour au lendemain, à connaître des succès qui auraient été inimaginables aux époques antérieures. Voyez le cas de Steve Jobs. C'était un gosse vêtu d'un blue-jean, sans un sou en poche, qui a eu l'idée d'un ordinateur domestique et a créé une société figurant parmi les cinq cents premières d'Amérique plus vite que quiconque avant lui dans le passé. Voyez Ted Turner. Il s'est emparé d'un outil de communication qui venait à peine de voir le jour – la télévision par câble – et a créé un empire. Voyez des gens du show business comme Steven Spielberg ou Bruce Springsteen, ou des hommes d'affaires comme Lee Iacocca ou Ross Perot. Qu'ont-ils d'autre en commun qu'une réussite stupéfiante, prodigieuse ? Du pouvoir, tout simplement.

Mais quel pouvoir ? Car ce mot suscite des réactions affectives très diverses. Pour certaines personnes, le pouvoir a une connotation péjorative. Il y a des gens qui sont assoiffés de pouvoir. D'autres qui se sentent souillés par ce qu'ils considèrent comme quelque chose de vénal et de suspect. Quelle quantité de pouvoir voulez-vous ? À quelle quantité de pouvoir estimez-vous avoir droit ? Qu'est-ce que le pouvoir signifie vraiment pour vous ?

Je ne parle pas du pouvoir en termes de conquêtes ni d'une volonté personnelle qu'il faudrait imposer. Cette sorte de pouvoir dure rarement. Mais vous devez prendre conscience de ce que le pouvoir est une constante humaine. Ou vous élaborez vos idées, ou quelqu'un les élabore à votre place. Ou vous faites ce que vous avez envie de faire, ou vous exécutez les projets d'un autre. Pour moi, le pouvoir ultime est la capacité d'obtenir les résultats qui vous tiennent à cœur et de contribuer au bien des autres par la même occasion. C'est la capacité de changer votre vie, d'élaborer vos idées, de faire en sorte que les circonstances vous soient favorables et non hostiles. Le vrai pouvoir se partage, il ne s'impose pas. Il permet de définir des besoins humains et de les satisfaire – vos besoins et ceux des êtres qui vous sont chers. Grâce à lui, vous dirigez votre royaume personnel – votre activité mentale et votre comportement – de manière à obtenir les résultats précis que vous désirez.

Tout au long de l'Histoire, le pouvoir qui s'exerce sur les êtres humains a pris des formes différentes et contradictoires. À l'origine, le pouvoir résultait simplement de la physiologie. Celui qui était le plus fort et le plus rapide possédait le pouvoir de diriger sa vie ainsi que la vie de ceux qui l'entouraient. Avec le développement de la civilisation, le pouvoir s'est transmis par héritage. Le roi, qui se parait des symboles de son hégémonie, régnait avec une autorité incontestée. Les autres tiraient leur pouvoir de leurs liens avec lui. Puis, au début de l'ère industrielle, c'est le capital qui est devenu la source du pouvoir. Ceux qui y avaient accès dominaient le processus industriel. Tous ces éléments continuent à jouer un rôle. Mieux vaut posséder du capital que n'en point posséder. Mieux vaut avoir de la force physique que ne pas en avoir. Aujourd'hui, toutefois, c'est le savoir spécialisé qui constitue une des plus grandes sources de pouvoir. Nous vivons à l'ère de l'information. Nous ne sommes plus essentiellement dans une civilisation industrielle, mais dans une civilisation de la communication. Nous sommes à une époque où des idées, des conceptions et des courants nouveaux modifient le monde presque quotidiennement, qu'ils soient fondamentaux, comme la physique quantique, ou triviaux, comme le hamburger le mieux vendu. S'il y a une chose qui caractérise le monde moderne, c'est le flux massif, presque inimaginable, d'informations et, par conséquent, de changements. Grâce aux livres, aux films, à la télévision, ou aux puces informatiques, cette information nous parvient sous la forme d'une avalanche de données à voir, à entendre et à sentir. Dans notre société, ceux qui possèdent l'information et les moyens de la communiquer disposent de ce dont le roi disposait : un pouvoir illimité. Comme a pu l'écrire John Galbraith : « L'argent était le combustible de la société industrielle. Mais dans la société d'information, le combustible, le pouvoir, c'est le savoir.

On voit désormais apparaître une nouvelle structure de classes réparties entre ceux qui possèdent l'information et ceux qui doivent fonctionner à partir de l'ignorance. Cette nouvelle classe tient son pouvoir non pas de l'argent ni de la terre, mais du savoir. »

C'est ainsi qu'aujourd'hui la clé du pouvoir est à la disposition de tous. À l'époque médiévale, si l'on n'était pas roi, on risquait d'avoir beaucoup de mal à le devenir. Au début de la révolution industrielle, si l'on ne possédait pas de capital, les chances d'en amasser étaient extrêmement minces. Mais aujourd'hui, n'importe quel garnement en blue-jean peut créer une société qui transformera le monde. Désormais, l'information est la marchandise des rois. Ceux qui ont accès à certaines formes de savoirs spécialisés peuvent se transformer eux-mêmes et, dans une large mesure, transformer notre monde.

Cela nous amène à une question évidente. Il est certain qu'aux États-Unis les différents savoirs spécialisés qui peuvent jouer sur la qualité de notre vie sont accessibles à n'importe qui. On les trouve dans toutes les librairies, tous les magasins de vidéo, toutes les bibliothèques. On peut les obtenir grâce à des conférences, des stages et des cours. Et qui n'a pas envie de réussir ? La liste des best-sellers est pleine de recettes qui garantissent l'accomplissement individuel : *Chef d'entreprise en une minute, À la recherche de l'accomplissement, Ce que vous n'apprendrez pas dans les grandes écoles de commerce, Les Mégatendances, Le Tremplin vers l'infini...* Et je pourrais continuer. L'information est donc disponible. On se demande alors pourquoi certaines personnes obtiennent des résultats fabuleux alors que d'autres se contentent de végéter. Pourquoi ne sommes-nous pas tous doués de pouvoir, heureux, riches, en bonne santé ? Pourquoi ne réussissons-nous pas tous dans la vie ?

La raison en est que, même à l'ère de l'information, l'information ne suffit pas. Si nous n'avions besoin que d'idées et de propositions constructives, nous aurions tous eu un poney quand nous étions enfants et nous aurions tous à présent « la vie dont nous avons toujours rêvé ». L'action est ce qui crée toutes les grandes réussites. L'action est ce qui donne des résultats. Le savoir n'est qu'un pouvoir potentiel jusqu'à ce qu'il tombe entre les mains de celui qui sait comment se mettre en condition de prendre des mesures efficaces. En fait, la définition littérale du mot « pouvoir » est « capacité d'agir ».

Nous nous laissons piéger mentalement quand nous croyons que les gens doivent leur réussite à un don particulier. Car lorsque nous y regardons de plus près, nous nous apercevons que tous ceux qui connaissent un succès exceptionnel ont un trait commun : ils savent avant tout se mettre en état d'agir. Ce « don », n'importe lequel d'entre nous peut le développer. D'autres, après tout, en savaient autant que Steve Jobs sur l'informatique. D'autres auraient pu prévoir comme Ted Turner le potentiel économique énorme du câble. Mais Turner et Jobs ont su agir et, ce faisant, ils ont transformé le rapport qu'ont beaucoup d'entre nous avec le monde.

Ce que nous faisons dans la vie est déterminé par la façon dont nous communiquons avec nous-mêmes. Dans le monde moderne, la qualité de la vie dépend de la qualité de notre communication.

Nous produisons tous deux types de communication qui modèlent notre rapport à l'existence. Tout d'abord, nous établissons des communications internes : les choses que nous imaginons et que nous ressentons à l'intérieur de nous-mêmes. Ensuite, nous établissons des communications externes : mots, intonations, expressions du visage, postures du corps et actions physiques par lesquels nous communiquons avec le monde. Toute communication que nous émettons est une action, une cause mise en mouvement. Et toutes les communications produisent un effet sur nous-mêmes et sur les autres.

La communication est un pouvoir. Ceux qui en maîtrisent l'emploi peuvent modifier la notion qu'ils ont du monde et la notion que le monde a d'eux. Tous les comportements, toutes les sensations s'enracinent dans une forme quelconque de communication. Ce sont ceux qui savent utiliser cet instrument de pouvoir qui jouent sur les pensées, les sentiments et les actions des autres. Voyez les individus qui ont transformé le monde – John Kennedy, Thomas Jefferson, Martin Luther King, Franklin Roosevelt, Winston Churchill, le Mahatma Gandhi. Dans un registre plus sinistre, voyez Hitler. Ces personnages avaient en commun d'être des maîtres de la communication. Ils furent capables de formuler un projet, que ce soit d'envoyer des gens dans l'espace ou de créer un État fondé sur la haine (le IIIe Reich), et réussirent à réunir un tel consensus autour de leur projet qu'ils influèrent sur la manière de penser et d'agir des masses. Grâce à leur pouvoir de communication, ils transformèrent le monde.

N'est-ce pas en fait cela aussi qui place un Spielberg, un Springsteen, un Iacocca, une Fonda ou un Reagan en marge des autres ? Ne sont-ils pas passés maîtres dans le maniement de cet outil qu'est la communication ? Or, cet outil qui leur permet de mettre les masses en mouvement est aussi celui dont nous avons besoin pour nous pousser nous-mêmes à agir. Notre niveau de maîtrise de la communication avec le monde extérieur déterminera notre niveau de réussite avec les autres – sur le plan personnel, affectif, social et financier. Qui plus est, le niveau de réussite auquel vous accédez intérieurement – bonheur, joie, extase, amour ou n'importe quel autre de vos désirs – résulte directement de votre façon de communiquer avec vous-même. La manière dont vous vous sentez ne provient pas de ce qui se passe dans votre vie – elle n'est que l'interprétation que vous donnez de ce qui vous arrive. Certaines situations, c'est évident, conduisent plus facilement à une interprétation positive ou négative, mais il est important de se rappeler que nous pouvons contrôler le processus d'interprétation et agir du même coup sur ce que nous éprouvons et ce que nous faisons. L'exemple des gens qui réussissent nous montre toujours que la qualité de leur vie n'est pas déterminée par ce qui leur arrive mais par ce qu'ils font en réaction à ce qui leur arrive.

Suivant la façon dont vous avez choisi de percevoir la vie, c'est vous qui décidez de vos réactions mentales et de vos actes. Rien n'a de sens en dehors du sens qu'on lui donne. Nous avons, pour la plupart, branché ce processus d'interprétation en mode automatique mais nous pouvons toujours récupérer ce pouvoir et modifier immédiatement notre façon de vivre les choses.

Ce livre traite de mesures efficaces, ciblées, cohérentes, qui permettent, lorsqu'on les prend, d'obtenir des résultats époustouflants. Si je devais vous expliquer en trois mots de quoi traite ce livre, je dirais : « Donner des résultats ! » Réfléchissez-y. Est-ce vraiment cela qui vous intéresse ? Désirez-vous changer ce que vous pensez de vous-même et du monde ? Désirez-vous devenir un meilleur « communicateur », mieux aimer les autres, apprendre plus vite, avoir une meilleure santé ou gagner plus d'argent ? Si c'est le cas, il vous est possible d'y arriver seul, et même d'aller beaucoup plus loin : il vous suffit pour cela d'utiliser correctement le contenu de ce livre. Toutefois, avant d'obtenir de nouveaux résultats, vous devez d'abord prendre conscience que vous obtenez déjà des résultats. Ce ne sont peut-être pas ceux que vous souhaitez. La plupart d'entre nous rattachent l'essentiel de ce qui se produit dans leur esprit à des phénomènes incontrôlables. Mais, à la vérité, on peut contrôler son activité mentale et son comportement à un point que vous n'avez jamais imaginé. Pourtant, quand vous êtes déprimé, c'est vous qui produisez cette mise en scène que vous appelez « dépression ». Quand vous êtes en pleine forme, c'est aussi le fruit de votre création.

Il faut se rappeler que les états comme la dépression ne vous arrivent pas de l'extérieur. La dépression, ça ne « s'attrape » pas. C'est vous qui la créez, comme tout ce que vous produisez dans votre vie, au moyen d'actions physiques et mentales spécifiques. Pour être déprimé, il vous faut concevoir votre vie d'une manière déterminée. Vous devez vous dire des choses à vous-même sur le ton de voix qui convient. Vous devez adopter une attitude corporelle et une manière de respirer particulières. Laisser tomber ses épaules et baisser légèrement les yeux aide par exemple énormément à se sentir déprimé. Et il en va de même si vous parlez avec un ton de voix triste et que vous imaginiez les pires scénarios possibles concernant l'avenir. Si vous bouleversez votre équilibre biochimique en vous nourrissant mal, en abusant de l'alcool ou en absorbant des drogues, vous faites baisser le taux de sucre de votre sang et garantissez potentiellement l'apparition de la dépression.

Tout ce que je cherche à montrer ici, c'est que la création d'une dépression réclame des efforts et requiert des mesures bien particulières. Cependant, certaines personnes créent cet état si souvent qu'il leur est facile de le reproduire. En fait, elles relient généralement ce schéma de communication interne à toutes sortes d'événements extérieurs. Certains en retirent tellement de gratifications secondaires – attention des autres, compassion, amour, etc. – qu'ils finissent par faire de ce mode de communication leur façon normale de vivre. D'autres ont vécu dans cet état pendant si longtemps qu'ils s'y trouvent effectivement bien. Ils s'y identifient. Cela n'empêche pas qu'il nous est possible de modifier nos actions mentales et physiques et par conséquent nos sensations et nos comportements.

Vous pouvez atteindre l'extase en adoptant brusquement le point de vue qui provoque cette sensation ; faire apparaître dans votre esprit les images qui provoquent ce sentiment ; modifier le ton et le contenu du dialogue interne que vous avez avec vous-même ; adopter des postures physiques et des modes respiratoires qui créent cet état dans votre corps, et vous y êtes ! Vous éprouverez une sensation d'extase. Si vous voulez vous montrer bienveillant, il vous suffira de modifier vos actions mentales et physiques afin qu'elles correspondent à celles qu'exige l'état de bienveillance. Il en va de même pour l'amour ou tout autre sentiment.

On peut assimiler au travail d'un metteur en scène le processus qui consiste à produire des états affectifs en gérant sa communication interne. Pour obtenir les effets qu'il recherche, le réalisateur d'un film manipule ce que vous voyez et entendez. S'il veut que vous ayez peur, il pourra par exemple augmenter le son et projeter tel effet spécial sur l'écran au bon moment. S'il veut susciter chez vous la rêverie, il agira sur la musique, l'éclairage et tout ce qui peut contribuer à cet effet. Un réalisateur peut créer une tragédie ou une comédie à partir du même événement, selon la façon dont il choisit de traiter cet événement. Or, vous pouvez faire la même chose sur l'écran de votre esprit. Vous pouvez diriger votre activité mentale, qui est le fondement de toute action physique, avec autant d'efficacité et de facilité ; monter le son et l'éclairage des messages positifs qui circulent dans votre cerveau et mettre les messages négatifs en veilleuse. En somme, vous pouvez diriger votre cerveau avec autant de brio qu'en déploient Spielberg ou Scorcese pour monter une de leurs scènes.

Certains éléments de ce qui va suivre vont vous sembler difficiles à croire. Vous n'imaginez sans doute même pas qu'il existe une façon de regarder les gens permettant de savoir exactement ce qu'ils pensent ni que l'on peut mobiliser à volonté ses ressources les plus puissantes. Mais si vous aviez annoncé il y a un siècle que les hommes iraient sur la Lune, on vous aurait pris pour un fou. Si vous aviez dit qu'il serait possible de se rendre d'un bout à l'autre des États-Unis en cinq heures, on vous aurait qualifié de doux rêveur. Pourtant, il a suffi de maîtriser certaines techniques et de comprendre les lois de l'aérodynamique pour que ces exploits deviennent réalisables. Il existe même un constructeur aéronautique qui travaille sur un véhicule devant être capable, d'ici à dix ans, de conduire des passagers de New York à Los Angeles en douze minutes.

Les individus qui atteignent le sommet de la réussite suivent un chemin logique pour y parvenir. C'est ce que j'appelle la « formule fondamentale de la réussite ». La première étape de cette formule consiste à savoir où l'on veut aboutir, c'est-à-dire définir précisément ce que l'on veut. La seconde étape consiste à agir – sinon vos désirs resteront toujours des rêves. Vous devez prendre les mesures qui, selon vous, offriront la meilleure possibilité de produire l'effet recherché. Or, les mesures que nous prenons ne produisent pas toujours les effets désirés ; aussi la troisième étape consiste-t-elle à développer une acuité sensorielle permettant d'identifier les réactions et les effets engendrés par votre action et de reconnaître aussi vite que possible si cette action vous rapproche de votre but ou si elle vous en éloigne. Vous devez savoir ce que produit votre action, que ce soient les paroles que vous prononcez dans une conversation ou vos habitudes quotidiennes. Si ce que vous obtenez ne correspond pas à ce que vous voulez, vous devrez noter quels sont les effets que votre action a produits afin que cela vous serve d'expérience. Et c'est alors que vous parviendrez à la quatrième étape : acquérir assez de souplesse pour modifier votre comportement jusqu'à obtention du résultat désiré. Si vous observez les gens qui ont réussi, vous constaterez qu'ils ont suivi ces étapes. Ils ont commencé par définir une cible, car, sans but, pas de tir au but. Ils ont ensuite agi, car connaître son but ne suffit pas. Ils ont été capables d'identifier la réaction qu'ils obtenaient. Et ils n'ont cessé de s'adapter, de modifier leur comportement jusqu'à ce qu'ils trouvent celui qui fonctionnait efficacement.

Tout effort discipliné offre une récompense multiple.

Jim ROHN

Voyez le cas de Steven Spielberg. À l'âge de trente-six ans, il est devenu le cinéaste le plus célèbre de tous les temps. Il est déjà l'auteur de quatre des dix films les plus diffusés au monde, dont *E.T. l'extra-terrestre,* film qui a battu tous les records d'audience jamais atteints. Comment est-il parvenu là si jeune ? C'est une histoire remarquable.

Depuis l'âge de douze ou treize ans, Spielberg savait qu'il voulait devenir metteur en scène de cinéma. Mais sa vie changea en un après-midi au cours duquel il participa à la visite organisée des studios de la compagnie Universal ; il avait alors dix-sept ans. Le programme ne prévoyait cependant pas la visite des plateaux, où se déroulent les choses intéressantes. Sachant cela, Spielberg décida de passer à l'action. Il faussa compagnie à tout le monde afin d'assister à un vrai tournage et finit par rencontrer le responsable du service des scénarios, qui bavarda avec lui pendant une heure et manifesta de l'intérêt pour ses projets de films.

Avec n'importe qui l'histoire se serait arrêtée là. Mais Spielberg n'était pas n'importe qui. Il possédait un pouvoir personnel. Il savait ce qu'il voulait. Sa première visite lui ayant servi de leçon, il changea sa façon d'agir. Le lendemain, il mit un costume, emprunta la mallette de son père, où il ne mit qu'un sandwich et deux barres de chocolat, et il retourna aux studios. Faisant comme s'il était de la maison, il franchit le poste de garde d'un air décidé. Une fois sur place, il avisa une caravane abandonnée et, à l'aide de lettres en plastique, il inscrivit sur la porte : STEVEN SPIELBERG, RÉALISATEUR. Puis il passa l'été à rencontrer des metteurs en scène, des écrivains, des scénaristes, à traîner à la lisière de ce monde qui le fascinait, à tirer profit de la moindre conversation, à observer et développer une acuité sensorielle de plus en plus vive à l'égard de tout ce qui touchait au cinéma.

Finalement, à l'âge de vingt ans, il était déjà devenu un familier des studios, ce qui lui permit de montrer à Universal un petit film qu'il avait réalisé avec les moyens du bord, et on lui offrit alors de signer un contrat de sept ans pour la réalisation de feuilletons télévisés. Son rêve était devenu réalité.

Spielberg avait-il appliqué la formule fondamentale de la réussite ? Sans aucun doute. Il possédait ce don particulier : savoir ce qu'il voulait. Il savait quand son action le rapprochait ou l'éloignait de son but. Et il possédait cette souplesse qui permet de modifier son comportement de manière à obtenir ce que l'on veut.

D'ailleurs, tous ceux qui réussissent font la même chose. Ils ne cessent de s'adapter jusqu'à ce qu'ils aient la vie qu'ils souhaitaient.

Voyez Barbara Black, recteur de la faculté de droit de l'université de Columbia : elle avait rêvé d'occuper ce poste un jour. Étudiante, elle s'était lancée dans ce domaine encore largement dominé par les hommes – le droit – et avait décroché le diplôme de Columbia. Puis elle avait décidé de mettre sa carrière entre parenthèses pour se fixer un autre but – fonder un foyer. Neuf ans plus tard, elle estimait qu'elle était de nouveau prête à poursuivre sa carrière, s'inscrivait à un cours de troisième cycle à Yale et acquérait les compétences d'enseignante, de chercheuse et d'écrivain qui devaient l'amener à occuper « le poste dont elle avait toujours eu envie ». Elle avait élargi l'horizon de ses convictions, changé sa façon de voir les choses et réussi à combiner la poursuite de deux objectifs... et elle est maintenant recteur d'une des facultés de droit les plus prestigieuses des États-Unis. Elle a su sortir du moule conventionnel, et a montré qu'il était possible de le faire à tous les niveaux. A-t-elle appliqué la formule fondamentale de la réussite ? Bien entendu. Sachant ce qu'elle voulait, elle a essayé une solution et, quand ça ne donnait rien, n'a cessé de s'adapter jusqu'à trouver l'équilibre entre ses différentes raisons de vivre. Et outre ses fonctions à la tête d'une importante université, elle remplit parfaitement ses rôles de mère et de maîtresse de maison.

Autre exemple. Savez-vous comment le colonel Sanders a bâti l'empire qui a fait de lui un millionnaire tout en bouleversant les habitudes gastronomiques d'une nation ? Quand il a commencé, il n'était qu'un simple retraité qui connaissait une recette de poulet frit. Un point, c'est tout. Il avait eu un petit restaurant qui allait droit à la faillite depuis que l'on avait détourné la route au bord de laquelle il se trouvait. Mais lorsqu'il reçut son premier chèque du chômage, il décida de voir s'il ne pourrait pas gagner un peu d'argent en vendant sa recette. Il pensa tout d'abord à la vendre à des restaurateurs, contre un pourcentage sur leurs bénéfices.

Ce n'est peut-être pas la solution la plus réaliste pour fonder une affaire. Et le fait est qu'il ne fut pas propulsé immédiatement au firmament de la célébrité. Il sillonnait le pays en tous sens, dormant dans sa voiture, essayant de trouver quelqu'un qui fût prêt à le soutenir. Il sonnait à toutes les portes, modifiait son projet à chaque instant. Mille fois on lui ferma la porte au nez, jusqu'au jour où le miracle se produisit. Quelqu'un lui dit : « Oui. » Le colonel était lancé.

Combien d'entre vous connaissent une recette de cuisine ? Combien d'entre vous ont la force physique et le charisme d'un vieil homme râblé vêtu d'un complet blanc ? Beaucoup. Mais le colonel Sanders a fait fortune parce qu'il possédait la capacité de prendre le taureau par les cornes et d'agir avec détermination. Il possédait ce pouvoir personnel nécessaire pour atteindre le but recherché. Il possédait cette capacité de s'entendre répondre « non » un millier de fois et de continuer à communiquer avec lui-même de manière à se convaincre de frapper à la porte suivante, avec la certitude qu'elle pouvait être celle où on lui dirait « oui ».

Tout ce que contient ce livre vise à fournir à votre cerveau les signaux qui vous donneront le pouvoir d'agir de la manière la plus efficace possible. Je dirige presque chaque semaine un séminaire de quatre jours appelé « La révolution de l'esprit ». Dans ce séminaire, nous enseignons toutes sortes de choses, depuis la façon de faire fonctionner son cerveau le plus efficacement possible jusqu'à la manière de se nourrir, de respirer et faire de la gymnastique afin de développer au maximum son énergie personnelle. « De la peur au pouvoir », tel est le titre que nous avons donné à la première soirée de ce séminaire qui a pour but d'apprendre aux gens à agir au lieu de se laisser arrêter par la peur. Et le quatrième jour, nous leur offrons la possibilité de marcher sur le feu, c'est-à-dire de franchir pieds nus quatre mètres de charbons ardents dont la température varie entre 650 et 1 100 degrés. Dans les groupes avancés, il y a même des gens qui traversent parfois des lits de braises de près de quinze mètres de long. La fascination des médias pour la marche sur le feu a, j'en ai peur, détourné le sens de mon message. L'objectif n'est pas de marcher sur le feu. Autant savoir tout de suite qu'il n'y a pas grand-chose à retirer sur le plan économique ou social d'une déambulation extatique sur une couche de charbons ardents. La marche sur le feu est une expérience de pouvoir personnel, un exemple des possibilités que nous recelons en nous et une occasion d'obtenir des résultats qu'on avait crus jusque-là inaccessibles.

Depuis des milliers d'années, les hommes pratiquent diverses formes de marche sur le feu. Dans certaines parties du monde, c'est un acte mystique. Quand je dirige une marche sur le feu, cela ne correspond pas à une pratique religieuse au sens habituel du terme. Mais c'est une expérience de croyance. Cela montre aux gens de la manière la plus physique qui soit qu'ils peuvent changer, croître, grandir, faire des choses qu'ils n'auraient jamais crues possibles. Cela leur apprend que leurs plus grandes peurs et leurs limites ne leur sont imposées que par eux-mêmes.

La question de savoir si vous pouvez marcher sur le feu ou non tient à votre capacité de communiquer avec vous-même d'une manière qui vous conduise à agir, malgré toutes les peurs programmées en vous devant ce qui peut arriver. La leçon est simple : vous pouvez faire quasiment tout ce que vous voulez, du moment que vous réussissez à mobiliser les ressources vous permettant de croire à ce que vous voulez faire et de prendre les mesures utiles.

Tout cela aboutit à une idée simple : le succès n'arrive pas par hasard. La différence entre ceux qui obtiennent des résultats positifs et ceux qui n'en obtiennent pas ne tient pas à un vulgaire coup de dés. Il existe des schémas d'action cohérents, logiques, des voies spéciales qui mènent à la réussite, et sont à la portée de nous tous. Nous sommes capables de libérer la magie que nous recelons en nous. Nous devons simplement apprendre à nous mettre en état d'utiliser notre esprit et notre corps de la manière la plus puissante et la plus féconde possible.

Vous êtes-vous déjà demandé ce qu'un Spielberg et un Springsteen pouvaient bien avoir en commun ? Ce que partageaient John Kennedy et Martin Luther King pour toucher autant de monde d'une manière aussi profonde ? Qu'est-ce qui place Ted ou Tina Turner à part ? Sans parler de Pete Rose ou de Ronald Reagan... La capacité de prendre les mesures efficaces pour réaliser leurs rêves. Mais qu'est-ce qui leur a permis de continuer, jour après jour, à mettre tout ce qu'ils possédaient dans tout ce qu'ils faisaient ? Certes, il y a à cela de nombreux facteurs. Je crois toutefois qu'il existe sept traits fondamentaux qu'ils ont tous cultivés, sept caractéristiques qui les ont conduits à faire ce qui fallait pour réussir. Il s'agit des sept mécanismes de base susceptibles de vous assurer le succès à vous aussi :

Trait n° 1 : ***la passion !***

Tous ces individus se sont découvert une raison dévorante, dynamisante, presque obsédante, de faire plus, de se dépasser, de se surpasser ! Elle leur a donné l'énergie nécessaire pour capter leur vrai potentiel. C'est la passion qui a poussé un Pete Rose à foncer tête la première chaque fois qu'il le fallait. C'est la passion qui distingue les actions d'un Ted Turner de celles de tant d'autres. C'est la passion qui conduit des informaticiens à consacrer des années de labeur pour opérer ces percées scientifiques qui ont permis à des hommes et à des femmes de se lancer dans l'espace et d'en revenir. C'est la passion qui pousse certains à se coucher tard et à se lever tôt. C'est de passion dont les gens ont envie dans leurs relations. La passion donne à la vie sa force, son sens et... son piment. Pas d'aspiration grandiose sans passion, qu'il s'agisse de celle d'un athlète, d'un artiste, d'un savant, d'un parent ou d'un homme d'affaires. Nous verrons plus loin (au chapitre 11) comment libérer la force intérieure qui fait naître la passion.

Trait n° 2 : ***la conviction !***

Tous les ouvrages religieux de la planète parlent du pouvoir de la foi et de la conviction. Ce sont leurs convictions intérieures qui distinguent en grande partie ceux qui accomplissent une œuvre de ceux qui ne font rien. Les convictions que nous possédons sur ce que nous sommes et ce que nous pouvons devenir déterminent avec précision ce que nous serons. Si nous croyons à la magie, nous aurons une vie magique. Si nous pensons que notre vie est limitée, nous donnons aussitôt une réalité à ces limites. Ce que nous croyons vrai, ce que nous croyons possible devient vrai, et possible. Ce livre vous fournit un moyen scientifique de transformer rapidement vos convictions afin qu'elles vous aident à réaliser vos désirs les plus chers. Beaucoup de gens sont passionnés mais, à cause des limites qu'ils croient leurs, ils n'agissent jamais de façon que leurs rêves se réalisent. Les individus qui réussissent savent ce qu'ils veulent et ont la conviction qu'ils peuvent l'obtenir. Nous verrons aux chapitres 4 et 5 ce que sont les convictions et comment s'en servir.

Trait n° 3 : ***la stratégie !***

La passion et la conviction fournissent la force de propulsion qui conduit à la réussite. Mais cette force de propulsion ne suffit pas. Si c'était le cas, on se contenterait d'approvisionner les fusées en carburant et de les lancer à l'aveuglette dans l'espace. Outre le carburant, il faut une direction, la notion d'une progression logique. Pour réussir à atteindre notre but, nous avons besoin d'une stratégie. J'appelle stratégie la façon dont nous utilisons nos ressources. Quand Steven Spielberg a décidé de devenir cinéaste, il a tracé un itinéraire qui devait le conduire vers l'empire qu'il avait décidé de conquérir. Il a déterminé ce qu'il désirait apprendre, qui il voulait rencontrer et ce qu'il devait faire. Il avait une passion et une conviction. Mais il avait aussi la stratégie qui devait lui permettre d'en tirer le meilleur profit. Ronald Reagan a mis au point un certain nombre de stratégies de communication qu'il utilise de manière systématique pour obtenir ce qu'il désire. Tous les grands comiques, hommes politiques ou chefs d'entreprise savent qu'il ne suffit pas d'avoir des ressources pour réussir. Il faut utiliser ces ressources de la manière la plus efficace possible. Avoir une stratégie, c'est admettre que les meilleurs talents et les plus grandes ambitions doivent aussi trouver le meilleur chemin. On peut ouvrir une porte en la défonçant ou trouver la clé qui permet de l'ouvrir sans l'abîmer. Nous étudierons les stratégies qui engendrent la réussite aux chapitres 7 et 8.

Trait n° 4 : *la clarté des valeurs*

Quand on évoque les qualités humaines qui font un grand peuple, on pense au patriotisme, à la fierté, à la tolérance et à l'amour de la liberté. C'est ce qu'on appelle ses valeurs. Les valeurs sont en effet les jugements fondamentaux d'ordre éthique, moral ou pratique que nous portons sur ce qui compte vraiment. Elles constituent un ensemble de convictions sur ce que nous jugeons bien ou mal dans notre vie, de raisons que nous nous donnons pour penser que la vie vaut d'être vécue. Or, beaucoup de gens n'ont pas une idée claire de ce qu'ils estiment important. Souvent, des individus font des choses dont ils ne sont pas contents pour la simple raison qu'ils ne veulent pas s'avouer ce qu'inconsciemment ils jugent bien ou mal pour eux-mêmes et pour les autres. Lorsqu'on observe les grandes réussites, on constate presque toujours qu'elles sont le fait d'individus qui avaient une idée précise de ce qu'ils jugeaient important. Voyez Ronald Reagan, John Kennedy, Martin Luther King Jr., John Wayne, Jane Fonda. Ils avaient tous des conceptions différentes, mais ce qu'ils avaient en commun, c'est un fondement moral, une notion claire de ce qu'ils étaient et de leurs raisons d'agir. La connaissance des valeurs auxquelles on est attaché est un des éléments les plus féconds dans la poursuite de la réussite. Nous étudierons cette question des valeurs au chapitre 18.

Comme vous l'avez sans doute remarqué, tous ces traits sont complémentaires les uns des autres. La passion est-elle influencée par les convictions ? Évidemment. Plus nous sommes convaincus de pouvoir mener une entreprise à bien, plus nous sommes prêts à nous consacrer à cette tâche. La conviction suffit-elle à elle seule pour parvenir à la réussite ? C'est certes un bon début, mais si vous êtes convaincu que vous allez assister à un lever de soleil et que, pour atteindre cet objectif, vous vous précipitez vers l'ouest, vous risquez d'être déçu. La stratégie qui conduit au succès change-t-elle selon nos valeurs ? Poser la question, c'est y répondre. Si votre stratégie de réussite exige que vous fassiez des choses qui ne correspondent pas à vos certitudes inconscientes sur ce qui est bien et ce qui est mal, la meilleure stratégie du monde ne donnera rien. On rencontre fréquemment ce cas chez les individus qui commencent par réussir et finissent par saboter leur propre réussite. Le problème vient de ce qu'il existe un conflit intérieur entre les valeurs de l'individu et ses stratégies.

De la même manière, les quatre éléments que nous venons d'examiner sont inséparables du :

Trait n° 5 : *l'énergie !*

L'énergie peut être cette façon ravageuse, gaie, de s'impliquer comme un Bruce Springsteen ou une Tina Turner. Cela peut être le dynamique esprit d'entreprise d'un Steve Jobs ou d'un Ted Turner. Cela peut être la vitalité d'un Ronald Reagan ou d'une Katharine Hepburn. Il est en effet presque impossible de se diriger vers la réussite d'un pas nonchalant. Les gens qui réussissent profitent des occasions ou les suscitent. Ils vivent comme s'ils étaient obsédés par l'éventualité qu'une occasion extraordinaire s'offre à eux chaque jour et par l'idée que la seule chose dont tout le monde manque, c'est le temps. Il existe sur cette Terre beaucoup de gens qui ont une passion à laquelle ils croient. Ils connaissent la stratégie qui permettrait de l'assouvir, et leur passion est en accord avec les valeurs auxquelles ils sont attachés. Mais il leur manque la vitalité physique nécessaire pour agir à bon escient. Une grande réussite est inséparable de l'énergie physique, intellectuelle et spirituelle qui permet de tirer le meilleur parti de ce que nous avons entre les mains. Aux chapitres 9 et 10, nous découvrirons et apprendrons à utiliser les outils qui permettent d'augmenter immédiatement le ressort physique.

Trait n° 6 : ***l'art de se lier !***

Presque tous les êtres qui réussissent ont en commun une extraordinaire capacité de se lier aux autres, ce don d'entrer en relation avec les gens, quelles que soient leurs origines sociales et leurs idées. On rencontre certes de temps en temps un savant fou qui invente un objet qui transforme le monde. Mais, si ce génie passe le plus clair de son temps dans un désert de solitude, il réussira dans un domaine mais échouera dans beaucoup d'autres. Ceux qui ont connu de grandes réussites – les Kennedy, Luther King, Reagan, Gandhi – possédaient tous cette capacité de susciter des liens les unissant à des millions d'autres personnes. La plus grande réussite ne se produit pas sur la scène mondiale, elle se produit dans les replis les plus cachés de votre cœur. Au fond de soi, chacun éprouve le besoin d'établir des liens d'amour durables avec autrui. Faute de cela, toute réussite, tout accomplissement reste vide. Nous en apprendrons plus sur cette question au chapitre 13.

Le dernier trait, essentiel, est une caractéristique dont nous avons déjà parlé plus haut :

Trait n° 7 : ***la maîtrise de la communication !***

Ce sujet constitue l'essence de ce livre. Notre façon de communiquer avec les autres et avec nous-même détermine, en dernier ressort, la qualité de notre vie. Les gens qui réussissent ont appris à relever tous les défis et à se communiquer cette expérience à eux-mêmes d'une manière qui les conduit à changer les choses dans le sens de la réussite. Les gens qui échouent subissent l'adversité et acceptent les limites que cette dernière leur impose. Les êtres qui modèlent notre vie et notre culture sont aussi des maîtres de la communication extérieure. Ce qu'ils ont en commun, c'est la capacité de communiquer une vision, une quête, une joie ou une mission. La maîtrise de la communication, c'est ce qui fait un grand artiste, un grand homme politique, un grand professeur ou un parent merveilleux. D'une manière ou d'une autre, presque tous les chapitres de ce livre concernent la communication, l'art de combler des fossés, d'ouvrir de nouvelles voies, de partager de nouvelles visions.

La première partie de cet ouvrage vous montrera comment prendre en charge et gérer votre esprit et votre corps avec une efficacité jamais atteinte auparavant. Nous travaillerons sur des facteurs qui touchent à la manière dont vous communiquez avec vous-même. Dans la deuxième partie, nous étudierons comment découvrir ce que vous attendez vraiment de la vie, comment communiquer plus efficacement avec les autres et comment être en mesure d'anticiper les types de comportements qu'adoptent systématiquement certaines catégories de personnes. La troisième partie examine dans une perspective plus globale notre comportement, nos motivations et ce que nous pouvons accomplir au niveau non plus personnel mais général. Elle traite de l'utilisation des talents que vous avez cultivés pour devenir un meneur d'hommes.

Quand j'ai écrit ce livre, mon objectif était de réaliser un manuel du développement humain – un ouvrage bourré de tout ce qu'il y a de mieux et de plus récent en matière de techniques de transformation de l'homme. Je voulais vous armer des savoir-faire et des stratégies vous permettant de changer tout ce que vous vouliez changer, plus vite que vous n'aviez jamais imaginé pouvoir le faire. Je voulais vous donner la possibilité très concrète d'améliorer la qualité de votre vie. Je voulais aussi rédiger un ouvrage auquel vous pourriez revenir continuellement et dans lequel vous trouveriez toujours quelque chose d'utile. J'étais conscient que tous les sujets que je désirais aborder auraient pu faire chacun l'objet d'un livre. Mais je voulais toutefois vous fournir une information complète, un outil qui puisse vous servir dans tous les domaines. J'espère que ce livre sera pour vous tout cela à la fois.

Quand le manuscrit en a été achevé, les commentaires des premiers lecteurs ont été très encourageants, sauf sur un point ; plusieurs personnes m'ont dit en effet : « Vous avez fait deux livres en un. Pourquoi ne pas le couper en deux, publier le premier maintenant et faire paraître l'autre comme une suite, un an plus tard ? » Mon but était de fournir aux lecteurs une information de qualité aussi abondante que possible et le plus vite possible. Je ne voulais pas vous transmettre ce savoir-faire au compte-gouttes. En outre, ayant appris par diverses enquêtes que moins de dix pour cent des acheteurs de livres poussaient leur lecture au-delà du premier chapitre, je craignais que certaines personnes ne s'arrêtent avant les parties que je juge les plus intéressantes. Tout d'abord, j'ai refusé de croire à ce chiffre. Puis je me suis rappelé que moins de trois pour cent des Américains jouissent d'une relative indépendance financière, que moins de dix pour cent d'entre eux se sont fixé des buts à atteindre, que seulement trente-cinq pour cent des femmes – et une proportion encore moindre des hommes – estiment qu'elles sont en bonne condition physique et enfin qu'un mariage sur deux aboutit à un divorce. Il y a donc en somme très peu de gens qui mènent la vie dont ils avaient rêvé. Pourquoi ? Parce que y parvenir exige un effort systématique, une action soutenue.

On demandait un jour à Bunker Hunt, le milliardaire du pétrole texan, s'il avait un conseil à donner aux gens qui veulent réussir. Il répondit que la réussite était une chose simple. Premièrement, choisir ce qu'on veut avec précision ; deuxièmement, décider qu'on est prêt à payer le prix pour l'avoir et... payer ce prix. Si vous ne franchissez pas ce deuxième pas, vous n'obtiendrez jamais ce que vous désirez à long terme. Pour désigner ceux qui savent ce qu'ils veulent et sont prêts à payer le prix pour l'obtenir, j'emploie volontiers l'expression « la minorité qui agit » (par opposition à « la majorité qui parle »). Aussi, en vous invitant à jouer avec les données de ce livre, à les lire de bout en bout, à partager avec d'autres ce que vous aurez appris et à en retirer mille satisfactions, je suis bien conscient de vous lancer un défi. Saurez-vous le relever ?

J'ai mis l'accent dans ce chapitre sur la primauté de l'action. Mais il existe de nombreuses manières d'agir. Elles relèvent pour la plupart du coup par coup. Beaucoup de gens qui ont connu une grande réussite la doivent à ce qu'ils ont su s'adapter et se réadapter un nombre de fois incalculable jusqu'à ce qu'ils aient obtenu ce qu'ils cherchaient. La méthode du coup par coup est excellente, sauf sur un point : elle demande une énorme quantité de la seule ressource dont personne n'aura jamais trop, le temps.

Et s'il existait un moyen d'agir en accélérant la phase de l'apprentissage ? Et si je parvenais à vous enseigner ce que les gens ayant réussi ont appris avant vous ? Et si vous pouviez découvrir en quelques minutes ce que certains ont mis des années à perfectionner ? Le moyen d'y parvenir consiste à se modeler sur les autres, à reproduire exactement leur conduite exemplaire. Mais que font-ils qui les place en marge de tous ceux qui se contentent de rêver de la réussite ? C'est ce que nous allons voir maintenant...

2

Le détail qui change tout

Il y a dans la vie quelque chose de curieux : quand on refuse tout le reste, on obtient souvent ce que l'existence a de meilleur à donner.

Somerset MAUGHAM

Il roulait sur l'autoroute à 120 km à l'heure, lorsque cela se produisit. Sur le bas-côté, quelque chose attira son attention et, quand il se retourna pour regarder à nouveau dans le sens de la marche, il ne lui restait plus qu'une seconde pour réagir. Il était presque trop tard. L'énorme poids lourd qui le précédait avait pilé de manière tout à fait imprévisible. Réagissant aussitôt pour tenter d'échapper au désastre, il fit faire à sa moto une glissade qui lui parut interminable et, comme dans une séquence de film au ralenti, alla s'encastrer sous le camion. Le bouchon du réservoir de la moto sauta en l'air, alors le pire se produisit : l'essence se mit à couler et s'enflamma. Ensuite, il se souvient seulement de s'être réveillé dans un lit d'hôpital, avec une douleur cuisante, incapable de bouger et osant à peine respirer. Il a les trois quarts du corps couverts de terribles cicatrices de brûlures au troisième degré. Et, pourtant, il refuse de baisser les bras. Il se bat pour survivre et recommence à exercer son métier jusqu'au jour où il est frappé par un nouveau coup du sort : un accident d'avion qui fera de lui un hémiplégique.

Il se produit dans toute vie des événements qui mettent à l'épreuve l'ensemble de nos ressources. Un moment où l'existence paraît injuste. Un moment où notre foi, nos valeurs, notre patience, notre compréhension, notre endurance sont poussées à leurs limites et même au-delà. Certains individus profitent de ces occasions pour devenir meilleurs – d'autres laissent ces expériences les détruire. Vous êtes-vous déjà demandé ce qui distingue les réactions des êtres humains devant les grandes épreuves ? Moi, oui. J'ai toujours été fasciné par ce qui pousse les êtres à réagir comme ils le font. Du plus loin qu'il m'en souvienne, j'ai cherché à découvrir ce qui place certaines femmes et certains hommes en marge de leurs pairs. Qu'est-ce qui fait les meneurs, les créateurs ? Comment expliquer qu'il y ait tant de personnes sur terre qui mènent une vie heureuse malgré d'innombrables difficultés, pendant que d'autres, qui semblent tout avoir, ne connaissent que le désespoir, la colère et l'abattement ?

Laissez-moi vous conter l'histoire d'un autre homme et voyons ce qui les distingue tous les deux. La vie du deuxième semble beaucoup plus réussie. Il s'agit d'un comédien fabuleusement riche, extrêmement doué, toujours entouré d'une cour nombreuse.

À vingt-deux ans, il est membre de la célèbre troupe Second City de Chicago dont il devient presque aussitôt la vedette. Puis il est l'une des stars de la télévision des années 1970 et l'une des plus grandes vedettes du cinéma américain, à qui chaque rôle rapporte des millions de dollars. Il se lance dans la musique et y obtient aussitôt un succès instantané. Il a des dizaines d'amis qui l'admirent, il est heureux en ménage, et possède des résidences splendides à New York et en Californie. Il semble avoir tout ce qu'un individu pourrait demander.

Lequel de ces deux hommes voudriez-vous être ? On a peine à croire que quiconque puisse préférer la première existence à la deuxième.

Mais permettez-moi maintenant de vous en dire un peu plus sur ces deux personnages. Le premier est l'un des êtres que je connais à posséder le plus de force, de vitalité, et à avoir le mieux réussi. Il s'appelle W. Mitchell, il est vivant et bien vivant et habite le Colorado. Depuis son terrible accident de moto, il a connu plus de succès et de joies que la plupart des gens dans toute une vie. Il a su nouer des liens personnels extraordinaires avec certains des personnages les plus influents des États-Unis. Ses affaires lui rapportent des millions. Il s'est même présenté aux élections au Congrès malgré les terribles marques qu'il porte au visage. Le slogan de sa campagne ? « Élisez-moi, ça vous changera de tous ces visages angéliques. » Il a une relation extraordinaire avec une femme merveilleuse et a fait joyeusement campagne pour le poste de vice-gouverneur du Colorado.

Le deuxième personnage est quelqu'un que les Américains connaissent bien. Il s'appelle John Belushi.

Ce fut l'un des comédiens les plus célèbres de notre temps, dont la réussite a défrayé la chronique des années 1970. Belushi apporta la joie à des millions d'individus, sauf à lui-même. Quand il mourut à l'âge de trente-trois ans de ce que le médecin légiste décrivit comme un cas d'« intoxication aiguë par abus de cocaïne et d'héroïne », peu furent surpris parmi les gens qui le connaissaient. Cet homme, malgré ce qu'il avait réussi, était devenu un drogué invétéré, vieilli avant l'âge. Extérieurement, il avait tout. Intérieurement, il tournait à vide depuis des années.

Les exemples analogues abondent. Avez-vous jamais entendu parler de Pete Strudwick ? Né sans mains ni pieds, il a fini par devenir un coureur de marathon qui a déjà parcouru plus de quarante mille kilomètres. Pensez à l'histoire étonnante de Helen Keller. Ou à celle de Candy Lightner, la fondatrice de la Ligue des mères contre l'alcool au volant. Victime d'une horrible tragédie – la mort de sa fille renversée par un conducteur ivre –, elle a fondé une association qui a sauvé des centaines, et peut-être des milliers de vies. À l'autre extrême, pensez à des gens comme Marilyn Monroe ou Ernest Hemingway, individus qui ont connu un extraordinaire succès et ont fini par se détruire.

Demandez-vous maintenant quelle différence il y a entre ceux qui ont et ceux qui n'ont pas. Entre ceux qui peuvent et ceux qui ne peuvent pas. Pourquoi certaines personnes réussissent-elles à surmonter des difficultés inimaginables et font-elles de leur vie un triomphe alors que d'autres, douées de tant d'atouts, font de leur vie un désastre ? Pourquoi certains individus acceptent-ils toutes les expériences et les utilisent-ils à leur profit alors que d'autres les retournent contre eux-mêmes ? Qu'est-ce qui distingue W. Mitchell et John Belushi ? Quel est ce détail qui change tout ?

J'ai été obsédé par cette question toute ma vie. J'ai grandi dans un milieu où les ressources économiques étaient limitées et je sais que cette expérience a suscité en moi beaucoup de frustration. Mais elle m'a aussi rendu infiniment curieux. J'ai vu des gens qui possédaient toutes sortes de richesses – physiques, sociales, affectives et professionnelles – et j'ai voulu savoir pourquoi ils possédaient des choses que je n'avais pas. Il m'arrivait parfois de perdre le sommeil à force de me demander pourquoi certains avaient tant et d'autres si peu. Je voulais absolument comprendre. Et c'est cette recherche qui a entièrement orienté ma vie.

Une chose paraissait indéniable : ce n'est pas ce qui se passe qui compte mais la façon dont nous nous le représentons et dont nous y réagissons. Que faisons-nous quand il pleut un jour de pique-nique ? Que faisons-nous quand ça va mal malgré tous nos efforts ? Les gens qui réussissent ne rencontrent pas moins de problèmes que ceux qui échouent. Les seuls individus sans problèmes reposent dans les cimetières. Ce n'est donc pas ce qui nous arrive qui distingue nos réussites de nos échecs. C'est la façon dont nous le percevons et dont nous réagissons à ce qui « arrive » qui change tout.

Il n'y a pas très longtemps, je me trouvais sur une plage de Hawaii quand une énorme vague arriva et submergea deux enfants avec une force incroyable. Tout le monde sur la plage observa l'incident avec inquiétude. Les deux enfants firent surface et regagnèrent la plage tant bien que mal. Le premier se mit aussitôt à brailler et à réclamer sa mère. L'autre se tourna vers les vagues et éclata de rire.

Qu'est-ce qu'il y avait de différent entre eux ? Tous deux avaient vécu la même expérience et déployé les mêmes ressources physiques pour y faire face. Mais chacun décida de se représenter l'événement d'une certaine façon. Ce qui distingue les gens, c'est la manière dont ils se représentent leur expérience, la manière dont ils choisissent de communiquer avec eux-mêmes. Voilà ce qui différencie ceux qui réussissent de ceux qui échouent.

Vous savez peut-être comment Julio Iglesias est devenu l'un des chanteurs les plus célèbres de tous les temps. Il n'avait pas prévu de devenir chanteur, mais joueur de football ou avocat. On lui refusa même de chanter dans la chorale de son lycée. À l'âge de vingt ans, il eut un terrible accident de voiture. On lui annonça qu'il ne pourrait plus jamais marcher. Il resta un an à l'hôpital, où une infirmière lui fit cadeau d'une guitare. C'est à ce moment-là qu'il commença à développer son talent. À l'heure actuelle, ses chansons sont enregistrées en huit langues et écoutées dans plus de soixante pays. On joue même un air de lui quelque part dans le monde toutes les trente secondes. Pas mal, pour un garçon qui était censé mourir ou rester paralysé à vie ! Comme W. Mitchell, comme Pete Strudwick, il ne partit pas d'une réussite éclatante. Il partit d'une tragédie personnelle. Mais il choisit de se représenter la situation sous le meilleur jour possible et, à partir de là, il fit de sa vie un triomphe.

Qu'est-ce donc qui distingue W. Mitchell de John Belushi ? Les deux gosses sur la plage ? Qu'est-ce qui a rendu possible la réussite de Julio Iglesias ? La manière dont les gens communiquent avec eux-mêmes constitue le fil dont sont tissées toutes les réussites. On peut considérer chaque expérience comme un coup fatal ou comme un défi, comme un échec ou comme un point d'appui. Ceux qui réussissent se font bousculer par une vague et en tirent une leçon pour se faire porter par la suivante. Ils bravent les frimas de l'hiver parce qu'ils savent que juste après vient le printemps. Ils ont conscience de ce que leurs actions déterminent le cours de leur existence et de ce qu'en modifiant ces actions, à la fois mentales et physiques, ils peuvent transformer leur vie.

Quand W. Mitchell apprit que soixante-quinze pour cent de son corps était couvert de brûlures au troisième degré, il pouvait choisir d'interpréter cette information de différentes façons, y voir une raison de mourir, ou décider d'envoyer à son cerveau n'importe quel autre message. Il choisit de se dire que cet événement s'était produit à dessein. Et qu'il lui fournirait un jour l'occasion d'en tirer de grands avantages dans sa quête de la réussite. Il se constitua ainsi un ensemble de convictions et de valeurs qui fournirent une orientation à sa vie dans le sens du bénéfice et non de la tragédie – même après qu'il se fut retrouvé paralysé. Comment Pete Strudwick est-il parvenu à courir le Pike's Peak, l'un des marathons les plus difficiles du monde, alors qu'il n'avait ni pieds ni mains ? C'est simple. Il maîtrisa sa façon de communiquer avec lui-même. Quand son corps lui transmettait des signaux qu'il avait dans le passé interprétés comme une limite, une douleur, une fatigue, il leur donnait une signification nouvelle et poursuivait la communication avec son système nerveux d'une façon qui lui permettait de continuer à courir.

Le type de comportement que nous adoptons résulte de l'état neurophysiologique dans lequel nous sommes. Cet état peut nous doter d'un pouvoir ou nous mutiler – mais c'est nous qui le créons, et non l'environnement extérieur. Les deux enfants ont été renversés par la même vague. L'un s'est senti démoralisé, l'autre galvanisé. Est-ce la vague qui les a mis dans cet état ? Non. Si cela avait été le cas, ils auraient réagi de la même façon. Ce qui a compté, ce n'est pas la vague mais la représentation qu'ils s'en sont faite et l'état intérieur que cette représentation a produit. L'essentiel à noter ici, c'est qu'ils ont produit eux-mêmes l'effet qu'ils ont ressenti. Certes, l'environnement a servi de stimulus, mais c'est la manière dont ils se sont représenté ce stimulus qui en a déterminé le sens, bon ou mauvais, une leçon à tirer, une occasion de pleurer, de rire, ou de s'enthousiasmer. J'aurais tendance à penser que la principale distinction entre les gens réside dans le choix de la perception des événements. Le détail qui change tout, c'est la façon dont les gens choisissent de réagir par rapport à ce qu'ils voient, entendent et ressentent.

Comment communiquons-nous avec nous-mêmes ? La communication s'établit grâce à la manipulation d'une partie de notre système nerveux. C'est principalement à travers les images que nous formons dans notre esprit, ce que nous nous disons à nous-mêmes, notre façon de nous tenir, de respirer et de faire jouer nos muscles que nous donnons un sens à ce que nous éprouvons. Vous découvrirez dans ce livre une série de moyens simples de transformer la manière dont vous utilisez votre esprit et votre corps, et de jouer du même coup sur vos sensations et votre comportement. Ces transformations peuvent s'opérer rapidement et sans douleur – même si les types de sensations et de comportements que vous souhaitez modifier sont devenus des habitudes.

Beaucoup de gens passent leur temps à réfléchir. À se dire : « Ah, si je pouvais changer les conditions matérielles de ma vie, ah, si j'avais plus d'argent et plus de temps, ah, si j'avais une plus belle maison et plus d'amis... je serais plus heureux. » Contrairement à la croyance populaire, l'abondance de biens ne garantit pas un sentiment de bonheur ni de réussite personnelle. J'ai travaillé avec des clients dont la fortune se calcule en centaines de millions de dollars, qui sont entourés de gens qui s'occupent d'eux et dont le travail a amélioré la vie de millions de personnes. Pourtant, malgré les signes extérieurs de leur réussite, ces gens étaient malheureux ou totalement déprimés. Se trouvant isolés, ils s'adonnaient souvent à l'alcool ou à la drogue afin de modifier leurs perceptions. Ils découvraient toutefois que ce changement n'était que temporaire, car, quand l'effet de la drogue s'estompait, ils se retrouvaient avec la même stratégie de perception, et leur mode de communication avec eux-mêmes recréait les sensations qu'ils avaient essayé d'éliminer à l'aide de la drogue. Ils n'étaient pas conscients que les changements durables s'opèrent en adoptant des modes de communication de l'intérieur, des schémas qui apportent la joie et l'amour sans action biochimique.

Les vies d'hommes et de femmes comme John Belushi, Marilyn Monroe, Elvis Presley et Howard Hughes montrent clairement combien on a tort de croire que l'abondance extérieure fournit un remède à la pénurie intérieure. Si donc vous vous surprenez en train de vous dire : « Je serais heureux si seulement... », arrêtez et rappelez-vous que le bonheur, la joie et le plaisir sont des sensations que l'on crée en communiquant avec soi-même – elles ne dépendent pas de l'environnement. Et vous pouvez les créer immédiatement en modifiant la façon dont vous utilisez votre système nerveux. Je ne cherche pas à dire qu'il est bon de vivre dans la misère parce qu'on a le pouvoir de percevoir les choses de la manière que l'on choisit. Je ne dis pas non plus qu'il ne peut y avoir que des moments de bonheur, où l'on aime tout ce qui nous arrive. Je crois que toute émotion est importante dans son contexte. La vie est un équilibre. L'expérience de l'abondance à tous les niveaux – affectif, social, spirituel, physique et matériel – est un défi passionnant à relever. Vous avez le choix de vos sensations et de votre action dans toutes les situations. Il n'existe pas de limites dans le choix de nos perceptions, à l'exception de celles que nous nous imposons.

Les choses ne changent pas, c'est nous qui changeons.

Henry THOREAU

Il existe un moyen simple de réussir qui consiste à observer les états et les représentations intérieures qui conduisent au succès et à apprendre à les reproduire.

Si un état particulier produit tel effet sur quelqu'un, il y a de fortes chances pour qu'il produise le même effet sur nous. Dans ma recherche personnelle de l'épanouissement, je me suis engagé sur toutes les voies que j'ai rencontrées, j'ai étudié toutes les thérapies, toutes les techniques de pensée positive, toutes les formes de développement spirituel. Au bout d'un certain temps, j'ai commencé à avoir la nausée. Tout ce que je trouvais semblait une variante de trois méthodes principales : la pensée positive, une forme de thérapie de décharge émotionnelle (comme le cri primal) ou le mysticisme oriental. Toutes avaient leurs vertus mais aucune ne semblait exactement correspondre à ce que je recherchais.

Puis je suis tombé sur une science connue sous le nom de programmation neurolinguistique – en abrégé, PNL. La PNL est l'étude de la façon dont le langage, à la fois verbal et non verbal, affecte le système nerveux. Toute action dépend de notre capacité à diriger notre système nerveux. Les gens qui produisent des effets remarquables sont ceux qui réussissent à établir des communications particulières avec et à travers leur système nerveux.

La PNL étudie la façon dont les individus communiquent avec eux-mêmes pour provoquer les états les plus féconds et offrir ainsi le plus grand choix de comportements possible. Même si le terme de « programmation neurolinguistique » décrit bien la science qu'il désigne, il fournit peut-être aussi la raison pour laquelle vous n'en avez jamais entendu parler jusqu'ici. Dans le passé, cette science était surtout enseignée aux thérapeutes et à un petit nombre de cadres supérieurs triés sur le volet. Quand on m'en a parlé pour la première fois, j'ai aussitôt compris que c'était quelque chose d'entièrement différent de tout ce que j'avais connu auparavant. J'ai vu un praticien opérer avec une femme qui était en traitement depuis plus de trois ans pour symptômes phobiques et, en moins de trois quarts d'heure, la phobie avait disparu. J'ai mordu à l'hameçon. J'ai décidé de tout apprendre sur le sujet. (À propos, on obtient souvent le même résultat en cinq ou dix minutes.) La PNL fournit un cadre systématique permettant de diriger son propre cerveau. Elle nous enseigne à contrôler non seulement nos états et nos comportements, mais aussi les états et les comportements des autres. En bref, c'est la science de la gestion optimale de l'esprit visant à produire les résultats que l'on désire.

La PNL fournissait exactement ce que je recherchais : la clé permettant de comprendre par quel mystère certaines personnes réussissent à obtenir ce que j'ai appelé les résultats optimaux. Si un individu est capable de se réveiller le matin vite, facilement, en se sentant plein d'énergie, c'est un résultat qu'il a produit lui-même. La question qui se pose alors est de savoir comment il y a réussi. Étant donné que les résultats sont toujours le produit d'actions, quelles actions mentales ou physiques engendrent le processus neurophysiologique du réveil rapide et facile ? Un des présupposés de la PNL est que nous avons tous le même système neurologique. Si donc quelqu'un dans le monde a réussi à faire une chose, vous devez pouvoir en faire autant, à condition d'utiliser votre système nerveux exactement de la même manière. Le processus qui consiste à découvrir exactement ce que font les autres pour obtenir un résultat particulier s'appelle l'« imitation ».

Je le répète, ce qui est possible aux autres vous est possible. Il ne s'agit donc pas de savoir si vous réussirez à obtenir les mêmes résultats que les autres, mais de vous demander comment ils y sont parvenus. C'est une simple question de stratégie. Si vous connaissez quelqu'un qui est passé maître dans l'art d'épeler les mots, il existe un moyen de l'égaler en quatre ou cinq minutes, en vous modelant sur lui. (Vous apprendrez cette technique au chapitre 7.) Si quelqu'un que vous connaissez communique parfaitement avec ses enfants, vous pouvez en faire autant. Si quelqu'un se réveille facilement le matin, vous pouvez le faire aussi. Il vous suffit, dans chaque cas, de copier la façon dont les autres contrôlent leur système nerveux. Il est évident que certaines tâches sont plus compliquées que d'autres et demandent parfois plus de temps à intégrer, puis à reproduire. Si toutefois vous êtes suffisamment motivé et si votre conviction continue à vous soutenir tout le temps que durera votre adaptation, presque tout ce que fait un être humain peut être imité. Dans de nombreux cas, il arrive qu'une personne ait passé des années à tâtonner pour trouver le moyen spécifique d'utiliser son corps ou son esprit afin d'obtenir tel ou tel résultat. Mais vous pouvez entrer dans la danse, imiter les actions qui ont exigé des années de perfectionnement et obtenir le même résultat en quelques instants, quelques mois... en tout cas en un temps bien moindre que celui qui a été nécessaire à la personne que vous souhaitez imiter.

Les deux hommes qui sont à l'origine de la PNL s'appellent John Grinder et Richard Bandler. Grinder est un linguiste éminent. Bandler est mathématicien, praticien de la Gestalt-thérapie et informaticien. Tous deux ont décidé de mettre leurs talents en commun pour se consacrer à une tâche exceptionnelle : établir des modèles à partir d'individus s'étant révélés les meilleurs dans leur spécialité. Ils se mirent donc à la recherche de personnes qui s'étaient montrées particulièrement efficaces pour opérer ce qu'à leur avis tant d'êtres humains désirent : un changement. Ils observèrent des individus (hommes d'affaires, thérapeutes, etc.) qui avaient réussi afin d'analyser les méthodes qu'ils avaient mises au point après des années de tâtonnements.

Bandler et Grinder sont surtout connus pour l'élaboration d'un certain nombre de schémas efficaces d'interventions comportementales qu'ils ont codifiés en se basant sur les travaux du Dr Milton Erikson, un des plus grands hypnothérapeutes qui aient jamais existé, ainsi que sur ceux de Virginia Satir, extraordinaire thérapeute familiale, et de Gregory Bateson, anthropologue. Ils découvrirent, par exemple, comment Satir avait réussi à résoudre systématiquement des problèmes relationnels devant lesquels d'autres thérapeutes avaient échoué. Ils découvrirent les modèles d'action qu'elle utilisait pour produire certains effets. Puis ils enseignèrent ces modèles à leurs étudiants, qui furent aussitôt en mesure de les utiliser et d'obtenir des résultats de la même qualité, sans même avoir derrière eux les années de pratique de la célèbre thérapeute. Semant les mêmes graines, ils engrangeaient les mêmes récoltes. Tout en travaillant avec les schémas fondamentaux qu'ils avaient modelés sur les trois maîtres, Bandler et Grinder se mirent à créer leurs propres schémas et à les enseigner. L'ensemble de ces modèles forme ce que l'on appelle la programmation neurolinguistique.

Ces deux génies ont toutefois fait beaucoup plus que nous fournir une série de modèles efficaces du changement. Ils nous ont offert une vision systématique des moyens permettant de reproduire toute forme d'accomplissement humain en un très court laps de temps.

Leur réussite est légendaire. Néanmoins, bien que les outils fussent disponibles, beaucoup de gens se contentèrent d'étudier leurs modèles de changement affectif ou comportemental mais ne trouvèrent jamais en eux-mêmes suffisamment de ressources personnelles pour les utiliser de manière efficace et cohérente. Une fois encore, le savoir ne suffit pas. C'est l'action qui produit des résultats.

J'ai lu tous les ouvrages que j'ai pu trouver sur la PNL et bien peu étudient le processus de l'imitation. Or, pour moi, l'imitation est la voie royale de la réussite. Si, en effet, quelqu'un au monde obtient le résultat que je recherche, j'estime être en mesure de l'obtenir moi aussi, à condition, évidemment, d'y consacrer le temps et les efforts nécessaires. Et si vous désirez réussir, la seule chose que vous ayez à faire consiste à trouver le moyen d'imiter ceux qui ont réussi avant vous. C'est-à-dire à découvrir quelles actions ils ont entreprises et, en particulier, comment ils ont utilisé leur cerveau et leur corps pour obtenir les résultats que vous cherchez à reproduire. Si vous voulez devenir meilleur comme ami, comme parent, comme athlète, comme chef d'entreprise... tout ce que vous avez à faire, c'est de trouver des modèles.

Ceux qui transforment le monde sont souvent des imitateurs professionnels, des gens qui ont maîtrisé l'art d'apprendre tout ce qu'ils veulent en s'inspirant de l'expérience des autres plus que de la leur. Ils disposent ainsi d'un moyen de gagner du temps. Si l'on examine la liste des best-sellers publiée par le *New York Times*, on note que la plupart des livres qui sont en tête de liste donnent des modèles à suivre pour se perfectionner dans un domaine particulier. Le dernier ouvrage de Peter Drucker s'intitule *Innovation et esprit d'entreprise (Innovation and Entrepreneurship)*. Dans ce livre, Drucker esquisse les diverses actions à mener pour devenir un chef d'entreprise efficace et un innovateur. Il démontre très clairement que l'innovation est un processus spécifique et volontaire. Il n'y a rien de mystérieux ni de magique dans la fonction de chef d'entreprise. Ce n'est pas un caractère génétique. C'est une discipline qui s'apprend. Tout cela ne vous dit rien ? On considère pourtant Peter Drucker comme le créateur de la pratique moderne des affaires à cause de ses modèles. *Chef d'entreprise en une minute (The One Minute Manager)*, de Kenneth Blanchard et Spencer Johnson, est un modèle en matière de communication et de gestion des relations humaines. Cet ouvrage se fonde sur les exemples de certains des chefs d'entreprise les plus brillants des États-Unis. *La Recherche de l'excellence (In Search of Excellence)*, de Thomas Peters et Robert Waterman Jr., est évidemment un livre sur les modèles d'entreprises remarquables. *Un pont sur l'infini (A Bridge Across Forever)*, de Richard Bach, donne un autre point de vue, un nouveau modèle d'examen des relations interpersonnelles. Et la liste continue ainsi. Ce livre-ci contient pour sa part une série de modèles de contrôle de votre esprit, de votre corps et de votre façon de communiquer avec les autres pour le plus grand profit de toutes les parties prenantes. Mon objectif n'est toutefois pas seulement de vous enseigner des modèles de réussite, mais d'aller plus loin en vous apprenant à créer vos propres modèles.

Vous pouvez enseigner à un chien des modèles qui amélioreront son comportement. Vous pouvez faire la même chose avec des êtres humains. Mais ce que je veux que vous appreniez, c'est un processus, un cadre, une discipline qui vous permette de reproduire des conduites remarquables dans n'importe quelle circonstance. Je veux vous enseigner certains des modèles les plus efficaces de PNL. En outre, je veux que vous deveniez plus qu'un simple spécialiste de la PNL : un « imitateur ». Quelqu'un qui s'empare de tout accomplissement et qui le fait sien, qui soit constamment à la recherche des technologies de la performance optimale, sans jamais s'attacher à des systèmes ou des modèles définis, mais qui au contraire recherche systématiquement des moyens nouveaux et efficaces d'obtenir les résultats qu'il désire.

Rappelez-vous que la PNL est fondée sur l'idée que tout le monde a le même système neurologique, donc les mêmes ressources, et que la réussite peut être reproduite. Si quelqu'un est capable d'une chose, vous en êtes capable vous aussi. Car ceux qui réussissent laissent derrière eux des indices, ils répètent encore et encore un certain type d'action. Si vous les observez attentivement, si vous posez des questions, vous finirez par découvrir quelles sont ces actions.

Il y a quelque temps, je faisais de la plongée au large de l'île Maui, et je portais de lourdes bouteilles d'oxygène. Pourtant, je dus remonter plus tôt que les autres plongeurs parce que je manquais d'air. J'ai demandé à notre guide comment il faisait pour rester sous l'eau si longtemps et il m'a expliqué qu'il faisait durer son air en se créant mentalement une cage thoracique moins volumineuse que la sienne, en se disant que son cœur battait lentement et régulièrement et en accomplissant une série d'autres exercices de contrôle de sa physiologie. J'ai donc essayé d'appliquer son système et, à la plongée suivante, je suis resté au fond cinq minutes de plus. J'ai eu besoin de moins d'air parce que, en imitant les gestes physiques et mentaux de mon guide, j'ai obtenu les mêmes effets que lui.

Pour imiter la réussite, il faut se transformer en détective, en enquêteur. Il faut poser beaucoup de questions afin de découvrir tous les indices qui conduisent au succès.

J'ai appris au meilleur tireur au pistolet de l'armée américaine comment améliorer son tir en découvrant les modèles exacts de réussite au pistolet. J'ai assimilé les talents d'un maître de karaté en observant ce qu'il pensait et ce qu'il faisait. J'ai aidé des athlètes professionnels et des athlètes olympiques à améliorer leurs performances. Et j'y suis parvenu en trouvant le moyen de copier précisément ce que faisaient ces hommes quand ils obtenaient leurs meilleurs résultats, puis en leur montrant comment déclencher ces performances à la demande.

Bâtir à partir des réussites des autres est un des aspects fondamentaux de la plupart des apprentissages. Dans le monde des techniques, toute conception nouvelle d'une machine ou d'un ordinateur dérive de découvertes et de percées antérieures. Dans le monde des affaires, une société qui ne tire pas les leçons du passé est condamnée.

Mais le monde du comportement humain est un des rares qui continuent à opérer à partir de théories démodées. Beaucoup d'entre nous appliquent encore des modèles de fonctionnement du cerveau et de comportement qui datent du XIXe siècle. Nous collons l'étiquette « dépression » sur certains de nos états et... nous nous sentons déprimés. À vrai dire, ces termes sont des prophéties dont la réalisation est quasi garantie. Or, ce livre enseigne une technique qui est directement disponible, une technique qui permet d'obtenir la qualité de vie que vous désirez – et pourtant c'est une méthode dont la plupart des gens n'ont jamais entendu parler.

Bandler et Grinder ont découvert qu'il existe trois mécanismes fondamentaux qui permettent de reproduire n'importe quelle forme de réussite humaine. Il s'agit en fait de trois types d'actions physiques et mentales qui correspondent précisément à la qualité des résultats que nous obtenons. Imaginez-les sous la forme de trois portes ouvrant sur une salle de banquet somptueuse.

La première porte représente le *système de croyances* de l'individu en question. Ce à quoi il croit, ce qu'il estime possible et impossible détermine en effet dans une grande mesure ce qu'il est capable ou incapable de faire. « Que l'on se croie capable ou incapable de quelque chose, on a toujours raison », dit une vieille maxime. Et dans une certaine mesure, c'est vrai. Car, quand on croit qu'on n'est pas capable de faire quelque chose, on envoie à son système nerveux des messages systématiques qui limitent ou suppriment notre capacité d'atteindre ce résultat. Si, au contraire, on envoie des messages indiquant qu'on peut le faire, ces messages, en ordonnant au cerveau de produire certains résultats, créent la possibilité qu'ils se produisent. Si, par conséquent, vous réussissez à imiter l'ensemble des convictions d'un individu, vous avez franchi le premier pas vers l'imitation de son action et la production de résultats identiques. Nous examinerons plus en détail les systèmes de croyances au chapitre 4.

La deuxième porte représente la syntaxe mentale de l'individu. Il s'agit de la manière dont il organise sa pensée. La syntaxe est comme un code. Un numéro de téléphone est composé de huit chiffres, mais vous devez les composer dans le bon ordre pour obtenir votre correspondant. Il en va de même lorsque vous désirez atteindre la partie de votre système nerveux qui vous aidera le plus efficacement à obtenir le résultat voulu. Même chose pour la communication. Souvent, les gens ne communiquent pas bien parce qu'ils utilisent des syntaxes mentales, des codes différents. Décryptez les codes et vous aurez franchi la deuxième porte qui conduit vers l'imitation de ce qu'il y a de meilleur chez les autres. Nous étudierons la question de la syntaxe au chapitre 7.

La troisième porte est la physiologie. Le corps et l'esprit sont entièrement liés. Votre façon de respirer, de vous tenir, votre posture, votre expression, la nature et la qualité de vos mouvements déterminent l'état dans lequel vous êtes. De même, cet état détermine le nombre et la qualité des comportements que vous êtes en mesure d'adopter. Nous parlerons de physiologie au chapitre 9.

En fait, nous passons notre temps à imiter. Comment l'enfant apprend-il à parler ? Comment un jeune athlète apprend-il avec un ancien ? Comment un homme d'affaires en herbe apprend-il à structurer son entreprise ? Voici justement un exemple d'imitation emprunté au monde des affaires. Il existe un moyen par lequel beaucoup de gens gagnent de l'argent et que j'appelle le décalage. Nous vivons dans une civilisation qui est suffisamment uniforme pour que ce qui fonctionne quelque part fonctionne aussi ailleurs. Si quelqu'un a réussi en montant un magasin de petits gâteaux au chocolat dans une galerie marchande de Detroit, il y a de fortes chances pour que la même affaire marche aussi dans une galerie marchande de Dallas.

Pour gagner beaucoup d'argent, vous n'avez même pas besoin d'être particulièrement intelligent. Quantité de gens se contentent de trouver une affaire qui marche et de monter la même ailleurs avant que le temps de décalage ne soit écoulé. La seule chose à faire consiste à adopter une solution qui a fait ses preuves et à la reproduire ou, mieux encore, à l'améliorer. Pour ceux qui agissent ainsi, le succès est presque garanti.

Les meilleurs imitateurs du monde sont les Japonais. Comment s'explique le miracle de l'économie japonaise ? Par de brillantes innovations ? Parfois. Pourtant, si vous étudiez l'histoire de l'industrie japonaise des vingt dernières années, vous découvrirez que rares sont les grands produits qui ont vu le jour au Japon. Les Japonais se contentent souvent de reprendre des idées ou des produits nés aux États-Unis ou en Europe, qu'il s'agisse de voitures ou de semi-conducteurs, d'en conserver le meilleur et d'améliorer le reste.

Adnan Mohammad Khashoggi passe pour l'homme le plus riche du monde. Comment en est-il arrivé là ? C'est simple : il a imité les Rockefeller, les Morgan et autres détenteurs de grandes fortunes. Il a lu tout ce qui existait sur eux, étudié leurs idées, copié leurs stratégies, et fini par leur ressembler. Comment W. Mitchell a-t-il réussi non seulement à survivre mais à prospérer après avoir subi la pire catastrophe qu'un homme puisse imaginer ? Quand il était à l'hôpital, des amis lui ont lu des histoires racontant comment d'autres que lui avaient surmonté d'immenses difficultés. Il disposait ainsi d'un modèle positif et sut donner à ce modèle plus de force que toutes les expériences négatives qu'il était en train de vivre. Encore une fois, la différence entre ceux qui réussissent et ceux qui échouent ne réside pas dans ce qu'ils possèdent mais dans ce qu'ils choisissent de voir et de faire à partir de ce que la vie leur offre.

Grâce à ce procédé de l'imitation, j'ai commencé à obtenir immédiatement des résultats, pour moi et pour les autres. J'ai continué à rechercher des modèles de pensée et de comportement permettant de produire des effets remarquables en peu de temps. J'ai intitulé ces modèles combinés des techniques de performance optimale[1]. Elles constituent le corps de ce livre. Mais je voudrais préciser une chose. Mon objectif n'est pas seulement de vous permettre de les maîtriser, mais de créer vos modèles personnels. John Grinder m'a

1. Brevet déposé.

appris à ne jamais trop croire à un système, car il existe toujours un cas où le système ne s'applique pas. La PNL est un outil puissant, mais ce n'est rien de plus : c'est un outil qui doit vous permettre de mettre au point vos propres techniques. Il n'existe pas de stratégie unique qui fonctionne dans tous les cas. L'imitation n'est certes pas une nouveauté. Tous les grands inventeurs ont imité les découvertes de leurs prédécesseurs pour aboutir finalement à quelque chose de nouveau. Tous les enfants imitent le monde qui les entoure.

Le malheur, c'est que la plupart d'entre nous imitent de façon totalement aléatoire, sans modèle précis. Nous grappillons au hasard chez l'un et l'autre et laissons passer un trait extrêmement important chez une troisième personne. Nous imitons un peu de bon ici et un peu de mauvais là. Nous essayons d'imiter quelqu'un que nous respectons, mais nous nous apercevons que nous ne savons pas vraiment comment reproduire ce qu'il fait.

La chance arrive quand on s'est préparé à saisir l'occasion.

Ce livre doit être pour vous un guide de l'imitation consciente et précise. Mon expérience de l'imitation de la réussite m'a appris que les conduites que nous considérons parfois comme l'apanage d'intelligences supérieures sont en fait à la portée de tous ceux qui savent imiter efficacement. Si vous regardez autour de vous, vous constaterez que les individus qui dominent notre civilisation sont ceux qui sont passés maîtres dans l'art d'imiter. C'est ce que font les fabricants d'images de la publicité ou de la politique. Je ne nie pas l'existence des enfants prodiges ou des êtres génétiquement doués. Je dis simplement qu'ils font certaines choses d'une certaine façon et que, si nous apprenons à faire comme eux, nous pouvons aboutir aux mêmes résultats. Le moyen d'y parvenir consiste à comparer à la leur la façon dont vous utilisez votre esprit et votre corps. C'est là que vous découvrirez ce « détail qui change tout ».

Il y a seulement quatre ans, par manque d'actions positives, j'avais fait de ma vie un drame permanent. Mon monde extérieur ne reflétait pas l'individu que je croyais être intérieurement. Je connaissais tous les outils mais je ne faisais rien pour changer. J'étais extrêmement malheureux, je pesais quinze kilos de trop et j'étais démuni à la fois spirituellement et matériellement. Je me sentais vide. Mes relations avec les autres étaient catastrophiques. Un beau jour, j'en ai eu assez de vivre ainsi et j'ai décidé de me consacrer à plein temps à l'étude de la réussite. Qui plus est, j'ai décidé d'utiliser ce que j'avais appris et d'agir sur ce savoir. J'ai donc commencé à examiner les différences entre les gens qui se sentaient tout le temps heureux et moi. Au lieu d'aboutir à la conclusion habituelle selon laquelle les gens « heureux » étaient ceux qui avaient une meilleure conduite que la mienne, je leur ai posé des questions précises pour tenter de déterminer exactement ce qu'ils faisaient de leur corps et de leur esprit pour être toujours si heureux. J'ai découvert qu'ils géraient leurs impressions d'une façon différente de la mienne. J'ai adopté leurs stratégies et, soudain, les plus petites choses m'ont rendu heureux. Grâce à leur manière de voir, j'ai appris à apprécier la vie.

Commencez donc à penser en imitateur, à être sans arrêt à l'affût des modèles et des types d'actions qui produisent des résultats remarquables. Si quelqu'un accomplit une prouesse, la première question qui doit vous venir à l'esprit, c'est : « Comment s'y est-il pris ? » Je voudrais que vous traquiez la réussite, que vous guettiez la magie que recèle tout ce que vous voyez et que vous découvriez ce qui la produit afin de réussir à produire les mêmes résultats quand vous le désirez.

Nous allons maintenant examiner ce qui détermine nos réactions aux différentes situations de la vie.

3

Savoir se mettre dans un état donné

C'est l'esprit qui fait le bien ou le mal
Le malheur ou le bonheur, la richesse ou la pauvreté.

Edmund SPENCER

Avez-vous déjà eu l'impression que tout marchait comme sur des roulettes, la sensation que vous ne pouviez pas commettre une seule erreur ? Cette partie de tennis où toutes vos balles passaient au ras du filet... Cette réunion de travail où vous aviez réponse à tout... La fois où vous vous êtes surpris vous-même à accomplir un acte héroïque dont vous vous croyiez incapable... Peut-être avez-vous fait aussi l'expérience inverse, connu de ces journées où tout rate, où l'on est soudain incapable de faire un geste que l'on fait d'habitude facilement, où tout semble aller de travers.

Qu'est-ce qui a changé ? Vous étiez la même personne : vous auriez dû disposer des mêmes ressources. Pourquoi obtenez-vous tantôt des résultats catastrophiques et tantôt des résultats excellents ?

Pourquoi les meilleurs athlètes ont-ils parfois des performances absolument nulles ? Parce que nos états neurophysiologiques varient. Il existe en effet des états dynamisants – la confiance, l'amour, la force intérieure, l'extase, la conviction – qui permettent de capter toutes les ressources dont on dispose. Et il existe des états paralysants – le désarroi, la dépression, la peur, l'angoisse, la tristesse, la frustration – qui nous rendent impuissants. Nous passons tous des bons aux mauvais états et réciproquement. Vous est-il arrivé d'entrer dans un café et que le garçon aboie : « Qu'est-ce qu'vous voulez ? » Pensez-vous que ce soit sa seule façon de communiquer ? Peut-être a-t-il eu en effet une vie si difficile qu'il ne sait pas se comporter autrement, mais il est plus probable qu'il a seulement eu une dure journée, et beaucoup de clients, dont certains ont dû se montrer désagréables avec lui. Au fond, ce n'est pas quelqu'un de malveillant mais seulement un être à bout de ressource. Modifiez l'état dans lequel il se trouve et vous modifierez son comportement.

Comprendre l'état dans lequel on se trouve, telle est la clé du changement et de la réussite. Notre comportement résulte de l'état dans lequel nous sommes. Nous utilisons toujours de façon optimale nos ressources disponibles, mais il nous arrive malheureusement de nous trouver dans des états qui correspondent à une pénurie de ces ressources. Parce que j'étais dans un de ces états, j'ai souvent fait ou dit des choses que j'ai ensuite regrettées ou dont j'ai eu honte. Cela s'est certainement aussi produit pour vous. Et quand quelqu'un vous traite mal, il faut vous rappeler ces moments. Vous apprendrez ainsi à substituer la compréhension à la colère. On ne jette pas de pierre contre les murs quand on habite dans une maison de verre. Dites-vous que le comportement n'est pas l'homme. Et apprenez à contrôler vos états, donc vos comportements. N'aimeriez-vous pas claquer des doigts et vous retrouver instantanément plein de dynamisme, d'enthousiasme, de confiance, l'esprit en éveil et le corps débordant d'énergie ? Eh bien... c'est possible.

Quand vous aurez achevé la lecture de ce livre, vous saurez comment vous mettre dans les états les plus dynamisants et comment vous sortir des états d'inertie chaque fois que vous le désirerez. La clé du pouvoir, c'est l'action. Vous devez apprendre à utiliser les états qui permettent d'agir de manière décisive, cohérente, déterminée. Nous allons commencer par voir dans ce chapitre ce que sont ces états et quels résultats ils favorisent. Puis nous apprendrons à les mettre à notre service.

Un état peut être défini comme la somme de millions de phénomènes neurologiques qui se produisent en nous, c'est-à-dire de tout ce qui nous arrive à un moment donné. La plupart de nos états s'instaurent sans intervention consciente de notre part. Un événement se produit, et nous y réagissons en nous mettant dans un état particulier. Qu'il soit fécond ou inhibitif, cet état semble nous être généralement imposé sans que nous puissions le modifier. Ceux qui réussissent sont ceux qui savent se mettre à volonté dans un état dynamogène.

En fait, nous ne désirons qu'une chose : nous trouver dans un certain état. Faites la liste de ce que vous attendez de la vie. De l'amour ? Eh bien, l'amour est un état, une sensation que nous nommons à partir de certains stimuli de l'environnement. De l'argent ? Vous n'avez que faire, bien sûr, de ces coupons de papier à l'effigie de personnages défunts. Vous ne désirez en fait que ce que l'argent représente pour vous : l'amour, la confiance, la liberté ou tout autre état qu'il peut, selon vous, vous procurer. Par conséquent, la clé de l'amour, de la joie, du pouvoir dont l'être humain rêve depuis toujours – celui de mener sa vie comme il l'entend –, c'est la capacité de contrôler ses états.

Pour y parvenir, il faut avant tout utiliser efficacement son cerveau et commencer par comprendre comment il fonctionne. Nous devons savoir tout d'abord ce qui crée un état. Depuis des siècles, l'homme n'a cessé de chercher à modifier ses états et donc sa façon de voir la vie. Il a essayé le jeûne, la drogue, les rituels, la musique, l'amour, la nourriture, l'hypnose, la psalmodie. Tous ces artifices ont leur utilité, mais aussi leurs limites. Vous allez maintenant découvrir des moyens au moins aussi puissants et beaucoup plus simples, et, dans certains cas, plus rapides et plus précis.

Si tout comportement résulte de l'état dans lequel nous sommes, on peut se demander ce qui crée cet état. Un état se compose de deux éléments principaux : nos représentations internes et notre physiologie. Votre représentation du monde et votre interprétation des situations créent l'état dans lequel vous êtes et donc le type de comportement que vous allez adopter. Comment, par exemple, traitez-vous celui ou celle avec qui vous vivez quand il rentre plus tard que prévu à la maison ? Votre réaction dépend beaucoup de l'état dans lequel vous êtes au moment de son retour, et cet état est lui-même largement déterminé par la raison que vous vous êtes donnée pour expliquer ce retard. Si pendant des heures vous vous êtes imaginé l'être aimé victime d'un accident, couvert de sang, blessé, hospitalisé ou mort, quand il va finir par franchir le seuil, vous allez, selon le cas, pousser un soupir de soulagement, fondre en larmes ou le serrer dans vos bras avant de lui demander ce qui s'est passé. Ces comportements dépendent de votre état d'inquiétude. Si en revanche vous avez pensé qu'il avait une aventure amoureuse secrète ou si vous vous êtes répété longuement qu'il est en retard parce qu'il se moque de ce que vous éprouvez, vous lui réserverez un accueil radicalement différent. L'état de colère ou de déception dans lequel vous serez engendrera un certain type de comportement.

On peut se demander maintenant ce qui pousse un individu à se mettre dans un état d'inquiétude, de colère ou de méfiance devant un événement ou un autre. Les causes sont nombreuses. Il se peut que nous imitions les réactions de nos parents ou d'autres modèles. Si, quand vous étiez enfant, votre mère s'inquiétait toujours quand votre père rentrait en retard, vous aurez peut-être tendance à voir les choses sous un jour inquiétant. Si votre mère se plaignait de ne pas pouvoir faire confiance à votre père, vous pourrez être tenté d'imiter ce modèle. Nos convictions, nos réactions, nos valeurs et nos expériences passées modifient en effet les types des représentations que nous nous faisons d'autrui.

COMMENT NOUS CRÉONS NOS ÉTATS INTÉRIEURS ET NOS COMPORTEMENTS

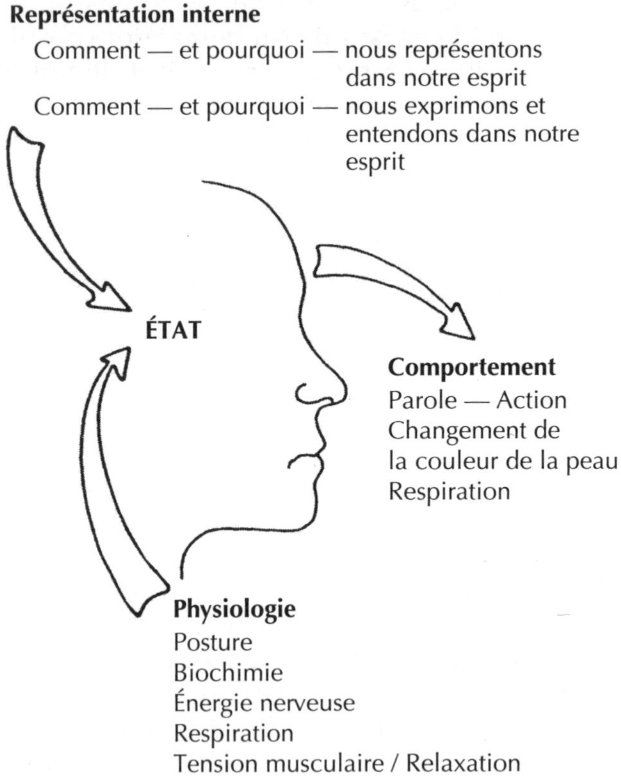

Autre facteur au moins aussi important : notre condition physiologique. Notre tension musculaire, notre alimentation, notre façon de respirer, notre posture, le niveau général de notre fonctionnement biochimique, tous ces éléments ont une influence sur notre état. Les représentations internes et la physiologie fonctionnent ensemble selon une boucle cybernétique. Tout ce qui affecte l'un affecte automatiquement l'autre. Modifier son état implique donc de transformer ses représentations internes et sa physiologie. Si, au moment où l'être aimé est censé se trouver à la maison, votre corps est dans un état de plénitude, vous l'imaginerez certainement sur le chemin du retour, bloqué dans les embouteillages. Si en revanche, pour diverses raisons, vous êtes dans un état physiologique de grande tension musculaire ou de fatigue, si vous souffrez, ou si vous manquez de sucre dans le sang, vous aurez tendance à vous représenter les choses d'une manière qui amplifie vos sentiments désagréables. Quand vous vous sentez en pleine forme physique, voyez-vous le monde de la même façon que lorsque vous êtes fatigué ou malade ? Évidemment, non. Votre condition physique modifie entièrement votre manière de vous représenter les choses et donc de les vivre. Quand vous vivez des événements contrariants, ne sentez-vous pas immédiatement une certaine tension dans votre corps ? Ces deux facteurs – représentation interne et condition physique – réagissent donc continuellement l'un sur l'autre pour créer l'état dans lequel nous sommes, lequel détermine notre comportement. Aussi, pour contrôler notre vie, est-il nécessaire de contrôler nos états. Et pour contrôler nos états, nous devons agir sur nos représentations internes et sur notre physiologie. Imaginez que vous soyez en mesure de contrôler à cent pour cent l'état dans lequel vous êtes, et ce, à tout moment !

Essayons donc tout d'abord de comprendre le mécanisme de nos sensations. Les êtres humains reçoivent et interprètent les informations fournies par leur environnement au moyen de leurs cinq sens : le goût, l'odorat, la vue, l'ouïe et le toucher. Nous prenons la plupart des décisions qui modifient notre comportement en utilisant surtout trois de ces sens : la vue, l'ouïe et le toucher.

Ces récepteurs spécialisés transmettent au cerveau les stimuli extérieurs. Par divers processus de généralisation, de distorsion et de tri, le cerveau transforme ces signaux électriques en une représentation interne.

Votre expérience de l'événement n'est donc pas exactement ce qui s'est produit mais la représentation interne, personnalisée, de ce qui s'est produit. La conscience d'un individu ne peut pas traiter tous les signaux qui lui parviennent. Vous ne tarderiez pas à devenir fou si vous deviez consciemment attribuer un sens à des milliers de stimuli allant de la pulsation du sang dans votre pouce gauche à une vibration dans vos oreilles. Le cerveau procède donc à un filtrage et stocke l'information dont il a besoin ou dont il pense avoir besoin plus tard, et fait en sorte que le conscient n'ait pas à se préoccuper du reste.

Ce filtrage explique l'immense variété de la perception humaine. Deux personnes peuvent assister au même accident de la circulation et en faire des récits totalement différents. L'une accordera une plus grande importance à ce qu'elle a vu et l'autre à ce qu'elle a entendu. Chaque témoin entamera le processus de perception avec un outil physiologique différent. Le premier a peut-être une acuité visuelle parfaite alors que le second est myope. Par ailleurs, l'un d'eux peut avoir eu un accident dans le passé et en avoir gardé un souvenir très présent. Dans tous les cas, ils se feront une représentation différente du même événement. Et cette représentation servira à son tour de filtre pour interpréter des événements futurs.

« La carte n'est pas le territoire », telle est une des idées fondamentales de la PNL. Comme l'a écrit Alfred Korzybski : « Il faut noter les caractéristiques importantes de la carte. La carte n'est pas le territoire qu'elle représente mais, si elle est exacte, elle a une structure semblable, ce qui en fait son utilité. » Transposé aux individus, cela signifie que leur représentation interne n'est pas une restitution exacte de l'événement. Ce n'en est qu'une interprétation, filtrée par des convictions, des positions, des valeurs personnelles, et par ce qu'on appelle des « métaprogrammes ». C'est peut-être la raison pour laquelle Einstein a dit un jour : « Quiconque prétend s'ériger en juge de la vérité et du savoir s'expose à périr sous les éclats de rire des dieux. »

Puisque nous ignorons comment sont réellement les choses et que nous n'en connaissons que la représentation que nous nous en faisons, pourquoi ne pas les représenter d'une manière qui nous donne du pouvoir et en donne aux autres, au lieu de nous imposer des limites ? La clé de cette opération s'appelle la « gestion de la mémoire », c'est-à-dire la formation de représentations qui créent systématiquement des états dynamisants. Dans toute expérience, on peut se concentrer sur des aspects très divers. Même celui à qui tout sourit peut ne voir que ce qui ne va pas et se mettre dans un état de dépression, de frustration ou de colère, ou au contraire se fixer sur tout ce qui lui réussit. Quelle que soit l'horreur de la situation, vous pouvez toujours vous la représenter d'une manière qui augmente votre pouvoir.

Rappelez-vous W. Mitchell. Ce n'est pas ce qui lui est arrivé qui a compté. C'est la représentation qu'il s'en est faite. Malgré ses terribles brûlures et sa paralysie, il a trouvé le moyen de se mettre dans un état fécond. Sachez donc que rien n'est ni bon ni mauvais en soi. La valeur d'un événement dépend de la façon dont nous nous le représentons. Nous pouvons voir les choses d'une manière qui nous mette dans un état constructif ou faire le contraire. Accordez-vous un instant pour vous remémorer une époque où vous étiez dans un état de puissance.

C'est ce que nous accomplissons par la marche sur le feu. Si je vous demandais de poser ce livre et de traverser pieds nus un lit de charbons ardents, vous ne le feriez probablement pas. C'est une chose que vous ne vous croyez pas capable de faire, et vous n'associerez peut-être pas ce geste à des sentiments et des états féconds. Si bien que, quand j'en parle, vous ne vous mettez sans doute pas dans l'état qui vous permettrait d'entreprendre une telle action.

La marche sur le feu apprend aux gens à modifier leurs états et leurs comportements de façon à pouvoir agir et obtenir des résultats, malgré leur peur ou toute autre entrave qui les en empêche. Les gens qui marchent sur le feu ne sont pas différents de ce qu'ils étaient le jour où ils sont arrivés en pensant qu'ils étaient incapables de le faire. Mais ils ont appris à modifier leur physiologie, à modifier la représentation interne de ce dont ils se croient capables ou incapables. Ce qui leur semblait une épreuve terrifiante est ainsi devenu un geste qu'ils se savent capables d'exécuter. Ils sont désormais en mesure de se mettre dans un état totalement fécond et, à partir de cet état, d'entreprendre des actions qu'ils avaient jugées impossibles dans le passé.

La marche sur le feu les aide à former de nouvelles représentations de ce qui leur est possible, car ils savent désormais que leurs « incapacités » ne sont que des limites qu'ils s'imposent à eux-mêmes. Parler du pouvoir que confère l'état dans lequel on se trouve est une chose, en faire l'expérience en est une autre. C'est ce que permet la marche sur le feu en démontrant clairement à ceux qui la pratiquent que leur comportement résulte de l'état dans lequel ils se trouvent. Car en un instant, grâce aux quelques changements qu'ils opèrent sur l'idée qu'ils se font de ce geste, ils acquièrent une telle confiance en eux qu'ils deviennent capables de vivre cette expérience inoubliable.

Pour obtenir les résultats que l'on désire, il faut se représenter les choses de façon à se mettre dans un état suffisamment fécond pour y puiser le pouvoir d'entreprendre. Si vous n'y parvenez pas, c'est probablement parce que vous ne pouvez même pas essayer de le faire ou que vous essayez avec trop peu de conviction. Lorsque je vous dis : « Marchons sur le feu ! » les stimuli que j'émets à votre intention, avec des mots ou dans le langage du corps, vont jusqu'à votre cerveau où ils donnent lieu à une représentation. Si l'image que vous faites naître est celle d'individus avec des anneaux dans le nez accomplissant je ne sais quel rite effrayant ou celle de victimes sur un bûcher, vous ne vous trouverez pas dans un état très dynamisant. Et si vous vous imaginez en train de brûler, vous serez dans un état totalement inhibitif.

Si au contraire vous imaginez des gens en train de frapper dans leurs mains, de danser et de faire la fête, si vous voyez une scène de joie et d'enthousiasme intenses, vous vous trouverez dans un état tout différent. Si vous vous représentez vous-même en train de marcher gaiement sur le feu, si vous vous dites : « Oui, je peux tout à fait faire ça », et si vous mettez votre corps en mouvement comme si vous étiez totalement confiant, ces signaux neurologiques vous permettront très certainement d'agir, de marcher sur le feu.

Il en va de même pour toute autre situation de la vie. Si nous nous représentons une situation d'échec, nous sommes sûrs d'échouer. La différence entre un W. Mitchell et d'autres personnes tient à ce qu'il s'est représenté le monde comme un lieu où il pouvait obtenir les résultats qu'il désirait. Il est évident, toutefois, que même dans les états les plus dynamisants nous n'atteignons pas toujours ce que nous voulons. Pourtant, quand nous créons l'état approprié à la situation, nous créons du même coup la situation la plus favorable pour utiliser toutes nos ressources efficacement.

Mais si les représentations internes et la physiologie concourent à créer l'état où naissent les comportements, qu'est-ce qui détermine l'apparition de ces comportements quand nous sommes dans cet état ? Une personne en état d'amour vous serrera dans ses bras alors qu'une autre se contentera de vous dire qu'elle vous aime. Cela, parce que, lorsque nous nous mettons dans un état donné, notre cerveau a alors accès à un choix de comportements. Ce choix dépend lui-même des modèles dont nous disposons. Certaines personnes, quand elles sont en colère, ne disposent que d'un modèle de réaction : elles explosent – parce que c'est ce qu'elles ont appris en observant leurs parents. Certaines ont pu essayer d'autres réactions qui leur ont permis d'obtenir ce qu'elles voulaient et les ont enregistrées dans leur mémoire pour un usage ultérieur.

Nous avons tous des conceptions du monde, des schémas qui modèlent notre perception de l'environnement. À partir des gens que nous connaissons, des livres que nous lisons ou des films que nous voyons, nous formons une image du monde et de ce qu'il est possible d'y faire. La vie de W. Mitchell fut modelée par le souvenir d'un homme qu'il avait connu dans son enfance, un paralytique qui avait fait de son existence une réussite. Mitchell disposait donc d'un modèle qui l'a aidé à se dire que sa situation ne l'empêchait nullement d'atteindre au succès.

En imitant d'autres individus, nous devons découvrir les convictions particulières qui les amènent à se représenter un monde où l'action est possible. Nous devons trouver exactement comment ils se représentent leur expérience du monde, quelles sont les images qu'ils forment dans leur esprit, ce qu'ils se disent, ce qu'ils ressentent. Et, je le répète, si nous réussissons à envoyer les mêmes messages à notre corps, nous pouvons produire les mêmes résultats. Toute la question de l'imitation est là.

Les résultats ne se produisent pas tout seuls, c'est là une constante de la vie. Si vous ne décidez pas consciemment des résultats que vous voulez produire et que vous ne vous représentez pas les choses en conséquence, un phénomène extérieur – une conversation, une émission de télévision, n'importe quoi – risque de provoquer en vous un état négatif. La vie est comme une rivière, elle court. Vous risquez d'être emporté par elle si vous ne prenez pas des mesures volontaires, conscientes, pour vous diriger dans la direction que vous avez choisie. Si vous ne plantez pas les graines mentales et physiologiques de l'effet que vous recherchez, la mauvaise herbe poussera toute seule. Lorsque nous ne dirigeons pas consciemment notre esprit, notre environnement risque de créer des états indésirables et de provoquer des effets catastrophiques. Nous devons donc monter la garde devant la porte de notre esprit, savoir quelles représentations nous y formons, désherber notre jardin mental jour après jour.

L'histoire de Karl Wallenda nous fournit un des exemples les plus parlants d'état indésirable. Depuis des années, il posait des antennes, et n'avait jamais envisagé la possibilité d'une chute. C'était pour lui une chose impensable. Or, un jour, il commença à dire à sa femme qu'il se voyait en train de tomber. Trois mois plus tard, il fit une chute mortelle. Certains diront qu'il avait eu une prémonition. Mais on peut aussi considérer qu'il a fourni à son système nerveux une représentation systématique, un signal qui a favorisé un comportement de chute – il a produit un résultat. Il a donné à son cerveau une nouvelle voie à suivre, et son cerveau l'a suivie. Voilà pourquoi nous devons fixer nos pensées sur ce que nous désirons et non sur ce que nous ne voulons pas.

Si vous vous concentrez continuellement sur ce qu'il y a de plus mauvais dans la vie, vous vous mettez dans un état qui favorise le pire. Êtes-vous par exemple quelqu'un de jaloux ? Non. Mais ne vous est-il pas arrivé dans le passé de créer des états de jalousie et de subir les comportements qui en découlent ? Si c'est le cas, cela signifie que vous vous êtes fait une représentation qui a favorisé cet état. Mais n'oubliez pas que nous avons toujours le choix de nous représenter les choses autrement. Nous pouvons ainsi créer un nouvel état et engendrer les comportements qui en découlent. Si vous vous représentez celui ou celle que vous aimez en train de vous tromper, vous ne tarderez pas à vous retrouver dans un état de colère. Vous n'avez aucune preuve qu'on vous trompe, mais vous vous comportez comme si c'était le cas. Si bien que, lorsque cette personne va rentrer à la maison, vous allez être soupçonneux ou furieux. Or, quand vous êtes dans cet état, comment traitez-vous l'autre ? Généralement assez mal. Vous allez l'insulter ou ressentir un tel malaise que vous finirez par provoquer des mesures de rétorsion.

L'être aimé n'a peut-être rien fait mais l'état dans lequel vous vous êtes mis a engendré un comportement qui risque de lui donner envie d'être avec quelqu'un d'autre ! Et c'est votre jalousie qui a créé cet état. Or, il est toujours possible de remplacer ces images négatives par celles de l'être aimé faisant tout son possible pour rentrer à la maison. Vous vous mettrez alors dans un état tel qu'au moment où il arrivera vous lui donnerez l'impression qu'il était attendu, et vous accroîtrez du même coup son désir d'être près de vous. J'admets qu'il y a parfois des cas où l'être aimé est bien en train de faire ce que vous imaginez, mais à quoi bon gaspiller votre énergie avant de savoir ? La plupart du temps, il ne s'est rien passé et vous avez causé de la souffrance, à l'autre et à vous-même. Qu'y avez-vous gagné ?

À l'origine de toute action, il y a une pensée.

Ralph EMERSON

Si nous contrôlons la façon dont nous communiquons avec nous-mêmes et émettons des signaux visuels, sonores et gestuels de ce que nous voulons, nous pouvons obtenir des effets remarquables, même dans des situations où les chances de succès semblent faibles ou nulles. Les chefs d'entreprise, les entraîneurs sportifs, les parents les plus efficaces sont ceux qui réussissent à se représenter et à représenter aux autres les circonstances de la vie de manière positive, et cela malgré la présence de signes extérieurs apparemment décourageants. Ils se maintiennent ainsi dans un état de disponibilité qui leur permet de continuer à agir jusqu'au succès. Vous avez sans doute entendu parler de Mel Fisher. C'est l'homme qui, pendant dix-sept ans, a cherché un trésor enfoui au fond des mers et a fini par découvrir pour plus de trois milliards de francs de lingots d'or et d'argent. Dans un article que j'ai lu à son sujet, on demandait à un des membres de son équipage pourquoi il était resté avec lui si longtemps, et ce dernier a répondu que Mel avait le don de susciter l'enthousiasme. Tous les jours, Fisher se répétait à lui-même et disait aux autres : « C'est pour aujourd'hui », et à la fin de la journée : « Ce sera pour demain. » Mais il ne suffisait pas de le dire. Il fallait aussi qu'il le dise comme il convient, avec un certain ton de voix et en formant certaines images dans son esprit. Il se mettait chaque jour dans l'état qui lui permettait de continuer à agir. C'est un exemple classique de la formule fondamentale du succès. Il savait où il allait, il agissait, il tirait les enseignements de ses succès et, quand il échouait, il essayait autre chose, jusqu'à ce que cela réussisse.

L'un des meilleurs « motivateurs » que je connaisse s'appelle Dick Tomey, entraîneur de l'équipe de football américain de l'université de Hawaii. C'est un homme qui a parfaitement compris combien les représentations internes affectent les performances des athlètes. Lors d'un match contre l'université du Wyoming, la marque était à la mi-temps de 22 à 0 contre son équipe, qui semblait complètement perdue.

Vous pouvez imaginer l'état des joueurs quand ils se retrouvèrent dans les vestiaires. Tomey examina leur mine défaite et comprit que, à moins de réussir à modifier leur état, ils ne toucheraient pas une balle pendant la deuxième mi-temps.

Dick sortit alors un panneau où il avait collé une série de photocopies d'articles qu'il conservait depuis des années. Chacun des articles relatait l'histoire d'équipes qui avaient repris autant sinon plus de points de retard et qui avaient réussi à gagner malgré ce handicap. En leur faisant lire ces articles, il réussit à insuffler à ses joueurs la certitude qu'ils pouvaient gagner. Et cette certitude créa un état neurophysiologique entièrement nouveau. Qu'arriva-t-il ? L'équipe de Tomey fit le match de sa carrière. Elle empêcha le Wyoming de marquer un seul point et termina la partie sur un score de 27 à 22. Il avait pour cela suffi de modifier les représentations internes des joueurs.

Il n'y a pas longtemps, je me trouvais à bord d'un avion en compagnie de Ken Blanchard, le coauteur de *Chef d'entreprise en une minute (The One Minute Manager)*. Il venait de rédiger un article pour le *Golf Digest*, intitulé « Champion de golf en une minute ». Il avait mis le grappin sur l'un des plus grands entraîneurs de golf des États-Unis et, grâce à cela, avait réussi à améliorer son score. Il me raconta qu'il avait appris toutes sortes de subtilités fort utiles mais qu'il avait un mal fou à se les rappeler toutes. Je lui dis qu'il n'avait pas besoin de se rappeler tous les détails. Mais avait-il jamais frappé une balle de golf à la perfection ? Il me répondit par l'affirmative. Je lui expliquai alors que cette stratégie, cette manière particulière d'organiser ses ressources, avait été enregistrée clairement dans son inconscient. Il lui suffisait simplement, pour recommencer, de se remettre dans l'état qui lui permettrait d'utiliser ces informations. Je consacrai quelques minutes à lui montrer comment se mettre dans cet état dès qu'il le voudrait. (Nous apprendrons cette technique au chapitre 17.) Et que s'est-il produit ? Il fit la plus belle partie qu'il ait faite depuis quinze ans, dépassant son précédent score de quinze points. Pourquoi ? Parce qu'il n'existe rien de plus puissant qu'un état dynamisant. Il n'eut pas besoin de faire d'effort pour se rappeler comment agir. Il accéda sans peine à toutes les ressources dont il avait besoin.

Avant les Jeux olympiques, j'ai travaillé avec Michael O'Brien, un nageur qui disputait le 1 500 mètres nage libre. Il s'était beaucoup entraîné mais il avait l'impression qu'il ne faisait pas tout ce qu'il fallait pour gagner. En fait, il avait mis en place toute une série de blocages mentaux qui le freinaient. Il redoutait l'idée du succès et limitait ses ambitions à une médaille d'argent ou de bronze. Il n'était d'ailleurs pas favori pour la médaille d'or. Le favori, c'était George DiCarlo, qui avait battu Michael à plusieurs reprises.

J'ai passé une heure et demie avec Michael pour l'aider à définir ses états de performance maximale, c'est-à-dire pour découvrir ce qu'il faisait lorsqu'il mettait en œuvre ses ressources physiques optimales : ce qu'il s'était imaginé, ce qu'il s'était dit, ce qu'il avait ressenti lors de la rencontre unique où il avait battu George DiCarlo. Nous avons analysé les mesures qu'il prenait, mentalement et physiquement, quand il remportait des compétitions. Puis nous avons associé les états où il se trouvait dans ces moments-là à un déclencheur automatique : la détonation du pistolet de départ. J'avais découvert que, le jour où il avait battu DiCarlo, il avait écouté Huey Lewis et les informations juste avant l'épreuve. Le jour de la finale olympique, il a donc fait exactement la même chose, tous les gestes qu'il avait accomplis le jour de la victoire, y compris écouter Huey Lewis juste avant le départ. Et il a battu George DiCarlo et remporté la médaille d'or avec six bonnes secondes d'avance.

Avez-vous déjà vu *The Killing Fields* ? Ce film comporte une scène si frappante que je ne l'oublierai jamais. Il y est question d'un enfant de douze ou treize ans qui vit au milieu des horreurs et des destructions de la guerre du Cambodge. À un moment, n'en pouvant plus, l'enfant s'empare d'une mitraillette et abat la première personne qu'il rencontre. C'est une scène impressionnante. Comment en effet un garçon de cet âge peut-il en arriver à faire une chose pareille ? D'une part, il est tellement désemparé qu'il se trouve en état de plonger jusqu'aux profondeurs les plus violentes de sa personnalité. D'autre part, il vit dans un pays qui est tellement imprégné par la guerre et les destructions que s'emparer d'une mitraillette lui paraît la réaction appropriée. Il a vu d'autres personnes le faire et il le fait à son tour. C'est aussi une scène extrêmement destructrice. J'essaie toujours, pour ma part, de me concentrer sur des états constructifs. Mais cette scène nous donne un excellent avertissement sur ce que nous sommes capables de faire à partir de certains états et que nous ne pourrions pas faire dans d'autres. J'insiste sans cesse sur ce point afin qu'il s'ancre dans votre esprit : le type de conduite que nous adoptons résulte de l'état dans lequel nous nous trouvons. Et notre manière de réagir à cet état dépend de nos conceptions du monde, c'est-à-dire des stratégies neurologiques que nous avons emmagasinées. Seul, je n'aurais jamais pu faire gagner la médaille d'or à Michael O'Brien. Il a fallu qu'il travaille presque toute sa vie à emmagasiner des stratégies, des réactions musculaires, etc. Je n'ai fait que découvrir comment mobiliser à la demande, en quelques minutes, ses ressources les plus utiles, ses stratégies de réussite.

La plupart des gens ne prennent guère de mesures conscientes pour contrôler leurs états. Ils se réveillent déprimés ou en forme. Les événements heureux les remontent, les événements malheureux les abattent. Ce qui distingue les individus, quel que soit leur domaine d'action, c'est la manière dont ils contrôlent leurs ressources. La chose est évidente en athlétisme. Personne ne réussit tout le temps, mais certains athlètes ont la capacité de se mettre presque à volonté dans un état dynamisant. Comment y arrivent-ils ? En mobilisant ce qu'ils ont de mieux au moment voulu, quand la pression s'exerçant sur eux est à son maximum.

La plupart des gens cherchent à transformer les états dans lesquels ils sont. Ils veulent être heureux, joyeux, équilibrés. Ils désirent avoir l'esprit en paix ou se sortir d'états qui ne leur plaisent pas. Quand ils sont désemparés, en colère, bouleversés, ou quand ils s'ennuient, que font-ils généralement ? Ils allument un poste de télévision qui leur fournit de nouvelles représentations à intérioriser. Ayant désormais quelque chose à voir, l'occasion de rire, ils s'extraient de leur état de désarroi. D'autres sortent, vont au restaurant, allument une cigarette ou se droguent. Dans le meilleur des cas, il arrive qu'ils fassent un exercice physique. Le seul inconvénient de toutes ces démarches, c'est que leur effet n'est pas durable. Quand l'émission de télévision est finie, ils ont toujours les mêmes représentations de leur vie. Celles-ci leur reviennent à l'esprit et ils se sentent de nouveau mal dès que l'excès de nourriture ou de drogue a été consommé. Et ils doivent alors payer le prix de ce changement d'état temporaire. Mon intention, en revanche, c'est de vous montrer comment modifier directement vos représentations internes et votre physiologie, sans recourir à des artifices extérieurs, qui très souvent causent à long terme des problèmes supplémentaires.

Pourquoi les gens se droguent-ils ? Non pas parce qu'ils aiment se planter des aiguilles dans le bras, mais parce qu'ils aiment l'effet que la drogue produit et qu'ils ne connaissent pas d'autre moyen de se mettre dans cet état. Or, j'ai connu des jeunes consommateurs de drogues « dures » qui ont arrêté après une marche sur le feu, parce qu'on leur avait donné un meilleur modèle d'accès à la même extase. Un garçon qui disait être « accro » à l'héroïne depuis six ans et demi annonça au groupe à la fin de sa marche sur le feu : « Terminé. Avec la seringue, je n'ai jamais ressenti quelque chose qui approche, même de loin, ce que j'ai ressenti en arrivant de l'autre côté des braises. »

Cela ne veut pas dire qu'il lui a fallu marcher sur le feu régulièrement. Il suffisait qu'il accède de temps en temps à ce nouvel état. En accomplissant un geste qu'il croyait impossible, il avait élaboré un nouveau modèle de ce qu'il pouvait faire pour se sentir bien.

Les gens qui ont accédé à la réussite savent avant tout capter les éléments les plus féconds de leur esprit. C'est ce qui les distingue de la masse. Vous retiendrez de ce chapitre qu'un état donné peut vous fournir un pouvoir extraordinaire, et comme vous pouvez contrôler vos états, vous n'avez aucune raison d'être à la merci des circonstances.

Il existe un facteur qui détermine à l'avance la représentation que nous nous faisons des événements de la vie, un facteur qui filtre la représentation que nous nous faisons du monde, un facteur qui détermine les états que nous créons systématiquement dans certaines situations. On l'appelle parfois le pouvoir suprême. Examinons la force magique de...

4

La naissance de l'excellence : la croyance

L'homme est ce qu'il croit.

Anton TCHEKHOV

Dans son merveilleux ouvrage, *La Volonté de guérir*[1], Norman Cousins raconte une anecdote fort instructive au sujet de Pablo Casals, l'un des plus grands musiciens du XXe siècle. C'est une histoire de croyance et de renaissance dont nous avons tous quelque chose à tirer.

Cousins raconte comment il a rencontré Casals peu avant que le grand violoncelliste ne célèbre son quatre-vingt-dixième anniversaire. Voir le vieil homme commencer sa journée était presque douloureux. Casals était si frêle et si perclus d'arthrite qu'il avait besoin d'aide pour s'habiller. On comprenait tout de suite qu'il souffrait d'emphysème tant il avait de mal à respirer. Il avançait en traînant les pieds, le dos voûté, la tête projetée en avant. Ses mains étaient gonflées,

1. Le Seuil (1980)

ses doigts recroquevillés. Il avait l'air d'un vieillard très fatigué.

Avant même d'avoir pris son petit déjeuner, Casals se dirigea péniblement vers le piano, un des instruments dont il jouait à la perfection. Il s'installa avec beaucoup de difficulté sur le tabouret. Puis, au prix d'un effort qui parut terrible, il posa ses doigts gourds sur le clavier.

Alors le miracle se produisit. D'un seul coup, Casals se transforma complètement sous les yeux de Cousins. Il se mit dans un état fécond et sa physiologie se modifia à un point incroyable : il commença à bouger et à jouer, provoquant sur son corps et sur le piano des effets qui n'auraient dû être possibles que de la part d'un pianiste en bonne santé, fort et souple. « Ses doigts se dénouèrent, raconte Cousins, et se dirigèrent vers les touches comme des boutons de fleur vers le soleil. » La seule idée de jouer du piano avait totalement transformé son état et donc ses capacités physiques. Casals commença par jouer des pièces du *Clavecin bien tempéré* de Bach, qu'il interpréta avec beaucoup de sensibilité et de maîtrise. Il s'attaqua ensuite à un concerto de Brahms et ses doigts semblèrent courir sur le clavier. « Tout son corps fusionnait avec la musique, écrit Cousins. Ses mouvements n'étaient plus raides ni étriqués, mais souples et gracieux, et complètement libérés des crispations de l'arthrite. » Quand il quitta le piano, c'était un être entièrement différent de celui qui s'y était installé pour jouer. Il se tenait plus droit et paraissait plus grand. Il marchait sans traîner les pieds. Il se dirigea d'ailleurs aussitôt vers la table du petit déjeuner et mangea de bon cœur. Puis il sortit faire une grande marche sur la plage.

Nous considérons habituellement les croyances comme des credo ou des doctrines, et c'est ce qu'elles sont souvent. Mais au sens strict, tout principe directeur, toute foi, toute passion qui peuvent donner un sens à notre vie sont une croyance. Nous sommes soumis à une quantité illimitée de stimuli. Les croyances sont les filtres organisés, préétablis, de notre perception du monde. Elles sont les directives qui régissent notre cerveau. Quand nous croyons fermement que quelque chose est vrai, c'est comme si nous donnions à notre cerveau un ordre sur la façon de nous représenter les événements. Casals croyait à la musique et à l'art. C'est ce qui avait embelli, ordonné, ennobli toute sa vie, et qui lui permettait encore d'accomplir un miracle chaque jour. Parce qu'il croyait au pouvoir transcendant de son art, il était lui-même doué d'un pouvoir qui défie presque l'entendement. Ses croyances transformaient quotidiennement ce vieillard fatigué en un génie plein d'énergie. Au sens le plus profond de l'expression, elles le maintenaient en vie.

« Un être qui possède une croyance a autant de force que quatre-vingt-dix-neuf êtres qui n'ont que des intérêts », a écrit John Stuart Mill. Voilà pourquoi les croyances ouvrent la voie qui mène à l'excellence. Elles donnent des ordres à notre système nerveux. Lorsque vous croyez qu'une chose est vraie, vous vous mettez dans un état qui permet qu'elle le soit. Maniée de façon positive, la croyance peut donc devenir un outil des plus puissants pour réaliser vos désirs. Au contraire, une croyance qui entrave votre action peut provoquer des résultats catastrophiques. Depuis des siècles, les religions donnent à des millions de gens du pouvoir, la force de faire des choses dont ils se seraient crus incapables. Les croyances nous permettent de capter les meilleures ressources que nous recelons en nous et de mettre ces ressources au service de la réalisation de nos désirs.

Les croyances sont la boussole qui nous guide vers notre but et qui nous garantit que nous l'atteindrons. Celui qui n'a pas de croyances, ou qui ne réussit pas à y puiser d'énergie, est totalement désemparé. Il est comme un navire privé d'hélice ou de gouvernail. Seules les croyances donnent le pouvoir d'agir et de créer le monde dans lequel on veut vivre. Car elles nous permettent de voir ce que nous voulons et nous donnent l'énergie dont nous avons besoin pour l'obtenir.

En fait, il n'existe pas de force directrice du comportement plus puissante que la croyance. Fondamentalement, l'histoire de l'humanité est l'histoire de la croyance humaine. Les individus qui ont changé le cours de notre histoire – Jésus, Mahomet, Copernic, Christophe Colomb, Edison, Einstein, Kennedy ou Luther King – sont des gens qui ont modifié nos croyances. Aussi, pour modifier notre comportement, devons-nous commencer par agir sur nos croyances. Si nous voulons imiter l'excellence, nous devons apprendre à modeler nos croyances sur celles des individus qui sont parvenus à l'excellence.

Plus nous en apprenons sur le comportement humain, plus nous découvrons l'extraordinaire pouvoir que les croyances ont sur notre vie. À bien des égards, ce pouvoir défie les modèles logiques qui sont les nôtres. Mais il ne fait aucun doute que, sur le seul plan physiologique, les croyances (représentations internes cohérentes) agissent sur la réalité. Il y a quelque temps est parue une excellente étude sur la schizophrénie. On y étudiait entre autres le cas d'une femme souffrant d'un dédoublement de personnalité. En dehors des périodes de crise, son taux de glycémie était tout à fait normal. Mais elle était persuadée d'être diabétique, et elle réussissait à transformer complètement son état physiologique qui devenait celui d'une diabétique. Sa croyance devenait réalité.

Dans le même ordre d'idée, il y a eu de nombreuses études décrivant le cas d'individus plongés dans un état de transe hypnotique, qu'on touchait du bout du doigt en leur disant qu'on leur appliquait un fer rouge. Invariablement, une brûlure apparaissait au point de contact. Ce qui comptait, ce n'était pas tant la réalité que la croyance – communication établie directement, sans se poser de question, avec le système nerveux. Le cerveau ne fait que ce qu'on lui dit.

La plupart d'entre nous connaissent l'effet placebo, par lequel un médicament dénué de toute propriété curative agit sur le malade qui est persuadé qu'on lui donne un traitement efficace. À ce sujet, Norman Cousins, qui découvrit sur lui-même le pouvoir de la croyance dans l'éradication de la maladie, écrit : « Les médicaments ne sont pas toujours nécessaires. La croyance en la guérison l'est toujours. » Une étude remarquable de l'effet placebo décrit le cas de plusieurs malades souffrant d'ulcères aigus. On les divisa en deux groupes et l'on annonça aux malades du premier groupe qu'on leur donnait un nouveau médicament qui allait certainement les soulager. On dit aux malades du deuxième groupe qu'on leur donnait un produit expérimental dont on ne connaissait pas encore très bien les effets. Soixante-dix pour cent des malades du premier groupe constatèrent une amélioration sensible de leur état. Seulement vingt-cinq pour cent des malades du second groupe obtinrent le même résultat. Or, dans les deux cas on avait donné aux malades un produit dépourvu de la moindre propriété médicamenteuse. La seule différence était le système de croyance que les uns et les autres avaient adopté. Il existe d'ailleurs un grand nombre d'études encore plus remarquables de cas de malades à qui l'on avait donné des médicaments ayant des effets nocifs et qui n'ont pas éprouvé le moindre trouble, car on leur avait dit qu'ils allaient se sentir mieux.

Des études menées par le Dr Andrew Weil ont montré que les sensations des toxicomanes correspondent presque exactement à ce qu'ils attendent de la drogue qu'ils absorbent. Il a ainsi découvert qu'il pouvait amener un individu ayant absorbé une dose d'amphétamine à se sentir calmé, et un individu ayant absorbé une dose de barbiturique à se sentir excité. « La "magie" des drogues réside dans l'esprit du consommateur, non dans les drogues », écrit Weil en conclusion.

Dans tous ces exemples, la constante qui a le plus fortement affecté les résultats est la croyance, le message systématique et cohérent transmis au cerveau et au système nerveux. Si puissant soit-il, le processus ne comporte aucun élément magique.

La croyance n'est rien d'autre qu'un état, une représentation interne qui gouverne le comportement. Il peut s'agir d'une croyance dynamisante ou, au contraire, d'une croyance destructrice. Si l'on croit à la réussite, on trouvera en soi le pouvoir de l'atteindre. Si l'on croit à l'échec, on aura tendance à y aboutir. Rappelez-vous donc ceci : quand vous dites que vous êtes capable d'accomplir telle action et quand vous dites que vous en êtes incapable, dans les deux cas vous avez raison. Les deux types de croyances sont très puissants. La question est de savoir quel type de croyances il vaut mieux avoir, et comment les susciter.

Les croyances sont un choix. Bien que nous en ayons rarement conscience, nous pouvons tous choisir des croyances qui nous limitent ou des croyances qui nous soutiennent. Pour arriver au succès, il faut donc favoriser les croyances positives et écarter celles qui nous entravent.

La principale bévue que nous commettons au sujet de la croyance est de penser qu'elle est un concept fixe, une idée séparée de l'action. Rien ne pourrait être plus éloigné de la vérité. C'est au contraire parce qu'elle n'a rien de statique et qu'elle fait intégralement partie de notre fonctionnement que la croyance ouvre la porte de la réussite.

Ce que nous croyons détermine le potentiel que nous allons être en mesure de mobiliser. Les croyances peuvent amorcer ou arrêter le flot des idées. Imaginez la situation suivante. Quelqu'un vous dit : « Va me chercher le sel, s'il te plaît » ; et en passant dans la pièce voisine vous vous dites : « Mais je ne sais pas où il est. » Après avoir cherché pendant un petit moment, vous vous écriez : « Je ne le trouve pas ! » La personne qui vous l'a demandé entre alors, prend le sel qui se trouve sur l'étagère, sous vos yeux, et dit : « Regarde, ballot, il est devant ton nez. Tu ne trouverais pas d'eau à la rivière ! » On peut donc affirmer que quand vous vous êtes dit : « Je ne sais pas où il est », vous avez donné à votre cerveau l'ordre de ne pas voir le sel. En psychologie, c'est ce qu'on appelle un schotome. Sachez que toute expérience humaine, tout ce que vous avez dit, vu, entendu, senti, ressenti, ou touché est emmagasiné dans votre cerveau. Quand vous dites avec conviction que vous ne vous souvenez pas, vous avez raison. Quand vous dites avec conviction que vous vous souvenez, vous donnez à votre système nerveux l'ordre d'ouvrir les voies qui conduisent à la partie de votre cerveau qui possède la capacité de vous fournir les réponses que vous attendez.

Ils peuvent parce qu'ils croient pouvoir.

VIRGILE

Que sont donc les croyances ? Des accès préétablis à la perception, qui filtrent la communication avec nous-mêmes de façon systématique. D'où viennent les croyances ? Pourquoi certaines personnes ont-elles des croyances qui les poussent vers le succès tandis que d'autres ont des croyances qui les aident seulement à échouer ? Si nous désirons imiter les croyances qui favorisent l'excellence, il nous faut tout d'abord essayer de répondre à ces questions.

La première source des croyances, c'est l'environnement. C'est là que les cycles de la réussite qui engendre la réussite et de l'échec qui engendre l'échec se déroulent de façon absolument ininterrompue. La véritable horreur de la vie de ghetto, ce ne sont pas tant les soucis et les privations quotidiennes. Le vrai cauchemar, c'est l'effet que produit l'environnement sur les croyances et les rêves. Si vous ne voyez qu'échec et désespoir, il vous sera très difficile de donner forme à des représentations internes qui favorisent le succès. Vous vous souvenez qu'au chapitre précédent nous avons vu qu'imiter est un geste que nous accomplissons en permanence. Si l'on grandit dans la richesse et la réussite, il est facile d'imiter la richesse et la réussite. Si l'on grandit dans la misère et le désespoir, c'est là que l'on puise ses modèles de conduite. Comme l'a dit Einstein : « Rares sont les gens capables d'exprimer avec impartialité des opinions qui diffèrent des préjugés qu'on a dans leur milieu social. La plupart des gens sont même incapables de concevoir pareilles opinions. »

Dans l'un de mes séminaires avancés d'imitation, il y a un exercice où je fais intervenir des clochards. Nous leur demandons d'entrer dans la salle et nous imitons leurs systèmes de croyances et leurs stratégies mentales. Ensuite, nous leur offrons à manger, nous les entourons de la plus grande affection possible et nous leur proposons de raconter leur vie au groupe, de nous dire ce qu'ils pensent de leur situation actuelle et de nous expliquer pourquoi, à leur avis, ils en sont arrivés là. Puis nous les comparons avec des gens qui, malgré les grandes tragédies physiques ou morales qu'ils ont connues, ont réussi à s'en sortir.

Au cours d'une session récente, nous avons eu un homme de vingt-huit ans, fort, de toute évidence intelligent, en bonne condition physique et qui était même joli garçon. Pourquoi couchait-il sous les ponts alors que W. Mitchell – qui, du moins en apparence, disposait de moins de ressources pour transformer sa vie – était très heureux ? Mitchell avait grandi dans un environnement où abondaient les exemples, les modèles d'individus qui avaient surmonté d'immenses difficultés pour se bâtir une vie heureuse. Cela constituait une croyance en soi : « Ce qui avait été possible pour eux l'était aussi pour moi. » Au contraire, ce jeune homme, appelons-le John, avait grandi dans un environnement où il n'existait aucun modèle de ce type. Sa mère était une prostituée ; son père avait été en prison pour meurtre. Quand il avait huit ans, son père lui avait fait une injection d'héroïne. Ce genre d'environnement avait sans aucun doute influé sur ce qu'il croyait possible – guère plus que la survie – et sur le moyen d'y parvenir : coucher sous les ponts, voler, essayer d'annihiler la douleur en recourant à la drogue. Il croyait que les gens profitent toujours de vous dès que vous n'êtes pas sur vos gardes, que personne n'aime personne, etc. Le soir même, nous avons travaillé avec cet homme et nous avons modifié son système de croyances (comme nous l'expliquerons au chapitre 6). Depuis lors, il a abandonné sa vie de clochard et il a cessé de se droguer. Il s'est mis à travailler, il s'est fait de nouveaux amis et il habite dans un tout autre environnement. Ses nouvelles croyances lui ont permis d'avoir un comportement totalement différent.

Le Dr Benjamin Bloom, de l'université de Chicago, a réalisé une étude concernant une centaine de jeunes sportifs, musiciens et étudiants ayant particulièrement bien réussi. Il a été surpris de découvrir que la plupart de ces jeunes prodiges ne s'étaient pas montrés particulièrement brillants à leurs débuts.

Au lieu de cela, la plupart avaient d'abord fait l'objet de soins attentifs, de conseils, d'appui et n'avaient commencé à se développer qu'ensuite. La croyance qu'ils pourraient se distinguer avait précédé toute manifestation avérée de leur grand talent.

L'environnement est parfois le principal élément générateur de croyances mais ce n'est pas le seul. Si c'était le seul, nous vivrions dans un monde figé où les enfants de la richesse ne connaîtraient que la richesse et où les enfants de la misère ne s'élèveraient jamais au-dessus de leur condition d'origine. Mais il existe d'autres expériences, d'autres moyens d'apprendre qui peuvent être aussi producteurs de croyances.

Les événements, petits ou grands, favorisent parfois la formation de croyances. Il est des événements dans la vie de chacun que l'on n'oublie jamais. Où étiez-vous le jour où le président Kennedy a été assassiné ? Si vous êtes assez vieux pour vous en souvenir, je suis sûr que vous le savez encore. Pour beaucoup de gens, ce fut le jour qui modifia à jamais leur conception du monde. De la même façon, nous avons presque tous vécu des expériences que nous n'oublierons pas, des moments qui ont eu un tel impact sur nous qu'ils sont définitivement gravés dans notre cerveau. Ce sont là les types d'expériences qui suscitent les croyances susceptibles de transformer notre vie.

Quand j'avais treize ans, je me suis demandé ce que je pourrais bien faire plus tard et j'ai décidé de devenir présentateur sportif à la télévision. Un jour, j'ai lu dans le journal que Howard Cosell devait dédicacer son nouveau livre au supermarché du quartier. Je me suis dit que, si je devais devenir présentateur sportif, il fallait que je me mette à interviewer des professionnels. Pourquoi ne pas commencer par l'un des plus grands ? J'ai séché le lycée, j'ai emprunté un magnétophone et ma mère m'a conduit jusqu'au supermarché. Quand je suis arrivé, Howard Cosell se levait pour partir. J'ai été pris de panique. Qui plus est, j'étais entouré de reporters qui se bousculaient pour essayer de recueillir ses derniers commentaires. Sans trop savoir comment, j'ai réussi à me glisser entre les journalistes et à m'approcher de Cosell. Parlant à toute vitesse, je lui ai dit ce que je faisais et lui ai demandé d'enregistrer une courte interview. Et devant les journalistes interloqués, il m'a accordé une interview personnelle. Cette expérience a transformé ma croyance sur ce qui était possible, sur qui pouvait être approché et sur l'intérêt qu'on a à demander ce qu'on veut. Grâce aux encouragements de Howard Cosell, j'ai fini par écrire pour un quotidien et j'ai fait carrière dans le domaine de la communication.

Le troisième moyen de favoriser la croyance, c'est la connaissance. L'expérience directe est certes une forme d'accès à la connaissance. Mais il existe aussi la lecture, le cinéma et la découverte du monde par ce qu'en disent les autres. La connaissance est un des grands moyens de briser les chaînes d'un environnement sclérosant. Si sinistre que soit le monde dans lequel vous vivez, si vous avez la possibilité de connaître par la lecture les réalisations des autres, vous pouvez faire naître des croyances qui vous permettront de réussir. Le Pr Robert Curvin, spécialiste des sciences politiques, a raconté dans le *New York Times* comment l'exemple de Jackie Robinson, le premier footballeur noir à jouer en première division, avait transformé sa vie quand il était encore un enfant du ghetto. « L'attachement que j'éprouvais pour lui m'a enrichi ; son exemple m'a permis d'élever le niveau de mes exigences. »

Le quatrième moyen d'obtenir des résultats consiste à s'appuyer sur des résultats antérieurs. Si vous avez fait quelque chose une fois, ne serait-ce qu'une fois, vous vous en savez capable. Pour qu'il puisse sortir à temps, il fallait que je rédige la première mouture de ce livre en moins d'un mois. Je n'étais pas sûr d'y arriver. Mais mis au pied du mur, j'ai réussi à écrire un chapitre en une journée seulement. Et j'ai su alors que je pourrais recommencer. J'ai ainsi réussi à faire naître la croyance qui m'a permis d'achever ce livre à temps.

C'est ce qu'apprennent les journalistes quand ils doivent rendre un article avant une date donnée. Il y a peu de choses aussi effrayantes que d'avoir à boucler un papier en une heure ou parfois moins sous la pression quotidienne du moment limite. La plupart des débutants redoutent cela plus que tout autre aspect de leur travail. Mais ils découvrent que, s'ils ont réussi à boucler à temps une fois, ils y parviendront toujours. Ils ne deviennent ni plus intelligents ni plus rapides en vieillissant, mais ils ont acquis la conviction qu'ils étaient capables de le faire. C'est la même chose pour les comédiens, les hommes d'affaires ou les gens de n'importe quelle autre profession. Croire qu'on est capable de faire une chose devient une assurance de succès.

Le cinquième moyen de faire naître des croyances est la création dans son esprit de l'expérience qu'on veut voir se réaliser dans l'avenir comme si elle se réalisait à l'instant même. C'est ce que j'appelle l'expérience anticipée des résultats. Quand les conditions qui vous entourent ne vous aident pas à être dans un état d'efficacité, il suffit de créer le monde selon votre désir, de vous immerger dans cette expérience, et de modifier ainsi vos états, vos croyances et votre action. Si vous êtes voyageur de commerce, qu'y a-t-il de plus facile : gagner dix mille ou cent mille dollars ? La vérité est qu'il est plus facile d'en gagner cent mille. Je vais vous expliquer pourquoi. Lorsque votre but est de gagner dix mille dollars, vous essayez seulement de gagner assez d'argent pour payer les factures courantes. Si c'est cela votre but, si c'est la raison que vous vous donnez pour expliquer pourquoi vous travaillez si dur, pensez-vous que vous serez dans un état fécond et dynamisant lorsque vous irez voir vos clients ? Êtes-vous vraiment rempli d'enthousiasme quand vous vous dites : « Allez, mon petit vieux, faut aller au boulot pour payer ces sacrées factures » ? Je ne sais pas comment vous réagissez, mais moi, ça ne me mettrait pas dans une forme éblouissante.

Or, dans les deux cas, il s'agit de vendre. Passer les mêmes coups de fil, aller voir les mêmes clients, livrer les mêmes produits, quel que soit le but que vous vous êtes fixé. Il est donc beaucoup plus enthousiasmant, beaucoup plus stimulant, de partir le matin dans le but de finir le mois avec cent mille dollars au lieu de dix mille. Et cet état d'enthousiasme a beaucoup plus de chances de vous amener à prendre les mesures nécessaires pour mobiliser votre potentiel maximum que l'idée de gagner modestement votre vie, sans plus.

Bien sûr, l'argent n'est pas le seul moyen de vous motiver. Quel que soit votre objectif, si vous formez dans votre esprit une image claire des résultats que vous recherchez et si vous vous représentez dans la situation où vous seriez si vous y étiez déjà parvenu, vous vous mettrez dans un état qui vous aidera à obtenir les effets que vous souhaitez.

Tels sont les moyens de faire naître des croyances. La plupart d'entre nous les font naître au hasard. Nous grappillons du bon et du mauvais dans le monde qui nous entoure. Mais l'une des idées maîtresses de ce livre, c'est que nous ne sommes pas des feuilles ballottées par le vent. Nous pouvons contrôler nos croyances. Nous pouvons contrôler la façon dont nous imitons les autres. Nous pouvons diriger notre vie de manière consciente. Nous pouvons changer. S'il y a un mot-clé dans ce livre, c'est bien celui-ci : changer. Permettez-moi de vous poser la question la plus fondamentale que je connaisse. Quelles sont les grandes croyances que vous avez sur ce que vous êtes et sur ce dont vous êtes capable ? Commencez par inscrire en quelques mots les cinq croyances qui vous ont limité dans le passé.

1 ....
2 ....
3 ....
4 ....
5 ....

Énumérez maintenant au moins cinq croyances positives qui peuvent vous aider à atteindre vos objectifs suprêmes.

1 ....
2 ....
3 ....
4 ....
5 ....

Chacune des déclarations que vous faites est datée et liée au moment où vous la prononcez. Elle n'a pas une portée universelle. Elle n'est vraie que pour une certaine personne, à un moment donné, elle est sujette à changement. Or, ce livre traite des manières d'opérer des changements positifs. Si vous avez un système de croyances négatif, vous devez savoir désormais quel type d'effets nocifs il peut produire. Mais il est indispensable de comprendre que les systèmes de croyances ne sont pas plus immuables que la longueur de vos cheveux, que votre goût pour tel air de musique, que la qualité de vos relations avec telle personne. De même, si vous conduisez une Honda et que vous décidiez que vous seriez plus heureux au volant d'une Chrysler, d'une Cadillac ou d'une Mercedes, il est en votre pouvoir de changer de voiture.

Vos représentations internes et vos croyances fonctionnent pour ainsi dire de la même façon. Si vous ne les aimez pas, vous pouvez en changer. Nous avons tous une hiérarchie, une échelle de croyances. Nous possédons des croyances centrales, des choses si fondamentales que nous serions prêts à mourir pour elles. C'est le cas des idées que nous avons sur la patrie, la famille, l'amour. Mais l'essentiel de notre vie est gouverné par des croyances sur nos possibilités, notre réussite, notre bonheur, croyances que nous avons recueillies inconsciemment au fil des années. Ce qu'il faut maintenant, c'est reconsidérer ces croyances et s'assurer qu'elles nous sont utiles, qu'elles sont efficaces et qu'elles nous donnent du pouvoir.

Nous avons parlé de l'importance de l'imitation. Imiter l'excellence commence par imiter une croyance. Certaines choses ne s'imitent pas du jour au lendemain, mais si vous êtes capable de lire, de réfléchir et d'écouter, vous pouvez imiter les croyances des gens qui ont le mieux réussi au monde. Quand le milliardaire Paul Getty s'est lancé dans la vie, il a cherché à découvrir quelles étaient les croyances des gens qu'il admirait le plus et il s'est mis en devoir de les imiter. On peut ainsi modeler consciemment ses croyances sur celles des plus grands dirigeants en lisant leur autobiographie. Nos bibliothèques regorgent de réponses aux questions que nous nous posons sur le moyen d'obtenir pratiquement les résultats que nous recherchons.

D'où viennent vos croyances personnelles ? De M. Tout-le-Monde ? De la télévision et de la radio ? De la dernière poule qui a chanté ? De celui qui a parlé le plus longtemps ou le plus fort ? Si vous désirez réussir, il serait sage que vous choisissiez soigneusement vos croyances, au lieu de vous balancer comme un papier tue-mouches en attrapant au passage toutes les croyances qui veulent bien venir se coller à vous. La chose importante à saisir, c'est que le potentiel que nous mobilisons et les résultats que nous obtenons font partie d'un processus dynamique qui commence par une croyance. Je trouve commode de représenter ce processus par le schéma suivant :

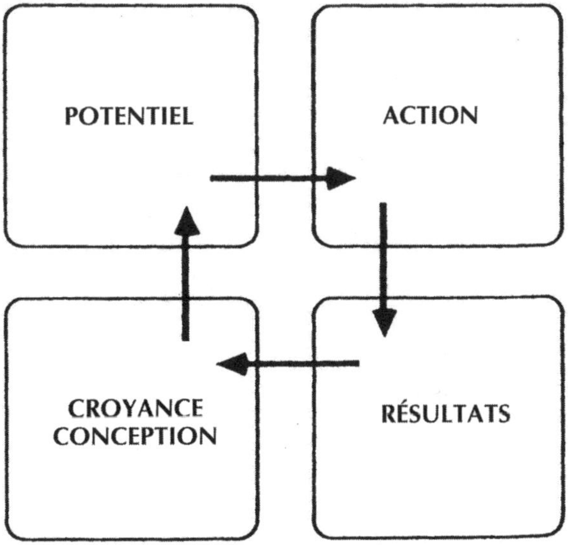

Imaginons un individu qui se croit incapable de faire quelque chose. Un enfant qui se dit : « Je suis un mauvais élève », par exemple. S'il s'attend à échouer, va-t-il mobiliser toutes ses ressources ? Non, bien sûr.

Il s'est déjà convaincu qu'il ne savait rien. Il a déjà signalé à son cerveau qu'il fallait s'attendre à un échec. Ayant commencé ainsi, quelles mesures pratiques va-t-il prendre ? Va-t-il avoir confiance en lui ? Être plein d'énergie, déterminé, convaincant ? Son état d'esprit va-t-il refléter ses possibilités réelles ? C'est peu probable. Si vous êtes convaincu que vous allez échouer, pourquoi faire le moindre effort ? Vous avez commencé avec un système de croyances qui fait ressortir ce que vous êtes incapable de faire, un système qui par conséquent ordonne à vos centres nerveux de réagir d'une certaine manière. Vous avez capté une quantité limitée de vos ressources. Vous avez pris des demi-mesures, sans conviction. Quels effets escomptez-vous ? Tout porte à penser qu'ils seront désastreux. Et quelle influence ces effets désastreux auront-ils sur vos croyances concernant vos entreprises futures ? Il y a tout à parier qu'ils renforceront les croyances négatives qui avaient amorcé le processus. Si c'est cela la formule du succès, moi, je m'appelle Madonna.

> *Le bon bois ne pousse pas dans la facilité, plus le vent souffle fort, plus l'arbre est robuste.*
>
> Willard MARRIOTT

Ce que nous venons de décrire, c'est la spirale descendante classique. L'échec qui entraîne l'échec. Les gens qui sont malheureux et qui mènent « une vie de chien » ont souvent été si longtemps sans obtenir ce qu'ils désiraient qu'ils ne croient plus pouvoir atteindre un résultat recherché. Ils ne font rien ou presque pour mobiliser leur potentiel et essaient finalement de trouver le moyen de se créer une vie où l'on en fait le moins possible. Quels résultats obtiennent-ils alors ? Des résultats lamentables qui détruisent un peu plus leurs croyances, si c'est encore possible !

Examinons la question sous un autre angle. Imaginons que vous vous lanciez dans la vie avec de grands espoirs. Mieux encore, que vous croyiez jusqu'au plus profond de vous-même que vous allez réussir. En prenant un pareil départ, quelle quantité de vos ressources allez-vous mobiliser ? Sans doute une bonne partie d'entre elles. Quelles mesures allez-vous prendre cette fois ? Allez-vous vous traîner dehors et avancer sans conviction ? Bien sûr que non ! Vous êtes rempli d'enthousiasme, d'énergie, vous croyez à votre succès. Vous allez avancer tambour battant. Avec ce type d'effort, comment vont être les résultats ? Sans doute très bons. Et quel effet cela va-t-il produire sur ce dont vous vous croirez capable ? L'effet inverse du cercle vicieux précédent. Dans le cas présent, le succès se nourrit du succès et engendre plus de succès ; et chaque succès fait naître la croyance en une réussite encore plus grande.

Les gens pleins de ressources connaissent-ils l'échec ? Bien sûr que oui. Les croyances positives garantissent-elles des résultats chaque fois ? Évidemment non. Si quelqu'un vous raconte qu'il a découvert la formule magique garantissant un succès perpétuel, sans faille, je vous conseille de vérifier que vous avez encore votre portefeuille dans votre poche et de tourner les talons immédiatement. Mais l'histoire a montré à de multiples reprises que, quand les gens adoptent un système de croyances qui leur donne du pouvoir, ils reviennent à la charge avec assez de détermination et de ressources pour finir par réussir. Abraham Lincoln perdit vingt-trois fois aux vingt-six élections auxquelles il se présenta et il ne cessa jamais de croire en sa capacité de vaincre. Il sut puiser sa puissance dans le succès et refusa de se laisser abattre par l'échec. Son système de croyances était tendu vers l'excellence et il finit par y parvenir. Et quand il y parvint, il transforma la face du monde.

Il n'est parfois pas nécessaire de croire à une chose de toutes ses forces pour qu'elle se produise. Il arrive que des individus aboutissent à des résultats stupéfiants uniquement parce qu'ils ignorent que leur entreprise est difficile. Il suffit parfois de ne pas avoir de croyance limitatrice. On raconte, par exemple, l'histoire de ce garçon qui s'était endormi pendant le cours de maths. Réveillé par la cloche, il regarda le tableau et copia les deux problèmes qui y étaient inscrits, croyant qu'il s'agissait des devoirs pour le lendemain. De retour à la maison, il y consacra la soirée et la nuit entière. Ne réussissant pas à les résoudre, il continua de s'acharner dessus toute la semaine. Il finit par trouver la réponse à l'un d'entre eux et l'apporta en classe. Le professeur fut absolument stupéfait, car il se trouvait que le problème qu'il avait résolu était réputé insoluble. Si l'élève l'avait su, il ne l'aurait probablement pas résolu. Mais comme il ne s'était pas dit à lui-même qu'il était infaisable – en fait, il s'était dit exactement le contraire –, comme il s'était dit qu'il fallait absolument le résoudre, il avait trouvé le moyen d'y parvenir.

Autre façon de changer vos croyances : faire une expérience qui les démente. C'est la raison pour laquelle nous marchons sur le feu. Je me moque de savoir si les gens peuvent marcher sur le feu ; ce qui m'importe, c'est que les gens fassent quelque chose qu'ils croient impossible. Si vous y parvenez, cela vous contraint à reconsidérer vos croyances.

La vie est à la fois plus subtile et plus complexe que beaucoup de gens ne se plaisent à le croire. C'est pourquoi, si vous ne l'avez jamais fait auparavant, réexaminez vos croyances et choisissez celles que vous pourriez modifier dès maintenant et celles par quoi vous voudriez les remplacer.

La question que je voudrais vous poser à présent est la suivante : « La figure ci-après est-elle convexe ou concave ? »

Il s'agit d'une question stupide. La réponse est : « Tout dépend de la façon dont on la regarde. »

De même, la réalité est celle que vous créez. Si vous avez des représentations internes ou des croyances positives, c'est parce que vous les avez créées. Tout comme vos croyances négatives. Il existe des milliers de croyances positives qui favorisent l'excellence, mais j'en ai choisi sept dont l'importance m'a frappé. Je les appelle...

5

Les sept mensonges du succès

L'esprit est son propre lieu, et en lui-même Peut faire de l'Enfer un Ciel et du Ciel un Enfer.

John MILTON

Le monde dans lequel nous vivons, c'est celui que nous avons choisi, consciemment ou inconsciemment. Si nous choisissons le bonheur, c'est ce que nous obtiendrons. Si nous choisissons le malheur, nous l'obtiendrons aussi. Nos croyances sont des voies d'accès à la perception particulières, cohérentes et organisées. Il existe des choix fondamentaux que nous opérons sur notre manière de percevoir la vie et donc de la vivre. Ce sont des façons de brancher ou de débrancher notre cerveau. La première chose à faire pour accéder à l'excellence consiste donc à découvrir les croyances qui nous guident vers les solutions que nous recherchons.

Pour aller vers le succès, il faut connaître vos objectifs, prendre des mesures, évaluer les résultats que vous obtenez et être assez souple pour changer quand vous avez échoué. Il en va de même pour les croyances. Vous devez découvrir celles qui contribuent à la réalisation de vos objectifs. Si vos croyances n'y contribuent pas, il faut vous en débarrasser et en trouver d'autres.

Les gens sont souvent effarés quand je leur parle des « mensonges » du succès. Qui a envie de vivre sur des mensonges ? Mais ce que je veux dire, c'est que nous ne savons pas ce que le monde est vraiment. Nous ne savons pas si la figure est concave ou convexe. Nous ne savons pas si nos croyances sont vraies ou fausses. Ce que nous pouvons savoir, en revanche, c'est si elles fonctionnent, si elles nous aident, si elles enrichissent notre vie, si elles nous améliorent, si elles nous aident et si elles aident autrui.

Le mot « mensonge » est employé dans ce chapitre pour rappeler systématiquement que nous ne savons pas exactement ce que sont les choses. En revanche, dès que nous savons que la figure est concave, par exemple, nous ne sommes plus libres de la voir convexe. Le mot « mentir » ne veut pas dire « tromper » ni « être malhonnête », il est plutôt un moyen commode de nous rappeler que, même si nous croyons dur comme fer à une idée, nous devons être ouverts à d'autres possibilités et toujours prêts à apprendre. Je vous propose donc d'examiner ces sept croyances et de décider si elles vous sont utiles ou non. Je les ai presque toujours retrouvées chez ceux qui ont réussi. Pour se modeler sur l'excellence, nous devons partir des systèmes de croyances de l'excellence. J'ai découvert que ces sept croyances avaient donné à ceux qui les avaient faites leurs le pouvoir de vouloir davantage, de faire davantage et d'obtenir de meilleurs résultats. Je ne veux pas dire par là que ce sont les seules croyances utiles au succès. Mais elles constituent un point de départ. Elles ont servi à d'autres ; à vous de voir si elles peuvent vous servir.

Croyance n° 1 : ***Tout événement se produit pour une raison précise et doit nous servir.*** Vous vous rappelez l'histoire de W. Mitchell ? Quelle était la croyance centrale qui l'a aidé à vaincre l'adversité ? Il a décidé d'accepter ce qui lui arrivait et de l'utiliser à son profit de toutes les manières possibles. De la même façon, toutes les personnes qui réussissent ont cette capacité étrange de se concentrer sur ce qu'il est possible de faire dans une situation donnée, sur les résultats positifs auxquels ils pourront aboutir. Si négatifs que soient les effets de l'environnement sur eux, ils s'arrangent pour les considérer en termes de possible. Ils croient que tout se produit pour une raison précise, que tout peut leur servir ; que chaque revers contient l'amorce d'un avantage équivalent ou supérieur.

Je peux vous garantir que tous les gens qui obtiennent des résultats hors du commun pensent ainsi. Gardez cela présent à l'esprit, quoi que vous fassiez. Il existe un nombre infini de moyens de parvenir à une situation. Imaginons que votre entreprise n'ait pas réussi à décrocher le contrat que vous escomptiez et que vous étiez sûr de mériter. Certains d'entre nous se sentiraient blessés et déçus. Ils s'enfermeraient chez eux pour ruminer ou bien ils entreraient dans un bar et s'enivreraient. D'autres seraient furieux. Ils en voudraient à la société qui devait signer le contrat et traiteraient ses dirigeants d'incapables. Ou bien ils s'en prendraient au personnel de leur propre entreprise d'avoir gâché une affaire en or.

De telles réactions permettent bien sûr de se défouler un peu, mais elles ne servent pas à grand-chose. Elles ne nous rapprochent pas le moins du monde de l'objectif recherché. Il faut, certes, beaucoup de discipline pour réussir à faire machine arrière, tirer la leçon de ce qui s'est produit même si c'est douloureux, recoller les morceaux et envisager des possibilités nouvelles. Mais c'est la seule façon d'obtenir un résultat positif à partir de ce qui paraît être un résultat négatif.

Je vais vous donner un bon exemple. Marilyn Hamilton, ancienne enseignante et reine de beauté, est une femme d'affaires californienne qui a réussi. C'est aussi une femme qui a survécu à un terrible accident. À l'âge de vingt-neuf ans, elle est tombée, alors qu'elle faisait de la varappe sur une paroi rocheuse, et s'est retrouvée dans une petite voiture, hémiplégique.

Marilyn Hamilton aurait certainement pu se polariser sur tout ce qu'elle ne pouvait plus faire. Au lieu de cela, elle se concentra sur toutes les possibilités qui lui étaient offertes. Elle réussit ainsi à découvrir dans son malheur un moyen de réussir. Dès le début, elle trouva en effet les fauteuils roulants très insatisfaisants – trop exigus, trop peu maniables. Vous et moi n'avons sans doute aucun moyen de juger de la commodité d'un fauteuil roulant mais Marilyn Hamilton l'avait. Elle se dit qu'elle était mieux placée que quiconque pour concevoir un modèle plus adapté. Elle s'associa donc avec deux amis qui étaient fabricants de matériel de varappe et se mit à travailler sur un prototype de fauteuil roulant plus perfectionné.

Nos trois compères constituèrent la société Motion Designs. C'est aujourd'hui une affaire multimillionnaire qui a révolutionné l'industrie des fauteuils roulants et a obtenu le prix de la meilleure PME de Californie en 1984. Cette entreprise, qui avait embauché son premier employé en 1981, compte aujourd'hui un personnel de quatre-vingts personnes et diffuse ses produits dans huit cents points de vente.

J'ignore si Marilyn Hamilton ne s'est jamais mise consciemment en devoir de répertorier ses croyances, mais elle a indéniablement agi à partir d'une évaluation positive de ses potentialités. Quasiment toutes les grandes réussites s'opèrent de cette façon.

Essayez de réfléchir de nouveau un instant à vos croyances. Vous attendez-vous généralement que les choses se passent bien ou mal ? Vous attendez-vous que vos efforts portent leurs fruits ou bien qu'ils soient contrecarrés ? Devant une situation donnée, que voyez-vous ? Les possibilités qu'elle offre ou les obstacles qu'elle vous oppose ? Beaucoup de gens ont tendance à se polariser sur le négatif. La première chose à faire pour modifier cela est de le reconnaître. Car il faut se débarrasser de ces limites et opérer à partir d'un plus grand potentiel. Les personnalités dominantes de notre civilisation sont celles qui voient les chances, qui arrivent dans un désert et y voient un jardin. Impossible ? Que s'est-il passé en Israël ? Mais si vous ne croyez pas fermement au succès, il y a en effet peu de chances d'y accéder.

Croyance n° 2 : ***L'échec n'existe pas. Seuls existent les résultats.*** Il s'agit là d'une croyance presque corollaire de la première, mais tout aussi importante. Dans nos sociétés, la plupart des gens ont été programmés pour redouter cette chose qu'on appelle l'échec. Nous avons pourtant tous à l'esprit des situations où nous désirions une chose et où nous en avons obtenu une autre. Nous avons tous raté un examen, souffert à cause d'une histoire d'amour qui avait mal tourné, projeté de monter une affaire pour s'apercevoir que tout allait de travers. J'utilise le mot « résultat » tout au long de ce livre parce que c'est ce que voient les gens qui réussissent. Ils ne voient pas l'échec. Ils n'y croient pas. Pour eux, l'échec ne compte pas.

On finit toujours par obtenir un résultat ou un autre. Les plus grandes réussites de notre société ne sont pas le fait d'individus qui n'échouent jamais mais de personnes qui savent que, si elles tentent quelque chose et que cela n'aboutisse pas, elles en tireront une expérience. Elles se servent de ce qu'elles ont appris et essaient autre chose. Elles agissent différemment et obtiennent de nouveaux résultats.

Quel est l'avantage que vous possédez aujourd'hui par rapport à hier ? De l'expérience, évidemment. Les gens qui redoutent l'échec forment à l'avance la représentation interne de ce qui risque de ne pas marcher. C'est ce qui les empêche d'entreprendre l'action même qui leur aurait permis de réaliser leurs désirs. Vous avez peur de l'échec ? Que diriez-vous d'apprendre ? Car on peut apprendre quelque chose de toute expérience humaine et, par conséquent, connaître quelque succès dans tout ce qu'on entreprend.

« Il n'y a pas de spectacle plus désolant que celui d'un jeune pessimiste », a dit un jour Mark Twain. Il avait entièrement raison. Les gens qui croient à l'échec s'assurent presque toujours une existence médiocre. En revanche, ceux qui réalisent de grandes choses ne perçoivent pas l'échec. Ils ne comptent pas avec. Ils n'associent pas de sentiments négatifs aux entreprises qui n'aboutissent pas.

Laissez-moi vous raconter l'histoire d'un homme. Il s'agit d'un individu qui :

fit faillite à l'âge de 31 ans,
fut battu aux élections législatives à 32 ans,
fit de nouveau faillite à 34 ans,
vit mourir sa petite amie à 35 ans,
eut une dépression nerveuse à 36 ans,
fut battu aux élections locales à 38 ans,
fut battu aux élections au Congrès à 43 ans,
fut battu aux élections au Congrès à 46 ans,
fut battu aux élections au Congrès à 48 ans,
fut battu aux élections au Sénat à 55 ans,
ne put s'inscrire aux élections à la vice-présidence à 56 ans,
fut battu aux élections au Sénat à 58 ans,
fut élu président des États-Unis à l'âge de 60 ans.

Cet homme s'appelait Abraham Lincoln. Aurait-il pu devenir président s'il avait considéré ses vingt-trois défaites aux élections comme des échecs ? C'est peu probable. On peut citer aussi l'histoire d'Edison. Après avoir essayé 9 999 fois de perfectionner l'ampoule électrique sans y parvenir, quelqu'un lui demanda : « Envisagez-vous un dix millième échec ? » Il répondit : « Je n'ai jamais échoué. J'ai seulement découvert une nouvelle façon de ne pas inventer l'ampoule électrique. »

Nos doutes sont des traîtres
Et nous privent de ce que nous pourrions souvent gagner de bon
Parce que nous avons peur d'essayer.

SHAKESPEARE

Les vainqueurs, les chefs, les maîtres – les gens qui ont un pouvoir personnel – comprennent tous que, si l'on tente une action et que l'on n'obtient pas le résultat escompté, ce n'est qu'une réaction comme une autre. Ils utilisent cette information pour définir avec plus de précision ce qu'il est nécessaire de faire pour aboutir. « Tout ce que les humains ont appris, a écrit Buckminster Fuller, ne pouvait être que le produit d'une expérimentation empirique. Nous n'avons avancé qu'en commettant des erreurs. » Nous tirons des leçons de nos erreurs et de celles des autres. Réfléchissez un instant aux cinq soi-disant plus grands « échecs » de votre vie. Qu'est-ce qu'ils vous ont appris ? N'ont-ils pas été les cinq plus grandes leçons de votre vie ?

Fuller utilise l'image du gouvernail. Un navire continue toujours de virer après que le barreur a ramené le gouvernail à sa position centrale. Celui qui barre doit donc contrebalancer la rotation du navire par une manœuvre inverse afin que le navire conserve son cap, et cela indéfiniment, par une suite d'actions et de réactions, de réglages et de corrections. Représentez-vous mentalement l'image du barreur sur une mer tranquille, qui conduit calmement son navire à destination en corrigeant au fur et à mesure les milliers d'écarts inévitables faits par le navire par rapport à sa route. C'est à la fois une très belle image et un merveilleux modèle de vie réussie. Mais nous ne voyons généralement pas les choses ainsi. Nous avons tendance à charger chaque erreur, chaque faute, d'un poids affectif, à en faire un échec, avec les conséquences néfastes que cela a sur nous.

Beaucoup de gens, par exemple, s'en veulent d'être trop gros. Mais leur point de vue sur ces kilos en trop ne change rien à l'affaire. Ils feraient mieux d'admettre qu'ils ont réussi à atteindre un objectif qui s'appelle « obésité » et qu'ils vont maintenant atteindre un nouvel objectif qui s'appelle « minceur ». Résultat qui pourra être obtenu en agissant autrement.

Si vous n'êtes pas certain des mesures à prendre en vue d'un résultat, lisez attentivement le chapitre 10, ou prenez modèle sur quelqu'un qui a atteint l'objectif en question. Prenez les mêmes mesures et vous obtiendrez les mêmes résultats. Tant que vous considérez votre excès de poids comme un échec, vous serez immobilisé. En revanche, à la seconde où vous en aurez fait un résultat atteint par vous, donc un résultat que vous pouvez modifier, vous êtes assuré du succès.

Croire à l'échec est un moyen de s'empoisonner l'esprit. Quand nous emmagasinons des émotions négatives, nous affectons notre physiologie, notre capacité de réflexion et notre état. L'une des plus grandes limites que rencontrent les êtres humains, c'est la peur de l'échec. Le Dr Robert Schuller, qui utilise dans son enseignement la notion de « pensée du possible », pose une question très importante : « Que tenteriez-vous si vous étiez sûr de ne pas échouer ? » Réfléchissez : quelle serait votre réponse ? Si vous croyiez vraiment ne pas pouvoir échouer, peut-être vous lanceriez-vous dans de nouvelles entreprises, et obtiendriez-vous des résultats appréciables. Ne vous sentiriez-vous pas mieux si vous essayiez ? N'est-ce pas la seule façon de faire des progrès ? Je vous demande donc de considérer dès à présent que l'échec n'existe pas. Il n'y a que des résultats. Si vous n'obtenez pas celui que vous escomptiez, il suffit de vous y prendre autrement et vous en obtiendrez d'autres. Rayez le mot « échec » de votre vocabulaire, entourez le mot « résultat » et engagez-vous à tirer la leçon de toutes vos expériences.

Croyance n° 3 : ***Quoi qu'il arrive, assumez-en la responsabilité.*** Autre attribut que les grands dirigeants et bâtisseurs ont en commun : ils agissent en partant de l'idée que ce sont eux qui créent le monde. Leur leitmotiv c'est : « Je m'en charge. Je prends ça en main. Je m'occupe de tout. »

Ce n'est pas un hasard si dans leur bouche on entend toujours les mêmes expressions. Ceux qui réalisent de grandes choses ont toujours tendance à penser que, quoi qu'il arrive, que ce soit bien ou mal, c'est leur œuvre. S'ils n'en sont pas responsables physiquement, matériellement, ils en assument la responsabilité morale, intellectuelle. J'ignore si c'est vrai. Aucun savant n'a pu prouver que nos pensées influençaient la réalité. Mais c'est un mensonge utile. C'est une croyance féconde. C'est pourquoi j'ai choisi d'y croire. Je crois que nous engendrons les expériences que nous vivons – soit par notre conduite, soit par nos pensées – et que nous avons toujours une leçon à en tirer.

Si vous ne pensez pas que c'est vous qui créez le monde qui vous entoure, que vous rencontriez des succès ou des échecs, vous êtes à la merci des événements. Les choses « vous arrivent ». Vous êtes un objet et non un sujet. Mais croyez-moi, si je pensais cela, je donnerais ma démission tout de suite et partirais à la recherche d'une autre civilisation, d'un autre monde, d'une autre planète. À quoi bon rester ici pour n'être que le produit de forces extérieures aléatoires ?

Prendre ses responsabilités est à mon avis l'une des meilleures mesures du pouvoir et de la maturité d'un individu. C'est aussi un exemple de croyance qui soutient d'autres croyances, des capacités synergiques d'un système de croyances cohérent. Si vous ne croyez pas à l'échec, si vous êtes persuadé que vous parviendrez à vos fins, vous n'avez rien à perdre et tout à gagner à prendre vos responsabilités. Si vous avez la situation en main, vous êtes sûr de réussir.

John Kennedy avait ce système de croyance. Dan Rather a dit un jour que Kennedy était devenu un vrai dirigeant lors de l'incident de la baie des Cochons, quand il s'était montré devant le peuple américain et qu'il avait déclaré que l'incident était une atrocité qui n'aurait jamais dû arriver – et qu'il en avait assumé l'entière responsabilité. En faisant cela, il s'était transformé d'homme politique prometteur en véritable dirigeant. Kennedy avait fait ce que tout grand dirigeant doit faire, faute de quoi il n'a aucun pouvoir.

Ce principe de la responsabilité reste vrai au niveau personnel. Nous avons tous pour la plupart déjà essayé de communiquer un sentiment positif à quelqu'un, tenté de lui dire que nous l'aimions, que nous comprenions le problème auquel il était confronté. Et, au lieu d'un message positif, cette personne y a vu un message négatif. Elle s'est fâchée, s'est montrée hostile. Notre tendance est alors souvent de nous fâcher à notre tour, de lui en vouloir, de la tenir pour responsable de ce qui s'est passé. Or, c'est la solution de facilité, mais ce n'est pas toujours la plus sage. Car c'est peut-être votre intervention qui a tout déclenché. Peut-être auriez-vous été entendu si vous aviez gardé à l'esprit jusqu'au bout le but que vous recherchiez. Il ne tient qu'à vous de modifier votre comportement, le ton de votre voix, l'expression de votre visage, etc. Comme je le dis souvent : le sens de ce que vous communiquez est contenu dans la réaction que vous obtenez. En modifiant son action, on modifie sa façon de communiquer. En demeurant responsable, on conserve le pouvoir de modifier les résultats qu'on produit.

Croyance n° 4 : ***Il n'est pas nécessaire de tout comprendre pour tout utiliser.*** Parmi ceux qui ont réussi, nombreux sont ceux qui ne croient pas avoir besoin de tout savoir sur une chose pour s'en servir. Ils se contentent d'utiliser ce qui est essentiel sans se sentir obligés de s'intéresser à tous les détails. Si vous observez les gens qui sont au pouvoir, vous vous apercevrez qu'ils ont une connaissance opérationnelle de beaucoup de choses mais que souvent ils ne maîtrisent pas les détails de leur entreprise.

Dans le premier chapitre, nous avons montré comment l'imitation peut nous permettre d'économiser l'une de nos ressources irremplaçables : le temps. Observer ceux qui ont réussi afin de découvrir les actions spécifiques qui leur ont permis d'atteindre leurs objectifs permet de reproduire ces actions – et donc d'atteindre les mêmes objectifs – en gagnant beaucoup de temps. Car personne ne peut créer le temps. Mais les bâtisseurs sont généralement très avares de cette denrée. Ils exigent ce qu'il y a d'essentiel dans une situation, en retirent ce dont ils ont besoin et ne s'attardent pas sur le reste. Bien sûr, si une chose les intrigue, s'ils veulent comprendre le fonctionnement d'un moteur ou savoir comment un produit est fabriqué, ils y consacrent les heures nécessaires. Mais uniquement celles qu'ils savent indispensables. Ils ont toujours conscience de ce qui est essentiel et ce qui ne l'est pas.

Je parie que si je vous demandais d'expliquer comment fonctionne l'électricité, votre réponse varierait entre une feuille blanche et un schéma approximatif. Mais vous êtes bien content malgré tout de pouvoir faire jaillir la lumière en appuyant sur un interrupteur. Je ne crois pas qu'il y en ait beaucoup parmi vous qui soient en train de lire ce livre à la lueur d'une bougie. Les gens qui réussissent savent mieux que quiconque distinguer ce qu'il est nécessaire qu'ils comprennent de ce qui ne l'est pas. Afin d'utiliser efficacement le contenu de ce livre et vos propres ressources, il vous faut apprendre qu'il y a un équilibre à réaliser entre la pratique et le savoir. Vous pouvez passer votre temps à étudier les racines de l'arbre ou vous pouvez apprendre à en cueillir les fruits.

Les gens qui réussissent ne sont pas nécessairement ceux qui disposent du maximum d'informations, ceux qui possèdent le plus grand savoir. Il y avait certainement une ribambelle de chercheurs et de savants qui en savaient plus sur les circuits des ordinateurs que Steve Jobs ou Steve Wozniak, mais ils se révélèrent parmi les meilleurs pour ce qui était de mettre en pratique le savoir dont ils disposaient. Et ce furent eux qui obtinrent des résultats.

Croyance n° 5 : *Les êtres humains sont votre plus grande ressource.* Les individus qui ont accédé à l'excellence ont presque toujours un respect immense pour leurs semblables. Ils ont l'esprit d'équipe, le sens de l'intérêt commun et de l'unité. S'il y a une conclusion qu'on peut tirer des derniers livres sur les affaires comme *Innovation et esprit d'entreprise, À la recherche de l'excellence* ou *Chef d'entreprise en une minute,* c'est bien qu'il n'y a pas de réussite durable sans cohésion entre des gens, que le moyen de réussir est de constituer une équipe de travail. Nous avons tous lu des ouvrages sur les usines japonaises, où les ouvriers et la direction mangent dans la même cantine et où les uns et les autres ont le moyen d'évaluer les performances de l'entreprise. Leur réussite montre les merveilles qu'on peut réaliser quand on respecte les autres au lieu d'essayer de les manipuler.

Quand Thomas Peters et Robert Waterman, auteurs de l'ouvrage intitulé *À la recherche de l'excellence,* analysèrent les facteurs qui produisent les entreprises réussies, ils découvrirent que « rien n'y était aussi généralement répandu [...] que le respect de l'individu ». Les entreprises qui réussissent sont celles qui considèrent les employés comme des associés, et non comme des instruments. Peters et Waterman racontent que dix-huit des vingt cadres supérieurs de chez Hewlett-Packard leur ont déclaré que la réussite de la société tenait à la philosophie de Hewlett-Packard qui est de mettre l'accent sur les hommes. Or, il ne s'agit pas d'une société de vente au détail, en contact avec le public, ni d'une société de services qui serait à la merci du bon vouloir des clients. C'est une compagnie qui opère dans les domaines les plus avancés de la technologie moderne. Mais même là, la façon de traiter les gens est jugée primordiale.

Comme bon nombre des croyances énumérées ici, celle-ci est plus facile à énoncer qu'à adopter réellement. À mesure que vous avancez dans la lecture de ce livre, gardez à l'esprit l'image du barreur rectifiant sans cesse la direction de son bateau afin de garder son cap. Il en va de même dans la vie. Nous devons constamment rester en alerte, modifier notre conduite et adapter nos actions pour être sûr d'arriver là où nous voulons. Dire qu'on traite bien les gens et le faire, ce n'est pas la même chose. Mais ceux qui le font sont les mieux placés pour dire aux autres : « Comment améliorer ceci ?... Comment réparer cela ?... Comment obtenir de meilleurs résultats ? » Ils savent qu'un individu seul, si brillant soit-il, aura beaucoup de mal à égaler les talents conjugués d'une équipe efficace.

Croyance n° 6 : ***Le travail est un jeu.*** Connaissez-vous beaucoup de gens qui aient remporté d'immenses succès en faisant quelque chose qu'ils détestaient ? Moi, non. Une des clés du succès est de réaliser un mariage réussi entre ce que vous faites et ce que vous aimez. Pablo Picasso a dit un jour : « Quand je travaille, ça me repose ; ne rien faire ou recevoir des visites me fatigue. »

Vous n'êtes peut-être pas aussi bon peintre que Picasso mais nous pouvons tous faire notre possible pour trouver un métier qui nous stimule et nous amuse. Nous pouvons mettre dans notre activité professionnelle beaucoup de ce que nous mettons dans le jeu. « Le secret du succès, a dit Mark Twain, c'est de faire coïncider vocation et vacances[1]. » Et c'est ce que les gens qui réussissent semblent faire.

On entend actuellement beaucoup parler des drogués du travail. Et il s'agit dans certains cas de personnes dont le travail est devenu une obsession malsaine, qui ne semblent trouver aucun plaisir dans leur travail, mais qui finissent par être incapables de faire autre chose.

Les chercheurs ont fait toutefois des découvertes étonnantes à leur sujet. Ce sont le plus souvent des gens qui semblent polarisés sur leur travail de façon maladive parce que en fait ils l'aiment. Leur travail est pour eux un défi permanent, un stimulant qui enrichit toute leur vie. Ces gens ont tendance à considérer leur travail de la façon dont la plupart d'entre nous considèrent le jeu. Ils y voient le moyen de s'épanouir, d'apprendre des choses nouvelles, d'explorer de nouvelles voies.

---

1. En anglais « vacation » (*N.d.T.*)

Existe-t-il des métiers plus exaltants que d'autres ? Bien sûr. L'astuce consiste à faire le maximum pour y accéder. L'image qu'on doit avoir ici présente à l'esprit est celle de la spirale ascendante. Si vous trouvez le moyen de faire votre travail de manière créative, cela vous aidera à accéder à un travail qui sera lui-même plus créatif. Mais si vous estimez que le travail n'est qu'une besogne, un simple moyen de rapporter un salaire à la maison, il y a de fortes chances pour que cela ne devienne jamais rien de plus.

Nous avons parlé plus haut de la nature synergique d'un système de croyances cohérent, de la façon dont les croyances positives entraînent d'autres croyances positives. En voilà un nouvel exemple. Je ne crois pas qu'il existe de métier « bouché ». Il n'y a que des gens qui ont perdu le sens du possible, qui ont choisi de ne pas prendre de responsabilités et décidé de croire à l'échec. Je ne veux pas dire par là que vous devez devenir un malade du travail. Je dis simplement que vous enrichirez votre vie et votre travail si vous réussissez à y mettre la même curiosité et le même enthousiasme qu'on met dans un jeu.

Croyance n° 7 : *Il n'y a pas de réussite durable sans engagement.* Les individus qui réussissent croient au pouvoir de l'engagement. Il n'existe pas de grande réussite sans engagement profond. Observez les gens qui ont réussi et vous verrez que ce ne sont pas nécessairement les meilleurs, les plus intelligents, les plus rapides ni les plus forts. Vous verrez que ce sont les gens qui se sont engagés le plus à fond. La grande danseuse russe Anna Pavlova a dit un jour : « Suivre, sans relâche, un but : voilà le secret du succès. » C'est une façon d'exprimer la formule fondamentale de la réussite – définissez votre objectif, imitez ce qui fonctionne, agissez, développez votre acuité sensorielle afin de savoir où vous allez et ne cessez de l'affiner jusqu'à ce que vous soyez arrivé là où vous vouliez.

On observe cela dans tous les domaines, même ceux où les capacités naturelles semblent jouer le rôle principal. Prenons l'exemple du sport. Qu'est-ce qui a fait de Larry Bird un des meilleurs joueurs de basket-ball ? Beaucoup de gens se le demandent encore. Il est lent. Il ne sait pas sauter. On a souvent l'impression qu'il se déplace au ralenti. Et pourtant, Larry Bird réussit, parce qu'il est profondément engagé dans ce qu'il fait. Il s'entraîne davantage, il a une plus grande force morale, il joue avec plus de détermination, il en veut toujours plus, il exploite mieux ses ressources que les autres. Pete Rose est entré dans le *Livre des records* de la même manière, en investissant dans ce qu'il faisait tout ce qu'il avait en lui. Tom Watson, le grand joueur de golf, ne faisait pas d'étincelles à l'université de Stanford. C'était un joueur comme un autre. Mais son entraîneur est toujours émerveillé quand il dit : « Je n'ai jamais vu quelqu'un s'entraîner autant. » La différence entre les strictes capacités physiques signifie rarement grand-chose. C'est la profondeur de l'engagement qui distingue les bons des très grands. L'engagement est une composante importante du succès dans tous les domaines. Avant de connaître son heure de gloire, Dan Rather s'était fait la réputation légendaire d'être le journaliste qui travaillait le plus dur à la télévision de Houston. On parle encore du reportage qu'il fit, suspendu à un arbre, pendant qu'un typhon ravageait la côte du Texas. J'ai entendu quelqu'un parler de Michael Jackson l'autre jour, en disant que c'était une étoile filante, qu'il disparaîtrait aussi vite qu'il était apparu. Vraiment ? En fait, rien n'est plus faux. Michael Jackson a beaucoup de talent, d'une part. Mais, d'autre part, c'est un garçon qui fait de la musique depuis l'âge de cinq ans, et qui depuis cet âge-là se produit en public, répète, améliore sa façon de danser, écrit ses chansons. Il était doué, c'est indéniable. Il a en outre été élevé dans un milieu où il était soutenu, où il a pu développer un système de croyances qui l'a nourri, où il a eu de nombreux modèles de réussite à imiter et une famille qui l'a guidé. Mais surtout, il était prêt à payer le prix de la réussite. J'aime bien utiliser l'expression Q.S.P. – Quel que Soit le Prix. Eh bien, les gens qui réussissent sont prêts à faire tout ce qu'il faut faire pour réussir[1]. C'est cela, plus que tout le reste, qui les place au-dessus de la mêlée.

Y a-t-il d'autres croyances qui favorisent l'excellence ? Bien entendu. Si certaines vous viennent à l'esprit, tant mieux. Au fur et à mesure que vous avancez dans la lecture de ce livre, ne manquez pas d'y ajouter vous-même les précisions qui paraissent nécessaires. Rappelez-vous que *le succès fournit les clés du succès*. Fort de cette idée, observez ceux qui ont réussi. Essayez de trouver les croyances qui leur permettent d'agir toujours efficacement et d'aboutir à des résultats remarquables. Les sept croyances qui

1. Tout ce qu'il faut, à condition évidemment de ne pas nuire à autrui.

précèdent ont accompli des merveilles chez d'autres avant vous, et je crois que, si vous les reprenez à votre compte, elles feront merveille avec vous.

Et si j'ai des croyances qui ne me soutiennent pas ? direz-vous. Et si j'ai des croyances négatives ? Comment changer de croyances ? Vous avez déjà fait un premier pas par cette prise de conscience. Vous savez ce que vous voulez. Ensuite, il faut agir, apprendre à contrôler vos représentations internes et vos croyances, apprendre à faire fonctionner votre cerveau.

Nous avons déjà réussi à rassembler les éléments qui, à mon sens, conduisent à l'excellence. Nous avons commencé par l'idée que l'information est la marchandise des rois, que les maîtres de la communication sont ceux qui savent ce qu'ils veulent et qui prennent les mesures appropriées, modifiant leur conduite jusqu'à ce qu'ils aient atteint leurs objectifs. Au chapitre 2, nous avons appris que le chemin de l'excellence, c'est l'imitation. Si vous êtes capable de trouver des gens qui ont connu une grande réussite, vous pouvez imiter les façons d'agir qu'ils adoptent systématiquement pour obtenir des résultats – leurs croyances, leur syntaxe mentale, et leur physiologie – afin d'obtenir les mêmes résultats après un temps d'apprentissage plus court. Au chapitre 3, nous avons parlé du pouvoir des états. Nous avons vu que les comportements puissants, efficaces et féconds sont le fait d'individus qui parviennent à un état neurophysiologique, lui-même efficace et fécond. Au chapitre 4, nous avons découvert la nature de la croyance et vu que les croyances génératrices de pouvoirs ouvraient la voie à l'excellence. Dans ce chapitre, nous avons exploré les sept croyances qui forment la pierre de touche de l'excellence.

Je vais maintenant vous faire connaître les techniques puissantes qui vous permettront d'utiliser ce que vous savez déjà. Il est temps d'apprendre…

6

La maîtrise de votre esprit, ou comment faire fonctionner votre cerveau

Ne cherchez pas la faute, cherchez le remède.

Henry FORD

Ce chapitre traite de la recherche des remèdes. Nous avons parlé jusqu'ici de ce qu'il faut modifier si l'on veut changer de vie, des états qui confèrent du pouvoir et de ceux qui font de vous une chiffe molle. Dans cette partie, nous allons apprendre à modifier ces états de façon à obtenir ce qu'on veut, quand on veut. Les êtres humains ne manquent généralement pas de ressources. Ce chapitre va vous apprendre à utiliser les vôtres, à contrôler les situations, à tirer de la vie plus que vous ne l'avez fait jusqu'ici, à modifier vos actes, et donc les effets que vous produisez dans votre corps – et le tout en quelques instants.

Le modèle de changement que j'enseigne et qu'enseigne la PNL diffère beaucoup de celui qui est utilisé dans de nombreuses thérapies. Le canon thérapeutique, pot-pourri des théories d'écoles diverses, s'est tellement vulgarisé qu'il est devenu une espèce de totem culturel. Beaucoup de thérapeutes croient que, pour changer, il est nécessaire de retrouver nos expériences négatives les plus profondément enracinées et de les revivre. Cette idée revient à dire que les individus accumuleraient ces expériences comme s'ils se remplissaient d'un liquide, jusqu'au moment où il n'y aurait plus de place et où se produirait une explosion ou un débordement. Le seul moyen d'enrayer le processus, disent ces thérapeutes, serait de revivre les événements et la douleur éprouvée et d'essayer alors de s'en débarrasser une fois pour toutes.

Mon expérience m'a enseigné que ce moyen est l'un des moins efficaces pour aider les êtres à régler leurs problèmes. Tout d'abord, quand on demande à quelqu'un de revenir à un terrible trauma antérieur et de le revivre, on le met dans l'état le plus douloureux et le moins fécond qui soit. Or, lorsqu'on met un individu dans un état stérile, on diminue les chances qu'on a de le voir adopter des comportements féconds. En retrouvant continuellement des états neurologiques de contrainte et de douleur, on favorise la réapparition ultérieure de ces états. Plus on revit une expérience, plus on a de chances de la revivre encore. C'est peut-être la raison pour laquelle tant de thérapies traditionnelles demandent si longtemps pour produire des effets.

J'ai de bons amis thérapeutes, qui sont sincèrement préoccupés de l'état de leurs patients. Ils pensent que leur pratique change la vie de ceux qui vont les voir. Et ils ont raison. La thérapie traditionnelle donne effectivement des résultats. Je me demande toutefois s'il ne vaut pas mieux essayer d'obtenir des résultats avec moins de douleur pour le patient et en un temps plus court. Car c'est tout à fait possible : il suffit pour cela d'imiter les méthodes des thérapeutes les plus efficaces du monde, ce que précisément ont fait Bandler et Grinder. La compréhension du fonctionnement du cerveau permet alors de devenir son propre thérapeute, et d'aller ainsi au-delà de la thérapie en modifiant soi-même ses sensations, ses émotions et ses comportements en quelques instants seulement.

Obtenir des résultats efficaces commence, à mon avis, par la création d'un modèle du processus de changement. Si vous pensez que vos problèmes s'accumulent en vous jusqu'à ce qu'ils débordent, c'est exactement ce que vous vivrez. Mais moi, au lieu de voir la douleur s'accumuler comme un liquide mortel, je trouve que l'activité neurologique ressemble plutôt au fonctionnement d'un juke-box. En réalité, les êtres humains font en permanence des expériences qu'ils enregistrent dans le cerveau comme on range des disques dans un juke-box. Et comme ces disques, ces enregistrements peuvent être rejoués n'importe quand, à condition que l'environnement déclenche le stimulus approprié, à condition d'appuyer sur le bon bouton.

Nous pouvons donc choisir de nous rappeler certaines expériences de bonheur et de joie, ou au contraire appuyer sur les boutons qui provoquent la douleur. Si votre schéma thérapeutique consiste à appuyer systématiquement sur les boutons qui provoquent la douleur, vous risquez de renforcer l'état négatif que vous vouliez justement éliminer.

Je pense qu'il vaut mieux vous y prendre tout à fait autrement. Pourquoi, par exemple, ne pas reprogrammer votre juke-box de façon qu'il joue un air complètement différent ? Le bouton pressé reste le même mais au lieu de faire entendre un air triste, il déclenche un air plein d'allant. Ou encore, pourquoi ne pas réenregistrer le disque, c'est-à-dire remplacer les vieux souvenirs par de nouveaux ?

Les disques que l'on n'écoute jamais ne s'accumulent pas pour faire finalement exploser le juke-box. Ce serait absurde. Et de même qu'il est simple de reprogrammer un juke-box, il est facile de modifier la façon dont nous engendrons des sensations et des sentiments féconds. Nous n'avons pas à revivre toute cette douleur emmagasinée dans la mémoire pour modifier notre état. Ce que nous devons faire, c'est remplacer nos représentations internes négatives par des représentations positives, qui se déclenchent automatiquement et permettent des résultats efficaces. Nous devons recâbler les circuits qui conduisent au bonheur et couper la connexion des circuits de la douleur.

La PNL s'occupe de la structure de l'expérience humaine, non de son contenu. Nous ne voulons pas savoir ce qui s'est passé dans votre vie, mais comment vous avez organisé dans votre esprit ce qui s'est passé. La principale différence qui existe entre votre façon d'engendrer un état de dépression et un état de bien-être tient à la manière dont vous structurez votre représentation interne.

Rien n'a de pouvoir sur moi que ce que je crée par une réflexion consciente.

Nous structurons nos représentations à l'aide de nos cinq sens. Autrement dit, nous faisons l'expérience du monde sous la forme de sensations visuelles, auditives, kinesthésiques, gustatives et olfactives. Toutes les expériences que nous avons emmagasinées dans notre esprit sont représentées par ces cinq sens, et principalement par des messages visuels, auditifs et kinesthésiques.

Ces modalités de perception sont d'amples regroupements de la façon dont nous formons nos représentations internes. On peut donc considérer que nos sens ou nos systèmes de représentations sont les éléments à partir desquels nous construisons une expérience ou produisons un résultat. Souvenez-vous que tout résultat est le produit d'actions spécifiques, à la fois mentales et physiques. En reproduisant les actions des autres, on peut obtenir les mêmes résultats qu'eux. Il faut pour cela en connaître non seulement les éléments, mais la quantité exacte de chaque élément nécessaire. Or, les « éléments » de toute expérience humaine dérivent de nos sensations, passent à travers ce que j'appelle les « modalités » sensorielles.

Quand les êtres humains veulent changer quelque chose, ils veulent changer soit ce qu'ils ressentent, c'est-à-dire leur état, soit ce qu'ils font, c'est-à-dire leur comportement. Dans le chapitre sur le pouvoir de l'état, nous avons montré qu'il y avait deux façons de changer d'état et donc de comportement. On peut modifier sa physiologie, ce qui modifie ses sensations et les comportements qu'elles engendrent, ou bien transformer ses représentations internes. Ce chapitre va nous permettre d'apprendre à modifier notre manière de nous représenter les choses afin d'y puiser le pouvoir d'engendrer les comportements qui nous permettent d'atteindre nos objectifs.

Nous pouvons remplacer une représentation interne par une autre, penser, par exemple, au meilleur scénario possible et non au pire. Ou modifier cette représentation. Beaucoup d'entre nous fonctionnent selon certains mécanismes qui déclenchent telle ou telle réaction dans leur cerveau. Certains constatent, par exemple, que la représentation d'un objet énorme les motive considérablement. D'autres que le ton de la voix qu'ils utilisent pour se parler à eux-mêmes les motive plus ou moins. Nous avons tous des « sous-modalités » sensorielles qui provoquent des réactions immédiates en nous. Une fois que nous avons découvert les différentes manières de nous représenter les choses et comment elles nous affectent, nous pouvons prendre en charge notre esprit et commencer à voir les événements d'une manière qui nous confère du pouvoir et non qui nous entrave.

Si un individu produit un résultat que nous voulons imiter, savoir qu'il a formé telle image mentale et qu'il s'est dit telle phrase ne suffit pas. Nous avons besoin d'outils plus affûtés pour accéder véritablement à ce qui se passe dans son esprit. C'est là qu'interviennent les *sous-modalités*. Elles sont les qualités exactes des éléments requis pour obtenir un résultat. Ce sont les parties les plus petites et les plus précises qui composent la structure de l'expérience humaine. Pour être en mesure de comprendre et de contrôler une expérience visuelle, nous devons en savoir plus sur l'objet qui la provoque. Nous devons savoir s'il est clair ou foncé, noir, blanc ou coloré, mobile ou fixe. De la même façon, nous avons besoin de savoir si une communication sonore est forte ou faible, proche ou éloignée, sourde ou timbrée.

Voici une liste de sous-modalités :

LISTE DE SOUS-MODALITÉS POSSIBLES

Visuelles :

*1. Images qui défilent ou vues fixes
*2. Panoramique ou encadrée (si encadrée, format du cadre)
*3. Couleur ou noir et blanc
*4. Luminosité
*5. Taille de l'image (grandeur nature, plus grand, plus petit)
6. Taille de l'objet central
*7. Je figure ou non dans l'image
*8. Distance entre l'image et moi
9. Distance entre l'objet central et moi
10. En trois dimensions
11. Intensité de la couleur (ou du noir et blanc)
12. Degré du contraste
*13. Mouvement ou non (si oui, rapide ou lent)
*14. Net ou flou (et quels éléments)
15. Netteté intermittente ou permanente
16. Nombre d'images (passage de l'une à l'autre)
*17. Lieu
18. Autres...

* Sous-modalités visuelles qui semblent avoir le plus d'effet sur la plupart des individus.

Sonores :

1. Volume
2. Cadence (interruptions, séries)
3. Rythme (régulier ou non)
4. Inflexions (mots appuyés, comment)
5. Tempo
6. Pauses
7. Tonalité
8. Timbre (type, origine de la résonance)
9. Caractéristique du son (rauque, suave, etc.)
10. Déplacements du son dans l'espace
11. Autres...

Kinesthésiques :

1. Température
2. Texture
3. Vibration
4. Pression
5. Mouvement
6. Durée
7. Permanent – Intermittent
8. Intensité
9. Poids
10. Densité
11. Emplacement
12. Autres ?

Douleur :

1. Picotements
2. Chaud – Froid
3. Crampe
4. Vive – Sourde
5. Pression

6. Durée
7. Intermittente (pulsation, etc.)
8. Emplacement
9. Autres ?

Autre distinction importante : l'image est-elle associée ou dissociée ? J'appelle image « associée » une image dans laquelle vous avez l'impression de vous trouver vraiment, où vous voyez, où vous entendez et vous sentez ce qui vous entoure comme si vous étiez effectivement en chair et en os dans le temps et le lieu où l'événement se produit. Une image « dissociée » est au contraire celle d'une scène que vous avez l'impression d'observer de l'extérieur. Voir une image dissociée de vous-même, c'est comme regarder un film fait sur vous.

Essayez pendant un instant de vous rappeler une expérience agréable que vous avez faite récemment. Essayez en fait d'entrer dans cette expérience. Regardez ce que vous avez vu : événements, images, couleurs, lumière, etc. Écoutez ce que vous avez entendu : voix, sons, etc. Éprouvez ce que vous avez ressenti : émotions, température, etc. Observez l'impression que cela vous procure. Sortez maintenant de votre corps et sentez que vous êtes en train de vous éloigner de la scène, mais que vous vous placez à un endroit d'où vous pouvez toujours vous observer. Quelle différence remarquez-vous ? Dans quel cas les sensations étaient-elles les plus vives, dans le premier où le second ? Vous connaissez maintenant la différence entre une expérience associée et une expérience dissociée.

En utilisant les distinctions de sous-modalités comme celles qui opposent association et dissociation, vous pouvez radicalement transformer l'expérience que vous faites de la vie. Nous avons appris que toutes les conduites humaines résultent de l'état dans lequel nous sommes et que nos états sont créés par nos représentations internes – par ce que nous nous représentons, ce que nous nous disons, etc. – et par notre physiologie – la façon dont nous utilisons les différentes parties de notre corps. Nous allons voir dans ce chapitre comment modifier en un instant nos représentations internes et, du même coup, modifier nos états et nos comportements. Tout comme un metteur en scène peut modifier l'effet que son film produit sur le public, vous pouvez modifier les effets que tout événement de la vie produit sur vous. Le metteur en scène modifiera l'angle de la prise de vues, le volume et le style de musique, la vitesse et l'ampleur des mouvements, la couleur et la qualité de l'image, et créera ainsi l'état qu'il veut dans le public. Vous pouvez diriger votre cerveau de la même façon afin d'engendrer les états et les comportements qui contribuent à vos besoins les plus chers.

Je vais vous montrer comment. Il est très important que vous fassiez ces exercices. Peut-être avez-vous envie de les lire tous d'un seul coup. Je vous demande d'être patient et de faire le premier avant de lire le second et ainsi de suite. Si cela vous amuse, vous pouvez aussi faire les exercices avec quelqu'un d'autre, chacun donnant à son tour des indications à l'autre.

Je voudrais que vous vous rappeliez un souvenir très agréable. Ce peut être un souvenir ancien ou récent. Fermez les yeux, détendez-vous et concentrez-vous dessus. Essayez maintenant de rendre cette image de plus en plus claire. Au fur et à mesure que l'image s'éclaircit, notez les transformations de votre état. Maintenant arrêtez et agrandissez l'image. Que se passe-t-il quand vous agissez sur elle ? L'intensité de l'expérience change, n'est-ce pas ? Chez la plupart des gens, éclaircir, agrandir et rapprocher une image la rendent plus puissante et plus agréable. Cela augmente la force et le plaisir de la représentation interne. Cela vous met dans un état de puissance et de joie plus grandes.

Tout le monde a accès aux trois modalités (représentations internes) visuelles, auditives et kinesthésiques. Mais chacun recourt de façon différente aux différents systèmes de représentation. Beaucoup de gens accèdent à leur cerveau dans un cadre surtout visuel. C'est ce que nous avons fait dans l'expérience précédente.

Revenez maintenant au souvenir agréable de tout à l'heure. Augmentez le volume des voix et des sons que vous entendez. Rythmez-les plus, augmentez-en les basses et le timbre. Faites ensuite de même avec les sous-modalités kinesthésiques. Rendez votre souvenir plus chaud, plus mou, plus doux que précédemment. Quelles sensations la scène provoque-t-elle maintenant ?

Tout le monde ne répond pas de la même façon. Les éléments kinesthésiques, en particulier, provoquent des réactions différentes selon les individus. Mais, pour la plupart d'entre nous, éclaircir et agrandir une image la renforcent. Cela donne à la représentation interne plus d'intensité, plus d'attrait et, surtout, cela met dans un état plus constructif, plus fécond. Lorsque je fais faire ces exercices lors de mes séminaires, je réussis à voir exactement ce qui se produit dans l'esprit des gens en observant les modifications de leur physiologie. Leur respiration devient plus profonde, leurs épaules s'élargissent, leur visage se détend, leur corps tout entier semble plus alerte.

Faisons le même exercice avec une image négative. Réfléchissez à une scène pénible et douloureuse. Augmentez-en maintenant la luminosité. Rapprochez-la de vous. Agrandissez-la. Que se passe-t-il dans votre cerveau ? La plupart des gens constatent que leur état négatif a empiré. Maintenant reprenez l'image du début. Que se passe-t-il si vous l'assombrissez, si vous en diminuez la taille et l'éloignez de vous ? Notez les différences d'impressions. Vous constaterez que les sensations négatives ont perdu de leur intensité.

Essayez la même expérience avec d'autres modalités. Écoutez votre voix intérieure, ou tout autre son présent dans la scène, et donnez-lui un ton élevé, martelé. Ou bien durcissez tout ce que vous touchez. Il est vraisemblable que la même chose va se reproduire : les sensations négatives vont être accentuées. Je le répète, je ne veux pas que vous considériez ces exercices d'un point de vue théorique. Je souhaite que vous les exécutiez en vous concentrant, et en notant soigneusement les modalités et sous-modalités qui ont le plus de pouvoir sur vous. Recommençons donc ces exercices en faisant attention à la façon dont la manipulation des images modifie l'impression qu'elles font.

Reprenez l'image négative précédente et rétrécissez-la. Soyez conscient de ce qui se passe au fur et à mesure qu'elle rapetisse. Maintenant rendez-la plus floue, plus obscure et plus difficile à voir. Puis éloignez-la de vous, repoussez-la jusqu'à ce que vous la voyiez à peine. Et pour finir ramenez-la en plein soleil. Notez ce que vous entendez, voyez et ressentez au fur et à mesure qu'elle disparaît.

Faites la même chose avec la modalité sonore. Diminuez le volume des voix que vous entendez. Rendez-les plus nonchalantes. Ôtez-leur leur rythme et leur vigueur. Faites la même chose avec les perceptions kinesthésiques. Qu'arrive-t-il à l'image négative ? Si vous êtes comme la plupart des gens, elle perd de sa force : elle devient moins intense, moins douloureuse ou même disparaît. Vous pourriez en faire autant avec un événement du passé qui vous a causé beaucoup de chagrin, le dissoudre et le faire disparaître complètement. Je pense que vous voyez à partir de cette petite expérience la force que peut avoir cette technique. En quelques minutes seulement, vous avez réussi à augmenter une sensation positive et à diminuer une sensation négative. Dans le passé, vous étiez à la merci de vos représentations internes. Vous savez désormais qu'il n'est pas nécessaire que les choses se passent ainsi.

Cela revient à dire qu'au fond vous pouvez vivre de deux façons : ou bien laisser votre cerveau vous diriger comme il le faisait dans le passé, le laisser vous projeter n'importe quelle image, son ou sensation et réagir automatiquement comme un véritable chien de Pavlov, ou bien choisir de diriger consciemment votre cerveau, lui donner les directives que vous désirez lui donner, débarrasser les images négatives de leur force, vous les représenter d'une manière qui ne vous affaiblisse plus, d'une manière qui vous permette de les manier efficacement.

Ne vous êtes-vous jamais retrouvé devant une tâche si énorme que vous n'imaginiez pas pouvoir en venir à bout, et que, donc, vous n'avez même pas entamée ? Si vous vous la représentez plus petite, vous aurez l'impression d'être capable de l'accomplir et, au lieu de vous sentir dépassé, vous prendrez les mesures nécessaires. Je sais que cela peut paraître simpliste et pourtant, quand on essaie, on s'aperçoit qu'en modifiant ses représentations internes on peut modifier l'impression que donne une chose à accomplir, et donc sa façon d'agir.

Et, bien sûr, vous savez maintenant qu'il est possible d'exalter les expériences agréables, de prendre en considération les petites joies de l'existence et d'en augmenter l'importance, d'en faire le rayon de soleil de la journée et de vous sentir aussitôt plus léger, plus heureux. Nous disposons là du moyen de donner plus de piment, d'attrait, de gaieté à la vie.

Rien n'est bon ni mauvais, mais y penser le rend ainsi.

SHAKESPEARE

Vous vous rappelez qu'au premier chapitre nous avons parlé de la marchandise des rois ? Les rois gouvernaient leur royaume. Eh bien, votre royaume, c'est votre cerveau. Et vous pouvez le gouverner en contrôlant la manière dont vous vous représentez les expériences de la vie. Toutes les sous-modalités dont nous avons parlé disent au cerveau ce qu'il doit ressentir. Rappelez-vous en effet ceci : nous ne savons pas exactement de quoi est réellement faite la vie. Nous ne connaissons que la représentation que nous nous en faisons. Si donc nous nous représentons une image négative sous une forme volumineuse, claire, puissante et sonore, notre cerveau nous fera ressentir une mauvaise expérience extrêmement volumineuse, claire, puissante et sonore. Mais si nous rétrécissons cette image, l'obscurcissons, l'immobilisons, nous lui ôterons sa force, et le cerveau réagira en conséquence. Au lieu de nous mettre dans un état négatif, il suffit de hausser les épaules et de traiter cette image sans la laisser nous bouleverser.

Le langage nous donne beaucoup d'exemples du pouvoir de nos représentations. Que voulons-nous dire quand nous déclarons qu'un individu est promis, à un « brillant » avenir ? Que ressentons-nous quand quelqu'un nous dit que l'avenir paraît « sombre » ? Ou quand nous parlons de « faire la lumière » sur une affaire ? Qu'entendons-nous par l'expression « prendre des proportions excessives » ou « donner une image déformée des faits » ? Ou quand nous annonçons que quelque chose « nous pèse sur la conscience » ou que « nous avons fait une fixation mentale » sur tel événement ? Qu'entendez-vous par « ça sonne bien », ou « il s'est produit un déclic » ?

Nous avons tendance à considérer ces expressions comme des métaphores. Ce n'en sont pas. Ce sont généralement des descriptions précises de ce qui s'est produit dans votre esprit. Repensez à ce qui s'est produit tout à l'heure quand vous vous êtes rappelé un mauvais souvenir et l'avez agrandi. Vous rappelez-vous comment cela a accentué l'aspect négatif de l'expérience et comment cela vous a mis dans un état négatif ? Pouvez-vous trouver un meilleur moyen de décrire cette expérience que de dire qu'elle « a pris des proportions excessives » ? Nous savons donc d'instinct le pouvoir de nos images mentales. Je le répète, nous pouvons contrôler notre cerveau et ne pas nous laisser contrôler par lui.

MOTS PRÉDICATIFS

Visuels :

voir	regarder	considérer
apparaître	montrer	se faire jour
révéler	envisager	éclairer
pointer	brumeux	pétillant
clair comme de l'eau de roche	polariser	imaginer

Auditifs :

entendre	écouter	résonner
jouer	harmoniser	accorder
être tout ouïe	étouffer	sourd
dissonance	déphasé	sous-entendu
inouï	criard	discordant

Kinesthésiques :

sentir	toucher	saisir
s'emparer de	échapper à	s'emboîter
accrocher	contacter	jeter
tourner autour du pot	dur	pétrifié
	embobiner	
coup de main		

Divers :

éprouver	comprendre	penser
expérimenter	apprendre	procéder
décider	motiver	considérer
changer	percevoir	insensible
distinct	concevoir	avoir conscience
savoir		

TOURNURES PRÉDICATIVES

J'appelle prédicats les mots outils (verbes, adverbes, adjectifs) qu'on utilise pour se représenter intérieurement des expériences au moyen de modalités visuelles, auditives ou kinesthésiques. Nous avons énuméré ci-dessous certaines tournures prédicatives courantes*.

Visuelles :	*Auditives :*	*Kinesthésiques :*
tour d'horizon	avoir de l'oreille	lessivé
il paraît que	langue bien pendue	de bonne souche
sans l'ombre d'un doute	bien entendu	se colleter
à l'œil	battre le rappel	bouillir

avoir un aperçu de
vague impression
œil pour œil
tape-à-l'œil
avoir une vision d'ensemble
idées brumeuses
idées noires
à la lumière de
en personne
au vu de
avoir l'air de
tout un cinéma
portrait craché
être aveuglé
à l'œil nu
brosser un portrait
mémoire
photographique
voir venir
belle comme une image
veiller à ce que
n'y voir goutte
triste spectacle
viser loin
en un clin d'œil
voir le bout du tunnel
sous le nez
sans fard
mâcher ses mots
à tue-tête
plein les oreilles
accorder audience
entendre des voix
tenir sa langue
mettre en sourdine
au diapason
mettre la pédale douce
avoir son franc-parler
sur un mode mineur
ça ne me dit rien
à bon entendeur salut
à portée de voix
mot pour mot
à vrai dire
porte-parole
bouche cousue
qu'est-ce que tu me chantes là ?
clair et net
ronronner de plaisir
prêter une oreille
attentive
mijoter
de sang-froid
dur comme fer
main à la pâte
main dans la main
s'accrocher
se coltiner
je ne vous suis pas
baisser les bras
tirer les ficelles
renouer
vif comme un gardon
dessous-de-table
ça ne te fera pas de
mal
sens dessus dessous
tiens bon !
lâcher le morceau
mettre cartes sur table
avoir un bon contact
donner le déclic
être à côté de ses pompes
je nage complètement
planer
de bout en bout

joli comme un cœur	façon de parler

* Employer ces tournures permet de s'adapter au langage employé par votre interlocuteur et de créer une atmosphère de compréhension.

Voici un exercice simple qui pourra aider beaucoup de gens. Avez-vous déjà été obsédé par un dialogue intérieur que vous ne réussissiez pas à interrompre, comme si votre cerveau refusait de se taire ? Si cela vous arrive encore, essayez simplement de baisser le volume. Atténuez la voix qui résonne dans votre tête, éloignez-la. Cela suffit souvent pour régler le problème. Ou bien entendez-vous parfois une voix qui vous empêche d'agir ? Laissez-la désormais dire la même chose, mais donnez-lui un ton enjôleur presque câlin : « Non, tu ne peux pas faire ça. » Quel effet cela produit-il ? En principe, vous allez avoir très envie de faire ce que la voix vous interdit de faire. Curieux, non ?

Passons à un autre exercice. Cette fois-ci, pensez à quelque chose que vous étiez très désireux de faire. Détendez-vous, et formez une image mentale aussi claire que possible de la scène que vous voulez évoquer. Je vais maintenant vous poser un certain nombre de questions. Prenez votre temps et répondez à mes questions une par une. Les réponses varient selon les individus.

Voyez-vous la scène comme un film ou comme une vue fixe ? Est-elle en couleurs ou en noir et blanc ? Est-elle proche ou éloignée ? Est-elle à droite, à gauche ou au centre ? Est-elle dans le haut, le bas ou le milieu de votre champ de vision ? Est-elle associée – la voyez-vous comme si vous y étiez présent – ou dissociée – ou la voyez-vous comme un observateur extérieur ? Est-elle encadrée ou s'agit-il d'un panorama qui s'étend à l'infini ? Est-elle claire ou sombre ? Est-elle nette ou floue ? Tout en faisant cet exercice, notez les sous-modalités qui se manifestent avec le plus d'intensité.

Passez maintenant en revue vos sous-modalités auditives et kinesthésiques. Quand vous écoutez ce qui passe, entendez-vous votre propre voix ou les voix des autres personnes présentes ? Entendez-vous un dialogue ou un monologue ? Les sons que vous entendez sont-ils forts ou faibles ? Présentent-ils des inflexions variées ou sont-ils monocordes ? Sont-ils rythmés ou hachés ? Le rythme est-il rapide ou lent ? Les sons vont et viennent-ils ou sont-ils permanents ? Quelle est la phrase principale que vous entendez ou que vous vous dites à vous-même ? D'où vient le son ? Quand vous touchez, est-ce dur ou mou ? Chaud ou froid ? Rugueux ou lisse ? Souple ou rigide ? Solide ou liquide ? Pointu ou émoussé ? Sur quelle partie de votre corps s'exerce la sensation ? Est-ce sucré ou aigre ?

Au début, vous aurez peut-être des difficultés à répondre à certaines de ces questions. Si, par exemple, vous avez tendance à former vos représentations internes sous forme kinesthésique, vous allez vous dire que vous ne voyez pas d'image. Sachez cependant que c'est une croyance et que, tant que vous vous y tiendrez, elle sera vraie. Au fur et à mesure que vous prendrez conscience de vos sous-modalités, vous apprendrez à améliorer votre perception par ce que j'appelle le « chevauchement ». En attendant, si vous êtes surtout auditif, par exemple, mieux vaut commencer par vous accrocher à tous les souvenirs sonores que vous avez de la scène. Puis, une fois que vous aurez composé une représentation interne riche et féconde, il vous sera beaucoup plus facile d'y introduire un cadre visuel afin de travailler sur les sous-modalités visibles ou bien un cadre kinesthésique pour faire intervenir des sous-modalités kinesthésiques.

Vous venez donc de voir la structure d'une scène où vous étiez très motivé pour agir. Imaginez maintenant une action pour laquelle vous désireriez être très motivé alors que ça n'a pas été le cas jusqu'à présent. Formez-en une image mentale. Posez-vous ensuite les mêmes questions que plus haut, en prenant soin de noter en quoi les réponses diffèrent des réponses précédentes. Vous passerez ainsi en revue toutes les sous-modalités, visuelles, auditives et kinesthésiques.

Revenez maintenant à l'expérience pour laquelle vous étiez très motivé – appelons-la l'expérience I – puis à l'expérience pour laquelle vous vouliez être motivé – l'expérience II – et regardez-les simultanément. Ce n'est pas difficile. Imaginez votre cerveau comme un écran de télévision coupé en deux, et regardez les deux images à la fois. Il y a des différences de sous-modalités, n'est-ce pas ? C'est facile à prévoir puisque *des représentations différentes produisent des effets différents sur le système nerveux*. Reprenez maintenant les sous-modalités dont nous savons qu'elles sont motivantes et, petit à petit, rectifions les sous-modalités de l'expérience où nous ne sommes pas encore motivés (II) afin de les amener au niveau de celle pour laquelle nous sommes motivés (les sous-modalités de l'expérience I). Les différences varient d'un individu à l'autre, mais il y a de fortes chances pour que l'image de l'expérience I soit plus claire que celle de l'expérience II. Elle sera également plus audible et plus rapprochée. Concentrez-vous sur ces différences et agissez sur la deuxième représentation de manière qu'elle devienne de plus en plus semblable à la première. N'oubliez pas de faire de même pour les représentations auditives et kinesthésiques. Allez-y.

Quelle impression vous fait maintenant l'expérience II ? Êtes-vous plus motivé ? Cela devrait être le cas si vous en avez aligné les sous-modalités sur celles de l'expérience I (par exemple, si la scène I était animée et la scène II fixe, vous avez animé la scène II ; si la scène I était en haut et à droite, claire et proche, vous avez mis la scène II dans les mêmes conditions, etc.). Cet exercice surprend parfois. Pourtant, si l'on y réfléchit, il est assez logique. *Si vous connaissez les indications représentatives qui mettent votre esprit dans un état particulier et que vous appliquiez ces indications à une expérience, vous réagirez comme ces indications ordonnent à votre système nerveux de réagir face à cette situation.*

Rappelez-vous que les mêmes représentations internes créent les mêmes états, les mêmes sensations. Et les mêmes sensations déclenchent les mêmes actions. C'est pourquoi, si vous réussissez à savoir ce qui vous motive pour entreprendre telle action, vous saurez exactement quoi faire pour vous sentir motivé en toutes circonstances. Et à partir de cet état de motivation, vous pourrez agir efficacement.

Il est important de noter que certaines sous-modalités essentielles nous affectent plus que d'autres. Par exemple, j'ai demandé un jour à un homme avec qui je travaillais quelles étaient les sous-modalités qui le motivaient le plus. La plupart des sous-modalités visuelles ne semblaient pas l'affecter beaucoup. En revanche, les mots et le ton de la voix qu'il employait pour se parler à lui-même jouaient un rôle considérable. En outre, quand il était motivé, il sentait une tension dans ses biceps. En revanche, quand il n'était pas motivé ou qu'il était fâché, il éprouvait une tension dans la mâchoire et son ton de voix changeait complètement. En modifiant seulement ces deux sous-modalités, je pouvais le faire passer instantanément d'un état de contrariété et de désintérêt à un état de motivation. On peut faire la même chose avec la nourriture. Une femme adorait le chocolat à cause de sa texture, de son aspect lisse et crémeux, mais elle détestait les raisins parce que les pépins croquaient sous la dent. Il m'a suffi de lui demander d'imaginer qu'elle mangeait un grain de raisin doucement, qu'elle le mordait lentement et qu'elle en sentait la texture en le faisant tourner dans sa bouche. Je lui ai également demandé de décrire le processus. Ayant fait cela, elle se mit aussitôt à apprécier le raisin et continue depuis à l'aimer.

Quand on est, comme moi, ce que j'ai appelé un « imitateur », on est toujours curieux de savoir comment les gens font pour obtenir tel résultat, mental ou physique. Les gens qui viennent me voir pour me demander conseil me disent : « Je suis complètement déprimé. » Je ne leur demande ni pourquoi ils sont déprimés ni de me représenter et de se représenter à eux-mêmes les raisons de leur dépression. Cela ne ferait que les plonger dans un état de dépression plus profond. Je ne veux pas savoir le pourquoi de leur malaise, mais son comment. Je leur demande donc : « Comment vous y prenez-vous ? » J'ai droit généralement à un regard étonné parce que la personne ne se rend pas compte qu'elle doit faire un certain nombre de choses dans son esprit et dans son corps pour être déprimée. Je lui demande alors : « Si j'étais dans votre corps, comment ferais-je pour me sentir déprimé ? Qu'est-ce que j'imaginerais ? Qu'est-ce que je me dirais ? Comment le dirais-je ? Sur quel ton le dirais-je ? » Ces processus provoquent en effet des réactions mentales et physiques spécifiques et produisent donc des effets affectifs particuliers. Si vous modifiez la structure du procédé, il peut se transformer en autre chose, en un état différent de celui de dépression.

Une fois que vous savez consciemment comment vous faites certaines choses, vous pouvez commencer à faire marcher vous-même votre cerveau et à créer les états qui vous aident à vivre de la manière que vous désirez et que vous méritez. Comment faites-vous, par exemple, pour vous sentir insatisfait ou déprimé ? Vous polarisez-vous sur une chose précise et vous en faites-vous une montagne ? Vous parlez-vous sans arrêt à vous-même sur un ton triste ? Et comment éprouvez-vous des sensations de plaisir, de joie ? Vous représentez-vous des images lumineuses ? Bougent-elles vite ou lentement ? Quel ton de voix prenez-vous pour vous parler à vous-même ? Imaginez quelqu'un qui adore son travail alors que vous n'aimez pas le vôtre mais que vous voudriez l'aimer. Essayez de trouver ce que fait cette personne pour créer ce sentiment. Vous serez surpris de la vitesse à laquelle vous allez changer. J'ai vu des personnes qui faisaient une thérapie depuis des années pour changer d'état et de comportement régler leur problème en quelques minutes seulement. Au fond, l'insatisfaction, la dépression et le bien-être ne sont pas des objets. Ce sont des processus engendrés par des images mentales et des actions physiques spécifiques que vous contrôlez, consciemment ou inconsciemment.

Vous rendez-vous compte à quel point un emploi efficace de ces outils pourrait vous changer la vie ? Si vous adorez le sentiment d'émulation que vous procure votre travail mais que vous détestiez faire le ménage, vous avez deux solutions : soit embaucher une femme de ménage, soit noter la différence entre la façon dont vous vous représentez votre travail et celle dont vous vous représentez le ménage. En vous représentant le ménage et votre passionnant métier avec les mêmes sous-modalités, vous aurez aussitôt envie de passer l'aspirateur. C'est peut-être une excellente envie à donner à vos enfants !

Et si vous reconsidériez toutes les choses que vous détestez faire et que vous y attachiez les sous-modalités du plaisir ? N'oubliez pas en effet que rares sont les choses qui provoquent des sentiments inhérents. On vous a appris ce qui est agréable et ce qui est pénible. Rien ne vous empêche de rebaptiser ces expériences dans votre esprit et de faire naître aussitôt de nouveaux sentiments à leur égard. Et si vous passiez en revue tous vos problèmes, que vous les fassiez rétrécir et que vous mettiez une certaine distance entre eux et vous ? Comme vous le voyez, les possibilités sont infinies. C'est vous qui décidez. Vous êtes maître à bord !

Comme toute autre pratique, ces exercices demandent de l'entraînement. Plus vous opérerez ces changements de sous-modalités, plus vous serez en mesure d'obtenir rapidement les résultats que vous recherchez. Peut-être allez-vous vous apercevoir que modifier la luminosité d'une scène produit plus d'effet que d'en changer l'emplacement ou la taille. Une fois que vous saurez cela, la luminosité sera la première chose sur laquelle il vous faudra jouer pour modifier quoi que ce soit.

Certains d'entre vous pensent peut-être : « Cette manipulation des sous-modalités, c'est bien joli, mais qu'est-ce qui va les empêcher de redevenir comme avant ? Je sais que je peux modifier mes sensations présentes et c'est très utile, mais ce serait beaucoup mieux si je trouvais le moyen de rendre ce changement plus automatique, plus systématique. »

J'appelle le processus par lequel on y parvient le « coup de fouet ». On l'utilise pour traiter les problèmes et les mauvaises habitudes les plus tenaces. Grâce à la méthode du coup de fouet, les représentations internes engendrant généralement des états indésirables finissent par déclencher automatiquement de nouvelles représentations internes engendrant les états féconds que l'on recherche. Lorsque vous découvrez, par exemple, que des représentations vous conduisent à manger trop, la méthode du coup de fouet vous permet de créer la représentation interne qui vous amènerait à repousser la nourriture. Une fois que le lien est établi entre ces deux représentations, dès que vous avez envie de vous gaver, la première représentation déclenche automatiquement la deuxième et vous met dans un état où vous n'avez plus envie de nourriture. Le principal avantage de la méthode du coup de fouet est que, une fois solidement ancrée, vous n'avez plus besoin d'y repenser. Le processus se met automatiquement en marche sans effort conscient.

Étape n° 1 : Identifier la conduite que vous voulez transformer. Représentez-vous mentalement cette conduite. Si, par exemple, vous désirez cesser de vous ronger les ongles, imaginez-vous en train de porter vos doigts à votre bouche et de commencer à vous ronger les ongles.

Étape n° 2 : Créer une autre représentation. Une fois que vous avez formé une image claire de la conduite que vous souhaitez modifier, il vous faudra former l'image du comportement que vous désirez et du changement que cela représentera pour vous. Vous imaginerez, pour reprendre le même exemple, que vous éloignez vos doigts de votre bouche, tout en opérant une légère pression sur le doigt que vous vous apprêtiez à ronger, et vous imaginerez que vos ongles sont parfaitement manucurés et que vous êtes bien habillé, extrêmement soigné, rempli de confiance et maître de vous. Cette image que vous formez de vous devra être dissociée, car nous voulons engendrer une représentation interne idéale vers laquelle vous continuerez à être attiré et non une représentation que vous avez l'impression de déjà posséder.

Étape n° 3 : Il faut ensuite relier les deux images par un « coup de fouet ». L'expérience stérile déclenchera alors automatiquement l'expérience féconde. Une fois que vous aurez maîtrisé ce mécanisme de déclenchement, tout ce qui vous amenait à vous ronger les ongles vous mettra désormais dans l'état où vous tendez vers l'image idéale de vous-même. Votre cerveau disposera alors d'un nouveau moyen de faire face à ce qui jusqu'à présent vous préoccupait.

Voici comment opérer ce coup de fouet : commencez par former une grande image lumineuse du comportement que vous désirez modifier. Puis, dans l'angle inférieur droit de l'image, inscrivez une petite image sombre du comportement que vous recherchez. Concentrez-vous alors sur la petite image et, en moins d'une seconde, agrandissez-la et augmentez-en la luminosité jusqu'à ce qu'elle envahisse littéralement l'image du comportement dont vous ne voulez plus. Tout en faisant cela, prononcez le mot « ouf... » avec tout l'enthousiasme et toute la joie dont vous êtes capable. Je comprends que cela puisse vous paraître un peu puéril. Toutefois, dire « ouf... » sur un ton joyeux a tendance à envoyer à votre cerveau toute une série de signaux positifs très puissants. Vous avez maintenant en face de vous une grande image claire, nette et colorée de la conduite désirée. L'image de votre ancienne conduite a volé en éclats.

L'important, dans cet exercice, c'est la vitesse et la répétition. Vous devez voir et sentir la petite image sombre qui devient immense et qui explose en détruisant la grande image et en la remplaçant par une image encore plus grande et encore plus lumineuse. Vous pouvez désormais éprouver la sensation extraordinaire de voir les choses comme vous le désirez. Puis ouvrez les yeux une fraction de seconde de façon à briser l'état. Quand vous avez refermé les yeux, opérez un nouveau coup de fouet : « Ouf... ! » Et ainsi de suite, cinq ou six fois, aussi rapidement que possible. Il est essentiel, en effet, de faire ça vite et en s'amusant. Vous dites à votre cerveau : « Vois ceci, "ouf..." », « Fais ceci, vois ceci : "Ouf..." », « Fais ceci, vois ceci : "Ouf..." » Jusqu'à ce que la vieille image déclenche automatiquement la nouvelle image, le nouvel état et, donc, le nouveau comportement.

Formez maintenant la première image. Que se passe-t-il ? Imaginez-vous en train de ronger vos ongles. Vous allez avoir du mal à le faire. Cela devrait même vous sembler anormal. Sinon, refaites l'exercice. Cette fois-ci, faites-le plus nettement et plus rapidement, en vous assurant que vous avez éprouvé au moins un instant la sensation positive procurée par la nouvelle image avant d'ouvrir les yeux et de recommencer l'exercice. Cela peut ne pas marcher si la nouvelle image que vous essayez d'imposer n'est pas assez plaisante et désirable. Il faut qu'elle soit extrêmement attirante, qu'elle vous mette dans un état de motivation et de désir. Ajouter des sous-modalités comme l'odeur ou le goût peut vous aider. Si la méthode du coup de fouet donne des résultats étonnamment rapides, c'est parce que le cerveau a en effet tendance à fuir les choses désagréables et à se rapprocher des choses agréables. En rendant l'image où vous n'avez plus besoin de vous ronger les ongles beaucoup plus agréable que celle où vous en avez besoin, vous envoyez à votre cerveau un signal puissant concernant le comportement vers lequel tendre. J'ai moi-même employé cette méthode pour cesser de me ronger les ongles. C'était devenu une manie tout à fait inconsciente. Le lendemain du jour où j'ai pratiqué le coup de fouet, je me suis surpris à recommencer. J'aurais pu prendre cela pour un échec. Mais j'ai estimé au contraire que le fait d'en prendre conscience était déjà un progrès. J'ai alors opéré dix nouveaux coups de fouet, et je n'ai plus jamais rongé mes ongles.

Vous pouvez aussi utiliser cette méthode pour les peurs ou les insatisfactions. Pensez à une chose que vous redoutez. Imaginez maintenant la situation telle que vous la désirez. Rendez-en l'image très agréable. Opérez un coup de fouet entre les deux images, sept fois de suite. Pensez maintenant à la chose dont vous aviez peur. Quel effet produit-elle sur vous ? Si l'exercice du coup de fouet a été fait convenablement, dès que vous allez penser à ce que vous redoutiez, vous allez automatiquement vous mettre à penser à la situation que vous souhaitez.

Il existe une autre variante de la méthode du coup de fouet qui consiste à imaginer un lance-pierre devant vous. Entre les deux branches du lance-pierre, vous placez l'image de la conduite que vous voulez modifier. Vous placez ensuite dans la fronde une petite image de la conduite que vous voulez adopter. Vous repoussez mentalement la petite image loin, loin de vous, jusqu'à ce que la fronde soit tendue au maximum. Puis vous la relâchez. Et vous voyez alors le projectile arriver sur vous, fracasser l'ancienne image de vous et pénétrer dans votre cerveau en explosant. Quand vous faites cet exercice, il est important que mentalement vous tendiez la fronde au maximum avant de la relâcher. Vous prononcerez de même « ouf... ! » au moment où la nouvelle image vient fracasser l'ancienne. Si vous avez exécuté l'exercice correctement, au moment où vous relâchez la fronde, l'image doit arriver si vite sur vous que votre tête aura un mouvement de recul. Interrompez maintenant votre lecture, réfléchissez un instant à une idée ou une conduite que vous voudriez modifier et utilisez la méthode du lance-pierre pour le faire.

Votre esprit peut défier les lois de l'univers sur un point crucial. Il peut faire machine arrière. Le temps ne peut pas reculer, les événements non plus... mais votre esprit, lui, en est capable. Imaginons que vous entrez dans votre bureau ; la première chose que vous remarquez, c'est que le rapport important dont vous aviez besoin n'a pas été rédigé. Voir le brouillon du rapport a tendance à vous plonger dans un état de complète stérilité. Vous êtes furieux, vous vous sentez impuissant. Vous allez sortir de la pièce et crier après votre secrétaire. Mais les hurlements ne vont pas provoquer les effets que vous désirez. Ils ne feront qu'aggraver la situation. Ce qu'il faut, c'est modifier votre état, prendre un peu de recul et vous mettre dans un état qui permettra aux choses qu'elles se fassent. Vous pouvez y parvenir en réaménageant vos représentations internes.

« Devenir maître de votre vie », « diriger votre cerveau » sont des expressions que j'ai utilisées tout au long de ce livre. Vous voyez maintenant comment vous y prendre. Grâce aux quelques exercices que nous avons faits, vous savez désormais comment contrôler vos états. Imaginez ce que serait votre vie si toutes vos expériences heureuses vous revenaient en mémoire sous la forme d'images lumineuses, proches et colorées, de sons joyeux, mélodiques et rythmés, de contacts chauds, doux et apaisants. Et que diriez-vous si toutes vos expériences pénibles étaient emmagasinées sous forme de petites images fixes, floues, avec des voix presque inaudibles et des formes inconsistantes que vous ne pourriez pas palper parce qu'elles seraient trop loin de vous ? Les gens qui réussissent font cela inconsciemment. Ils savent augmenter le volume des événements féconds et baisser le son de ceux qui ne le sont pas. Ce que vous avez appris dans ce chapitre, c'est à les imiter.

Je ne dis pas qu'il faille ignorer les problèmes. Certaines situations doivent être affrontées. Mais nous connaissons tous des gens capables de passer une journée pendant laquelle quatre-vingt-dix-neuf pour cent des choses se sont bien passées et rentrer le soir à la maison complètement déprimés. Pourquoi ? Parce qu'une chose s'est mal passée. Sans aucun doute, ils se seront fait de ce qui a mal tourné une image immense, lumineuse, criarde et de tout ce qui s'est bien passé des images petites, barbouillées, silencieuses et inconsistantes.

Beaucoup de gens passent leur vie entière à faire ça. Certains clients m'ont déclaré : « Je suis toujours déprimé. » Ils étaient presque fiers d'eux en disant cela, tant cet état faisait partie de leur vision du monde. Dans ce cas, nombre de thérapeutes commenceraient par la tâche longue et ardue qui consiste à exhumer les causes de cette dépression. Ils demanderaient au patient de parler pendant des heures de sa dépression. Ils fouilleraient dans sa « poubelle » mentale pour découvrir ses premières expériences génératrices de mélancolie et les chocs affectifs passés. C'est de ces techniques que sont tissées les relations thérapeutiques très longues et très coûteuses.

Personne n'est constamment déprimé. La dépression n'est pas un état permanent comme le fait d'avoir perdu une jambe. C'est un état dans lequel on se plonge et dont on ressort. D'ailleurs, la plupart des gens qui souffrent de dépression ont connu des expériences heureuses dans leur vie – peut-être même autant ou plus que la moyenne. Seulement, ils ne se représentent pas ces expériences sous une forme lumineuse, immense et associée. Ou bien ils n'ont de leurs moments de bonheur que des images lointaines. Prenez un événement que vous avez vécu la semaine dernière et repoussez-le tout au fond de votre champ visuel mental. Vous paraît-il toujours aussi récent ? Et quand vous le rapprochez ? N'a-t-il pas l'air plus récent ? Certaines personnes ont toujours de leurs expériences heureuses des images lointaines, tant et si bien qu'elles semblent s'être produites il y a très longtemps, et elles se font de leurs problèmes des représentations infiniment proches. N'avez-vous jamais entendu quelqu'un dire : « Il faut que je prenne un peu de recul par rapport à mes problèmes » ? Or, il n'est pas nécessaire de partir en avion pour un pays lointain. Il suffit de les repousser mentalement pour sentir aussitôt un changement. Les gens qui se sentent déprimés ont souvent le cerveau plein à ras bord de grandes images, bruyantes, proches, lourdes et insistantes des mauvais jours, et ne gardent des bons moments que des images petites et ternes. Pour changer, il ne faut pas se vautrer dans ses mauvais souvenirs ; il faut modifier les sous-modalités, les structures mêmes de ces souvenirs. Il faut ensuite relier ce qui vous mettait mal à l'aise à de nouvelles représentations qui vous permettent d'affronter les épreuves de la vie avec énergie, humour, patience et force.

Certains diront : « Écoutez, vous ne pouvez pas changer les choses aussi rapidement. » Et pourquoi pas ? Il est souvent plus facile de saisir quelque chose en un éclair que sur une longue période. C'est comme cela que le cerveau apprend. Pensez à la façon dont vous regardez un film. Vous voyez passer des milliers de plans fixes que vous reliez entre eux pour faire un ensemble dynamique. Que se passerait-il si vous regardiez un plan, puis le plan suivant une heure après et le troisième deux ou trois jours plus tard ? Vous n'en tireriez pas grand-chose, n'est-ce pas ? Les changements personnels s'opèrent de la même façon.

Si vous agissez, si vous opérez une transformation immédiate dans votre esprit, si vous modifiez votre état et votre comportement, vous vous montrez à vous-même d'une manière beaucoup plus frappante ce qui est possible. Cela permet de faire un bond beaucoup plus efficace que des mois de réflexions angoissées. La physique quantique nous apprend que les choses ne changent pas lentement au cours du temps – elles font des sauts quantiques. De même sautons-nous d'un niveau d'expérience à un autre. Si vous n'aimez pas ce que vous ressentez, changez la représentation que vous vous en faites. C'est aussi simple que ça.

Prenons un autre exemple : l'amour. Pour la plupart d'entre nous, l'amour est une expérience merveilleuse, sublime, presque mystique. Mais l'amour est aussi un état et, comme tous les états, tous les résultats, il est engendré par une série de mesures spécifiques, de stimuli, que nous percevons ou que nous nous représentons d'une certaine manière. Quand vous tombez amoureux, vous vous associez à tout ce que vous aimez chez quelqu'un et vous vous dissociez de tout ce que vous n'aimez pas. Tomber amoureux est parfois une sensation extrêmement violente et perturbante parce que ce n'est pas une sensation équilibrée. Vous ne faites pas la part entre les qualités et les défauts d'une personne pour voir si le bilan est positif ou négatif. Vous êtes totalement associé à quelques éléments de sa personnalité que vous trouvez grisants. Vous n'avez même pas conscience, à ce moment-là du moins, de ses « défauts ».

Qu'est-ce qui détruit une relation ? Il y a, évidemment, de nombreux facteurs. Peut-être ne vous associez-vous plus avec les qualités qui vous attiraient au début chez l'autre. En fait, peut-être êtes-vous même allé jusqu'à vous associer avec toutes les expériences malheureuses que vous avez connues ensemble et à vous dissocier des expériences heureuses. Comment cela se produit-il ? Vous avez pu, par exemple, former une grande image des mauvaises habitudes de l'autre, ou vous avez cessé de lui écrire des lettres d'amour, et tandis que vous vous répétez continuellement les paroles blessantes qu'il a prononcées au cours d'une dispute, vous avez oublié le geste tendre qu'il a eu pour vous l'autre jour, ou vous ne vous rappelez pas le cadeau qu'il vous a fait pour votre anniversaire. Nous pourrions accumuler les exemples indéfiniment. Sachez une chose, ce n'est pas « mal » de se conduire ainsi. Mais sachez aussi que ces modèles de représentation n'amélioreront pas vos relations. Au contraire, que va-t-il se passer si au milieu d'une dispute vous vous rappelez votre premier baiser, la première fois que vous vous êtes tenus par la main, ou ce jour où l'on a fait preuve d'une gentillesse merveilleuse à votre égard, et que vous en rendez l'image de nouveau grande, proche et lumineuse ? À partir de cet état, comment allez-vous traiter celui que vous aimez ?

Il est essentiel que nous examinions tous nos modes de communication et que nous nous demandions régulièrement : « Si je continue à me représenter les choses de cette façon, quel effet cela va-t-il vraisemblablement produire dans ma vie ? Où me conduit mon comportement actuel ? Est-ce bien là que je veux aller ? Il est temps de réfléchir à ce que mes actions physiques et mentales sont en train de créer. » Vous ne voudriez pas en effet découvrir par la suite qu'un comportement que vous auriez pu modifier facilement vous a conduit à un point où vous n'avez pas envie d'être.

Il pourrait être utile de noter si vous avez tendance à utiliser plutôt l'association ou la dissociation. Bien des gens passent le plus clair de leur temps à se dissocier de la plupart de leurs représentations. Ils ne semblent jamais émus par rien. La dissociation a ses avantages : si vous restez à l'écart des émotions trop fortes, il vous est plus facile de les manipuler. Si toutefois vous vous représentez systématiquement de façon dissociée tout ce qui vous arrive, vous perdez ce qu'on appelle le sel de la vie : une énorme quantité de joie. J'ai travaillé avec des gens réservés qui avaient beaucoup de mal à exprimer ce qu'ils pensaient de la vie et je les ai aidés à concevoir de nouveaux modèles de perception. En augmentant considérablement leurs représentations internes associées, ils ont, pourrait-on dire, ressuscité et découvert une nouvelle façon de vivre.

En revanche, si toutes ou la grande majorité de vos représentations internes sont associées, vous risquez d'être totalement vulnérable sur le plan affectif. Vous aurez alors probablement beaucoup de mal à vivre tant vous êtes affecté par les moindres petites choses, alors que la vie n'est pas faite que de moments agréables. Les individus qui sont pleinement associés à tout ce qui leur arrive s'impliquent généralement trop dans les événements.

L'idéal est d'arriver à un équilibre entre les filtres perceptuels d'association et de dissociation. Or, nous pouvons choisir de nous associer à, ou de nous dissocier de, ce que nous voulons. Mais il faut le faire consciemment, et de façon à en tirer profit. Nous pouvons contrôler toutes les représentations que nous formons dans notre esprit. Vous savez déjà que vous n'êtes pas né avec des croyances et que vous pouvez en changer. Quand nous étions petits, nous croyions à certaines choses que nous trouvons aujourd'hui ridicules. Nous avons achevé le chapitre sur les croyances par une question cruciale : comment adoptons-nous les croyances fécondes et nous débarrassons-nous des croyances stériles ? La première étape a consisté à prendre conscience des effets puissants qu'elles ont sur notre vie. La deuxième étape a été franchie dans ce chapitre, en modifiant la façon dont nous nous représentons ces croyances. Car, si nous changeons la structure dans laquelle nous nous représentons une chose, nous modifions la sensation qu'elle nous procure et donc ce qui fait la vérité de ce que nous vivons. Vous pouvez vous représenter les choses d'une manière constamment dynamisante, et cela dès aujourd'hui !

Une croyance est un puissant état affectif de certitude que vous avez sur les êtres, les choses, les idées, ou les événements de la vie. Comment créez-vous cette certitude ? À l'aide de sous-modalités particulières. Pensez-vous que vous seriez aussi sûr d'une chose qui serait obscure, floue, minuscule et éloignée dans votre esprit que vous l'êtes d'une chose qui est exactement le contraire ?

En outre, votre cerveau possède un système de classement. Certaines personnes classent les choses auxquelles elles croient sur la gauche et les choses dont elles ne sont pas sûres sur la droite. Je sais que cela paraît ridicule. Pourtant, on peut transformer un individu qui possède ce système de codage en lui demandant de déplacer les choses dont il n'est pas sûr de la droite vers la gauche, où son cerveau emmagasine les choses dont il est sûr. Dès qu'il fait cela, il commence à se sentir sûr de lui. Il se met à croire aux idées dont il doutait encore un instant plus tôt !

Ce changement s'opère simplement en opposant la manière dont vous vous représentez les choses que vous savez parfaitement à celle dont vous n'êtes pas sûr. Pensez tout d'abord à quelque chose dont vous êtes absolument sûr – le fait que vous vous appelez Jean Dupont, que vous avez trente-cinq ans et que vous êtes né à Orléans dans le Loiret, ou que vous aimez vos enfants de tout votre cœur ou que Louis Armstrong était le plus grand trompettiste du monde –, quelque chose à quoi vous croyez sans réserve, quelque chose dont vous êtes totalement convaincu. Pensez ensuite à une chose dont vous n'êtes pas sûr, à une chose à laquelle vous voulez croire mais dont pour l'instant vous n'êtes pas certain. Vous aurez peut-être envie d'utiliser « les sept mensonges du succès » du chapitre 5. (Ne choisissez pas une chose à laquelle vous ne croyez pas du tout parce que dire d'une chose que vous n'y croyez pas signifie en fait que vous *croyez* qu'elle n'est pas vraie.)

Faites maintenant défiler vos sous-modalités comme nous l'avons fait plus haut quand nous parlions de motivations. Passez en revue tous les aspects visuels, sonores et tactiles de la chose à laquelle vous croyez totalement. Puis faites-en autant pour la chose dont vous n'êtes pas sûr. Notez les différences. La chose à laquelle vous croyez se trouve-t-elle en un lieu et celle dont vous n'êtes pas sûr en un autre ? La chose à laquelle vous croyez est-elle plus proche, ou plus lumineuse ou plus grande que celle dont vous n'êtes pas certain ? L'une est-elle fixe et l'autre animée ? L'une bouge-t-elle plus vite que l'autre ?

Comme pour les motivations, reprogrammez maintenant les sous-modalités de la chose dont vous n'êtes pas sûr en les alignant sur celles de la chose à laquelle vous croyez. Modifiez les couleurs et les emplacements. Modifiez les voix, leur timbre, leurs intonations, leurs rythmes. Changez les sous-modalités de texture, de poids et de température. Comment vous sentez-vous après avoir fini ? Si vous avez transformé avec précision la représentation qui vous plongeait dans l'incertitude, vous serez certain de la chose dont vous doutiez encore il y a seulement quelques instants.

La seule difficulté que rencontrent les gens tient à ce qu'ils ne croient pas qu'on puisse changer les choses aussi vite. C'est une croyance limitative qui va infiltrer l'expérience du changement. Les gens ont parfois une raison de conserver cette croyance car, s'ils pouvaient vraiment tout changer, ils deviendraient responsables de leur vie. Cette croyance limitative peut être aisément surmontée en leur faisant vivre une expérience qui aille à l'encontre de leur croyance selon laquelle les changements se produisent lentement. Ils peuvent aussi former une représentation de cette croyance puis la transformer de manière que ses sous-modalités soient identiques à celles des choses dont ils ne sont pas convaincus – et transformer par conséquent une chose à laquelle ils croient en une chose dont ils doutent. Il peut parfois nous être utile de nous créer des doutes au sujet de certaines de nos croyances les plus anciennes et les plus enracinées. Vous avez peut-être découvert que vous croyez à des choses qui ne vous sont pas vraiment utiles. Ce sont peut-être des croyances que vous avez copiées sur votre environnement. Rien ne vous empêche de manipuler ces croyances limitatives et de faire naître un sentiment de doute à leur égard. Elles cesseront bientôt d'agir sur votre comportement. On a appris, par exemple, à beaucoup de gens qu'ils n'étaient pas intelligents, pas sportifs ou pas séduisants. Or, leur système de croyances peut être modifié. Et, dès que c'est fait, leurs sentiments sur eux-mêmes et leurs comportements changent également.

Le même procédé peut être utilisé pour découvrir la différence entre les notions qui sont confuses dans votre esprit et celles que vous avez l'impression de comprendre. Si une notion est confuse pour vous, c'est peut-être parce que la représentation interne que vous en avez est petite, floue, obscure et éloignée, alors que celles que vous comprenez sont représentées par une image proche, lumineuse et nette. Voyez ce que deviennent vos impressions quand vous avez modifié vos représentations de la notion confuse afin qu'elles soient identiques à celles des notions que vous comprenez.

Rapprocher les images ou leur donner plus de luminosité ne les rend pas plus intenses pour tout le monde. Il arrive que ce soit le contraire. Certaines personnes ont l'impression que les choses prennent plus de corps quand elles s'obscurcissent et s'assombrissent. Il faut donc découvrir quelles sont les sous-modalités essentielles pour vous ou pour la personne que vous voulez aider à changer, et avoir ensuite assez de pouvoir personnel pour utiliser ces outils jusqu'au bout.

En travaillant ainsi sur les sous-modalités, nous rebaptisons le système de stimuli qui ordonne au cerveau ce qu'il doit ressentir dans telle ou telle circonstance. Le cerveau réagit à tous les signaux (sous-modalités) que vous lui transmettez. Si vous émettez un certain signal, le cerveau éprouvera de la douleur. Si vous lui en transmettez un autre, par des sous-modalités différentes, peut-être vous sentirez-vous bien au bout de quelques instants. Lors d'un séminaire de formation neurolinguistique pour professionnels que j'ai dirigé un jour à Phoenix, en Arizona, j'ai remarqué qu'un grand nombre de personnes dans la salle avaient les muscles du visage très tendus et adoptaient des expressions que j'ai prises pour de la douleur. J'ai passé mentalement en revue tout ce dont j'avais parlé et je n'ai rien découvert qui ait pu déclencher cette réaction chez tant de gens. J'ai donc fini par demander à quelqu'un : « Qu'est-ce que vous ressentez à l'instant même ? – J'ai très mal à la tête », m'a répondu mon interlocuteur. À peine avait-il dit cela qu'un autre s'est plaint du même mal puis un troisième et ainsi de suite. Plus de soixante personnes avaient la migraine. Elles expliquèrent que les projecteurs qui les éclairaient pour que le séminaire soit filmé en vidéo les éblouissaient et que c'était très fatigant. De plus, nous étions dans une pièce sans fenêtre et la ventilation était tombée en panne trois heures plus tôt, si bien que l'atmosphère devenait très étouffante. Tous ces éléments conjugués avaient provoqué un changement dans la physiologie de ces gens. Que pouvais-je faire ? Les envoyer prendre un comprimé d'aspirine ?

Évidemment, non. Le cerveau ne cause de la douleur que s'il reçoit un stimulus qui lui dit de ressentir de la douleur. J'ai donc demandé aux gens de décrire les sous-modalités de leur douleur. Pour certains, il s'agissait d'une sensation pesante, avec des élancements ; pour d'autres, non. Pour certains, c'était quelque chose de volumineux et de très éclairé, pour d'autres, une petite masse sombre. Je leur ai alors demandé de modifier les sous-modalités de leur douleur, d'abord en se dissociant d'elle et en la plaçant en dehors d'eux. Puis je les ai fait sortir de leur sensation en leur demandant d'imaginer une forme à la taille de leur douleur et de la placer à environ trois mètres devant eux. Je leur ai dit ensuite de gonfler et de dégonfler cette représentation, de la gonfler jusqu'à ce qu'elle explose en traversant le plafond, puis de la rétrécir à nouveau, et enfin de pousser leur douleur jusqu'au soleil et de la regarder fondre à son contact, puis de la ramener sur la Terre sous forme de rayons de soleil pour faire pousser les plantes. Finalement, je leur ai demandé comment ils se sentaient.

En moins de cinq minutes, quatre-vingt-quinze pour cent des personnes souffrantes n'avaient plus mal à la tête. J'avais modifié la représentation de ce qu'ils ordonnaient à leur cerveau de faire et leur cerveau, recevant désormais de nouveaux signaux, avait provoqué une nouvelle réaction. Pour les cinq pour cent restants, il fallut encore passer cinq minutes à opérer des changements plus précis.

Quand je décris ce procédé, certaines personnes ont du mal à croire qu'elles puissent éliminer la douleur aussi rapidement. Pourtant, n'avez-vous pas déjà fait cela inconsciemment de très nombreuses fois ? Ne vous rappelez-vous pas une occasion où vous ressentiez de la douleur et où vous avez été absorbé par autre chose, un événement amusant qui s'est produit au même moment, par exemple ? Inconsciemment, vous avez alors modifié ce que vous vous représentiez, et vous avez cessé de souffrir. La douleur peut disparaître et ne pas revenir à moins que vous ne vous mettiez à vous la représenter. Grâce à une petite action consciente sur vos représentations internes, il est facile d'éliminer à volonté le mal de tête.

En fait, quand on connaît les signaux qui provoquent des effets particuliers dans son cerveau, on peut se mettre en condition de ressentir quasiment ce qu'on veut dans n'importe quelle situation.

Dernière mise en garde : un grand nombre de filtres de l'expérience humaine peuvent affecter notre capacité à maintenir de nouvelles représentations internes ou même à les faire tout simplement apparaître, ne serait-ce qu'une fois. Ces filtres sont liés à ce à quoi nous tenons le plus et aux avantages inconscients que peut nous procurer notre comportement actuel.

L'importance des valeurs fait l'objet d'un chapitre particulier, et nous parlerons des bénéfices secondaires inconscients, au chapitre 16, à propos du processus de restructuration des schémas. Si la douleur vous envoie des signaux importants au sujet de quelque chose que vous devez modifier dans votre corps, à moins que vous ne répondiez à ce besoin, la douleur reviendra certainement parce qu'elle vous est effectivement très utile comme signal.

Ce chapitre vous a fourni les principaux outils nécessaires pour faire fonctionner votre cerveau. Dans beaucoup de cas, vous obtiendrez les résultats désirés en opérant seulement sur les sous-modalités. Vous avez vu comment on peut transformer un état en modifiant la structure d'une représentation interne. C'est généralement plus que suffisant pour changer un comportement. Pourtant, si c'était tout ce dont vous aviez besoin, nous n'aurions plus qu'à fermer boutique immédiatement.

Pour que ce travail soit efficace, nous devons être en mesure de transformer systématiquement nos représentations internes. La méthode du coup de fouet est une des principales techniques qui garantissent cette transformation.

Mais d'autres facteurs jouent sur la représentation que nous nous faisons du monde. La physiologie, les métaprogrammes, les cadres de référence et les points d'ancrage, tous ces éléments affectent le sens, le type et la qualité de nos représentations – et donc ce que nous ressentons et notre façon d'agir. Nous étudierons ces différents facteurs dans les chapitres qui suivent. Tous constituent des outils supplémentaires pour opérer les changements durables que nous souhaitons.

Auparavant, toutefois, il faut que nous étudiions un autre aspect de la façon dont nous structurons nos expériences, un élément crucial sans lequel l'imitation du comportement humain serait difficile ou impossible. Examinons...

7

La syntaxe du succès

Que tout soit fait correctement et dans l'ordre.

Épître aux Corinthiens

Tout au long de ce livre, nous avons essayé de découvrir comment les êtres humains agissent. Nous avons établi que les gens qui obtiennent des résultats remarquables opèrent systématiquement une série d'actions définies, à la fois mentales et physiques (actions intérieures dans leur esprit et actions extérieures sur le monde). Si à notre tour nous nous livrons aux mêmes actions, nous obtiendrons des résultats identiques ou analogues. Il y a toutefois un autre facteur qui affecte les résultats, c'est la syntaxe de l'action, c'est-à-dire la manière dont nous ordonnons nos actions. Or, cette syntaxe peut modifier énormément les effets que nous produisons.

Quelle différence y a-t-il entre « le chien a mordu Pierre » et « Pierre a mordu le chien » ? Entre « Paul mange le homard » et « le homard mange Paul » ? Une grande différence, surtout si l'on s'appelle Pierre ou Paul. Pourtant, les mots sont les mêmes. Ce qui change, c'est la façon dont ils sont disposés, la syntaxe. Le sens de la phrase est déterminé par l'ordre des signaux transmis au cerveau. Les mêmes stimuli sont en jeu, les mêmes mots, pourtant le sens est différent. C'est un point essentiel à saisir si l'on désire imiter efficacement les résultats obtenus par les gens qui réussissent. L'ordre dans lequel les choses sont présentées modifie la façon dont le cerveau les enregistre. Cela se passe exactement comme avec un ordinateur. Si vous lui donnez des instructions dans le bon ordre, l'ordinateur utilisera toutes ses fonctions et fournira le résultat escompté.

Nous nous servons du mot « stratégie » pour désigner l'ensemble des facteurs – représentations internes, sous-modalités et syntaxe – qui contribuent à un résultat particulier.

Que nous voulions aimer, séduire, nous motiver, prendre des décisions, ou quoi que ce soit d'autre, nous faisons presque toujours appel à une stratégie. Si nous réussissons à savoir quelle est pour l'amour notre stratégie, nous pourrons déclencher cet état à volonté. Si nous savons quelles mesures nous adoptons, et dans quel ordre, pour prendre une décision, lorsque nous serons indécis, nous pourrons nous sentir décidés en quelques instants. Nous saurons sur quelles touches appuyer et comment obtenir les solutions que nous attendons de notre bio-ordinateur interne.

Il y a une métaphore qui s'applique très bien aux éléments d'une stratégie et à leur emploi, c'est celle de la cuisine. Si quelqu'un fait le meilleur gâteau au chocolat du monde, pouvez-vous en faire autant ?

Bien entendu, à condition d'avoir la recette. Une recette n'est rien d'autre qu'une stratégie, une liste d'éléments à utiliser d'une certaine façon et dans un certain ordre. Si vous estimez que nous avons tous le même système nerveux, vous devez admettre que nous disposons tous des mêmes ressources potentielles. C'est notre stratégie – la manière dont nous employons ces ressources – qui détermine les résultats que nous obtenons. Cela est vrai aussi dans les affaires. Il arrive qu'une entreprise possède des ressources supérieures à une autre, mais celle qui utilise le mieux ses ressources finira généralement par dominer le marché.

De quoi avez-vous donc besoin pour faire un gâteau de la même qualité que celui du grand pâtissier ? D'une recette, que vous devez suivre à la lettre. Si vous appliquez scrupuleusement la recette, vous obtiendrez les mêmes résultats, même si vous n'avez jamais fait de pâtisserie de votre vie. Il aura peut-être fallu des années de tâtonnements au pâtissier pour réussir parfaitement son gâteau. Vous, vous pouvez gagner des années en vous contentant d'imiter ce qu'il a fait.

Il existe des stratégies pour réussir financièrement, pour demeurer en bonne santé, pour se sentir heureux et aimé toute sa vie. Si vous connaissez des gens qui ont réussi financièrement ou qui ont des relations affectives satisfaisantes, il vous suffira, pour produire les mêmes résultats en moins de temps et avec moins d'efforts qu'il ne leur en a fallu, de connaître leur stratégie et de l'appliquer. Tel est l'intérêt de l'imitation.

Une recette qui nous donne le pouvoir d'agir efficacement nous fournit tout d'abord une liste des ingrédients nécessaires. Dans la « cuisine » de l'expérience humaine, les ingrédients sont les cinq sens. Toutes les actions humaines résultent d'un emploi particulier des systèmes de représentation visuels, auditifs, kinesthésiques, gustatifs et olfactifs. La recette nous indique ensuite les quantités. C'est le rôle que jouent les sous-modalités dans une stratégie. Elles déterminent en effet, par exemple, la quantité d'éléments sensoriels que doit comporter l'expérience, quantité de lumière ou d'ombre, de sons, etc.

Mais cela ne suffit pas, il vous faut aussi connaître la « syntaxe » de fabrication. Que se passera-t-il en effet si dans votre recette vous mettez en dernier ce que le pâtissier met en premier ? Obtiendrez-vous un gâteau de la même qualité ? J'en doute. Si, en revanche, vous employez les mêmes ingrédients, en même quantité et dans le même ordre, vous obtiendrez bien entendu les mêmes résultats.

Dans tous les domaines de la vie, des séries de stimuli définis aboutissent toujours à un résultat défini. Les stratégies sont comme la combinaison qui permet d'ouvrir la chambre forte de vos ressources cérébrales. Vous avez beau connaître les chiffres qui la composent, à moins de les utiliser dans le bon ordre, la serrure ne s'ouvrira pas. Mais, si vous connaissez les chiffres et l'ordre, la serrure s'ouvrira chaque fois. Il est donc nécessaire de connaître la combinaison qui ouvre votre chambre forte ainsi que celles qui ouvrent les chambres fortes des autres.

Quels sont les éléments constitutifs de la syntaxe ? Nos sens. Nous sommes soumis à des signaux sensoriels à deux niveaux : interne et externe. La syntaxe est le moyen de combiner les éléments de ce que nous vivons extérieurement et de ce que nous nous représentons intérieurement. Nous avons par exemple deux types d'expérience visuelle. La première, c'est ce que nous voyons du monde extérieur. En lisant ce livre, en regardant les caractères noirs imprimés sur fond blanc, vous faites une expérience visuelle externe. La deuxième, c'est l'expérience visuelle interne. Rappelez-vous la façon dont nous avons joué, au chapitre précédent, avec des modalités et sous-modalités visuelles. Nous n'étions pas vraiment présents pour voir la plage ou les nuages, les bons ou les mauvais moments que nous nous représentions dans notre esprit. Nous les vivions d'une manière visuelle interne.

Il en va de même pour les autres modalités. Entendre un train siffler par la fenêtre constitue une expérience auditive externe. Entendre une voix dans son esprit est une expérience auditive interne. Lorsque c'est le ton de la voix qui est l'élément important, il s'agit d'une expérience auditive tonale. Si au contraire ce sont les mots (leur sens), on se trouvera en présence d'une expérience auditive logique. Quand on sent la texture du bras du fauteuil sur lequel on s'appuie, on vit une expérience kinesthésique externe. Si vous avez l'impression dans votre esprit que tel ou tel contact vous fait du bien, c'est une expérience kinesthésique interne.

Pour créer une recette, il faut disposer d'un système permettant de décrire ce qu'il faut faire et quand. C'est pourquoi nous avons mis au point un système de notation grâce auquel nous pouvons décrire nos stratégies. Il s'agit d'une sorte de sténo servant à représenter les processus sensoriels : V pour visuel, A pour auditif, K pour kinesthésique, i pour interne, e pour externe, t pour total et 1 pour logique. Ainsi lorsque vous voyez un objet extérieur (visuel externe), il peut être représenté par Ve. Lorsque vous éprouvez une sensation interne, ce sera Ki. Si l'on considère maintenant la stratégie d'un individu qui est motivé par ce qu'il a vu (Ve), puis qui se dit quelque chose à lui-même (Ail) et provoque un besoin d'action interne (Ki), l'ensemble de sa stratégie pourra être représenté par la formule : Ve-Ail-Ki. Vous pourrez « parler » une journée entière à cet individu pour le convaincre d'agir, vous avez très peu de chances de réussir. En revanche, si vous lui « montrez » un résultat et lui soufflez ce qu'il devrait se dire en le voyant, vous réussirez probablement à le mettre dans l'état voulu presque sur-le-champ. Au chapitre suivant, je vous montrerai comment découvrir les stratégies que les gens utilisent dans certaines situations. Mais je veux d'abord vous montrer comment fonctionnent ces stratégies et pourquoi elles sont si importantes.

Nous avons des stratégies pour tout. Mais nous sommes peu nombreux à savoir les utiliser consciemment. C'est pourquoi nous nous mettons dans divers états et en ressortons, selon les stimuli qui nous frappent. Il est donc nécessaire que vous identifiiez la stratégie qui est la vôtre afin de susciter l'état désiré à la demande. Et il faut également que vous puissiez reconnaître les stratégies des autres afin de savoir exactement à quoi ils réagissent.

Avez-vous, par exemple, une façon systématique d'organiser vos expériences internes et externes quand vous faites un achat ? Très certainement. Vous ne la connaissez peut-être pas mais il est probable que la syntaxe des stimuli qui vous attirent vers une certaine voiture vous attirera aussi vers une certaine maison. Il existe des stimuli qui, placés dans le bon ordre, vont vous mettre automatiquement en état réceptif à l'action d'acheter. Nous avons tous ainsi des enchaînements que nous suivons systématiquement pour susciter des états et des activités déterminés. Présenter une information selon la syntaxe d'une personne est un moyen efficace d'établir une relation avec elle. En fait, s'il est utilisé efficacement, votre mode de communication devient quasi irrésistible parce qu'il déclenche automatiquement certaines réactions.

Quelles autres stratégies existe-t-il ? Y a-t-il des stratégies de persuasion ? Existe-t-il des façons d'organiser le matériau que vous présentez à quelqu'un pour qu'il devienne presque irrésistible ? Sans aucun doute. Et la motivation ? La séduction ? L'étude ? Le sport ? La vente ? Absolument. Et la dépression ? Ou le bien-être ? Existe-t-il des façons particulières de vous représenter votre expérience du monde selon un certain ordre pour provoquer ces sentiments ? Bien entendu. Il existe des stratégies de la gestion efficace. Il existe des stratégies de la créativité. Quand certaines choses déclenchent une réaction de votre part, vous vous mettez dans l'état correspondant. Il vous suffit de savoir quelle est votre stratégie pour accéder à cet état à la demande. Et vous devez être en mesure d'identifier les stratégies des autres afin de savoir comment leur donner ce qu'ils demandent.

Ce que nous devons donc découvrir, c'est l'enchaînement particulier, la syntaxe qui produit tel résultat, qui engendre tel état. Si vous y parvenez et que vous désiriez provoquer l'action voulue, vous pourrez bâtir votre monde selon vos désirs. En dehors des denrées nécessaires à la vie comme la nourriture ou l'eau, tout ce que vous pouvez désirer constitue presque toujours un état. La seule chose à connaître, c'est la syntaxe, la stratégie qui peut vous y conduire.

Un de mes plus grands succès, en matière d'imitation, s'est produit dans l'armée. On m'a présenté à un général avec qui j'ai commencé à parler des techniques de la performance optimale telles que la PNL. Je lui ai dit que, quels que soient ses programmes de formation, je pensais pouvoir en raccourcir la durée de moitié, tout en améliorant le niveau des individus formés. J'avais placé la barre un peu haut, non ? Le général parut intéressé mais il n'était pas convaincu, et m'a simplement recruté pour enseigner les techniques de la PNL. Comme mon séminaire avait donné des résultats, j'ai signé ensuite avec l'armée un contrat de création de programmes de formation et de séminaires d'imitation. Je ne devais être payé que si je réalisais ce que j'avais promis.

Le premier projet dont on m'a chargé concernait un programme de quatre jours de formation des recrues au tir au pistolet. Jusque-là, une moyenne de soixante-dix pour cent seulement des soldats qui suivaient ce stage atteignait le niveau exigé, et l'on avait dit au général qu'on ne pouvait pas espérer mieux. J'ai alors commencé à me demander dans quelle galère je m'étais embarqué. Je n'avais jamais tiré au pistolet de ma vie et n'aimais même pas beaucoup l'idée d'appuyer sur une détente. Au départ, John Grinder devait travailler avec moi sur ce projet, aussi me suis-je dit que, grâce à son expérience de tireur, nous réussirions à nous en sortir. Mais les dates ne lui convenant pas,

John se désista. Vous pouvez donc imaginer dans quel état j'étais ! De plus, j'avais entendu dire que deux membres du groupe, furieux à l'idée de la somme d'argent qu'on devait me payer, avaient décidé de me donner une leçon, et allaient tout faire pour saboter mon travail. Ne possédant aucune expérience du tir, ayant perdu mon atout maître (John Grinder) et sachant qu'on allait essayer de me faire échouer, que pouvais-je faire ?

J'ai d'abord réduit littéralement à zéro l'immense image d'échec que j'avais formée dans mon esprit. Puis j'ai commencé à constituer une nouvelle série de représentations de ce qui m'était possible. J'ai ainsi remplacé le système de croyances selon lequel « les meilleurs entraîneurs de l'armée sont incapables de faire ce qu'on leur demande, donc moi aussi », par « ces entraîneurs sont les meilleurs dans leur spécialité mais ils ne connaissent rien ou presque de l'effet des représentations internes sur les performances ni des techniques d'imitation ». Une fois mis dans cet état fécond, j'ai dit au général que j'avais besoin de rencontrer ses meilleurs tireurs afin de savoir exactement comment ils s'y prenaient – mentalement et physiquement – pour réussir à toujours atteindre leur cible. Après avoir découvert grâce à eux « le petit détail qui change tout », j'ai pu l'enseigner aux soldats en moins de temps que d'habitude et obtenir le résultat voulu.

J'ai découvert les croyances clés que partageaient certains des meilleurs tireurs du monde et je les ai comparées aux croyances des soldats qui rataient leur cible. J'ai découvert ensuite la syntaxe et la stratégie mentale communes aux meilleurs tireurs et je les ai reproduites afin de les enseigner aux débutants. Cette syntaxe était le produit de milliers, peut-être de centaines de milliers de tirs et de minuscules modifications de cette technique. Puis j'ai imité les éléments clés de leur physiologie.

Ayant découvert la stratégie optimale pour produire l'effet « en plein dans le mille », j'ai conçu un cours d'un jour et demi pour tireurs débutants. Vous vous demandez quels résultats j'ai obtenus ? Soumis à un test après moins de deux jours, cent pour cent des soldats furent admis et le nombre de ceux qui avaient atteint le niveau maximum – tireur breveté – était trois fois plus élevé qu'après le stage normal de quatre jours. En apprenant à ces débutants à transmettre à leur cerveau les mêmes signaux que les tireurs brevetés, nous avions fait d'eux des tireurs brevetés en deux fois moins de temps. Je me suis alors occupé des hommes sur qui j'avais pris modèle, les plus grands tireurs des États-Unis, et je leur ai appris à améliorer leurs stratégies. Résultat : une heure plus tard un homme retrouva un score qu'il n'avait plus jamais atteint depuis six mois, un autre fit « mouche » plus souvent qu'il ne l'avait jamais fait au cours de toutes les compétitions de ces dernières années et pourtant l'entraîneur ne leur épargna pas les difficultés. Dans son rapport au général, le colonel parla de la première percée au tir au pistolet depuis la Première Guerre mondiale.

Je n'ai pas raconté cette anecdote pour vous montrer quel grand imitateur je suis mais pour que vous compreniez que même lorsqu'on n'a guère d'expérience et même quand la situation paraît impossible, si l'on dispose d'un excellent modèle, on peut découvrir ce qu'il fait de particulier, le reproduire, et aboutir ainsi à des résultats analogues en un temps bien moindre que celui qu'on aurait cru nécessaire.

Il existe une stratégie plus simple utilisée par beaucoup de sportifs pour imiter les meilleurs de leur spécialité. Si vous désirez prendre modèle sur un skieur expert, vous commencez par observer soigneusement sa technique (Ve). Pendant que vous observez, vous imprimez à votre corps les mêmes mouvements (Ke), jusqu'à ce que vous ayez l'impression qu'ils font partie de vous (Ki). (Si vous avez observé des skieurs, vous avez peut-être déjà fait cela involontairement.) Quand le skieur que vous regardez s'apprête à tourner, vous tournez comme si c'était vous qui skiiez. Vous essayez ensuite de créer l'image interne d'un skieur expert (Vi). Vous êtes passé du visuel interne au kinesthésique externe puis au kinesthésique interne. Vous allez créer alors une autre image interne visuelle, dissociée, cette fois, de vous en train de skier (Vi). Ce sera comme si vous regardiez un film vous montrant en train d'imiter le skieur aussi précisément que possible. Puis vous entrerez dans cette image et, d'une manière associée, vous ressentirez l'effet que produit le fait de réaliser exactement la même performance que celle du professionnel (Ki). Vous répéterez cet exercice aussi souvent qu'il sera nécessaire pour que vous vous sentiez parfaitement à l'aise en le faisant. Vous fournirez ainsi à vous-même la stratégie neurologique déterminée pour vous mouvoir et pratiquer le ski au niveau optimal. Vous essaierez alors cette stratégie dans la réalité (Ke).

La syntaxe de cette stratégie pourra s'écrire Ve-Ke-Ki-Vi-Vi-Ki-Ke. C'est une des centaines de façons d'imiter quelqu'un. Car, ne l'oubliez pas, il existe toutes sortes de moyens de produire des résultats. Il n'y a pas de bons ni de mauvais moyens, il n'y a que des moyens efficaces ou inefficaces.

Il est évident que vous pouvez obtenir des résultats plus précis en obtenant des renseignements plus précis sur tout ce que fait une personne pour atteindre un résultat donné. Dans l'idéal, quand on imite quelqu'un, il faut aussi imiter son expérience interne, ses systèmes de croyances et sa syntaxe. Toutefois, en se contentant d'observer cette personne, on parvient à imiter une bonne partie de sa physiologie. Et la physiologie est le second facteur (nous en avons parlé au chapitre 9) qui crée l'état dans lequel nous sommes et qui donne les effets que nous produisons.

Il est un autre domaine où la compréhension des stratégies et de la syntaxe peut changer beaucoup de choses : l'enseignement (ou l'étude). Pourquoi certains enfants « ne marchent pas » en classe ? Je suis convaincu qu'il y a à cela deux raisons principales. D'une part, nous ne connaissons généralement pas la stratégie la plus efficace pour enseigner à quelqu'un une tâche déterminée. Et d'autre part, les professeurs ont rarement une idée précise des différentes façons qu'ont les enfants d'apprendre. Nous avons tous des stratégies distinctes. Si l'on ne connaît pas les stratégies d'apprentissage d'un individu, on risque d'avoir beaucoup de mal à lui enseigner quelque chose.

Certaines personnes ont, par exemple, une mauvaise orthographe. Est-ce parce qu'elles sont moins intelligentes que celles qui ont une bonne orthographe ? Non. L'intelligence dépend sans doute davantage d'une bonne syntaxe mentale, c'est-à-dire de la façon dont nous organisons, stockons et trions l'information dans une situation déterminée. Votre capacité à produire systématiquement un résultat dépend uniquement du fait que votre syntaxe mentale contribue à la tâche que vous avez demandée à votre cerveau. Tout ce que vous avez vu, entendu ou ressenti est emmagasiné dans votre cerveau. On ne compte plus le nombre d'études qui ont montré que des individus plongés dans un état de transe hypnotique réussissaient à se rappeler (c'est-à-dire à accéder à) des faits dont ils étaient incapables de se souvenir consciemment.

Si vous n'avez pas une bonne orthographe, cela tient à la manière dont vous vous représentez les mots. Quelle est donc la meilleure stratégie à adopter pour résoudre ce problème ? Certainement pas une stratégie kinesthésique, car il est difficile de ressentir un mot. Ce n'est pas non plus tout à fait une stratégie auditive, car trop de mots ne se prononcent pas comme ils s'épellent. L'orthographe est donc liée à la capacité d'emmagasiner des éléments visuels externes (des lettres) selon un ordre déterminé. Le moyen d'apprendre l'orthographe consiste à former des images visuelles accessibles à tout moment.

Prenons le mot « Albuquerque ». Le meilleur moyen d'apprendre à l'écrire n'est pas de l'épeler cent fois de suite, c'est de l'emmagasiner dans son esprit comme une image. Nous étudierons au chapitre suivant le moyen d'accéder aux différentes parties de notre cerveau. Bandler et Grinder, les fondateurs de la PNL, ont découvert par exemple que la direction dans laquelle nous braquons notre regard détermine la partie de notre système nerveux à laquelle nous avons le plus directement accès. Nous nous attarderons sur ces « techniques d'accès » au prochain chapitre. Contentons-nous pour le moment de noter que la plupart des gens se souviennent mieux des images en les plaçant en haut et à gauche de leur champ visuel. Le meilleur moyen de retenir le mot « Albuquerque » est donc de le placer en haut à gauche et d'en former une image claire.

Il faut maintenant que j'introduise un nouveau concept, celui de « morcelage ». Généralement, les êtres humains ne sont capables de traiter consciemment que cinq à neuf « morceaux » d'information à la fois. Les individus qui apprennent vite sont capables de venir à bout des opérations les plus complexes parce qu'ils savent morceler l'information en petits lots, puis les rassembler en un tout. Le moyen d'apprendre à écrire « Albuquerque » consiste donc à le diviser en trois morceaux : Albu/quer/que. Vous allez maintenant écrire ces trois parties sur une feuille de papier, la tenir au-dessus et à gauche de vos yeux, regarder *Albu*, puis fermer les yeux et visualiser mentalement ces deux syllabes. Ouvrez les yeux, regardez *Albu*. Ne prononcez pas le mot, contentez-vous de le regarder puis fermez à nouveau les yeux et visualisez-le mentalement. Répétez cet exercice quatre ou cinq fois jusqu'à ce que vous puissiez fermer les yeux et voir clairement *Albu*. Puis prenez le deuxième morceau, *quer*. Jetez un coup d'œil plus rapide sur les lettres qui le composent et exécutez le même exercice que précédemment. Puis faites de même avec *que*, jusqu'à ce que l'image *Albuquerque* soit emmagasinée dans votre cerveau. Si l'image est claire, vous aurez sans doute une sensation kinesthésique d'exactitude.

Vous serez alors en mesure de voir le mot si clairement que vous pourrez l'épeler non seulement à l'endroit mais à l'envers. Essayez. Épelez « Albuquerque ». Puis épelez-le à l'envers. Maintenant que vous êtes capable de faire ça, vous possédez l'orthographe de ce mot pour toujours. Je vous le garantis. Vous pouvez en faire autant avec n'importe quel mot et devenir excellent en orthographe. Même si auparavant vous aviez du mal à écrire votre propre nom.

La découverte des stratégies d'apprentissage préférées des autres constitue le second aspect fondamental des problèmes d'enseignement. Comme je l'ai indiqué plus haut, chacun possède un terrain mental neurologique qu'il utilise le plus souvent. Mais on enseigne rarement selon les points forts de quelqu'un. On fait comme si tout le monde apprenait de la même façon.

Je vais vous donner un exemple. Il n'y a pas très longtemps, on m'a envoyé un jeune homme, qui est arrivé avec un rapport de six pages et demie expliquant qu'il était dyslexique, qu'il avait une très mauvaise orthographe et qu'il avait des problèmes psychologiques en classe. J'ai vu immédiatement qu'il préférait aborder la plupart de ses expériences d'une manière kinesthésique. Ayant compris comment il traitait l'information, j'étais en mesure de l'aider. Ce jeune homme avait une excellente appréhension des choses qu'il touchait. Or, le processus d'enseignement traditionnel est visuel et auditif. Ce n'était pas lui qui avait du mal à apprendre, c'étaient ses professeurs qui avaient du mal à lui enseigner les choses d'une manière qui lui permette de percevoir l'information, de l'emmagasiner et d'y accéder à volonté.

La première chose que j'aie faite a été de déchirer le rapport. « Tout ça, c'est de la foutaise », lui ai-je dit. Mon geste a attiré son attention. Il s'attendait que je lui pose la série de questions habituelles. Au lieu de cela, je me suis mis à lui parler de tous les domaines où il utilisait le mieux son système nerveux. « J'imagine que tu es bon en sport », lui ai-je dit. « Oui, assez bon. » J'ai découvert que c'était un excellent surfeur. Nous avons parlé un moment de surf, et il a aussitôt été très attentif et s'est mis dans un état où il se sentait efficace, un état qui le rendait beaucoup plus réceptif que ses maîtres ne l'avaient jamais vu. Je lui ai expliqué qu'il avait tendance à emmagasiner l'information sur le mode kinesthésique et que cela présentait de grands avantages dans la vie. En revanche, sa méthode d'apprentissage rendait difficile l'étude de l'orthographe. Je lui ai donc montré comment enregistrer visuellement les mots et j'ai travaillé sur ses sous-modalités afin de lui faire éprouver la même sensation vis-à-vis de l'orthographe que du surf. Au bout d'un quart d'heure, il épelait n'importe quel mot comme un surdoué.

Et tous les autres enfants qui ont des problèmes scolaires ? Il s'agit la plupart du temps de problèmes de stratégies. Il faut leur apprendre à utiliser leurs ressources. J'ai enseigné ces stratégies à une institutrice qui travaillait avec des enfants en difficulté, âgés de douze à quatorze ans, qui n'avaient jamais obtenu plus de 7 sur 10 en orthographe, et qui tombaient le plus souvent en dessous de la moyenne, entre 2,5 et 5. Elle comprit rapidement que quatre-vingt-dix pour cent de ces « handicapés » possédaient des stratégies d'apprentissage auditives ou kinesthésiques.

Dans la semaine qui suivit l'adoption de nouvelles stratégies d'enseignement, dix-neuf sur ses vingt-six élèves obtinrent 10/10 en orthographe, deux 9/10, deux 8/10 et les autres 7/10. Elle a noté également une évolution considérable dans leurs problèmes de comportement qui avaient « disparu comme par magie ». Aussi envisage-t-elle d'adresser une communication à ses supérieurs afin que la méthode soit présentée à toutes les écoles de sa région.

Je suis convaincu que l'un des principaux problèmes de l'enseignement réside dans le fait que les enseignants ne savent pas quelles stratégies suivent leurs élèves. Ils ne connaissent pas la combinaison qui ouvre la chambre forte de ces jeunes. La combinaison est peut-être deux tours à gauche et vingt-quatre tours à droite, mais le professeur s'obstine à donner d'abord vingt-quatre tours à droite puis deux tours à gauche. Jusqu'à présent, le processus d'éducation a été centré sur ce que les élèves doivent apprendre et non sur la meilleure façon pour eux de l'apprendre. Les techniques de la performance optimale nous enseignent les stratégies particulières qu'emploient les différents types de personnes pour apprendre, ainsi que le meilleur moyen d'enseigner certaines matières, comme l'orthographe.

Savez-vous comment Einstein a réussi à concevoir la théorie de la relativité ? Il a expliqué que la chose qui l'avait le plus aidé avait été sa capacité de visualiser « l'effet que cela ferait d'être assis à califourchon à l'extrémité d'un rayon de lumière ». Les gens qui ne réussissent pas à voir la même chose dans leur esprit ont du mal à comprendre la relativité. Aussi la première chose qu'ils doivent apprendre, c'est la méthode la plus efficace de faire fonctionner leur cerveau. C'est exactement ce dont traitent les techniques de la performance optimale. Elles nous apprennent à utiliser les stratégies les plus efficaces pour obtenir le plus rapidement et le plus facilement possible les résultats que nous recherchons.

Les problèmes que nous rencontrons dans l'enseignement existent dans presque tous les domaines. Servez-vous du mauvais outil, ou de la mauvaise méthode, et vous obtiendrez le mauvais résultat. Prenez le bon, et vous ferez des merveilles. N'oubliez pas : nous avons une stratégie pour tout. Si vous êtes vendeur, cela vous servirait-il de connaître la stratégie d'achat de votre client ? Bien sûr que oui. S'il est fortement kinesthésique, allez-vous commencer par lui montrer les belles couleurs des voitures qu'il est en train de regarder ? Moi, ce n'est pas ce que je ferais. J'essaierais de lui faire éprouver une forte sensation physique. Je le ferais asseoir au volant, je lui ferais tâter les coussins, je lui ferais éprouver les sensations qu'il aurait en fonçant sur une route dégagée. S'il était plutôt visuel, je commencerais au contraire par les couleurs, les lignes et autres sous-modalités visuelles qui servent ses stratégies.

Si vous êtes entraîneur, ne vous serait-il pas utile de savoir ce qui motive vos différents joueurs, quels types de stimuli agissent le mieux pour les mettre dans un état fécond ? Aimeriez-vous pouvoir décomposer leurs tâches spécifiques selon la syntaxe la plus efficace, comme je l'ai fait avec les tireurs de l'armée ? Je suis sûr que oui. Tout comme il y a une façon de constituer une molécule d'ADN ou de construire un pont, il existe une syntaxe qui est la mieux adaptée à une tâche donnée, une stratégie que les êtres humains peuvent utiliser systématiquement pour produire les résultats qu'ils recherchent.

Certains d'entre vous se disent peut-être : « C'est parfait si vous savez lire dans la pensée des autres. Mais moi, je suis incapable de deviner les stratégies d'amour des autres simplement en les regardant. Je suis incapable de parler cinq minutes avec quelqu'un et de savoir ce qui l'incite à acheter ou à faire quoi que ce soit d'autre. » C'est parce que vous ne savez pas quoi chercher – ni comment le demander – que vous n'en êtes pas capable. Si, en revanche, vous demandez presque n'importe quoi, comme il le faut, avec assez de conviction et d'investissement personnel, vous l'obtiendrez. Certains objectifs exigent beaucoup de conviction et d'énergie. Vous pouvez les atteindre, mais il faut vraiment que vous vous y consacriez à fond. En revanche, les stratégies sont faciles à trouver. Vous pouvez identifier les stratégies d'une personne en quelques minutes. Au chapitre suivant nous allons donc voir...

8

Comment découvrir la stratégie d'un individu

« Commencez par le commencement, dit gravement le roi, et continuez jusqu'à la fin ; alors arrêtez-vous. »

Lewis CARROLL,
Alice au pays des merveilles

Vous avez déjà vu un maître serrurier travailler sur un coffre-fort ? Cela paraît magique. Il fait jouer les serrures, entend des bruits que vous n'entendez pas, voit des dents que vous ne voyez pas, sent des crans que vous ne sentez pas et finit par découvrir la combinaison du coffre.

Les maîtres de la communication travaillent de la même façon. Or, rien ne vous empêche d'en faire autant, d'identifier la syntaxe mentale de n'importe qui, de découvrir la combinaison qui ouvre la chambre forte de son esprit ou du vôtre. Il suffit de penser comme un serrurier. Il faut pour cela voir ce que vous ne voyiez pas avant, écouter ce que vous n'entendiez pas, sentir ce que vous ne ressentiez pas et poser les questions que vous ne saviez pas poser. Si vous faites cela avec habileté et attention, vous réussirez à découvrir les stratégies de n'importe qui, dans n'importe quelle situation. Vous apprendrez ainsi à donner aux autres exactement ce qu'ils demandent et vous leur apprendrez à faire la même chose pour eux-mêmes.

Comprenez tout d'abord que les gens vous diront tout ce que vous avez besoin de savoir pour connaître leurs stratégies. Ils vous le diront avec des mots. Ils vous le diront avec leur corps. Ils vous le diront même avec leurs yeux. Il suffit d'apprendre à lire ce qu'ils vous disent comme on lit un livre ou une carte. Une stratégie n'est qu'un ordre de représentation – visuelle, auditive, kinesthésique, olfactive, gustative – déterminé, qui produit un effet déterminé. Vous n'avez qu'à amener votre interlocuteur à faire usage de sa stratégie et à noter soigneusement ce qu'il fait pour y accéder de nouveau.

Pour mettre efficacement à jour les stratégies d'un interlocuteur, il vous faut d'abord savoir ce que vous recherchez, quelles sont les indications qui révèlent la partie du système nerveux qu'il est en train d'utiliser. Apprenez à reconnaître les tendances des autres et à les utiliser pour établir une meilleure relation avec eux. Ainsi, certaines personnes utilisent telle partie de leur système nerveux plus que d'autres. De même qu'il y a des gauchers et des droitiers, certains individus ont tendance à préférer tel mode de communication à tel autre.

Demandez-vous donc en premier lieu quel est le principal système de représentation de votre interlocuteur. Les êtres qui sont surtout visuels voient le monde en images ; ils se sentent au sommet de leur puissance quand ils se branchent sur la partie visuelle de leur cerveau. Et comme ils essaient de demeurer au niveau des images de leur cerveau, ils parlent généralement vite. Ils se moquent de la façon dont ils vont s'en sortir exactement, ils essaient simplement de mettre des mots sur leurs images. Ils utilisent des métaphores visuelles. Ils disent de quoi ils « ont l'air », comment ils « voient » les choses, si elles leur paraissent lumineuses ou obscures.

Les êtres qui sont plus auditifs choisissent plus soigneusement les mots qu'ils emploient. Ils ont des voix plus timbrées, ils parlent plus lentement, avec plus de rythme et d'une manière plus mesurée. Comme les mots signifient beaucoup pour eux, ils font attention à ce qu'ils disent. Ils utilisent souvent des expressions comme « j'entends bien », « qu'est-ce que vous me chantez là ? », « ça ne me dit rien ».

Les êtres kinesthésiques sont encore plus lents. Ils réagissent avant tout aux sensations. Ils ont des voix profondes et parlent lentement. Ce sont des gens qui « saisissent », qui aiment le « concret ». Ils vous trouveront « lourd », voudront « garder le contact ». Ils vous diront qu'ils n'ont pas encore réussi à « mettre la main sur » telle personne ou qu'ils « gardent l'affaire sous le coude ».

Nous utilisons tous des éléments de ces trois modes, mais la plupart des individus ont un système dominant. Quand on étudie les stratégies d'une personne pour essayer de comprendre comment elle prend ses décisions, il faut connaître son principal système de représentation. Si vous avez affaire à un être visuel, ne parlez pas comme une tortue, en reprenant votre respiration à chaque virgule. Vous le rendriez fou.

Parlez de manière que votre message corresponde au fonctionnement de son esprit.

On réussit à avoir une impression immédiate du système qu'un individu utilise simplement en l'observant et en écoutant ce qu'il dit. Mais la PNL fournit des indices plus précis de ce qui se passe dans son esprit.

On dit depuis longtemps que les yeux sont le miroir de l'âme. Mais ce n'est que récemment qu'on a découvert combien c'est vrai. Il n'y a rien de mystérieux ni de parapsychologique là-dessous. Il suffit d'être observateur, d'observer les yeux de son interlocuteur pour connaître aussitôt le système de représentation qu'il utilise à un moment donné : visuel, auditif ou kinesthésique.

Répondez à la question suivante : quelle était la couleur des bougies qui ornaient le gâteau pour votre douzième anniversaire ?

Accordez-vous un instant et tâchez de vous souvenir... Pour répondre à cette question, quatre-vingt-dix pour cent d'entre vous ont regardé en haut et à gauche. C'est là en effet que les droitiers et beaucoup de gauchers accèdent à leurs souvenirs visuels. Encore une question : quelle tête aurait Mickey avec une barbe ? Réfléchissez une seconde. Cette fois-ci, votre regard s'est tourné vers le haut à droite. C'est en effet dans cette direction qu'on se tourne pour accéder aux images construites. Il suffit donc de regarder les yeux d'une personne pour connaître le système sensoriel auquel elle a accédé. En lisant dans ses yeux, vous connaîtrez ses stratégies, c'est-à-dire les enchaînements de représentations internes qui lui permettent d'accomplir telle ou telle tâche. Ces enchaînements vous indiqueront le « comment » de ses actions. Vous n'avez qu'à retenir les dessins ci-dessous pour reconnaître les indications oculaires qu'on vous donne.

Quand une personne se représente une information intérieurement, elle bouge les yeux, même si ce mouvement est parfois très ténu. Chez un droitier normalement constitué, les indications ci-dessous s'appliquent, et renvoient systématiquement aux enchaînements correspondants. (*Nota :* Chez certaines personnes, la gauche et la droite sont inversées.)

VISUEL (V) AUDITIF (A) KINESTHÉSIQUE (K)

Les mouvements des yeux vous permettent donc de savoir comment un individu se représente le monde extérieur. Cette représentation interne est sa « carte » de la réalité, et chez chacun cette carte est unique.

INDICATIONS OCULAIRES[1]

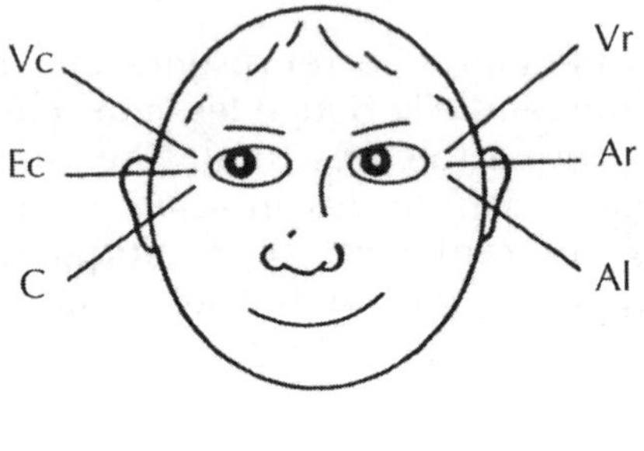

Vr Visuel remémoré : Vision d'images de faits déjà vus, comme ils avaient été vus. Parmi les questions types qui permettent généralement de révéler ce genre de traitement, on peut citer : « Quelle est la couleur des yeux de votre mère ? » et « A quoi ressemble votre veste ? »

Vc Visuel construit : Vision d'images jamais vues, ou de faits vus autrement que par le passé. Parmi les questions qui permettent généralement de révéler ce type de traitement, on peut citer : « À quoi ressemblerait un hippopotame orange avec des taches violettes ! » et « À quoi ressembleriez-vous vu de l'autre côté de la pièce ? »

Ar Auditif remémoré : Souvenir de sons déjà entendus. Parmi les questions qui permettent généralement de révéler ce type de traitement, on peut citer : « Quelle est la dernière phrase que j'ai prononcée ? » et « Quel bruit fait votre réveil ? »

1. Extrait de *Trance-formations : Neuro-Linguistic Programming and the Structure of Hypnosis*, par John Grinder et Richard Bandler © 1981, Real People Press. Reproduit avec l'aimable autorisation de l'éditeur.

Ac Auditif construit : Audition de mots entendus différemment dans le passé. Nouvelle association de sons ou de tournures. Parmi les questions qui permettent généralement de révéler ce type de traitement, on peut citer : « Si vous deviez créer un son nouveau, à quoi ressemblerait-il ? » et « Imaginez le son d'une sirène émis par une guitare électrique. »

Al Auditif logique : Conversation avec soi-même. Parmi les questions qui permettent de révéler ce type de traitement, on peut citer : « Dites quelque chose que vous vous dites souvent » et « Récitez le mea-culpa. »

K Kinesthésique : Sentiments affectifs, sensations tactiles, sensations proprioceptives (sensation d'un mouvement musculaire). Parmi les questions qui permettent de révéler ce type de traitement, on peut citer : « Qu'est-ce que vous ressentez quand vous êtes heureux ? » « Qu'est-ce que ça vous fait «de toucher une pomme de pin ? » et « Que ressentez-vous quand vous courez ? »

Bavardez avec quelqu'un et observez le mouvement de ses yeux. Posez des questions qui lui fassent se rappeler des images, des sons ou des sensations. Où se dirige son regard à chaque question ? Vérifiez par vous-même l'exactitude des schémas.

Voici quelques questions types à poser pour obtenir certaines réactions déterminées.

Pour obtenir

• *Des images visuelles remémorées*

Vous pouvez demander :

« Combien y a-t-il de fenêtres dans votre maison ? » « Quelle est la première chose que vous voyez en vous réveillant le matin ? » « À quoi ressemblait votre petit(e) ami(e) quand vous aviez seize ans ? » « Quelle est la pièce la plus sombre de votre maison ? » « Quel(le) est celui (ou celle) de vos ami(e)s qui a les cheveux le plus courts ? » « Quelle était la couleur de votre première bicyclette ? » « Quel est le plus petit animal que vous avez vu la dernière fois que vous êtes allé(e) au zoo ? » « Quelle était la couleur des cheveux de votre premier instituteur ? » « Pensez à toutes les couleurs qu'on voit dans votre chambre. »

- *Des images visuelles construites*

Vous pouvez demander :
« À quoi ressembleriez-vous si vous aviez trois yeux ? » « Imaginez un agent de police avec une tête de lion, une queue de lapin et les ailes d'un aigle. » « Imaginez l'horizon qui s'élève en fumée. » « Vous imaginez-vous avec des cheveux platine ? »

- *Auditif remémoré*

Vous pouvez demander :
« Quelle est la première chose que vous ayez dite aujourd'hui ? » « Donnez-moi le titre d'une de vos chansons préférées quand vous étiez adolescent. » « Quels sont les bruits de la nature que vous aimez le plus ? » « Quel est le cinquième mot de La Marseillaise ? » « Quel est le neuvième mot de Au clair de la lune ? » « Chantez mentalement Le roi Dagobert. » « Écoutez mentalement le bruit d'une source par une calme journée d'été. » « Écoutez mentalement votre chanson préférée. » « Quelle est la porte

de votre appartement qui fait le plus de bruit quand on la claque ? » « Qu'est-ce qui fait le moins de bruit quand on le ferme, la porte ou le capot de votre voiture ? » « Quelle est la personne de votre connaissance qui a la voix la plus douce ? »

• *Auditif construit*
Vous pouvez demander :
« Si vous pouviez poser une question à Charlemagne, Napoléon et de Gaulle, que leur demanderiez-vous ? » « Que diriez-vous si l'on vous demandait comment éliminer la possibilité d'une guerre nucléaire ? » « Imaginez le son d'un klaxon de voiture qui sonnerait comme une flûte. »

• *Dialogue auditif interne*
Vous pouvez demander :
« Répétez mentalement la question suivante : "Quelle est actuellement pour moi la chose la plus importante dans la vie ?" »

• *Mots kinesthésiques*
Vous pouvez demander :
« Imaginez qu'un glaçon est en train de fondre dans votre main. » « Comment vous sentiez-vous ce matin en vous levant ? » « Imaginez la sensation d'un billot de bois qui se transforme en soie. » « Quelle était la température de l'eau la dernière fois que vous êtes allé(e) sur une plage ? » « Quel est le tapis le plus doux de votre appartement ? » « Imaginez que vous êtes en train de prendre un bon bain chaud. » « Imaginez que vous caressez d'abord un morceau d'écorce rugueuse puis un tapis de mousse fraîche. »

Si, par exemple, les yeux de votre interlocuteur regardent en haut et à gauche, c'est qu'il vient de se représenter une scène sortie de sa mémoire. Si son regard se tourne maintenant vers son oreille gauche, c'est qu'il a écouté un son. Et si son regard se tourne vers le bas à droite, c'est qu'il a accédé à la partie kinesthésique de son système de représentation.

De même, si vous avez du mal à vous rappeler un souvenir, c'est sans doute parce que vous n'avez pas dirigé votre regard dans la direction qui donne accès à l'information que vous recherchez. Si vous essayez de vous rappeler un fait qui s'est produit quelques jours plus tôt, regarder en bas à droite ne vous sera d'aucun secours pour revoir la scène. Mais si vous regardez en haut à gauche, vous vous apercevrez que la scène vous revient rapidement. Une fois qu'on sait où regarder pour retrouver des informations emmagasinées dans le cerveau, on peut y accéder facilement et vite. (Chez cinq à dix pour cent des individus, les directions sont inversées. Essayez de trouver un ami gaucher ou ambidextre dont les directions soient ainsi inversées.)

D'autres éléments physiologiques fournissent des indications sur les modes de représentation des individus. Les gens qui respirent avec le haut de leurs poumons pensent visuellement. Ceux qui respirent de manière équilibrée, du diaphragme ou avec toute la cage thoracique, pensent sur le mode auditif. La respiration ventrale indique en revanche un mode d'accès kinesthésique. Observez donc la façon dont les gens respirent et regardez par où ils respirent et à quel rythme.

La voix est aussi très expressive. Les êtres visuels parlent par à-coups rapides et ont généralement des voix nasales, tendues ou haut perchées. Les voix basses, profondes et les élocutions lentes indiquent des êtres kinesthésiques. Un rythme régulier et un ton de voix clair et timbré indiquent un mode d'accès auditif. Vous pouvez même lire les teintes de la peau. Quand on pense visuellement, le visage a tendance à pâlir. Le feu aux joues indique un mode d'accès kinesthésique. Quand un individu relève la tête, il est en mode visuel. Si sa tête est droite ou légèrement inclinée sur le côté (comme pour écouter), il est en mode auditif. Si elle est penchée vers le bas ou si les muscles du cou sont relâchés, il est en mode kinesthésique.

Par conséquent, même avec un échange minimum, on peut obtenir des indications claires, infaillibles sur le fonctionnement du cerveau de son interlocuteur et sur les types de messages qu'il emploie et auxquels il réagit. Mais le moyen le plus simple de découvrir ses stratégies, c'est encore de lui poser les bonnes questions. Comme je l'ai déjà dit, il y a des stratégies pour tout : pour acheter, pour vendre, pour être motivé, pour tomber amoureux, pour séduire et pour être créatif. Je voudrais examiner un certain nombre d'entre elles avec vous. Le meilleur moyen d'apprendre, ce n'est pas d'observer mais de faire. Je vous demanderai donc, si c'est possible, de faire les exercices suivants avec quelqu'un.

Pour mettre en évidence la stratégie d'un individu, il faut tout d'abord le placer dans un état d'entière « association ». Il n'a alors plus d'autre choix que de vous dire exactement quelles sont ses stratégies – verbalement ou non verbalement : en bougeant les yeux, le corps, etc. L'état est le téléphone rouge de la stratégie, l'interrupteur qui donne accès à l'inconscient d'un individu. Essayer de découvrir une stratégie quand une personne n'est pas dans un état de pleine association, c'est essayer de faire du pain grillé avec un grille-pain qui n'est pas branché. C'est vouloir démarrer une voiture sans batterie. Car vous ne désirez pas susciter une discussion intellectuelle ; vous voulez qu'un être revive un état et donc retrouve la syntaxe qui avait provoqué cet état.

Pour reprendre une image que j'ai déjà utilisée, une stratégie est une recette. Si vous rencontrez un pâtissier qui fait le meilleur gâteau du monde, vous risquez de découvrir qu'il ne sait pas exactement comment il s'y prend. C'est qu'il agit inconsciemment. Il risque donc d'être incapable de vous répondre quand vous lui demandez quelles quantités il emploie. « Je ne sais pas... dira-t-il peut-être. Une pincée de ceci et un peu cela. » Par conséquent au lieu de lui demander de vous expliquer, demandez-lui de vous montrer. Installez-le dans la cuisine et demandez-lui de faire le gâteau. Vous pourrez alors noter les différentes étapes et juste avant qu'il ne jette la pincée de ceci ou de cela, vous l'arrêterez et mesurerez la quantité exacte. En le regardant faire du début à la fin, en notant le nom des produits, les quantités, l'ordre (la syntaxe), vous obtiendrez une recette que vous pourrez suivre à la lettre.

La mise en évidence d'une stratégie s'opère de la même façon. Vous devez ramener votre interlocuteur dans la cuisine – à l'époque où il avait connu un état particulier – et redécouvrir la toute première chose qui l'avait plongé dans cet état. Est-ce quelque chose ou quelqu'un qu'il avait vu ou entendu ? Qu'il avait touché ? Lorsqu'il vous raconte la scène, observez-le et demandez-lui : « Quelle est la première chose qui vous a mis dans cet état ? Était-ce... ? » et ainsi de suite, jusqu'à ce qu'il retrouve l'état que vous essayez de susciter.

Toute recherche de stratégie suit ce schéma. Vous devez mettre la personne dans l'état voulu en la faisant se rappeler un moment où elle était motivée, amoureuse, créative ou autre. Vous devez ensuite l'amener à reconstruire sa stratégie en lui posant des questions simples sur la syntaxe de ce qu'elle voyait, entendait et ressentait. Enfin, une fois que vous connaissez la syntaxe, cherchez les sous-modalités de la stratégie. Retrouvez les images, les sons et les sensations qui l'ont plongée dans cet état. Quelle était la taille de l'image ? Le ton de la voix ? Etc.

Essayez cette technique pour découvrir la stratégie des motivations d'un autre individu. Commencez par le mettre dans un état réceptif. Demandez-lui : « Vous rappelez-vous une occasion où vous étiez totalement motivé pour faire quelque chose ? » Vous exigerez une réponse qui concorde avec l'état en question, une réponse où la voix, le langage du corps traduisent la même idée que les mots d'une manière ferme et plausible. Votre interlocuteur ne sera pas forcément conscient de tout l'enchaînement. Si l'état a fait partie de son comportement à une époque donnée, il le restituera très rapidement. Afin d'en retrouver chacune des étapes, il faudra lui demander de ralentir et être très attentif à ce qu'il dit et à ce que disent ses yeux et son corps.

Quand vous demandez à quelqu'un : « Vous rappelez-vous une occasion où vous étiez très motivé ? »

et qu'on vous répond « mm... oui » en haussant les épaules, qu'est-ce que cela signifie ? Cela veut dire que votre interlocuteur n'est pas encore dans l'état que vous cherchez à susciter. Il arrivera qu'il réponde « oui » et fasse « non » de la tête. Même signification. Le sujet n'est pas vraiment associé à l'expérience, il n'est pas dans l'état voulu. Pour être sûr qu'il ait capté une expérience passée déterminée qui le mette dans l'état recherché, il vous faudra donc demander : « Vous rappelez-vous une époque précise où vous étiez totalement motivé pour faire quelque chose ? Pouvez-vous revenir à cette expérience et vous replonger dedans ? » Cela devrait marcher presque chaque fois.

MISE EN ÉVIDENCE D'UNE STRATÉGIE

Vous rappelez-vous une époque où vous étiez totalement x... ?
Vous rappelez-vous l'époque exacte ?
Retournez à cette époque et imaginez comment vous vous sentiez (retrouver l'état).
Maintenant que vous êtes revenu à cette époque (maintenir l'état) :

A. Qu'est-ce qui vous a en premier rendu x... ?
Une scène que vous avez **vue** ?
Une scène que vous avez **entendue** ?
Quelque chose ou quelqu'un que vous avez **touché** ?
Qu'est-ce qui vous a tout d'abord rendu totalement x... ?
Après l'avoir (vu, entendu, touché), qu'est-ce qui vous a ensuite rendu totalement x... ?

B. Avez-vous formé une image dans votre esprit ?
Vous êtes-vous dit quelque chose à vous-même ?
Avez-vous éprouvé une sensation, une émotion ?

Qu'est-ce qui vous a ensuite rendu x... ?

Après que vous avez A... et B... (vu qqch., dit qqch., etc.), qu'est-ce qui vous a rendu totalement x... ?

C. Avez-vous formé une image dans votre esprit ?
Vous êtes-vous dit quelque chose à vous-même ?
Avez-vous éprouvé une sensation, une émotion ?
Ou s'est-il passé autre chose ?

Qu'est-ce qui vous a ensuite rendu x... ?

Demandez à votre interlocuteur s'il était alors très x... (attiré, motivé, autre...).

Si la réponse est oui, la mise en évidence est terminée. Si c'est non, continuez à faire apparaître la syntaxe jusqu'à ce que l'état soit entièrement atteint.

L'étape suivante consiste seulement à mettre en évidence les sous-modalités déterminées de chacune des représentations présentes dans la stratégie de votre interlocuteur.

Par conséquent, si la première étape de sa stratégie est visuelle, dites :

Parlez-moi de ce que vous avez vu (visuel externe).

Demandez ensuite :

Qu'est-ce qui précisément vous a motivé dans ce que vous avez vu ?
La taille ?
La luminosité ?
Le mouvement ?

Continuez ainsi jusqu'à ce que vous ayez identifié toutes les sous-modalités de sa stratégie. Parlez alors de la chose pour laquelle vous désirez motiver votre sujet en utilisant la même syntaxe et les mêmes sous-modalités, et voyez l'effet produit sur son état.

Quand vous avez mis votre interlocuteur dans l'état désiré, demandez : « Maintenant que vous êtes revenu à cette expérience, qu'est-ce qui vous a en premier lieu totalement motivé ? Est-ce une chose que vous avez vue, entendue ou touchée ? » Si le sujet répond qu'il a un jour entendu un discours convaincant et qu'il s'est aussitôt senti motivé pour agir, c'est que sa stratégie de motivation commence sur le mode auditif externe (Ae). Vous ne le motiverez donc pas en lui montrant un objet ni en lui faisant faire quelque chose de physique. Car il réagit mieux aux mots et aux sons.

Vous savez maintenant comment attirer son attention. Mais ce n'est pas toute sa stratégie. Les êtres réagissent aux événements à la fois sur le mode externe et interne. Il vous faut par conséquent découvrir la partie interne de sa stratégie. Vous lui demanderez donc alors : « Après avoir entendu cela, qu'est-ce qui vous a ensuite totalement motivé ? Avez-vous formé une image dans votre esprit ? Vous êtes-vous dit quelque chose à vous-même ? Ou avez-vous éprouvé une sensation, une émotion ? »

S'il répond qu'il a formé une image dans son esprit, la deuxième partie de sa stratégie est visuelle interne (Vi). Après avoir entendu quelque chose qui le motive, il forme immédiatement une image mentale dans son esprit qui le motive encore plus. Il y a de grandes chances pour que ce soient les images qui l'aident à se concentrer sur ce qu'il veut faire.

Mais vous ne connaissez pas encore sa stratégie complète. Il faut lui demander aussi : « Après que vous avez entendu quelque chose et formé une image dans votre esprit, qu'est-ce qui vous a ensuite totalement motivé ? Vous êtes-vous dit quelque chose à vous-même ? Avez-vous ressenti quelque chose à l'intérieur de vous-même ? Ou s'est-il passé autre chose ? » Si à ce moment-là il éprouve une sensation qui le rende totalement motivé, la stratégie est complète. Il a créé la série de représentations (dans son cas : Ae-Vi-Ki) qui le plongent dans un état de motivation. Il a entendu quelque chose, vu une image dans son esprit et s'est ensuite senti motivé. La plupart des gens ont ainsi besoin d'un stimulus externe et de deux ou trois stimuli internes pour atteindre l'état désiré mais il existe des individus dont les stratégies comprennent un enchaînement de dix ou quinze représentations différentes avant d'y parvenir.

Maintenant que vous connaissez la syntaxe de sa stratégie, il faut que vous en découvriez les sous-modalités. Vous direz donc : « Reparlons de ce que vous avez entendu et qui vous a motivé. Était-ce la voix de la personne, ses paroles proprement dites, la vitesse ou le rythme de sa voix ? Quelle image avez-vous formée dans votre esprit ? C'était une grande image, lumineuse… ? » Une fois que vous aurez posé toutes ces questions, vous testerez la validité des réponses de votre interlocuteur en lui parlant, sur le même ton de ce pour quoi vous voulez le motiver, puis vous lui direz quelle image il doit se représenter dans son esprit et quelle sensation cela doit lui procurer. Si vous faites cela avec précision, vous verrez votre interlocuteur se mettre sous vos yeux dans un état de motivation. Si vous doutez de l'importance de la syntaxe, essayez de changer légèrement l'ordre. Puis dites-lui ce qu'il va ressentir et ce qu'il va se dire à lui-même et vous le verrez poser sur vous un regard désintéressé. Vous possédiez les bons ingrédients, mais vous les avez utilisés dans le mauvais ordre.

Combien de temps faut-il pour mettre en évidence la stratégie d'un individu ? Cela dépend de la complexité de l'activité sur laquelle vous désirez en savoir plus. Il suffit parfois d'une minute ou deux pour connaître la syntaxe exacte qui poussera votre sujet à faire pour ainsi dire tout ce que vous voudrez.

Imaginons que vous êtes entraîneur de course à pied et que vous désirez motiver le sujet ci-dessus afin qu'il devienne un grand coureur de fond. Le sujet est doué, intéressé, mais il n'est pas vraiment motivé pour s'engager totalement. Par quoi allez-vous commencer ? Allez-vous l'emmener voir de grands coureurs à l'œuvre ? Allez-vous lui montrer la piste ? Allez-vous lui parler à toute vitesse pour le mettre en condition et lui montrer combien vous êtes impatient ? Non, bien sûr que non. Tout ce qui précède pourrait marcher avec un individu possédant une stratégie visuelle, mais cela laissera votre homme de marbre.

Au lieu de cela, il faut que vous trouviez les stimuli auditifs qui vont agir sur lui. Pour commencer, ne parlez pas à toute vitesse comme le font les êtres visuels, ni très lentement comme les kinesthésiques. Parlez-lui d'une voix bien modulée, régulière, claire et timbrée. Vous essaierez de parler avec les sous-modalités de hauteur de ton et de rythme qui, vous venez de le découvrir, déclenchent sa stratégie de motivation. Dites par exemple : « Je suis sûr que tu as entendu parler du succès qu'ont rencontré les compétitions de course à pied. On ne parle plus que de ça dans le club. Nous avons attiré beaucoup de spectateurs cette année. C'est fou, les hurlements qu'on entendait dans les tribunes. Il y a des types qui m'ont dit que ça les avait galvanisés. Ça leur a permis d'atteindre des performances dont ils se croyaient incapables. Et si tu entendais les ovations quand ils franchissent la ligne d'arrivée !... Je n'ai jamais entendu une chose pareille dans toute ma carrière d'entraîneur. » Car ainsi vous parlez sa langue. Vous vous servez du même système de représentation que lui. Vous pourrez passer des heures à lui faire visiter votre nouveau stade, cela ne lui fera ni chaud ni froid. Mais faites-lui entendre les clameurs de la foule au moment où il franchira la ligne d'arrivée, et voilà votre homme accroché.

Toutefois, vous n'avez là que la première partie de la syntaxe, l'amorce du processus. Cela ne suffira pas à le motiver totalement. Vous devez aussi déclencher l'enchaînement interne. Selon les descriptions qu'il vous aura faites, vous pourrez passer des indices auditifs à une phrase comme : « Quand tu entendras les cris de tes supporters, tu te verras en train de faire la course de ta vie. Tu auras vraiment envie de donner le meilleur de toi-même. »

Si vous êtes chef d'entreprise, vous aurez vraisemblablement à cœur de motiver vos employés. Si ce n'est pas le cas, il ne faut pas vous attendre que votre entreprise reste longtemps prospère. En outre, plus on en sait sur la stratégie des motivations, plus on s'aperçoit qu'il est difficile de réussir à motiver les autres. Car au fond, si chacun de vos employés a une stratégie différente, vous aurez du mal à trouver une représentation qui réponde à toutes leurs attentes. Si vous suivez votre seule stratégie, vous ne motiverez que les gens comme vous. Vous pourrez toujours organiser la séance de motivation la plus élaborée du monde, à moins qu'elle ne réponde aux stratégies spécifiques de chacun, elle n'aura guère d'effet. Que faire dans ce cas-là ?

La compréhension du fonctionnement des stratégies doit vous éclairer sur deux points. Premièrement, toute technique de motivation destinée à un groupe doit comporter des éléments qui s'adressent à tous – des éléments visuels, auditifs et kinesthésiques. Il faut donc leur donner à voir, à entendre et à sentir. Et vous devez être en mesure de faire varier votre voix et vos intonations afin de susciter l'intérêt de tous.

Deuxièmement, rien ne remplace le contact individuel. Vous pouvez fournir à un groupe des éléments généraux qui donneront à chacun quelque chose à se mettre sous la dent. Mais, pour répondre à l'intégralité des stratégies qu'utilisent des êtres différents, l'idéal consiste à mettre en évidence chacune de leurs stratégies individuelles.

Nous avons étudié jusqu'à présent la formule générale grâce à laquelle on peut connaître la stratégie d'un individu. Mais, pour réussir à utiliser efficacement cette formule, il faut obtenir plus de détails sur chacune des étapes de ladite stratégie, et donc ajouter les sous-modalités au modèle de base.

Par exemple, si la stratégie d'achat d'une personne commence par un élément visuel, il faut savoir ce qui lui attire l'œil. Les couleurs claires ? Les grandes tailles ? La vue de certains motifs ? Des dessins compliqués ? Si elle est auditive, se sent-elle attirée par les voix fortes ou mièvres ? Aime-t-elle les crépitements et les grondements ou les sons purs et les murmures ? Connaître la modalité principale d'un individu est un bon début. Mais, pour être efficace, pour appuyer sur les bonnes touches, il faut en savoir davantage.

Il est absolument indispensable de comprendre les stratégies pour réussir dans la vente. Certains vendeurs les comprennent instinctivement. Quand ils rencontrent un client potentiel, ils établissent immédiatement le contact et savent mettre en évidence ses stratégies de décision. Ils amorcent la conversation en disant, par exemple : « Tiens, vous utilisez la photocopieuse de notre concurrent. Je suis un peu curieux mais... Quelle est la première chose qui vous a conduit à acheter cette machine ? Vous avez lu un prospectus ? On vous en a montré une ? Ou bien quelqu'un vous en a-t-il parlé ? Est-ce le contact avec le vendeur qui... ? » Ces questions peuvent paraître un peu bizarres, pourtant un vendeur qui a réussi à accrocher son client dira : « Vous me trouvez peut-être indiscret mais je cherche à répondre à vos besoins. » Les réponses à ces questions fourniront au vendeur de précieux renseignements sur la manière la plus efficace de présenter son produit.

Les clients ont chacun des stratégies d'achat déterminées. Je ne me distingue en rien là-dessus quand je fais des courses. Il y a beaucoup de façons de s'y prendre mal, d'essayer de me vendre un objet dont je ne veux pas, d'une manière que je n'entends pas. Il n'y en a pas tant de s'y prendre bien. Pour être efficace, un vendeur doit donc ramener ses clients à un moment où ils achetaient un objet qu'ils adoraient. Il doit découvrir ce qui les a décidés, quels étaient les éléments clés et leurs sous-modalités. Un vendeur qui apprend à faire cela découvre les besoins précis de ses clients. Il a alors le pouvoir de les satisfaire pleinement et de s'en faire des clients fidèles. Quand on met en évidence les stratégies de quelqu'un, on apprend en quelques instants ce qu'on mettrait autrement des jours ou des semaines à découvrir.

Et les stratégies négatives... comme la boulimie ? Je pesais moi-même 134 kilos. Comment en étais-je arrivé là ? C'est très simple. J'avais mis au point une stratégie appropriée, et c'est elle qui me dominait. J'ai compris quelle était ma stratégie en pensant à des moments où je n'avais pas faim et pourtant j'ai été pris d'une faim dévorante quelques instants plus tard.

En repensant à cette époque, je me suis demandé ce qui me donnait envie de manger. Était-ce ce que je voyais, entendais ou touchais ? J'ai découvert que c'était ce que je voyais. J'étais en train de conduire et soudain je voyais une pancarte publicitaire pour une chaîne de fast-foods. Aussitôt, je formais dans mon esprit l'image de moi-même en train de déguster mon plat préféré, et je me disais alors : « Hou ! là là ! qu'est-ce que j'ai faim ! » Cela provoquait chez moi une sensation de faim, et j'enchaînais en m'arrêtant pour commander un repas. Je pouvais n'avoir absolument pas eu faim avant de voir le panneau qui avait déclenché la stratégie. Or, des panneaux comme celui-là, il y en avait partout. De plus, quand quelqu'un disait : « On pourrait peut-être grignoter quelque chose ? » même si je n'avais pas faim, je commençais à me voir mentalement en train de manger certains plats. Je me disais alors : « J'ai une de ces faims !... » Et puis il y avait aussi les pubs à la télé qui me montraient de la nourriture en me demandant : « Vous n'avez pas faim ?... Vous n'avez pas faim ?... » Mon cerveau réagissait en formant des images et je me disais encore : « J'ai une faim, tout d'un coup ! » Ce qui me conduisait vers le plus proche restaurant.

J'ai fini par changer de comportement en changeant de stratégie. J'en ai mis au point une nouvelle, dans laquelle la vue des panneaux publicitaires déclenchait l'image de moi en train de regarder dans la glace mon corps bouffi de graisse et de me dire : « J'ai l'air répugnant. Je peux me passer de ce repas. » Puis je m'imaginais en train de faire de la gymnastique et de me dire : « Bravo ! tu deviens fort, tu as belle allure. » Ce qui faisait naître en moi le désir de faire des exercices physiques. J'ai relié tout cela à force de répétition – vision d'une publicité, vision de moi obèse, écoute de mon dialogue intérieur, et ainsi de suite, autant de fois qu'il a fallu –, comme par la méthode du coup de fouet, jusqu'à ce que voir un panneau ou entendre : « Tu viens déjeuner avec nous ? » déclenche automatiquement ma nouvelle stratégie. Le résultat, c'est le corps que j'ai actuellement et les habitudes alimentaires qui m'ont gardé en forme jusqu'à aujourd'hui. À vous de découvrir les stratégies grâce auxquelles votre inconscient produit des effets que vous ne désirez pas. Et de changer de stratégies… le plus vite possible !

Dès qu'on a mis au jour les stratégies d'un être, on peut lui donner le sentiment qu'il est adoré en déclenchant les stimuli qui créent chez lui ce sentiment. On peut aussi découvrir sa propre stratégie d'amour. Les stratégies d'amour diffèrent de beaucoup d'autres stratégies sur un point essentiel. Au lieu d'une procédure en trois ou quatre étapes, il n'y a généralement qu'une seule étape. Il n'y a qu'une sensation à créer, qu'une chose à dire ou qu'une manière de regarder l'autre pour lui donner le sentiment qu'il est adoré.

Cela signifie-t-il que tout le monde n'a besoin que de l'un de ces gestes pour se sentir aimé ? Non. J'aime tout cela à la fois et je suis sûr que vous aussi. Je veux qu'on me touche comme il faut, qu'on me dise qu'on m'aime et qu'on me le montre. Mais tout comme l'un de nos sens domine les autres, une manière d'exprimer son amour débloque la serrure et vous donne le sentiment que vous êtes vraiment aimé.

Comment mettez-vous en évidence la stratégie amoureuse de quelqu'un ? Vous devriez le savoir maintenant. Quelle est la première chose à faire quand vous voulez connaître une stratégie ? Mettre votre interlocuteur dans l'état dont vous voulez découvrir la stratégie. Car, ne l'oubliez pas, l'état, c'est le courant qui met le circuit sous tension. Dites-lui donc : « Vous rappelez-vous une époque où vous aviez le sentiment d'être totalement aimé ? » Pour être sûr qu'il est bien dans l'état désiré, enchaînez par : « Vous rappelez-vous une époque précise où vous vous êtes senti totalement aimé ? Retournez à cette époque. Vous vous rappelez ce que vous ressentiez ? Essayez maintenant d'éprouver à nouveau cette sensation dans votre corps. »

Le sujet est désormais dans l'état voulu. Demandez-lui alors : « Maintenant que vous vous rappelez cette époque et ce sentiment d'être profondément aimé, est-il *absolument nécessaire* que votre partenaire vous témoigne son amour en vous faisant des cadeaux, en vous faisant découvrir certains lieux ou en vous regardant d'une certaine manière ? Est-il absolument nécessaire qu'il le fasse de cette façon pour que vous

vous sentiez totalement aimé ? » Voyez si la réponse est concordante. Ensuite, remettez la personne dans l'état voulu et dites : « Rappelez-vous cette époque où vous vous êtes senti totalement aimé. Pour éprouver ce profond sentiment d'amour, est-il absolument nécessaire que votre partenaire exprime son amour d'une certaine façon ? » Voyez si les réponses verbales et non verbales concordent. Demandez finalement : « Rappelez-vous ce que vous éprouvez quand vous êtes totalement aimé. Pour que vous vous sentiez profondément aimé, est-il nécessaire que quelqu'un vous touche d'une certaine façon ? »

MISE EN ÉVIDENCE DE STRATÉGIES D'AMOUR

Vous rappelez-vous une époque où vous vous êtes senti(e) totalement aimé(e) ?

Vous rappelez-vous une époque précise ?

Maintenant que vous vous rappelez cette époque, que vous la revivez... (Mettre le sujet dans l'état recherché.)

V : Pour que vous ressentiez ce profond sentiment d'amour, est-il <u>absolument nécessaire</u> que votre partenaire vous...
fasse découvrir certains lieux ?
fasse des cadeaux ?
regarde d'une certaine façon ?

Est-il <u>absolument nécessaire</u> que votre partenaire vous montre de cette manière qu'il (ou elle) vous aime pour que vous vous sentiez totalement aimé(e) ? (Observez la physiologie.)

A : Pour que vous éprouviez ce sentiment profond, est-il absolument nécessaire que votre partenaire… vous dise qu'il (ou elle) vous aime d'une certaine manière ? (Observez la physiologie.)

K : Pour que vous éprouviez ce profond sentiment d'amour, est-il absolument nécessaire que votre partenaire vous…
touche d'une certaine manière ? (Observez la physiologie.)

Mettez maintenant en évidence les sous-modalités. Comment exactement ? (Images, mots, gestes.)

Faites des vérifications à l'intérieur et à l'extérieur de la stratégie. Observez si la physiologie concorde.

Une fois que vous avez mis au jour les éléments essentiels qui créent ce profond sentiment d'amour chez votre sujet, vous devez en découvrir les sous-modalités. Demandez par exemple : « Comment faut-il exactement qu'on vous touche pour que vous vous sentiez totalement aimé ? » Faites faire le geste. Puis essayez-le. Touchez le sujet de cette façon et, si vous avez fait le geste avec précision, vous devez observer un changement d'état instantané.

Je fais cela dans mes séminaires toutes les semaines, et ça marche chaque fois. Il y a pour chacun de nous une certaine allure, une certaine façon de nous toucher les cheveux, un certain ton de voix – une façon de dire « je t'aime » – qui nous font fondre. La plupart d'entre nous ne savent pas ce que c'est précisément.

Mais une fois dans l'état voulu, nous sommes en mesure de révéler ce geste qui nous donne le sentiment que nous sommes aimés, adorés.

Le fait que les personnes qui participent à mes stages ne me connaissent pas ou qu'elles sont au milieu d'une salle remplie d'inconnus n'a aucune importance. Si je fais apparaître leur stratégie d'amour, si je les touche comme il faut ou les regarde comme il faut, elles se liquéfient sur place. Elles n'ont guère de choix parce que leur cerveau est soumis au signal précis qui suscite chez elles le sentiment d'être aimées totalement.

Une minorité d'individus se présente avec deux stratégies amoureuses au lieu d'une. Ils penseront d'abord à un contact, puis à une parole. Vous devrez les maintenir dans l'état voulu et les amener à opérer une distinction. Demandez-leur s'ils pourraient se contenter du contact, sans les paroles, ou du contraire, et se sentir aimés totalement. S'ils sont dans l'état qui convient, ils réussiront à établir une distinction claire. Nous avons certes besoin des trois modes, mais un seul ouvre la serrure de la chambre forte, un seul agit miraculeusement.

Connaître la stratégie amoureuse de votre conjoint ou de votre enfant est parfois un excellent moyen de compréhension et de resserrement des relations. Je suis sûr qu'une fois au moins dans votre vie vous vous êtes trouvé dans une situation où, aimant quelqu'un, vous lui exprimiez votre amour et n'étiez pas cru, ou au contraire dans le cas où l'on vous aimait mais vous ne le croyiez pas. C'est une situation navrante provenant du fait que deux stratégies ne correspondent pas l'une à l'autre. Si en revanche vous connaissez le moyen de donner à un être le sentiment qu'il est aimé, vous disposez d'un outil très puissant.

La dynamique de l'évolution des relations est un processus très intéressant. Au tout début d'une relation, au stade que j'appelle la cour, nous sommes extrêmement mobilisés, comment nous y prenons-nous alors pour faire savoir que nous sommes amoureux ? Nous contentons-nous de le dire, de le montrer ou de le manifester par un contact ? Bien sûr que non ! Nous utilisons les trois modes à la fois. Nous nous montrons l'un à l'autre, nous nous parlons et nous nous touchons sans arrêt. Puis, avec le temps, continuons-nous à agir ainsi ? Certains couples le font, mais ils sont l'exception. Cela signifie-t-il que nous aimons moins ? Évidemment, non ! Simplement, nous ne sommes plus aussi mobilisés. Nous sommes confortablement installés dans cette relation. Nous savons que l'autre nous aime et que nous l'aimons. Comment désormais communiquons-nous notre sentiment d'amour ? Sans doute uniquement comme nous aimons qu'on nous le communique. Que deviennent alors les sentiments réciproques au sein du couple ? Examinons la question un instant.

Si l'homme a une stratégie amoureuse auditive, comment va-t-il exprimer son amour à sa compagne ? En le lui disant, bien sûr. Mais que va-t-il se passer si elle a une stratégie visuelle ? Que va-t-il se produire au fil du temps ? Aucun des deux éléments du couple ne va se sentir aimé totalement. Au moment de la cour, les trois modes étaient utilisés et déclenchaient donc les stratégies amoureuses de l'autre. Mais voilà que l'homme arrive et dit : « Je t'aime, ma chérie. » Elle lui répond : « Non, tu ne m'aimes pas ! » Il réplique :

« Qu'est-ce que tu "racontes" ? Comment peux-tu "dire" une chose pareille ? » Elle va lui rétorquer : « Les mots, ça ne veut rien dire. Tu ne m'apportes plus jamais de "fleurs". Tu ne m'emmènes plus "nulle part". Tu ne me "regardes" plus comme avant. – Comment ça : je ne te regarde plus... ? va-t-il demander. Puisque je te "dis" que je t'aime. » Mais elle n'éprouve plus ce profond sentiment d'être aimée parce que le stimulus précis qui déclenche ce sentiment n'est plus utilisé par son conjoint.

On peut aussi imaginer le contraire : l'homme est visuel et la femme auditive. Il lui montre qu'il l'aime en lui faisant des cadeaux, en la sortant, en lui apportant des fleurs. Un jour, elle lui dit : « Tu ne m'aimes plus. » Lui, fâché, réplique : « Comment, je ne t'aime plus ! Regarde la maison que je t'ai achetée, tous les voyages que nous avons faits... » Et elle de rétorquer : « Oui, mais tu ne me dis jamais que tu m'aimes. – Je t'aime ! » hurle-t-il alors, sur un ton tout aussi éloigné de sa stratégie à elle. Et, en fin de compte, elle ne se sent plus aimée.

Mais il y a pire, avec le couple le plus mal apparié qui soit : celui où l'homme est kinesthésique et la femme visuelle. Lui rentre à la maison et veut la prendre dans ses bras. « Ne me touche pas, dit-elle. Tu es toujours accroché à moi. Tu n'as envie que d'une chose, te frotter contre moi. On ne pourrait pas sortir un peu ? Et puis tu pourrais me regarder avant de me toucher », etc. L'un au moins de ces scénarios ne vous dit pas quelque chose ? En tout cas, vous comprenez peut-être mieux maintenant comment une de vos liaisons anciennes a pu aboutir à une rupture. Parce que au bout d'un certain temps vous avez exprimé votre amour d'une seule façon, alors que votre partenaire avait besoin d'une autre, ou vice versa.

La conscience est un outil puissant. Nous pensons pour la plupart que notre carte du monde est le monde. Nous nous disons : « Je sais ce qui me donne le sentiment d'être aimé, cela doit être ce qui marche avec tout le monde. » Nous oublions que « *la carte n'est pas le territoire* », que c'est seulement notre vision du territoire.

Maintenant que vous savez comment mettre en évidence une stratégie amoureuse, installez-vous en face de votre conjoint(e) et identifiez la sienne. Et lorsque vous aurez aussi identifié la vôtre, dites à votre conjoint(e) ce qui déclenche chez vous le sentiment d'être aimé(e). Les changements que cela produira dans la qualité de vos relations valent bien que vous vous replongiez dans ce livre autant de fois qu'il sera nécessaire.

Les êtres humains ont des stratégies pour tout. Quand un individu se lève le matin frais et dispos, c'est qu'il a une stratégie pour cela, même s'il ne le sait pas. Mais, si vous le lui demandez, il réussira sans doute à vous communiquer ce qu'il dit, ce qu'il ressent ou ce qu'il voit au réveil et qui le met en forme. Comme on l'a vu, il faut, pour découvrir une stratégie, installer le pâtissier dans la cuisine. C'est-à-dire l'amener à l'état recherché puis, quand il y est, découvrir ce qu'il a fait pour s'y mettre et s'y maintenir. On peut ainsi demander à quelqu'un qui a le réveil facile de se rappeler un matin précis où il s'est levé vite et sans peine. On lui demandera ensuite quelle a été la toute première chose dont il a eu conscience. Il y a des chances pour qu'il vous réponde qu'il a entendu sa voix intérieure lui dire : « C'est l'heure de se lever. Debout ! » Vous lui demanderez ensuite de se rappeler la deuxième chose qui lui a permis de se réveiller vite. S'est-il imaginé une scène ou a-t-il ressenti quelque chose ? Il vous répondra par exemple : « Je me suis vu en train de prendre une bonne douche chaude. Je me suis ébroué et j'ai sauté du lit. » La stratégie, dans ce cas, semble assez simple. Vous chercherez ensuite à en préciser les éléments et vous demanderez : « À quoi ressemblait la voix qui a dit que c'était l'heure de se lever ? » La réponse sera sans doute : « C'était une voix forte et qui parlait rapidement. » Vous demanderez ensuite : « À quoi ressemblait la scène que vous avez imaginée ? » Ce à quoi on vous répondra par exemple : « C'était très éclairé et ça allait très vite. » Vous pourrez enfin essayer cette stratégie sur vous. Vous découvrirez alors, comme je l'ai découvert moi-même, qu'en accélérant le son et les images, en augmentant le volume et la luminosité, on arrive en effet à se réveiller en un instant.

À l'inverse, si vous avez du mal à vous endormir, ralentissez votre dialogue interne, parlez-vous sur un ton endormi, créez des bâillements, et vous vous sentirez très fatigué presque aussitôt. Essayez maintenant. Parlez-vous à vous-même comme quelqu'un de très fatigué, sur un ton endormi. Parlez de la grande faaa-tiiiigue (bâillez) qui vous accaaaaaable. Maintenant, accélérez et observez la différence. Tout cela pour dire que l'on peut imiter n'importe quelle stratégie une fois qu'on a découvert comment elle fonctionne. Et il suffit pour cela d'avoir mis son modèle dans l'état voulu et d'avoir compris ce qu'il fait exactement et dans quel ordre. La question n'est pas tant d'apprendre quelques stratégies et de les utiliser. L'important, c'est d'être toujours à l'unisson avec ce que les autres font bien et de découvrir comment ils s'y prennent. « Imiter », ce n'est rien d'autre que cela.

La PNL est la physique nucléaire de l'esprit. De même que la physique traite de la structure de la matière, la PNL traite de la structure de l'esprit. Elle permet d'en décomposer la matière en ses éléments. Des femmes et des hommes ont passé leur vie entière à essayer de trouver le moyen de se sentir aimés sans réserve. Ils ont dépensé des fortunes chez des analystes pour essayer de « se connaître » et ils ont lu des dizaines de méthodes pour réussir. La PNL fournit la technique qui permet d'y parvenir et d'atteindre mille autres buts encore, de manière élégante, efficace et... IMMÉDIATE !

Comme nous l'avons vu précédemment, l'une des voies d'accès à un état fécond passe par la syntaxe et la représentation interne. L'autre voie passe par la physiologie. Nous avons vu plus haut que le corps et l'esprit étaient en effet liés en une boucle cybernétique. Dans le chapitre qui s'achève, nous avons parlé de l'aspect mental des états.

Voyons maintenant l'autre aspect. Examinons-la...

9

Physiologie : la voie royale vers l'excellence

Le cœur s'exorcise parfois de ses démons grâce à une main qui se pose sur une autre, ou sur une bouche.

Tennessee WILLIAMS

Quand je dirige des séminaires, je déclenche toujours des scènes farfelues, bruyantes, rocambolesques, délirantes.

Si vous entrez dans la salle au bon moment, vous découvrirez trois cents personnes en train de sauter comme des cabris, de pousser des cris d'orfraie, de rugir comme des lions, d'agiter les bras, de secouer les poings comme Rocky, de taper dans leurs mains, de bomber le torse, de se pavaner, de pointer le pouce en l'air..., comme si elles avaient assez d'énergie pour éclairer une ville entière.

Que se passe-t-il donc ?

Vous assistez à la manifestation de la deuxième partie de la boucle cybernétique : la physiologie. Et tout ce charivari s'explique parce que j'ai simplement demandé à mes stagiaires de se comporter comme s'ils se sentaient pleins de ressources, plus puissants, plus heureux, plus sûrs de réussir que jamais, comme s'ils regorgeaient d'énergie. Un des moyens de se mettre dans un état qui contribue à produire les résultats que l'on recherche consiste en effet à faire « comme si » on y était parvenu. Car il n'existe pas de technique du « faire comme si » plus efficace que de se mettre physiologiquement dans l'état où l'on serait si l'on avait déjà atteint son but.

La physiologie est l'un des outils les plus puissants pour modifier instantanément les états, pour obtenir des résultats immédiats. Il y a une vieille maxime qui dit : « Si tu veux être puissant, fais semblant d'être puissant. » On n'a jamais rien dit d'aussi vrai. J'attends de ceux qui participent à mes séminaires qu'ils y obtiennent des résultats qui leur changeront la vie. Et pour cela il faut donc qu'ils soient dans les conditions physiologiques les plus fécondes possibles car il n'y a pas d'action puissante sans physiologie puissante.

Dès qu'on adopte une attitude physiologique dynamique, on se met aussitôt dans un état identique. Le meilleur levier dont on dispose dans n'importe quelle situation, c'est la physiologie, parce qu'elle agit vite et sans défaut. Physiologie et représentation interne sont étroitement liées. Si vous modifiez l'un des éléments, vous modifiez automatiquement l'autre. Je dis souvent : « Il n'y a pas d'esprit, il n'y a que du corps », et « il n'y a pas de corps, il n'y a que de l'esprit ». Car qui modifie sa physiologie – sa posture, son rythme respiratoire, sa tension musculaire, le ton de sa voix –

modifie instantanément ses représentations internes et son état.

Souvenez-vous d'un moment où vous vous êtes senti complètement abattu. Comment perceviez-vous le monde ? Et quand vous êtes fatigué physiquement, faible musculairement, ou quand vous avez mal quelque part ? Vous ne percevez évidemment pas le monde de la même façon que lorsque vous vous sentez reposé, dispos, alerte. L'action sur la physiologie est un outil puissant du contrôle de l'esprit. C'est pourquoi il est très important de saisir combien il nous affecte : il ne s'agit pas d'une variable secondaire mais d'un élément absolument essentiel d'une boucle cybernétique constamment en mouvement.

Quand votre physiologie s'effondre, l'énergie positive de votre état s'effondre également, et inversement. La physiologie est par conséquent le levier des changements émotionnels. En fait, il est impossible d'éprouver une émotion sans que s'opère une transformation physiologique correspondante. Et il est de même impossible d'opérer un changement physiologique sans que se produise un changement d'état correspondant. Il y a deux façons de changer d'état : soit en modifiant ses représentations internes, soit en modifiant sa physiologie. Si par conséquent vous désirez changer d'état en une seconde, que faire ? Pfuitt ! Changer de façon de respirer, de posture, d'expression, de gestes, etc.

Quand vous commencez à vous sentir fatigué, il existe un certain nombre de mesures physiologiques à prendre pour continuer à communiquer avec vous-même : baisser les épaules, relâcher des groupes de muscles importants, etc. Vous pouvez à l'inverse commencer à vous sentir fatigué en modifiant votre représentation interne. Si vous mettez votre physiologie dans les conditions où elle se trouve quand vous vous sentez fort, cela modifiera vos représentations internes et ce que vous ressentirez à ce moment-là. Si vous n'arrêtez pas de vous dire que vous êtes fatigué, vous constituez la représentation interne qui vous maintient fatigué. Si vous vous dites que vous avez les ressources nécessaires pour rester dispos, si vous adoptez consciemment cette physiologie, votre corps en fera autant. Changez de physiologie et vous changerez d'état.

Je vous ai rapidement parlé des croyances et de leurs effets sur la santé. Toutes les découvertes actuelles de la science renforcent cette idée : la maladie et la santé, la vitalité et la dépression sont souvent le fruit de décisions. Elles ne sont généralement pas conscientes mais ce n'en sont pas moins des décisions.

Personne ne se dit consciemment : « Je préférerais être déprimé plutôt qu'heureux. » Mais que font les gens déprimés ? Nous concevons la dépression comme un état mental, or cet état comporte un aspect physiologique évident. Il n'est pas difficile de *voir* qu'une personne est déprimée. Les êtres déprimés se traînent avec les yeux baissés. (Ils expriment sur le mode kinesthésique ou par un discours interne tout ce qui les rend déprimés.) Ils ont les épaules tombantes. Ils ont la respiration courte et peu profonde. Ils font tout ce qu'il faut pour mettre leur corps dans un état physiologique déprimé. Décident-ils d'être déprimés ? Bien entendu. La dépression est un effet qui requiert certaines images corporelles très précises pour être créé.

L'étonnant, c'est qu'on peut tout aussi facilement créer l'effet appelé bien-être en modifiant sa physiologie sur certains points précis. Car au fond que sont les émotions ? Ce sont une conjonction et une configuration complexes d'états physiologiques. Sans rien changer à ses représentations internes, je peux modifier l'état de n'importe quel être déprimé en quelques secondes. Il n'est pas nécessaire de connaître les images qu'un être déprimé forme dans son esprit. Modifiez sa physiologie et hop ! vous modifierez son état.

Si vous vous tenez droit, si vous rejetez vos épaules en arrière, si vous respirez profondément par la poitrine, si vous levez les yeux – si vous vous mettez dans un état physiologique fécond –, vous ne pouvez pas être déprimé. Essayez vous-même. Tenez-vous debout bien droit, rejetez vos épaules en arrière, respirez profondément, levez les yeux, mettez votre corps en mouvement et voyez si vous vous sentez déprimé dans cette posture. Vous vous apercevrez que c'est quasi impossible. Votre esprit reçoit de votre corps un message lui ordonnant d'être dispos et en éveil. Et il le devient.

Quand des gens viennent me voir et me disent qu'ils n'arrivent pas à faire telle ou telle chose, je leur dis : « Agissez comme si vous pouviez. » Ils me répondent généralement : « Je ne sais pas comment. » Je leur dis alors : « Faites comme si vous saviez comment. Tenez-vous comme vous vous tiendriez si vous saviez comment faire. Respirez comme vous respireriez, prenez l'expression que vous prendriez. » Dès qu'ils se tiennent, respirent, etc., comme il faut, ils éprouvent aussitôt le sentiment qu'ils en sont capables. Cela marche toujours à cause de l'extraordinaire levier qu'est la capacité d'adapter sa physiologie à une situation. On peut toujours faire faire aux gens ce dont ils se croyaient incapables en les aidant à modifier leur état physiologique.

Pensez à quelque chose que vous vous croyez incapable de faire mais que vous aimeriez faire. Comment vous tiendriez-vous si vous le faisiez ? Comment parleriez-vous ? Comment respireriez-vous ? Mettez-vous maintenant dans l'état physiologique où vous seriez si vous vous en saviez capable. Faites en sorte que tout votre corps vous envoie le même message, que votre stature, votre respiration et votre visage reflètent l'état physiologique dans lequel vous seriez si vous pouviez le faire. Observez maintenant la différence entre cet état et celui où vous étiez. Si vous maintenez l'état physiologique approprié, vous vous sentez « comme si » vous étiez capable de faire ce que vous vous croyiez incapable de faire.

Il se passe la même chose avec la marche sur le feu. Quand certaines personnes arrivent devant le lit de braises, elles sont dans un état de totale confiance et de disponibilité, grâce à la combinaison de représentations internes et d'une physiologie appropriées. Elles peuvent donc traverser le lit de braises à grands pas sans se brûler. Certaines personnes, en revanche, sont prises de panique au dernier moment. Elles ont modifié les représentations internes de ce qui allait se passer et imaginent le pire scénario possible. Ou bien la chaleur des charbons ardents les sort de leur état confiant au moment où elles s'approchent du lit de braises. Du coup, leur corps se met à trembler de peur, ou elles éclatent en sanglots, ou elles se crispent, tous muscles raidis, ou ont d'autres réactions physiologiques diverses. Pour les aider à surmonter leur peur en un instant et à agir malgré l'impossibilité apparente, je n'ai qu'une chose à faire : modifier leur état. Car, ne l'oubliez pas, toute conduite humaine est le résultat de l'état dans lequel on se trouve. Quand on se sent fort et plein de ressources, on est capable de tenter des choses qu'on ne tenterait jamais si on se sentait faible, fatigué ou si on avait peur. La marche sur le feu ne donne donc pas seulement une leçon intellectuelle à ceux qui la font, elle représente une expérience de changement instantané d'état et de comportement qui les aide à agir, quoi qu'ils aient pu penser ou ressentir avant.

Que fais-je avec l'individu qui tremble, qui pleure, qui se crispe ou qui hurle au bord du lit de braises ? La première solution consiste à modifier ses représentations internes. Je lui fais penser à ce qu'il éprouvera après avoir traversé le lit de braises sans se brûler. Cette modification de sa représentation jouera sur sa physiologie. En trois ou quatre secondes, il va se retrouver dans un état fécond – vous allez voir sa respiration et l'expression de son visage changer. Je lui dis alors d'y aller, et celui-là même qui se sentait paralysé par la peur quelques secondes plus tôt marche désormais sur les braises d'un pas décidé et exulte en arrivant de l'autre côté. Certains, pourtant, ont parfois des images internes précises de brûlures ou de chute qui sont plus fortes que les représentations correspondant à leur capacité de traverser sans se brûler. Je dois les faire changer de sous-modalités – et cela prend du temps.

La deuxième solution – qui est plus efficace quand le sujet est complètement pris de panique devant les charbons ardents – consiste à modifier sa physiologie. Car en fait, s'il modifie ses représentations internes, son système nerveux doit ordonner à son corps de changer de posture, de rythme respiratoire, etc. Au lieu de cela, pourquoi ne pas aller à la source – passer par-dessus les autres circuits de communication – et modifier directement sa physiologie ? Je demande donc à notre individu en pleurs de lever les yeux. En faisant cela, il accède à la partie visuelle et non plus kinesthésique de son système nerveux. Presque aussitôt, il s'arrête de pleurer. Essayez vous-même : quand vous êtes en larmes. Levez les yeux, rejetez les épaules en arrière et mettez-vous ainsi dans un état visuel. Vos sensations vont changer presque instantanément. Vous pouvez faire cela avec vos enfants. Quand ils se font mal, demandez-leur de regarder en l'air ; les pleurs et la douleur s'interrompront aussitôt ou du moins diminueront considérablement. Je demande parfois au sujet de se tenir comme il le ferait s'il était totalement sûr de lui et s'il savait qu'il allait réussir à traverser les braises sans se brûler, de respirer comme il respirerait et de prononcer des paroles sur le ton de quelqu'un qui a entièrement confiance en soi. Le cerveau reçoit alors un nouveau message sur ce que cette personne doit ressentir et, dans l'état qui en résulte, le sujet qui était complètement immobilisé par la peur quelques secondes plus tôt peut agir conformément à ses objectifs.

La même technique peut être utilisée chaque fois que nous nous sentons incapable de faire une chose – d'aborder un homme ou une femme, de parler au patron, etc. Nous pouvons modifier notre état et trouver le pouvoir d'agir soit en modifiant nos images et notre dialogue intérieur, soit en changeant notre maintien, notre façon de respirer et le ton de notre voix. L'idéal consiste à changer à la fois de physiologie et d'intonation. Aussitôt fait, nous nous sentons plein de ressources et capable d'agir.

La chose est vraie aussi de l'entraînement physique. Si vous travaillez dur, si vous avez le souffle court et si vous n'arrêtez pas de vous dire que vous êtes fatigué et que vous avez déjà beaucoup couru, vous allez créer l'état physiologique – vous asseoir et haleter – qui correspond à ce message. Si en revanche, même hors d'haleine, vous vous tenez droit et rétablissez un rythme respiratoire normal, vous aurez récupéré en quelques instants.

Les processus biochimiques et électriques de notre corps, qui transforment nos états et donc nos comportements quand nous jouons sur nos représentations internes et notre physiologie, affectent aussi directement notre santé. Des études ont montré que, quand un sujet est déprimé, son système immunitaire s'affaiblit – le taux de globules blancs dans le sang baisse. Avez-vous déjà vu le cliché Kirlian d'un être humain ? Il s'agit de la représentation du niveau bioénergétique de son corps. Celui-ci change considérablement selon les variations de son état ou de son humeur. Du fait du lien entre corps et esprit, dans les états de tension, la totalité de notre champ électrique se modifie, et nous rend capable de choses autrement impossibles. Toute mon expérience et toutes mes lectures m'ont confirmé que notre corps connaît beaucoup moins de limites – à la fois positives et négatives – qu'on ne nous a appris à le croire.

Le Dr Herbert Benson, qui a beaucoup écrit sur les liens corps/esprit, raconte certaines histoires surprenantes sur le pouvoir des pratiques magiques dans différentes régions du monde. Dans une tribu d'aborigènes australiens, les sorciers utilisent une technique appelée « pointer l'os ». Elle consiste à jeter un sort si puissant que les victimes savent avec certitude qu'elles souffriront de terribles maladies et probablement mourront. Voici la description que donne Benson d'un cas survenu en 1925 :

« L'homme qui s'aperçoit qu'il est en train de se faire "pointer l'os" par un ennemi fait pitié à voir. Il se tient debout, effaré, les yeux braqués sur le pointeur funeste, et il lève les mains comme pour se protéger du flux mortel qu'il s'imagine qu'on lui injecte dans le corps. Il a les joues exsangues et les yeux vitreux, et son visage est horriblement déformé... Il essaie de crier mais généralement le son s'étouffe dans sa gorge, et on ne lui voit que de l'écume aux lèvres. Son corps se met à trembler et ses muscles se crispent involontairement. Il se cabre en arrière, tombe par terre et, au bout d'un petit moment, semble évanoui ; mais peu après il se contorsionne comme s'il était entré dans une agonie mortelle et, se couvrant le visage de ses mains, il se met à gémir... La mort intervient alors dans un temps relativement court. »

Je ne sais pas ce que vous en pensez, mais c'est une des descriptions les plus terrifiantes que j'aie jamais lues. Je ne crois pas que je vous demanderai de l'imiter. Mais c'est aussi un des exemples les plus parlants de l'incroyable pouvoir de la physiologie et de la croyance. En termes rationnels, on ne faisait rien à cet homme, rien du tout. Mais le pouvoir de sa propre croyance et la force de sa propre physiologie engendrèrent une force négative terriblement puissante qui le détruisit totalement.

Ce type de comportement est-il limité aux sociétés dites primitives ? Bien sûr que non. Le même phénomène se produit près de nous tous les jours. Benson signale que le Dr George Engel, du Centre de médecine de l'université de Rochester, a constitué un épais dossier de faits divers du monde entier concernant des morts subites survenues dans des circonstances inattendues. Dans chacun de ces cas, aucun élément extérieur n'était intervenu. Le coupable, c'était les propres représentations internes négatives de la victime. Quelque chose avait fait qu'elle s'était sentie impuissante, désemparée et seule. Le résultat était quasiment le même que dans le rite aborigène.

Il semble que la recherche et la chronique anecdotique aient plus fait porter l'accent sur le côté destructeur du lien corps/esprit que sur son aspect utile. On entend toujours parler des horribles effets du stress ou de cas d'individus ayant perdu la volonté de vivre après la mort d'un être cher. Il semble que nous sachions tous que les émotions et les états négatifs peuvent littéralement nous tuer. Mais on entend beaucoup moins parler des cas où les états positifs peuvent nous guérir.

L'une des plus célèbres histoires qu'on raconte à ce sujet est celle de Norman Cousins. Dans *La Volonté de guérir*, il décrit comment il réussit à se guérir miraculeusement d'une maladie longue et débilitante à force de rire. Le rire fut l'outil employé par Cousins pour mobiliser sa volonté de vivre. Son traitement consistait en effet à passer le plus clair de son temps à voir des films, des émissions télévisées et à lire des livres qui le faisaient rire. Cela modifia évidemment ses représentations internes et transforma radicalement sa physiologie – et donc les messages envoyés à son système nerveux. Il s'ensuivit des changements immédiats : il se mit à dormir mieux, la douleur diminua et son état général s'améliora.

Il finit par guérir complètement, alors que l'un de ses médecins lui avait dit au départ qu'il avait une chance sur cinq cents de se rétablir. Cousins en tira cette conclusion : « J'ai appris à ne jamais sous-estimer les capacités qu'ont l'esprit et le corps humains de se régénérer – même quand les perspectives semblent les plus noires. Cette force vitale est peut-être la chose au monde que l'on comprend le moins bien. »

Des recherches passionnantes dont on commence à publier les résultats vont peut-être permettre de jeter un nouvel éclairage sur des expériences comme celle de Cousins. Ces travaux étudient l'effet de nos expressions faciales sur nos sensations et aboutissent à la conclusion que nous ne rions pas tant parce que nous nous sentons bien ou parce que nous sommes de bonne humeur. C'est plutôt le sourire et le rire qui déclenchent des processus biologiques qui, en fait, nous font nous sentir bien. Ils augmentent l'irrigation du cerveau et, en modifiant le taux d'oxygène, élèvent le niveau de stimulation des neuroémetteurs. Le même phénomène se produit avec les autres expressions. Donnez à votre visage l'expression de la peur ou du danger, du dégoût ou de la surprise, et c'est ce que vous ressentirez.

Les muscles du visage sont au nombre d'environ quatre-vingts et ils agissent comme des tourniquets, soit pour maintenir constante l'irrigation sanguine du cerveau quand le corps est soumis à des pirouettes, soit pour la modifier et donc modifier, dans une certaine mesure, le fonctionnement du cerveau. Dans un article remarquable écrit en 1907, le médecin français Israël Waynbaum précisait déjà que les expressions faciales modifiaient en fait les sensations. Aujourd'hui, d'autres chercheurs redécouvrent la même chose. Comme l'a déclaré le Dr Paul Ekman, professeur de psychiatrie à l'université de Californie de San Francisco, au *Los Angeles Times* (5 juin 1985) : « Nous savons que, si nous éprouvons une émotion, elle se lit sur notre visage. Mais nous avons constaté que cela fonctionne aussi en sens inverse. On devient ce que l'on inscrit sur son visage... Si l'on rit de la souffrance, on ne la ressent pas en soi. Si notre visage montre du chagrin, on le ressent en soi. » En fait, dit Ekman, le même principe est utilisé régulièrement pour tromper les détecteurs de mensonges. Les gens qui se mettent dans un état physiologique de croyance, même s'ils mentent comme des arracheurs de dents, font croire à la machine qu'ils disent la vérité.

Notre corps est notre jardin, la volonté son jardinier.

SHAKESPEARE

Tout cela correspond exactement à ce que les spécialistes de la PNL et moi-même enseignons depuis des années. On dirait maintenant que la communauté scientifique est enfin en train de vérifier ce dont nous avons constaté l'efficacité. Ils vérifieront beaucoup d'autres choses, sans doute, dans les années à venir. Mais vous n'avez pas besoin d'attendre qu'un chercheur vienne confirmer cela. Vous pouvez l'utiliser immédiatement et aboutir aux résultats que vous recherchez.

On en apprend tellement aujourd'hui sur les corrélations corps/esprit que, selon certains, prendre soin de son corps règle tous les problèmes. Si votre corps fonctionne à la perfection, votre cerveau fonctionnera plus efficacement aussi. Mieux vous utilisez votre corps, mieux votre cerveau va fonctionner. C'est le fondement du travail de Moshe Feldenkrais[1]. Feldenkrais utilise le mouvement pour apprendre aux gens à penser et à vivre. Il a découvert qu'en agissant seulement au niveau kinesthésique on peut changer l'image qu'on a de soi, son état et le fonctionnement général de son cerveau. Il affirme en fait que la qualité de la vie tient à la qualité de nos mouvements. Son travail est riche d'enseignements sur les possibilités de transformations humaines qu'offrent certaines modifications physiologiques déterminées.

La cohérence est un important corollaire de la physiologie. Si je vous délivre ce que je crois être un message positif, mais que ma voix est faible et hésitante et mon langage corporel disloqué et décentré, je suis incohérent. L'incohérence m'empêche d'être tout ce que je pourrais être, de faire tout ce que je pourrais faire et de me mettre dans des états féconds. S'envoyer des messages contradictoires est

1. *La Conscience du corps*, coll. « Réponses », Éd. R. Laffont ; et *La Puissance du moi*, du même auteur, dans la même collection.

une façon inconsciente de donner des coups d'épée dans l'eau.

Il vous est sans doute arrivé de ne pas croire quelqu'un sans trop savoir pourquoi. Ce que disait votre interlocuteur était sensé, mais vous n'étiez pourtant pas convaincu. Votre inconscient avait saisi quelque chose qui avait échappé à votre conscience. Par exemple, quand vous posiez une question, votre interlocuteur répondait « oui », et au même moment sa tête faisait peut-être lentement « non ». Ou bien il vous disait : « Je m'en charge », mais en même temps ses épaules étaient voûtées, son regard dirigé vers le bas et sa respiration courte – indications qui signalaient à votre inconscient ce qu'il voulait dire en vérité : « Je ne peux pas m'en charger. » Une partie de lui-même voulait faire ce que vous lui demandiez et une autre non. Une partie de lui-même était confiante et pas l'autre. Son incohérence l'avait trahi. Il essayait d'aller dans deux directions à la fois. Il exprimait une chose avec ses mots et une autre avec son corps.

Nous savons tous ce qu'il en coûte quand une partie de nous-même désire vraiment une chose mais que l'autre semble vouloir nous arrêter. Cohérence et pouvoir sont synonymes. Les individus qui réussissent sont ceux qui savent mobiliser toutes leurs ressources, mentales et physiques, sur un objectif. Arrêtez votre lecture un instant et pensez aux trois personnes les plus cohérentes que vous connaissez. Pensez maintenant aux trois personnes les plus incohérentes que vous connaissez. Qu'est-ce qui les distingue ? Quel effet les êtres cohérents font-ils aux autres par rapport aux êtres incohérents ?

Développer sa cohérence est un des moyens essentiels d'acquérir du pouvoir personnel. Quand je communique, je suis grandiloquent – dans mes paroles, ma voix, mon souffle, mon corps tout entier. Quand mon corps et mes paroles coïncident, j'envoie des signaux clairs à mon esprit sur ce que je veux obtenir. Et mon esprit réagit en conséquence.

Si vous vous dites : « Heu, oui, enfin, il me semble que c'est ce que je devrais faire », et que votre physiologie est faible et indécise, quel message reçoit votre cerveau ? C'est comme essayer de regarder la télévision quand la lampe vacille. On arrive à peine à distinguer une image. Il en va de même pour le cerveau : si les signaux que le corps lui transmet sont faibles ou contradictoires, le cerveau n'a pas une idée précise de ce qu'il doit faire. Il est comme un soldat qui part au combat avec un officier qui lui dit : « Heu, on devrait peut-être essayer ceci, je ne sais pas si ça va marcher, mais allons-y et nous verrons sur place. » Dans quel état ce discours met-il le soldat ?

Si vous dites : « Je veux absolument faire ceci », et que votre corps est à l'unisson, vous le ferez. L'état de cohérence est donc un état que nous devons tous rechercher, et la mesure la plus importante que vous puissiez prendre, c'est de veiller à être physiquement ferme, décidé et en harmonie avec votre esprit.

Êtes-vous actuellement dans un état de cohérence ? Sinon, mettez-vous-y. Pendant combien d'heures par jour êtes-vous dans un état de cohérence ? Pouvez-vous l'être plus souvent ? Commencez dès aujourd'hui. Arrêtez-vous un instant et pensez à cinq personnes qui sont puissantes physiologiquement et que vous voudriez imiter. En quoi leur physiologie diffère-t-elle de la vôtre ? Comment ces gens s'asseyent-ils ? Comment se tiennent-ils debout ? Comment se déplacent-ils ? Quelles sont leurs expressions et leurs gestes essentiels ? Essayez de vous asseoir comme ils s'asseyent. Prenez les mêmes expressions. Et voyez comment vous vous sentez.

Lors de nos stages, nous demandons à certaines personnes d'imiter la physiologie d'autres personnes, et elles constatent qu'elles accèdent à un état identique et éprouvent les mêmes sensations. Essayez donc de faire l'exercice suivant. Vous allez avoir besoin de quelqu'un d'autre. Demandez-lui de se rappeler un souvenir particulièrement marquant et, sans rien vous en dire, de se replonger dans l'état correspondant. Imitez la façon dont il est assis, la position de ses jambes. Copiez la position des bras et des mains. Copiez la tension que vous observez sur son visage et dans son corps. Copiez la position de la tête et tous les mouvements de ses yeux, de son cou ou de ses jambes. Imitez sa bouche, la tension de sa peau, le rythme de sa respiration. Essayez de vous mettre dans le même état physiologique que lui. Si vous faites cela avec précision, vous devez réussir. En reproduisant sa physiologie, vous enverrez à votre cerveau les mêmes signaux que ceux qu'il envoie au sien. Vous éprouverez donc des sentiments analogues ou identiques. Souvent, vous verrez votre version de ses images mentales et aurez votre version de ses pensées.

Après cela, notez en deux mots l'état dans lequel vous vous trouvez, c'est-à-dire ce que vous ressentez en imitant votre interlocuteur. Puis comparez cet état avec ce qu'il ressentait. Dans quatre-vingts à quatre-vingt-dix pour cent des cas, vous aurez employé les mêmes mots que lui pour décrire votre état. Dans mes séminaires, beaucoup de gens arrivent ainsi à voir ce que voit leur interlocuteur. Ils décrivent exactement le lieu auquel il pensait ou identifient l'individu qu'il s'était représenté mentalement. La précision de certains détails défie les explications rationnelles. C'est presque comme une expérience parapsychologique – sauf qu'il n'y a eu aucune formation préparatoire. Nous ne faisons rien d'autre qu'envoyer au cerveau les mêmes messages que celui que nous sommes en train d'imiter.

Je sais que cela paraît difficile à croire, mais ceux qui ont suivi mes séminaires ont pu vérifier qu'on y parvient après cinq minutes seulement d'entraînement. Je ne peux pas vous garantir que vous réussirez la première fois, mais, si jamais vous n'en êtes pas loin, vous vous retrouverez dans le même état de fureur, de douleur ou de tristesse, de joie ou de bien-être que votre modèle. Pourtant, vous n'aurez pas échangé une seule parole avec lui sur l'état dans lequel il s'est plongé.

Certaines recherches récentes sont venues corroborer cette expérience. D'après un article de la revue *Omni*, deux chercheurs auraient découvert que les mots correspondent à des signaux électriques dans le cerveau. Donald York, neurophysiologiste au Centre de médecine de l'université du Missouri, et Tom Jenson, spécialiste de pathologie de la parole, ont découvert que le signal est le même d'une personne à l'autre. Au cours d'une expérience, ils ont même réussi à identifier des trains d'ondes identiques chez des personnes parlant des langues différentes. Ils ont déjà mis au point des ordinateurs qui savent reconnaître ces ondes cérébrales, et qui peuvent donc traduire les mots qu'une personne a dans la tête avant même qu'elle les ait prononcés ! Ces ordinateurs peuvent littéralement lire dans la pensée, d'une façon très voisine de celle que nous utilisons quand nous copions avec précision la physiologie de quelqu'un.

Certains traits physiologiques exceptionnels – un regard, un ton de voix, des gestes particuliers – se rencontrent chez les êtres d'une grande puissance comme John Kennedy, Martin Luther King ou Franklin Roosevelt. Si vous imitez leur physiologie particulière, vous vous brancherez sur les mêmes parties fécondes du cerveau et vous vous mettrez à traiter l'information comme ils le faisaient. Vous sentirez littéralement ce qu'ils ressentaient. Comme la respiration, les gestes et le ton de la voix sont des facteurs essentiels à la création d'un état, il est certain que les photos de ces personnages ne vous fourniront pas autant d'informations précises qu'il serait souhaitable. Une bande-vidéo ou un film serait idéal. À défaut, toutefois, essayez un instant de copier seulement leurs postures, les expressions de leur visage et leurs gestes aussi fidèlement que possible. Vous commencerez à ressentir les mêmes impressions. Si vous vous rappelez le ton qu'avait leur voix, vous pouvez aussi dire quelques mots sur le même ton.

Vous noterez également le niveau de cohérence que ces êtres avaient en commun. Leur physiologie émettait un message unique et non plusieurs messages contradictoires. Si vous êtes incohérent quand vous copiez leur physiologie, vous ne ressentirez pas ce qu'ils ressentaient parce que vous n'envoyez pas les mêmes messages à votre cerveau. Si, par exemple, au moment où vous les imitez, vous vous dites : « J'ai l'air ridicule », vous ne pourrez pas retirer tous les bénéfices de votre imitation. Car votre corps dira une chose et votre esprit une autre. Le pouvoir provient de l'émission d'un message cohérent.

Si vous réussissez à vous procurer un enregistrement de Martin Luther King, entraînez-vous à parler comme il parlait : en reproduisant son ton, sa voix, son débit, vous éprouverez sans doute un sentiment de puissance que vous n'avez jamais éprouvé auparavant. L'un des grands avantages qu'il y a aussi à lire un livre écrit par quelqu'un comme John Kennedy, Benjamin Franklin ou Albert Einstein, c'est que cela vous plonge dans un état semblable au leur. Vous vous mettez à penser comme l'auteur, à créer le même type de représentations internes. Mais en imitant leur physiologie, vous pouvez éprouver les mêmes choses dans votre chair et même vous comporter comme eux.

Aimeriez-vous immédiatement capter plus de votre pouvoir intérieur ? Essayez consciemment d'imiter la physiologie de personnes que vous respectez ou que vous admirez. Vous vous mettrez alors à engendrer les mêmes états qu'elles. Il est souvent possible d'en faire l'expérience précise. Vous ne chercherez pas, évidemment, à imiter la physiologie d'un être déprimé. Vous imiterez des êtres qui sont dans un état puissant, fécond, car leur imitation vous permettra d'accéder à certaines parties de votre cerveau que vous n'aviez peut-être jamais utilisées efficacement auparavant.

Au cours d'un séminaire, j'ai rencontré un jeune garçon que je n'arrivais pas à cerner. Il était dans l'état physiologique le moins fécond que j'aie jamais vu et je ne parvenais pas à l'amener à un état plus positif. J'ai appris par la suite qu'une partie de son cerveau avait été détruite dans un accident de voiture. Mais j'ai réussi à obtenir de lui qu'il fasse « comme si » – qu'il m'imite et se mette dans un état physiologique auquel il ignorait pouvoir accéder. Et quand il m'imita, son cerveau se mit à fonctionner d'une façon entièrement nouvelle. À la fin du séminaire, on le reconnaissait à peine. Il se comportait d'une manière complètement différente. En mimant la physiologie d'un autre, il avait découvert de nouvelles possibilités de pensée, d'émotion et d'action.

Si vous décidiez d'imiter le système de croyances, la syntaxe mentale et la physiologie d'un athlète de classe internationale, est-ce que cela veut dire que vous deviendriez capable de courir le 1 000 mètres en moins de deux minutes peu de temps après ? Non, bien sûr. Vous ne pouvez pas imiter exactement votre modèle parce que vous ne vous êtes pas entraîné comme lui à envoyer systématiquement certains messages à votre système nerveux. Certaines stratégies exigent un niveau de développement physiologique ou une programmation que vous n'avez pas encore. Vous pourrez bien imiter le plus grand pâtissier du monde : si vous essayez d'utiliser sa recette avec un four qui ne monte qu'à 225 degrés alors que le sien monte à 425, vous ne produirez pas les mêmes effets. En revanche, grâce à sa recette, vous pouvez améliorer vos résultats même avec le four dont vous disposez. Et si vous imitez la façon dont il a réussi à augmenter la puissance de son four au fil des années, vous pourrez obtenir le même résultat, à condition d'être prêt à payer le prix. Afin d'augmenter vos capacités, vous devrez peut-être consacrer du temps à élever la puissance de votre four. C'est une question que nous aborderons au chapitre suivant.

Faire attention à sa physiologie crée des choix. Pourquoi certaines personnes absorbent-elles des drogues, boivent de l'alcool, fument, mangent trop ? Est-ce que ce ne sont pas là des tentatives indirectes de modifier leur état en changeant de physiologie ? Ce chapitre vous a fourni le moyen direct de modifier rapidement votre état. En respirant, en bougeant son corps ou les muscles de son visage selon un nouveau schéma, on peut changer aussitôt d'état. Cela produira les mêmes résultats que la nourriture, l'alcool ou les drogues, sans effets secondaires nocifs, physiques ou mentaux. N'oubliez pas ceci : dans toute boucle cybernétique, l'individu qui possède le plus de choix a la situation en main. L'aspect critique de tout appareil est sa souplesse d'emploi. Toutes choses étant égales par ailleurs, le système le plus souple offre plus de possibilités de diriger d'autres aspects du système. Les individus qui possèdent le plus de choix sont ceux qui décident. Imiter, c'est créer des possibilités. Et il n'existe pas de moyen plus rapide ni plus dynamique que la physiologie.

La prochaine fois que vous rencontrerez un individu qui a brillamment réussi, quelqu'un que vous admirez et que vous respectez, copiez ses gestes et voyez le résultat, observez les changements dans vos schémas de pensée. Essayez. Faites cela comme un jeu.

Voyons maintenant un autre aspect de la physiologie : la nourriture que nous absorbons, notre manière de respirer et les autres éléments que nous fournissons à notre organisme pour qu'il fonctionne. Ils constituent tous...

10

L'énergie : le carburant de l'excellence

La santé des êtres est vraiment le fondement sur lequel reposent tout leur bonheur et tout leur pouvoir.

Benjamin Disraeli

Nous avons vu que la physiologie était la voie de l'excellence. Un des moyens de modifier notre physiologie consiste à utiliser notre système musculaire. Mais tout ce dont je parle ici dépend aussi d'un fonctionnement biochimique sain. Partons du principe que vous soignez et nourrissez votre corps et non que vous l'engorgez et l'empoisonnez. Examinons dans ce chapitre le fondement de la physiologie : ce que nous mangeons et buvons, et nos habitudes respiratoires.

J'appelle « énergie » le carburant de l'excellence. Vous pouvez passer vos journées à modifier vos représentations internes : si votre fonctionnement biochimique est déréglé, votre cerveau créera des représentations déformées. Cela perturbera tout le système. En réalité, il est hautement improbable que vous ayez ne serait-ce qu'envie d'utiliser tout ce que vous aurez appris. Même au volant de la plus belle voiture de course du monde, si vous faites le plein avec de la bière, vous n'avancerez pas. Vous aurez beau avoir une voiture en bon état et le bon carburant, si l'allumage est défectueux, vous ne réaliserez pas les meilleures performances. L'objet de ce chapitre est de vous donner quelques notions sur l'énergie et sur les moyens de réaliser des performances maximales. Plus le niveau énergétique est élevé, plus votre corps sera efficace. Et plus votre corps sera efficace, mieux vous vous sentirez et mieux vous utiliserez vos talents pour obtenir des résultats remarquables.

Je suis mieux placé que quiconque pour connaître l'importance de l'énergie et les miracles qu'elle permet de réaliser. Je pesais, on l'a vu, 134 kilos. J'en pèse, pour 1,98 m, 119 maintenant. Auparavant, je ne recherchais pas précisément tous les moyens de faire de ma vie une réussite. Ma condition physiologique ne contribuait pas à ce que j'obtienne des résultats extraordinaires. Ce que je pouvais apprendre, faire, créer était secondaire par rapport à ce que je pouvais manger ou voir à la télé. Mais un jour j'ai décidé que j'en avais assez de vivre ainsi, je me suis donc mis à étudier les moyens d'être en très bonne santé, et j'ai alors commencé à imiter des gens qui y étaient parvenus.

Le domaine de l'alimentation est toutefois si contradictoire que je ne savais par où commencer. Je lisais un livre qui annonçait qu'en faisant ceci ou cela je connaîtrais la vie éternelle. J'en étais transporté d'enthousiasme... jusqu'à ce que j'en lise un autre qui affirmait qu'en faisant justement tout cela je mettais mes jours en danger, et qu'il fallait, au contraire, que je fasse cela ou ceci. Et bien sûr le troisième livre contredisait les deux premiers. Leurs auteurs étaient tous docteurs en médecine mais ils n'arrivaient même pas à se mettre d'accord sur les principes de base.

Or, ce n'étaient pas des références que je voulais, mais des résultats. J'ai donc cherché des gens qui avaient obtenu des résultats sur leur corps, des gens qui étaient en pleine santé, qui rayonnaient. Je me suis renseigné sur leurs méthodes et je les ai appliquées. J'ai rassemblé tout ce que j'avais appris en une série de résolutions, de principes personnels, et j'ai mis sur pied un programme de vie saine de soixante jours. J'ai observé ces principes quotidiennement et j'ai perdu quinze kilos en un peu moins de trente jours. Mais, plus important encore, j'ai trouvé un moyen de vivre sans contrainte et sans être obsédé par un régime – un moyen qui respectait le fonctionnement de mon corps.

Je compte vous faire connaître les principes selon lesquels je vis depuis maintenant cinq ans. Mais avant cela, je vais illustrer par un exemple les transformations que ces principes ont opérées sur ma physiologie. J'avais besoin de huit heures de sommeil. Il me fallait aussi trois réveils pour me sortir du lit le matin : un qui sonnait, un qui branchait la radio et un qui allumait la lampe. Je suis maintenant capable d'animer un séminaire pendant une soirée entière, de me coucher à une ou deux heures du matin et de me réveiller après cinq ou six heures de sommeil dans une forme éblouissante, plein de force et d'énergie.

Si mon système circulatoire était encrassé, si mon niveau énergétique était bas, j'en serais toujours à m'épuiser pour tirer le maximum d'une physiologie limitée. Au lieu de cela, j'agis à partir d'une physiologie qui me permet de mobiliser toutes mes ressources mentales et physiques.

Je vais vous fournir sept principes clés pour obtenir une physiologie puissante, inébranlable. Beaucoup de ce que je vais vous dire risque de remettre en question des idées auxquelles vous avez toujours cru. Certains éléments vont même contredire les notions que vous avez de la santé. Mais ces sept principes ont opéré de façon spectaculaire sur moi et les gens avec qui j'ai travaillé, ainsi que sur des milliers d'autres personnes qui pratiquent une science de la santé appelée l'« hygiène naturelle ». Réfléchissez consciencieusement : vos habitudes actuelles sont-elles le moyen le plus efficace de prendre soin de votre corps ? Essayez donc de suivre ces sept principes pendant dix, vingt ou trente jours et jugez de leur valeur d'après les résultats qu'ils produisent sur votre corps et non d'après ce qu'on vous a habitué à croire. Essayez de comprendre comment fonctionne votre corps, respectez-le, prenez-en soin et il prendra soin de vous. Vous avez appris à faire fonctionner votre cerveau, vous devez maintenant apprendre à faire fonctionner votre corps.

Commençons par le premier point : le pouvoir de la respiration. La santé repose sur une bonne circulation sanguine. Si vous avez un système circulatoire sain, vous vivrez longtemps et en bonne santé. Qu'est-ce qui joue le rôle de bouton de commande de ce système ? C'est la respiration. C'est la manière dont vous oxygénez votre corps et, du même coup, stimulez le processus électrique de chaque cellule.

Examinons d'un peu plus près comment fonctionne le corps humain. La respiration ne régule pas seulement l'oxygénation des cellules. Elle régule aussi la circulation du liquide lymphatique qui contient les globules blancs, lesquels assurent la protection de notre corps. Qu'est-ce que le système lymphatique ? On l'a comparé à un réseau d'épuration. Toutes les cellules sont baignées de lymphe. Notre corps recèle quatre fois plus de lymphe que de sang. Voici maintenant comment fonctionne le système lymphatique. Le sang est propulsé par le cœur dans les artères jusqu'aux vaisseaux capillaires, qui sont poreux. Il y apporte l'oxygène et les éléments nutritifs, qui sont alors diffusés dans la lymphe. Les cellules, qui sont en affinité avec ce dont elles ont besoin, prennent l'oxygène et les éléments nutritifs nécessaires à leur santé puis évacuent les toxines, dont certaines retournent dans les capillaires. Mais les cellules et les protéines mortes ainsi que toutes les autres matières toxiques doivent être évacuées par le système lymphatique, lequel est activé par la respiration profonde.

Les cellules dépendent entièrement du système lymphatique pour évacuer les matières toxiques volumineuses et les liquides dont l'excès réduit la quantité d'oxygène disponible. La lymphe traverse les ganglions lymphatiques, où les cellules mortes et toutes les matières toxiques, à l'exception des protéines du sang, sont neutralisées et détruites. Quelle est l'importance du système lymphatique ? Pour s'en faire une idée, il suffit de savoir que, s'il reste entièrement bloqué pendant vingt-quatre heures, la victime succombe sous l'effet des protéines emprisonnées et de l'excès de liquide autour des cellules.

Le système sanguin dispose d'une pompe : le cœur. Mais le système lymphatique n'en a pas. Les seuls moyens de faire circuler la lymphe sont la respiration et l'activité musculaire. Pour que la circulation sanguine et les systèmes lymphatiques et immunitaires soient sains, il faut donc respirer profondément et faire des mouvements qui les stimulent. Un conseil par conséquent : regardez-y à deux fois quand on propose une « cure de santé » où l'on ne vous apprend pas avant tout à épurer votre organisme en respirant efficacement.

Le Dr Jack Shields, lymphologiste renommé de Santa Barbara, en Californie, a réalisé récemment une étude intéressante du système immunitaire. Il a logé des appareils photographiques à l'intérieur du corps de certains sujets pour voir ce qui stimulait le nettoyage du système lymphatique. Il a ainsi découvert que la respiration diaphragmatique profonde était le moyen de stimulation le plus efficace. Elle opère en effet un vide qui aspire la lymphe dans les vaisseaux lymphatiques et accélère ainsi la vitesse d'évacuation des toxines. Pour être précis, la respiration profonde et l'exercice musculaire peuvent multiplier la vitesse du processus jusqu'à quinze fois.

Si vous ne retiriez rien d'autre de ce chapitre que d'avoir compris l'importance de la respiration profonde, cela vous permettrait déjà d'élever considérablement le niveau de votre hygiène de vie. C'est d'ailleurs la raison pour laquelle les techniques comme le yoga font tellement porter l'attention sur la respiration. Il n'y a rien de comparable pour épurer notre réseau sanguin.

De tous les éléments nécessaires à la santé, l'oxygène est l'élément essentiel. Mais quelle est son importance exacte ? Le Dr Otto Warburg, prix Nobel et directeur de l'Institut de physiologie cellulaire Max Planck, a étudié l'action de l'oxygène sur les cellules. Il a ainsi réussi à transformer des cellules saines en cellules malignes en abaissant simplement la quantité d'oxygène dont elles disposaient. Ses recherches étaient suivies aux États-Unis par le Dr Harry Goldblatt. Ce dernier a décrit dans le *Journal of Experimental Medicine* (1953) les expériences qu'il a menées sur une espèce de rats chez lesquels on n'avait jamais rencontré de cas d'excroissances malignes. Il préleva des cellules sur des rats nouveau-nés et les divisa en trois groupes. L'un des groupes de cellules fut placé sous cloche et privé d'oxygène pendant des durées pouvant aller jusqu'à trente minutes d'affilée. Tout comme le Dr Warburg, Goldblatt découvrit qu'au bout de quelques semaines un grand nombre de ces cellules mouraient, que le mouvement de certaines autres se ralentissait et que d'autres encore changeaient de structure pour prendre l'apparence de cellules malignes. Les deux autres groupes de cellules étaient maintenus sous des cloches où le taux de concentration de l'oxygène était lui-même maintenu en permanence au niveau atmosphérique.

Au bout de trente jours, le Dr Goldblatt injecta les trois groupes de cellules à trois groupes de rats différents. Deux semaines plus tard, alors que les cellules avaient été réabsorbées par les animaux, rien ne se produisit dans les deux groupes témoins. En revanche, chez *tous* les rats du troisième groupe – ceux dont les cellules avaient été momentanément privées d'oxygène –, on vit apparaître des excroissances malignes. Les cobayes furent de nouveau examinés un an plus tard et l'on constata que les excroissances malignes étaient demeurées malignes et que les cellules normales étaient restées normales.

Les chercheurs furent ainsi amenés à penser que le manque d'oxygène semble jouer un rôle essentiel dans le développement des cellules cancéreuses et qu'il affecte très certainement la vie des cellules. On retiendra de cette expérience que notre santé est directement liée à la qualité de la vie cellulaire. L'oxygénation de notre organisme semble par conséquent une nécessité prioritaire, et une respiration efficace un point de départ indispensable à une bonne santé.

Le problème, c'est que la plupart des gens ne savent pas respirer. Un Américain sur trois a un cancer. En revanche, chez les sportifs américains, on ne relève qu'un cas de cancer sur sept. Pourquoi ? Les études que nous avons décrites plus haut nous fournissent une première explication : les sportifs procurent à leur système circulatoire son élément essentiel, l'oxygène. La deuxième explication, c'est qu'ils font travailler leur système immunitaire à son niveau maximum en activant la circulation lymphatique.

Je vais maintenant vous indiquer le moyen le plus efficace de respirer pour épurer votre organisme. Il faut aspirer l'air pendant un temps, retenir votre respiration pendant quatre temps et expirer pendant deux temps. Ainsi, si vous avez inspiré pendant quatre secondes, vous retiendrez votre souffle seize secondes et expirerez pendant huit secondes.

Votre respiration devra partir du bas de l'abdomen et agir comme un aspirateur pour vous débarrasser de toutes les toxines de votre système sanguin.

Quel appétit avez-vous après avoir fait de la gymnastique ? Avez-vous envie de vous asseoir devant un bon repas après avoir couru cinq kilomètres ? En principe, non. Et pourquoi cela ? Parce que avec une respiration saine le corps obtient déjà ce dont il a le plus besoin. Voilà donc le premier principe de santé. Au moins trois fois par jour, interrompez toute activité et respirez dix fois de suite au rythme indiqué plus haut : un, quatre, deux. Par exemple, en partant bien de l'abdomen, inspirez par le nez en comptant jusqu'à sept. Retenez votre souffle en comptant jusqu'à vingt-huit. Puis expirez lentement en comptant jusqu'à quatorze. Il ne faut jamais vous forcer mais choisir des nombres que vous atteindrez progressivement au fur et à mesure de l'augmentation de votre capacité pulmonaire. À raison de trois exercices de ce type par jour, vous allez déjà constater une amélioration considérable de votre état de santé. Aucun aliment, aucune pilule vitaminée au monde ne pourra remplacer les bienfaits de bons exercices respiratoires.

Des exercices aérobiques (c'est-à-dire dans l'air) quotidiens sont eux aussi indispensables à une respiration saine. La course est un bon exercice, quoique parfois source de tension. La natation est excellente. Mais l'un des meilleurs exercices aérobiques praticables par tous les temps, c'est encore le trampoline, qui exerce une tension minimale sur l'organisme.

Il est important de pratiquer le trampoline sans contrainte inutile et d'arriver progressivement à trente minutes d'exercice sans douleur et sans fatigue.

Assurez-vous que vous avez déjà de bonnes bases avant de vous mettre à courir ou à sauter sur un trampoline. Si vous vous entraînez convenablement, vous réussirez à respirer profondément et à continuer jusqu'à ce que vous soyez trempé de sueur. Il existe de nombreux manuels sur le trampoline, qui indiquent la façon de s'en servir pour renforcer les différentes parties de l'organisme. Essayez de consacrer un peu de temps à cet exercice stimulant. Vous vous féliciterez de l'avoir fait.

Avant de passer au deuxième principe de santé, je voudrais vous demander de dresser la liste de tout ce qui a franchi le seuil de vos lèvres depuis vingt-quatre heures : aliments, médicaments, vitamines, alcool, boissons gazeuses, cigarettes, eau… tout. Nous reviendrons à cette liste dans un instant.

Le deuxième principe de santé est la loi du pourcentage d'eau contenu dans les aliments. Soixante-dix pour cent de la surface de la Terre est couverte d'eau. Quatre-vingts pour cent de votre corps est constitué d'eau. À votre avis, de quoi devrait être composé un gros pourcentage de votre alimentation ? Je vous laisse répondre à cette question. En fait, c'est soixante-dix pour cent de votre régime qui doit être constitué d'aliments riches en eau, c'est-à-dire de fruits, de légumes ou de jus de fruits frais.

Je ne dis pas qu'il faille boire de l'eau. Certaines personnes recommandent de boire de huit à douze verres d'eau par jour pour « rincer l'organisme ». Savez-vous que c'est de la folie ? D'abord, la plupart des eaux que nous buvons ne sont pas fameuses. Elles ont de fortes chances de contenir du chlore, du fluor, des sels minéraux et des substances toxiques. Boire de l'eau distillée est généralement ce qu'il y a de mieux à faire. Mais quelle que soit l'eau que vous buviez, vous ne « rincerez » pas votre organisme en le noyant. La quantité d'eau que vous absorbez doit vous être dictée par la soif.

Au lieu d'essayer de rincer votre organisme en l'inondant d'eau, vous n'avez qu'à absorber des aliments qui sont naturellement riches en eau. Il n'en existe que trois catégories sur notre planète : les fruits, les légumes et les céréales germées. Ces aliments fournissent en abondance cette source de vie et cet agent de drainage qu'est l'eau. Quand on observe un régime pauvre en aliments riches en eau, un dysfonctionnement de l'organisme est presque garanti. Comme l'indique le Dr Alexander Bryce dans son ouvrage *The Laws of Life and Death* (Les lois de la vie et de la mort) : « Lorsqu'on fournit trop peu de liquide, le sang conserve un poids spécifique plus élevé et les déchets empoisonnés provenant du renouvellement des tissus (des cellules) ne sont qu'imparfaitement éliminés. L'organisme est alors empoisonné par ses propres déjections, et il n'est pas exagéré de dire que cela s'explique principalement par le fait qu'une quantité de liquide suffisante n'a pas été fournie pour drainer en solution les déchets que fabriquent les cellules. »

Votre régime doit par conséquent toujours drainer et non engorger. L'accumulation de déchets dans l'organisme favorise la maladie. Pour laisser le flux sanguin et le corps aussi libres que possible de déchets et de matières toxiques, on peut limiter l'ingestion des produits alimentaires et non alimentaires qui fatiguent les organes évacuateurs ; on peut aussi fournir assez d'eau à l'organisme pour l'aider à diluer et à éliminer ces déchets. Le Dr Bryce ajoute : « Il n'existe pas de liquide connu des chimistes qui soit capable de dissoudre autant de substances solides que l'eau, qui est véritablement le meilleur solvant existant. Si, par conséquent, l'eau est fournie en quantités suffisantes, la totalité du processus de la nutrition se trouve stimulée, parce que l'effet paralysant des déchets toxiques est annulé, grâce à leur dissolution et leur élimination par les reins, la peau, les intestins ou les poumons. Si au contraire on laisse ces matières toxiques s'accumuler dans l'organisme, toutes sortes de maladies apparaissent. »

Pourquoi les maladies cardiaques sont-elles celles qui tuent le plus ? Pourquoi entendons-nous parler de personnes tombant foudroyées sur un court de tennis à l'âge de quarante ans ? C'est souvent parce qu'elles ont passé leur vie à engorger leur organisme. Rappelez-vous donc ceci : la qualité de notre vie dépend de la qualité de la vie de nos cellules. Un flot sanguin rempli de déchets ne favorise pas une vie cellulaire saine – ni une activité biochimique qui aide à avoir une vie affective équilibrée.

Le Dr Alexis Carrel, prix Nobel en 1912, puis membre de l'Institut Rockefeller, s'employa à démontrer cette théorie. Il préleva du tissu sur des poulets (qui en temps normal connaissent une longévité de onze ans) et le maintint en vie indéfiniment en le débarrassant de ses propres déchets et en lui fournissant les éléments nutritifs dont il avait besoin. Ce tissu fut maintenu en vie pendant trente-quatre ans, à l'issue desquels l'Institut Rockefeller fut convaincu qu'il pourrait être maintenu en vie éternellement et décida de mettre fin à l'expérience.

Examinons maintenant la liste que vous avez dressée. Quel pourcentage d'aliments riches en eau contient-elle ? Soixante-dix pour cent ? J'en doute. Cinquante ? Vingt-cinq ? Quinze ? Quand je pose cette question dans mes séminaires, le chiffre que j'obtiens de la plupart des gens tourne autour de quinze à vingt pour cent. Et ce chiffre est indéniablement plus élevé que celui de la moyenne de la population américaine. Or, sachez que le chiffre de quinze pour cent est suicidaire. Si vous ne me croyez pas, consultez les statistiques sur le cancer et les maladies cardiovasculaires ; consultez aussi la liste des aliments proscrits par la National Academy of Sciences et vérifiez la quantité d'eau contenue dans ces aliments.

Voyez les plus grandes créatures de la planète : éléphants, girafes, chevaux, gorilles, etc. Que mangent-ils ? Étant herbivores, ils ne se nourrissent que d'aliments riches en eau. Or, les herbivores vivent plus vieux que les carnivores. Si vous mangiez des produits séchés et morts, à quoi ressembleriez-vous ? Je ne plaisante qu'à moitié. Une construction ne peut pas être plus robuste et plus remarquable que les éléments qui la constituent. Il en va de même pour votre organisme. Si vous voulez rester vivant, mangez une nourriture vivante. C'est aussi simple que cela. Comment vous assurer que soixante-dix pour cent de votre alimentation est faite de produits riches en eau ? C'est très facile. Veillez dès à présent à manger de la salade à chaque repas. Remplacez les sucreries par des fruits comme coupe-faim. Vous allez voir comme vous vous sentirez mieux !

Le troisième principe, c'est la loi de la combinaison des aliments. Il y a quelque temps, un médecin du nom de Steven Smith fêtait son centième anniversaire. Quand on lui a demandé ce qui lui avait permis de vivre si longtemps, il a répondu : « Prenez soin de votre estomac pendant les cinquante premières années de votre vie et il prendra soin de vous dans les cinquante suivantes. » On n'a jamais rien dit de plus juste.

Beaucoup de grands savants ont étudié la combinaison des aliments. Le plus connu d'entre eux est le Dr Herbert Shelton. Mais savez-vous qui fut le premier à étudier la question en profondeur ? Ivan Pavlov, l'homme qu'on connaît surtout pour ses travaux fondamentaux sur les réactions aux stimuli. Divers spécialistes ont fait de la combinaison des aliments une science très compliquée, mais c'est en fait un sujet très simple : certains aliments ne doivent pas être mangés en même temps que d'autres. Les différentes catégories d'aliments exigent des sucs digestifs différents, et les sucs digestifs ne sont pas tous compatibles.

Par exemple, mangez-vous en même temps la viande et les pommes de terre ? Le fromage et le pain ? Le lait et les flocons de céréales ? Le poisson et le riz ? Et si je vous disais que toutes ces combinaisons sont totalement destructrices pour votre organisme et vous dépossèdent de votre énergie, vous diriez sans doute que je suis resté sensé jusqu'ici mais que maintenant j'ai perdu la tête.

Laissez-moi vous expliquer pourquoi ces combinaisons sont destructrices et comment vous pourriez économiser une grande quantité d'énergie nerveuse que vous gaspillez. Les aliments différents se digèrent différemment. Les aliments à base d'amidon (le riz, le pain, les pommes de terre, etc.) exigent un milieu digestif basique, qui est fourni au départ, dans la salive, par l'enzyme appelée ptyaline. Les aliments à base de protéines (la viande, les laitages, les noix, les graines, etc.) exigent un milieu digestif acide – acide chlorhydrique et pepsine.

Or, une loi chimique veut que deux milieux opposés (acide et basique) n'opèrent pas en même temps. Ils se neutralisent l'un l'autre. Si vous absorbez des protéines avec de l'amidon, la digestion est gênée, si ce n'est complètement interrompue. Les aliments non digérés deviennent un terreau pour les bactéries, qui les font fermenter et les décomposent, provoquant des désordres digestifs et des gaz.

Les combinaisons d'aliments incompatibles vous volent votre énergie, et tout ce qui provoque une perte d'énergie est potentiellement une cause de maladie. Cela crée un excès d'acide, qui épaissit le sang et en ralentit donc la circulation dans les vaisseaux, privant l'organisme d'oxygène. Vous vous rappelez comment vous vous sentiez en sortant du repas de réveillon l'année dernière ? Aviez-vous l'impression de favoriser votre circulation sanguine, votre état physiologique, votre santé ? Est-ce là le moyen d'obtenir ce que vous attendez de la vie ? Savez-vous quel est le médicament le plus vendu aux États-Unis ? Autrefois, c'était le Valium, tranquillisant connu. Aujourd'hui, c'est un remède pour l'estomac. Il existe pourtant une façon plus sensée de se nourrir : combiner ses aliments intelligemment.

Voici un point de repère facile à retenir : ne manger qu'un aliment concentré par repas. Qu'est-ce qu'un aliment concentré ? C'est un aliment qui n'est pas riche en eau. Certaines personnes n'ont cependant pas envie de réduire le nombre des aliments concentrés qu'elles absorbent. Si c'est votre cas, vous pouvez faire au moins ceci : éviter de manger des hydrates de carbone (amidon) et des protéines au même repas. Ne mangez pas de viande et de pommes de terre en même temps. Et si vous ne pouvez pas vous passer de l'une ni des autres, mangez de la viande à midi et des pommes de terre le soir. Ce n'est pas si difficile, non ? Vous pouvez très bien aller dans le meilleur restaurant de la Terre et dire : « Je prendrai une entrecôte, mais sans frites ; à la place vous me donnerez une belle salade et des légumes verts à la vapeur. » Cela ne posera aucun problème : l'aliment protéinique se mélangera très bien avec la salade et les légumes verts parce que ce sont des aliments riches en eau. Vous pourriez aussi commander les pommes de terre au four sans l'entrecôte et les accompagner de la grosse salade et des légumes verts à la vapeur. Croyez-vous que vous sortirez de table en ayant faim ? Certainement pas.

Vous réveillez-vous fatigué le matin, même après avoir dormi sept ou huit heures ? Vous savez pourquoi ? Parce que, pendant que vous dormez, votre organisme fait des heures supplémentaires pour digérer les combinaisons d'aliments incompatibles que vous avez introduits dans votre estomac. Chez beaucoup de gens, la digestion exige plus d'énergie nerveuse que la plupart des autres activités. Quand les aliments sont combinés n'importe comment, la digestion peut durer huit, dix, douze, quatorze heures et parfois plus. Quand ils sont combinés convenablement, l'organisme peut faire son travail efficacement, la digestion dure en moyenne trois à quatre heures et n'entraîne donc pas de gaspillage d'énergie[1].

Il existe un excellent ouvrage qui traite à fond de la question, c'est *Food Combining Made Easy* (La combinaison des aliments sans peine), du Dr Herbert Shelton. Mes anciens associés, Harvey et Marilyn Diamond, ont aussi écrit un excellent livre intitulé *Fit for Life* (En forme pour la vie). C'est un ouvrage qui fourmille de merveilleuses recettes de plats convenablement combinés. Pour avoir une idée générale de la question, on se reportera au résumé ci-dessous :

1. Ne jamais combiner protéines et hydrates de carbone.
2. On peut combiner salade verte avec protéines, hydrates de carbone et graisses.
3. La graisse inhibe la digestion des protéines. Si vous désirez manger du gras avec des protéines, mangez en même temps une salade, qui annulera leur effet d'inhibition réciproque sur la digestion.
4. N'absorbez jamais de liquide pendant ou immédiatement après le repas.

---

1. Après un repas correctement combiné, il faut attendre au moins trois heures et demie pour remanger.

Passons au quatrième principe : la loi de la consommation contrôlée. Vous adorez manger ? Moi aussi. Vous voulez savoir comment manger beaucoup ? Alors, écoutez-moi : mangez peu. Ainsi vous vivrez assez longtemps pour manger beaucoup.

Les unes après les autres, les recherches médicales ont démontré la même chose. Le plus sûr moyen d'allonger la durée de la vie d'un animal est de réduire la quantité de nourriture qu'il mange. Le Dr Clive McCay a mené une recherche célèbre sur le sujet à l'université Cornell. Pour son expérience, il a pris des rats de laboratoire et a réduit leur ration alimentaire de moitié. Il a ainsi fait doubler leur longévité. Une étude complémentaire conduite par le Dr Edward Masaro, à l'université du Texas, a fourni des résultats encore plus intéressants. Masaro travaillait sur trois groupes de rats : un groupe qui mangeait à volonté, un groupe dont la ration alimentaire était réduite de soixante pour cent et un troisième groupe qui pouvait manger autant qu'il le voulait mais dont l'apport protéinique avait été réduit de moitié. Quel fut le résultat ? Au bout de huit cent dix jours, seuls treize pour cent des premiers étaient encore en vie contre quatre-vingt-dix-sept pour cent des seconds et cinquante pour cent des troisièmes.

Que peut-on en conclure ? Selon le Dr Ray Walford, célèbre chercheur de l'université de Californie à Los Angeles : « La sous-alimentation est la seule méthode que nous connaissions qui retarde systématiquement le processus de vieillissement et prolonge la durée de la vie chez les animaux à sang chaud. Ces recherches sont sans doute valables pour l'homme, car elles ont donné les mêmes résultats avec toutes les espèces étudiées à ce jour[1]. » Elles ont montré que la dégradation physiologique, donc la dégradation normale du système immunitaire, était nettement retardée par une réduction de l'alimentation. L'idée est donc simple : mangez moins, vous vivrez plus[2]. Je suis comme beaucoup de gens, j'adore manger. C'est en effet un plaisir. Mais veillez à ce que ce plaisir ne creuse pas votre tombe. Si vous avez envie de manger d'énormes quantités de nourriture, vous pouvez. Assurez-vous seulement qu'il s'agit de nourriture riche en eau. Vous pouvez manger beaucoup plus de salade que vous ne mangez de viande et rester en forme et en bonne santé.

Le cinquième de nos principes est celui d'une consommation appropriée de fruits. Les fruits sont le meilleur aliment qui existe. Leur digestion demande peu d'énergie et ils apportent beaucoup à l'organisme en retour. Le seul aliment dont se nourrisse le cerveau, c'est le glucose. Or, les fruits contiennent principalement du fructose (lequel se transforme facilement en glucose), et sont le plus souvent constitués de quatre-vingt-dix à quatre-vingt-quinze pour cent d'eau. Ils constituent donc un aliment tout à la fois nourrissant et drainant.

Le seul problème avec les fruits, c'est que la plupart des gens ne savent pas les manger. Il faut toujours manger les fruits sur un estomac vide. Pourquoi cela ? Parce qu'ils ne sont que partiellement digérés dans

1. D'après la revue *Awake*, « Informational News », 22 décembre 1982, p. 3
2. Le moment où l'on mange est également très important. Mieux vaut ne pas manger juste avant de se coucher. Il y a une très bonne habitude à prendre, qui est de ne rien manger d'autre que des fruits après neuf heures du soir.

l'estomac et surtout digérés dans l'intestin grêle. Les fruits sont donc conçus pour traverser l'estomac en quelques minutes et gagner l'intestin grêle, où ils libèrent leurs sucres. Mais s'il y a de la viande ou des pommes de terre dans l'estomac, les fruits s'y retrouvent coincés et se mettent à fermenter. Avez-vous déjà mangé du melon au dessert après un souper copieux et roté du melon toute la nuit ? C'est parce que vous n'aviez pas mangé votre melon comme il faut, c'est-à-dire l'estomac vide.

La meilleure façon de manger les fruits, c'est sous forme de fruits frais ou de jus fraîchement pressés. Vous n'aimez pas le jus de fruits en boîte ou en bouteille ? Rien d'étonnant à cela. La plupart du temps, ce jus a été chauffé au moment du conditionnement et il est devenu acide. Vous voulez faire l'achat le plus utile qui soit ? Vous avez une voiture ? Vendez-la et achetez-vous un appareil à faire des jus. Il vous conduira beaucoup plus loin ! Vous pouvez absorber un jus comme vous absorberiez le fruit lui-même, l'estomac vide. Mais le jus se digère si vite que vous pouvez prendre un repas quinze ou vingt minutes plus tard.

Je ne suis pas le seul à affirmer cela. Le Dr William Castillo, directeur du célèbre Centre Framington, spécialisé dans les recherches sur les maladies cardiaques, estime que les fruits sont le meilleur aliment qu'on puisse manger pour se prémunir contre les troubles cardiaques. Il dit en effet que les fruits contiennent des bioflavinoïdes, lesquels empêchent le sang d'épaissir et d'engorger les artères. Ils renforcent également les capillaires. Or, la fragilité vasculaire est souvent la porte ouverte aux hémorragies internes et aux crises cardiaques.

Il y a quelque temps, j'ai eu une conversation avec un coureur de marathon à l'occasion d'un des séminaires sur la santé que j'organise. C'était un être sceptique par nature, mais il accepta d'essayer de manger les fruits comme je le lui conseillais. Savez-vous ce qui se produisit ? Il améliora son temps de neuf minutes et demie. Il vit son temps de récupération se réduire de moitié et il se qualifia pour le marathon de Boston pour la première fois de sa vie. Une dernière chose que je voudrais vous signaler au sujet des fruits : par quel aliment faut-il commencer la journée ? De quoi doit se composer le petit déjeuner ? Pensez-vous que ce soit une bonne idée de sauter du lit et de vous colmater l'organisme avec une énorme quantité de nourriture que vous passerez la journée à digérer ? Non, bien sûr.

Vous avez besoin d'un aliment facile à digérer, qui vous fournisse immédiatement du fructose et qui rince votre organisme. Par conséquent, entre le moment où vous vous levez et midi, rien d'autre ne devra passer la barrière de vos lèvres que des fruits et du jus de fruits. Si vous décidez de vous sevrer de café et de toutes les saletés dont vous vous chargez l'estomac dès le matin, vous allez vous sentir une énergie nouvelle, une vitalité que vous n'auriez pas pu imaginer. Essayez à partir de demain pendant dix jours et constatez vous-même les résultats.

Le sixième principe de santé concerne le mythe des protéines. Vous avez sans doute déjà entendu dire qu'en répétant un gros mensonge assez fort et assez longtemps on finit par être cru, non ? Exemple : QUEL

PUNCH ! LE BŒUF ! Pourtant rien n'a jamais été proféré de plus mensonger que cette idée selon laquelle l'être humain a besoin d'un taux élevé de protéines pour demeurer en bonne santé.

Il y a de fortes chances pour que vous soyez même très attentif à la quantité de protéines que vous absorbez. Et pourquoi donc ? Parce que vous cherchez à accroître votre énergie... Parce que vous avez besoin de protéines pour conserver votre endurance... Parce que vous voulez renforcer vos os... Or, dans chacun de ces cas, l'excès de protéines a exactement l'effet contraire.

Essayons de trouver la formule qui indique la quantité de protéines qui vous est vraiment nécessaire. Quand croyez-vous qu'on a le plus besoin de protéines ? Quand on est enfant, me direz-vous. Or, notre mère nature fournit un aliment, le lait maternel, qui procure à l'enfant tout ce dont il a besoin. Devinez quel est le taux de protéines dans le lait maternel. Cinquante pour cent ? Vingt-cinq pour cent ? Dix pour cent ? Vous êtes encore loin du compte. Le lait maternel contient 2,38 % de protéines à la naissance et tombe à un taux compris entre 1,2 et 1,6 % au bout de six mois. C'est tout. D'où vient donc cette idée que les êtres humains ont besoin d'énormes quantités de protéines ?

Personne n'a en fait d'idée précise de la quantité de protéines dont il a besoin. Après avoir étudié les besoins en protéines de l'être humain pendant dix ans, le Dr Mark Hegstead, ancien professeur et spécialiste de la nutrition à l'École de médecine de Harvard, a établi que la plupart des êtres humains semblent s'adapter à tous les régimes protéiniques qui s'offrent à eux.

En outre, même les gens comme Frances Lappé, qui écrivit *Diet for a Small Planet* (Régime pour une petite planète), ouvrage qui pendant près de dix ans préconisa la combinaison des légumes comme moyen de trouver les acides aminés indispensables, reconnaît aujourd'hui qu'elle s'était trompée, que les êtres humains n'ont pas besoin de combiner les protéines et que, dans un régime végétarien relativement équilibré, on trouve la quantité de protéines dont on a besoin. La National Academy of Sciences estime que l'Américain moyen adulte de sexe masculin a besoin de 56 grammes de protéines par jour. Dans un rapport de l'Union internationale des sciences de la nutrition, on lit que d'un pays à l'autre les besoins quotidiens officiels en protéines chez l'adulte de sexe masculin varient de 39 à 110 grammes par jour. Par conséquent, qui peut se targuer de vraiment savoir ce qu'il en est ? Pourquoi aurait-on besoin de tant de protéines ? Sans doute pour remplacer celles qu'on perd. Or, on n'en perd qu'une faible proportion dans les excréments et la transpiration. Alors d'où viennent ces chiffres ?

Nous nous sommes adressés aux spécialistes de la National Academy of Sciences et nous leur avons demandé comment ils étaient arrivés à ce chiffre de 56 grammes. En fait, leurs propres publications ne donnent que le chiffre de 30 grammes, mais ils en recommandent 56. Par ailleurs, ils disent aussi que l'excès de protéines fatigue le système urinaire et provoque de la fatigue. Pourquoi donc recommandent-ils plus qu'ils ne le jugent eux-mêmes nécessaire ? J'attends encore une réponse satisfaisante. Ils nous ont simplement répondu qu'autrefois ils recommandaient 80 grammes mais que, quand ils décidèrent de baisser ce chiffre, ils se heurtèrent à un tollé général. De la part de qui ? Vous-même, vous êtes-vous plaint ? À moins que ce ne soit moi ? Ça me paraît peu probable. Non, ces protestations émanaient des gros intérêts qui tirent leurs profits de la vente de produits alimentaires riches en protéines.

Quelle est la meilleure idée publicitaire au monde ? Faire croire aux gens qu'ils vont mourir s'ils ne consomment pas votre produit. C'est exactement ce qui s'est passé avec les protéines. Examinons la question de plus près. Que faut-il penser de l'idée que nous avons besoin de protéines pour reconstituer notre énergie ? Qu'est-ce qui fournit son énergie à notre organisme ? C'est tout d'abord le glucose, qui provient des fruits, des légumes et des céréales germées. C'est ensuite l'amidon. C'est enfin la graisse. La dernière chose dont il tire de l'énergie, ce sont les protéines. Autant pour le mythe. Et l'idée que les protéines augmentent notre endurance ? Fausse. L'excès de protéines crée dans l'organisme un excès d'azote, qui est une cause de fatigue. Les partisans du culturisme qui se gavent de protéines ne se distinguent pas par leur aptitude à courir le marathon. Ils sont trop fatigués. Quant à l'idée que les protéines renforcent les os, elle est tout aussi fausse. C'est même le contraire. L'excès de protéines a toujours été une des causes de l'ostéoporose – ramollissement et affaiblissement des os. Les os les plus robustes de la planète appartiennent aux végétariens.

Je pourrais vous donner une centaine de raisons expliquant pourquoi la consommation de viande dans le but d'absorber des protéines est la pire chose que vous puissiez faire. Par exemple, un des sous-produits du métabolisme des protéines est l'ammoniaque. Mais je voudrais insister sur deux points en particulier. Premièrement, la viande contient un taux élevé d'acide urique. L'acide urique est l'un des déchets résultant de l'activité cellulaire. Les reins filtrent l'acide urique du sang et l'envoient dans la vessie d'où il est éliminé avec l'urée sous forme d'urine. Si l'acide urique n'est pas rapidement et complètement extrait du sang, il s'accumule dans les tissus et finit par provoquer de la goutte ou des calculs, sans parler des effets qu'il produit sur les reins. On découvre généralement chez les sujets atteints de leucémie des taux élevés d'acide urique dans le sang. Une tranche de viande de taille moyenne contient 0,9 gramme d'acide urique. Or, l'organisme n'est capable d'éliminer que 0,5 gramme par jour. En outre, savez-vous ce qui donne son goût à la viande ? L'acide urique, provenant de l'animal mort que vous consommez. Si vous en doutez, essayez de manger de la viande tuée selon le rite kascher avant qu'elle soit épicée. Comme elle est vidée de son sang au moment de l'abattage, elle est aussi presque entièrement débarrassée de l'acide urique. Vous qui aimez la viande goûteuse, vous avez vraiment envie d'ingurgiter tout cet acide qui est normalement éliminé dans les urines de l'animal ?

De plus, la viande grouille de bactéries putréfactrices, bactéries qui prolifèrent dans le gros intestin. Comme l'explique le Dr Jay Hoffman dans son livre *The Missing Link : Food Chemistry in Its Relationship to Body Chemistry* (Le chaînon manquant : la chimie alimentaire dans ses liens avec la chimie du corps humain) : « Quand l'animal est vivant, le processus d'osmose au sein du côlon empêche les bactéries putréfactrices de pénétrer dans l'animal. Quand il est mort, le processus osmotique s'interrompt et les bactéries traversent la paroi du côlon pour envahir la chair de l'animal. C'est ce qui attendrit la viande. » Vous noterez avec moi que la viande doit vieillir pour être consommable mais que ce qui la fait vieillir et l'attendrit, ce sont les bactéries putréfactrices.

Voici ce que disent d'autres spécialistes à propos des bactéries de la viande : « Les bactéries des viandes sont de caractère identique à celles du fumier et elles sont plus nombreuses dans certaines viandes que dans le fumier frais. Toutes les viandes sont infestées de bactéries au cours de l'abattage et leur nombre augmente avec le temps de conservation de la viande[1]. »

C'est cela que vous avez envie de manger ?

Si vous tenez absolument à manger de la viande, voici ce que vous devez faire. Premièrement, faites-la venir d'une source d'approvisionnement propre (autant que faire se peut, sachant que vous allez quand même ingurgiter de l'acide urique et des germes putréfactifs) – d'un fournisseur qui garantisse au moins qu'elle ne contient pas d'hormones de croissance, ni de DES (di-éthyl-stilbestrol), ni aucune des dizaines de substances toxiques dont le bétail est nourri. Deuxièmement, ne mangez de la viande qu'une fois par jour. En en mangeant plus, vous êtes presque sûr de surcharger votre organisme. Et, troisièmement, n'en mangez pas avec n'importe quoi afin d'éviter de l'ingurgiter en même temps que des hydrates de carbone, ce qui ajouterait encore aux dommages.

1. A. W. Nelson, bactériologiste au Battle-Creak Sanitarium & Hospital, d'après un article du Dr J. M. Kellog paru en 1930 dans *Annual Proceeding*

Je ne dis pas qu'en vous contentant de supprimer la viande de votre alimentation vous serez en bonne santé, ni qu'on ne peut pas être en bonne santé en mangeant de la viande. Ce serait faux dans les deux cas. Il y a beaucoup de mangeurs de viande qui sont en meilleure santé que des végétariens, parce que certains végétariens ont tendance à croire que du moment qu'ils ne mangent pas de viande ils peuvent manger n'importe quoi. Ce n'est absolument pas ce que je préconise.

Mais il faut savoir que vous pourriez être en meilleure santé et plus heureux que vous ne l'êtes en décidant de ne plus manger la chair d'autres êtres vivants. Savez-vous ce que Pythagore, Socrate, Platon, Aristote, Léonard de Vinci, Newton, Voltaire, Thoreau, Bernard Shaw, Benjamin Franklin, Edison, le Dr Schweitzer et le Mahatma Gandhi ont en commun ? Ils étaient tous végétariens. Bel ensemble à imiter, non ?

Les produits laitiers valent-ils mieux ? D'une certaine façon, ils sont encore pires. Chaque race animale donne un lait contenant une juste proportion d'éléments adaptés à sa croissance. L'ingestion de laits d'autres animaux, y compris du lait de vache, pose divers problèmes. Par exemple, les puissantes hormones de croissance contenues dans le lait de vache sont prévues pour faire passer le veau du poids de quarante-cinq kilos à la naissance à son poids adulte de cinq cents kilos en deux ans. Par comparaison, le nouveau-né humain pèse trois à quatre kilos à la naissance et n'atteint les cinquante à cent kilos de son poids adulte que vingt et un ans plus tard. L'effet que cela produit sur les populations humaines est un sujet très controversé. Le Dr William Ellis, grand spécialiste des produits laitiers et de leur action sur le sang, estime que, si l'on veut avoir des allergies, il faut boire du lait. La raison en est, dit-il, que rares sont les adultes qui réussissent à métaboliser les protéines contenues dans le lait. La principale protéine du lait de vache est la caséine, qui est l'élément nécessaire au métabolisme des bovins pour qu'ils soient en bonne santé. En revanche, l'être humain n'a pas besoin de caséine. D'après ses travaux, les nourrissons comme les adultes ont beaucoup de mal à digérer la caséine. Ne serait-ce que chez les nourrissons, cinquante pour cent au moins de la caséine n'est pas digérée. Ces protéines partiellement digérées pénètrent souvent dans le sang et irritent les tissus, créant une sensibilité aux allergènes. Finalement, le foie doit extraire ces protéines partiellement digérées, ce qui à son tour constitue un fardeau supplémentaire pour tout le système excrétoire, et en particulier sur le foie. En revanche, la lactalbumine, la principale protéine du lait humain, est facile à digérer par les humains. Quant à l'idée qu'il faille boire du lait pour le calcium qu'il contient, elle fait dire à Ellis que, après avoir examiné des prélèvements sanguins faits sur 25 000 personnes, il a constaté que celles qui buvaient trois, quatre ou cinq verres de lait par jour avaient le plus faible taux de calcium dans le sang.

Selon Ellis, si vous redoutez des carences en calcium, vous n'avez qu'à manger des légumes verts, du confit de sésame ou des noix – aliments qui sont tous fort riches en calcium et faciles à assimiler. Il est également important de noter que, si vous consommez trop de calcium, il peut s'accumuler dans les reins et former des calculs. Ainsi, afin que la concentration en calcium dans le sang demeure relativement basse, l'organisme rejette quatre-vingts pour cent du calcium que nous absorbons. Comme je le disais plus haut, il existe d'autres sources de calcium que le lait. Par exemple, les fanes de navet, à poids égal, contiennent deux fois plus de calcium que le lait. Si vous n'aimez pas les fanes de navet, essayez le pain intégral. Il contient, à poids égal, presque autant de calcium que le lait. Et de toute façon, selon de nombreux spécialistes, les préoccupations des gens au sujet du calcium sont la plupart du temps infondées.

Quel est le principal effet du lait sur l'organisme ? Il se transforme en un dépôt générateur de mucus qui durcit et colmate tout ce à quoi il se colle dans l'intestin grêle, gênant énormément les fonctions de l'organisme. Et le fromage ? Ce n'est que du lait concentré. Vous savez en effet qu'il faut environ cinq litres de lait pour fabriquer une livre de fromage. La proportion de graisse qu'il contient serait une raison suffisante pour en limiter la consommation. Si vous ne pouvez pas vous passer de fromage, mangez-en peu et coupez-le en petits morceaux dans une grande salade afin d'absorber en même temps un aliment riche en eau. Je sais que tout cela vous paraît abominable, je sais que vous adorez le brie et les plats gratinés… Et le yaourt ? Tout aussi mauvais. Les glaces ? Elles ne vous aideront pas beaucoup à vous sentir en pleine forme. Vous pouvez toutefois ne pas renoncer à ce goût et à cette texture merveilleuse ; en mettant des bananes congelées dans une centrifugeuse, vous pouvez obtenir une préparation qui aura le même goût et la même consistance qu'une glace, mais qui sera nourrissante.

J'étais moi-même comme vous êtes peut-être aujourd'hui. J'adorais les pizzas. Je n'aurais pas cru pouvoir m'en passer. Mais depuis que je le fais, je me sens tellement mieux qu'il n'y a pas une chance sur un million pour que j'y revienne. Essayer de vous faire comprendre la différence, ce serait comme d'expliquer le parfum d'une rose à quelqu'un qui n'en aurait jamais senti. Peut-être devriez-vous essayer de sentir le parfum de cette rose pour pouvoir juger. Essayez par exemple d'éliminer le lait et de réduire les autres produits laitiers pendant trente jours et voyez les effets que vous en ressentez dans votre corps.

Peut-être trouvez-vous que je me suis attaqué à suffisamment de tabous pour le moment. Je vais pourtant en attaquer encore un, et ce sera mon septième et dernier principe de santé : réduire ou éliminer la dépendance vis-à-vis des vitamines et autres compléments alimentaires. De nos jours, au nom de la vie saine et naturelle, des millions de personnes absorbent quotidiennement des flacons entiers de pilules appelées « vitamines ». Or, si nous trouvons dans les aliments tous les éléments nutritifs dont nous avons besoin, comme de multiples recherches l'ont prouvé, pourquoi vouloir tirer des forces vitales d'une source biologiquement inactive ? Je prétends que, si vous êtes capable de diriger votre esprit et votre corps, et que vous fournissiez à votre organisme les éléments nutritifs de base, les compléments ne sont pas nécessaires. De nombreux spécialistes pensent même que ces compléments alimentaires sont inutiles et, dans certains cas, nocifs. De plus, il faut noter que très souvent ils sont fabriqués par les laboratoires qui vendent des médicaments. Avez-vous déjà essayé de briser une pilule de vitamines ? Beaucoup sont dures comme de la pierre. Vous pensez que votre organisme est capable de miracles ? Et demandez à un spécialiste du côlon ce que deviennent vos vitamines. Il vous répondra que beaucoup repartent sous la forme exacte où elles sont arrivées.

Réfléchissons à la question logiquement. Si j'ôte son cœur à un individu, à quoi va servir cet organe en dehors du système auquel il appartient ? C'est une partie d'un tout ; ce n'est pas un tout en soi. Aussi pourquoi prendre une pilule de vitamine C qui n'existe plus sous sa forme naturelle ? Elle n'est plus liée au système synergique qui s'appelait fruit ou légume avant qu'elle en soit séparée. Vous pensez vraiment que, si vous avalez cette pilule, la vitamine aura le même effet sous cette forme dissociée ? Ça ne paraît pas très logique. De plus, les pilules de vitamines sont agglomérées avec des substances telles que l'amidon de blé. La plupart des gens qui prennent leur santé au sérieux n'absorberaient jamais volontairement une substance pareille...

Mais il y a pire : ce sont les protéines concentrées en poudre. Une fois que vous vous êtes mis cela dans l'estomac, que croyez-vous que crie votre organisme ? C'est simple : « Il manque quelque chose dans ce truc : l'eau. Qu'est-ce que vous voulez que je fasse avec toutes ces protéines ? »

Vous savez où trouver les chiffres sur les besoins ou les carences en vitamines ? Lisez le livre du Dr David Reuben, *Everything You Always Wanted to Know About Nutrition* (Tout ce que vous avez toujours voulu savoir sur l'alimentation). Il y montre comment les études et les chiffres sur les besoins en vitamines sont conduits, déformés et vendus. C'est un ouvrage très utile pour quiconque veut entendre un autre son de cloche sur les besoins en vitamines et leur efficacité.

Voici comment Reuben décrit le mécanisme général de commercialisation de la vitamine :

« Choisissez un joli produit chimique, brodez une belle histoire romantique autour... "Tous les matins en se levant, Isadora...", rassemblez quelques articles scientifiques écrits sur commande pour expliquer combien le produit est essentiel, puis vendez-le environ dix mille fois le prix qu'il vous a coûté. C'est ainsi que certains nutritionnistes éminents racontent qu'il est absolument indispensable de manger de la viande pour éviter des carences "dangereuses" en vitamine B12. Ils poussent même la bêtise jusqu'à dire que les végétariens sont des morts en sursis puisqu'ils ne trouvent pas de vitamine B12 dans leur régime. Voilà une nouvelle qui doit laisser perplexes 500 millions d'hindous, étant donné que la plupart d'entre eux ne mangent ni viande ni produits animaux pendant leur vie entière (à l'exception du lait maternel). Or, la religion hindoue existe depuis très longtemps (entre 1400 et le VIIe siècle avant J.-C., en ce qui concerne le védisme). Les carences en vitamine B12 sont quasi inconnues des végétariens, tout comme leur sont inconnues diverses petites choses telles que le cancer du côlon, les crises cardiaques, le diabète et autres signes du progrès "scientifique".

« On nous apprend à renoncer à notre bon sens et à faire confiance aux spécialistes, qui savent, eux. Mais faire confiance aux spécialistes risque de vous coûter cher. La vitamine étant une substance tellement importante, vous imaginez bien qu'elle ne peut pas être bon marché. Une formule qui plaît beaucoup actuellement se présente sous forme de comprimés de cinq microgrammes qui sont vendus à un prix de vente correspondant à quatre millions de dollars le kilo ! »

Prenez-vous de la vitamine C ? Sans doute. Et pour quelle raison ? Principalement à cause d'un homme, Linus Pauling, prix Nobel. Pauling exposa sa théorie en faveur de la vitamine C dans un article qui fut refusé par le *Journal of the American Medical Association*, puis publié en 1976 par la *Medical Tribune*. Pauling se pencha sur dix études, dont certaines affirmaient que la vitamine C était sans effet. En les analysant, il a réussi à leur faire dire que la vitamine C faisait diminuer les cas de maladie de trente-six pour cent. Il y a ajouté deux autres études qui lui ont permis de porter ce chiffre à quarante pour cent. Pas mal, non ? Mais d'autres médecins ont passé en revue toutes les études sur la vitamine réalisées entre 1932 et 1974 et ont découvert qu'elle était sans effet pour prévenir ou raccourcir le rhume.

Le reste des découvertes de Pauling est encore plus spécieux. Il y affirme que la vitamine C permet de diminuer les chances de cancer de soixante-quinze pour cent et de prolonger la vie de huit ans. Il ne fournit aucune référence écrite à l'appui de ses dires, alors qu'il existe des études où l'on démontre le contraire. Est-ce que cela veut dire que Pauling se trompe ? Est-ce que cela signifie que les vitamines sont sans effet ? Pas nécessairement. Il y a sur la question plusieurs théories, dont certaines vous sont tout à fait inconnues, et le débat sur le point de vue de ce « spécialiste » reste ouvert. Il faut aussi se rappeler que tout résultat obtenu avec des vitamines peut aussi l'être par placebo.

Les vitamines sont souvent vendues comme produits « naturels ». Tous les produits qui contiennent du carbone sont en effet autorisés légalement à porter cette appellation. Et comme les vitamines sont souvent fabriquées à partir de dérivés du goudron de charbon... Mais si ce sont vraiment des produits naturels que vous recherchez, ne croyez-vous pas que la première chose à faire serait de mettre un terme à votre dépendance vis-à-vis des « pilules » ? Pourquoi ne pas vous procurer la nourriture sous sa « forme vivante », à la source, et diriger votre activité non seulement respiratoire et mentale, mais aussi nutritionnelle de façon à avoir la meilleure santé possible ? Des millions de gens agissent ainsi et vivent sainement sans pilules de vitamines. Pourquoi ne pas essayer de vous passer de vitamines pendant un mois et voir comment vous vous sentez ? Si vous vous apercevez qu'elles vous faisaient du bien, recommencez à en prendre. Ce livre est destiné à vous informer, à vous donner des choix et à vous permettre d'éliminer tout ce qui est sans effet.

Pourquoi ne pas essayer mes sept principes de santé avant de les juger ? Essayez-les dix jours, trente jours – ou toujours – et voyez si vous ne vous sentez pas déborder d'énergie dans tout ce que vous faites. Je voudrais toutefois ajouter une petite mise en garde. Si vous vous mettez à respirer de façon à stimuler votre système lymphatique et si vous commencez à combiner vos aliments convenablement et à manger soixante-dix pour cent de produits riches en eau, que va-t-il se passer ? Vous rappelez-vous ce que dit le

Dr Bryce au sujet du pouvoir de l'eau ? Avez-vous déjà vu un incendie éclater dans un immeuble où il n'y a que quelques issues ? Tout le monde se bouscule pour accéder à ces issues. Votre organisme fonctionne de la même façon. Il va commencer par évacuer les ordures qui s'y étaient accumulées depuis des années et pour le faire il va y mettre toute l'énergie nouvelle dont il dispose maintenant. Vous allez sans doute, pour commencer, vous moucher énormément. Cela voudra-t-il dire que vous vous êtes enrhumé ? Non, vous avez « mangé du rhume », « fabriqué du rhume » pendant des années avec vos mauvaises habitudes alimentaires. Et votre organisme va soudain disposer de l'énergie suffisante pour que vos organes excrétoires éliminent tout cet excès de déchets qui auparavant s'accumulaient dans les tissus et dans le sang. Certaines personnes évacuent même tellement de poisons que cela leur cause un léger mal de tête. Faut-il qu'elles se précipitent sur l'aspirine ? Évidemment, non ! Vous cherchez à éliminer les poisons ou à en absorber ? Vous voulez que tout ce mucus soit dans vos poumons ou dans votre mouchoir ? C'est peu de chose à supporter quand on a décidé de faire le ménage après des années d'habitudes épouvantables. Sachez en outre que la plupart des individus n'ont aucune réaction négative et éprouvent une immense sensation d'énergie et de bien-être.

Pour des raisons évidentes, je ne parlerai pas plus longuement de la question du régime alimentaire : j'ai donc laissé de côté de nombreux sujets (graisses, huiles, sucre, cigarettes, etc.). J'espère seulement que ce chapitre aura su vous aiguillonner suffisamment pour vous inciter à mener vos propres recherches dans ce domaine. Si vous désirez plus d'éléments sur mon point de vue, vous pouvez vous adresser au Robbins Research Institute à Del Mar, en Californie, afin d'obtenir de la documentation, des recettes, etc., ou bien vous adresser à la Natural Hygiene Society, dont je partage les points de vue.

Comme nous l'avons démontré, notre état physiologique agit sur notre perception et sur nos comportements. Chaque jour apporte de nouvelles preuves du fait que les « aliments », additifs et produits chimiques qui composent notre régime, conduisent l'organisme à « stocker » des déchets, et que ces déchets gênent l'oxygénation et affectent les processus électriques, ce qui amène toutes sortes de maux, depuis le cancer jusqu'au... crime. J'ai lu récemment une chose horrible : le régime d'un jeune délinquant chronique, tel que le décrit Alexander Schauss dans son *Diet, Crime and Delinquency* (Régime alimentaire, délinquance et criminalité). À son petit déjeuner, le gamin mangeait cinq bols de « Sugar Smacks » saupoudrés de sucre, un petit pain au lait et deux verres de lait. Il coupait la faim dans la matinée avec trente centimètres de réglisse et trois sucres d'orge de vingt centimètres de long. Au déjeuner, il prenait deux hamburgers, des frites, encore de la réglisse, une petite portion de haricots verts et peu ou pas de salade. Il goûtait de pain blanc et de chocolat au lait. Au dîner, il mangeait un sandwich de pain blanc avec du beurre de cacahuètes et de la confiture, une boîte de soupe à la tomate et un verre de jus de fruits sucré. Plus tard dans la soirée, il mangeait encore un pot de glace, un Mars et buvait un verre d'eau.

Plusieurs questions viennent immédiatement à l'esprit. Quelle quantité de sucre un organisme pourrait-il absorber en surplus ? Quel pourcentage de son régime était composé d'aliments riches en eau ? Les aliments étaient-ils combinés convenablement ?... Une société qui élève sa jeunesse avec un régime ressemblant même de loin à ce qu'on vient de lire cherche les histoires. À votre avis, sa « nourriture » avait-elle un effet sur sa physiologie et donc sur son état et son comportement ? Poser la question, c'est y répondre. À un questionnaire, cet adolescent de quatorze ans donna les réponses suivantes : Après m'être endormi, si je me réveille, je ne peux pas me rendormir – J'ai souvent mal à la tête – J'ai des démangeaisons – Mon estomac et mon intestin fonctionnent mal – Je m'écorche et je me fais des bleus facilement – J'ai des étourdissements, des sueurs froides et des moments de faiblesse – J'ai faim ou je me sens faible si je ne mange pas souvent – J'ai fréquemment des trous de mémoire – J'ajoute du sucre à presque tout ce que je bois et mange – Je ne tiens pas en place – Je n'arrive pas à travailler vite – Je suis indécis – Je me sens déprimé – Je m'inquiète de tout – Il arrive que je ne sache plus où j'en suis – J'ai le cafard pour un oui et pour un non – Je me fais une montagne de petites choses et me mets facilement en colère – Il m'arrive d'être craintif – Je me sens très nerveux – Je suis extrêmement émotif – Je pleure sans raison apparente.

Cela vous étonne, vous, que ce jeune garçon se soit tourné vers la délinquance ? Heureusement, lui et beaucoup d'autres ont décidé de changer de comportement, non pas parce qu'ils ont été punis à de longues peines de prison, mais parce que la principale cause de leur conduite, leur état biochimique, a été modifiée grâce à un régime. Les conduites délictuelles ne sont pas seulement « dans la tête ». Les facteurs biochimiques agissent sur l'état et donc sur le comportement. Dès 1952, James Simmons, doyen de la Faculté de santé publique de Harvard, déclarait : « Il est absolument nécessaire d'étudier les maladies mentales avec un œil neuf... Ne serait-il pas possible que nous dépensions trop de temps, d'énergie et d'argent à nettoyer les fosses de l'esprit alors qu'il serait plus avantageux d'essayer de découvrir et d'éliminer les causes biologiques spécifiques des maladies mentales[1] ? »

Votre régime n'a peut-être pas fait de vous un délinquant, mais pourquoi ne pas opter pour un mode de vie qui vous aide à être dans l'état physiologique le plus fécond possible presque tout le temps ?

Je jouis depuis plusieurs années d'une excellente santé. En revanche, mon frère cadet a été constamment fatigué et malade pendant cette période de temps. Je lui ai parlé de cela à plusieurs occasions, et ayant observé l'évolution de ma santé depuis sept ans, il eut envie de changer. Mais le choix crucial se posa à lui quand il essaya de modifier ses habitudes alimentaires, car il était pris d'envies irrépressibles de nourritures moins que recommandables. Réfléchissez un instant. D'où viennent les envies ? D'abord, elles ne viennent de nulle part, c'est vous qui les créez par les représentations que vous vous faites à vous-même. Je vous l'accorde, la plupart de ces représentations sont

1. Cité par Alexander Schauss, dans *Diet, Crime and Delinquency*

inconscientes. Toutefois, pour que vous vous mettiez dans l'état d'éprouver une grande envie de tel aliment, il faut que vous créiez un certain type de représentation mentale. Les choses ne se produisent pas d'elles-mêmes. À tout effet, il y a une cause.

L'envie de mon frère – sa manie – se portait sur le poulet rôti. Il suffisait qu'il passe en voiture devant l'une des succursales de notre colonel (voir plus haut) et cela ramenait aussitôt à sa mémoire le souvenir d'un poulet qu'il avait mangé peu de temps auparavant. Il imaginait la sensation de peau croustillante (sous-modalité kinesthésique/gustative) dans sa bouche, il pensait à la chaleur et à la texture de la viande lui passant dans le gosier. Et, quelques instants plus tard, l'idée de salade était écartée au profit du poulet rôti ! Donc, un jour, peu de temps après que j'ai eu découvert comment utiliser les submodalités pour provoquer le changement, il finit par me demander de l'aider à contrôler son envie, qui réduisait à néant ses résolutions diététiques. Je lui ai demandé de se représenter mentalement la dégustation d'un poulet Kentucky. Aussitôt il eut l'eau à la bouche. Puis je lui ai dit de me décrire en détail les sous-modalités visuelles, gustatives, auditives et kinesthésiques de sa représentation interne. L'image était située en haut à droite, grandeur nature, animée comme au cinéma, nette et en couleur. Il s'entendait dire : « Mmm, comme c'est bon », tout en mangeant. Je lui ai alors demandé de se représenter l'aliment qu'il détestait le plus, la chose qui lui soulevait le cœur rien que d'y penser, c'est-à-dire les carottes. (Je savais cela car, chaque fois que je buvais un jus de carotte, je le voyais devenir vert.) Je lui ai demandé de me décrire en détail les sous-modalités des carottes. Il n'arrivait même pas à les imaginer. Il commença à avoir la nausée. Il me dit que les carottes étaient en bas à gauche. L'image était sombre, plus petite que nature, fixe et dégageait une impression de froid. Sa représentation auditive se traduisait par « ça me dégoûte, je ne veux pas en manger, je déteste ça ». Sur le plan des sous-modalités kinesthésiques et gustatives, il éprouvait une sensation de mollesse (généralement trop cuites), de tiédeur et de pourriture. Je lui ai demandé d'en manger un peu mentalement. Il a commencé à avoir des haut-le-cœur, et m'a dit qu'il ne pouvait pas. « Si tu en mangeais, qu'est-ce que tu ressentirais au moment où elles descendraient dans ta gorge ? » lui ai-je encore demandé, et il m'a dit qu'il serait prêt à vomir.

Ayant mis entièrement en évidence les différences de représentations entre le poulet rôti et les carottes, je lui ai proposé de permuter ses sensations afin de faciliter son changement de régime alimentaire. Il m'a dit « d'accord », mais sur un ton pessimiste. Je lui ai fait alors permuter toutes les sous-modalités. Je lui ai dit de placer l'image du poulet en bas à gauche. J'ai vu aussitôt une expression de dégoût se peindre sur son visage. Puis il a réduit et assombri cette image, il l'a transformée en vue fixe et s'est dit : « C'est dégoûtant. Je ne veux pas en manger. Je déteste ça », sur le même ton que pour les carottes. Je lui ai demandé de prendre mentalement le poulet dans ses mains, de sentir comme il était mou, et de constater son goût tiède et pourri. Il a commencé à se sentir mal de nouveau. Je lui ai demandé d'en manger un morceau, et il m'a dit « non ». Pourquoi ? Parce que désormais le poulet envoyait les mêmes signaux à son cerveau que précédemment les carottes. J'ai fini par obtenir qu'il en mange un morceau mentalement, et il m'a dit : « Je vais vomir. »

J'ai ensuite fait le contraire avec ses représentations des carottes, et il s'est mis à adorer ça. Le soir même, nous sommes allés au restaurant et il a commandé des carottes pour la première fois de sa vie et les a trouvées délicieuses, alors que nous étions auparavant passés devant un des restaurants du colonel. Et ses préférences alimentaires n'ont pas changé depuis.

J'ai fait la même chose en cinq minutes avec mon épouse, Becky. Je lui ai fait intervertir ses sous-modalités du chocolat – savoureux, sucré, crémeux – avec celles d'un des aliments qui la rendaient malade, les huîtres – glaireuses, tremblotantes. Elle n'a pas retouché au chocolat depuis.

Les sept principes de santé que j'ai présentés dans ce chapitre peuvent vous servir à avoir la forme que vous souhaitez. Réfléchissez une seconde et imaginez-vous à un mois d'ici, après avoir effectivement appliqué ces principes pendant trente jours. Vous voyez la personne que vous serez après avoir modifié votre état biochimique grâce à la nourriture et la respiration. Vous avez commencé (tout de suite) par prendre dix bonnes respirations lentes et profondes qui ont stimulé tout votre organisme. Vous vous êtes mis à vous sentir tous les jours dispos, joyeux et maître de votre corps. Vous avez commencé à manger des aliments riches en eau, sains, dépuratifs, et cessé d'ingurgiter de la viande et des produits laitiers qui fatiguaient et encrassaient votre organisme. Vous vous couchez maintenant tous les soirs avec le sentiment d'avoir été toute la journée pleinement disponible pour faire tout ce que vous vouliez. Vous êtes maintenant la santé incarnée et vous possédez une énergie que vous n'aviez jamais crue possible.

Si vous regardez cette personne et si ce que vous voyez vous plaît, tout ce que je vous propose est à votre portée ! Cela demande seulement un peu de discipline – pas trop parce que, dès que vous vous serez débarrassé de vos vieilles habitudes, vous n'aurez plus jamais envie d'y revenir. Pour tout effort discipliné, la récompense est multiple. Si par conséquent ce que vous avez sous les yeux vous plaît, allez-y. Commencez aujourd'hui et cela vous transformera la vie à tout jamais.

Maintenant que vous savez comment vous mettre dans le meilleur état possible, découvrons...

DEUXIÈME PARTIE

LA FORMULE FONDAMENTALE DU SUCCÈS

11

Qu'attendez-vous de la vie ?

Il n'y a qu'une seule réussite : arriver à vivre sa vie comme on l'entend.

Christopher MORLEY

Dans la première partie de ce livre, je vous ai fait connaître ce que je crois être les instruments du pouvoir fondamental. Vous possédez maintenant les techniques qui vous permettront de découvrir comment les gens obtiennent des résultats et comment prendre exemple sur eux pour y arriver vous aussi. Vous avez appris à gouverner votre esprit et à respecter les besoins de votre corps. Vous savez comment parvenir à vos fins et comment aider les autres à le faire.

Mais tout cela nous place devant une question essentielle : que voulez-vous ? Que veulent les gens dont vous vous inquiétez, ceux que vous aimez ? Cette deuxième partie pose les questions, établit les distinctions et propose les voies grâce auxquelles vous réussirez à utiliser vos capacités de la façon la plus efficace et à atteindre les solutions les plus élégantes. Vous êtes déjà un tireur d'élite, il ne vous reste qu'à trouver la bonne cible.

Le meilleur outil ne sert pas à grand-chose si l'on n'a pas une idée précise de ce à quoi on désire l'employer. Imaginez que vous vous promenez dans une forêt avec une tronçonneuse. Qu'allez-vous en faire ? Si vous savez quels sont les arbres que vous voulez abattre et pourquoi, vous contrôlez la situation. Sinon, vous avez entre les mains un merveilleux outil qui ne vous sert à rien.

Nous avons établi plus haut que la qualité de votre vie dépend de la façon dont vous communiquez avec les autres. Nous allons voir dans cette partie comment développer les talents relationnels qui vous permettront de tirer le meilleur de vous-même dans une situation donnée. Afin de définir non seulement les objectifs que vous recherchez mais aussi les moyens grâce auxquels vous les atteindrez, il vous faut être capable de mettre au point une stratégie.

Avant de poursuivre, nous allons rapidement passer en revue tout ce que nous avons appris jusqu'ici. Vous avez maintenant pris conscience du caractère illimité de vos possibilités. C'est un premier pas, et le plus important. Mais vous savez aussi que la clé de la réussite réside dans votre capacité à prendre exemple. On peut toujours copier ceux qui excellent, dans quelque domaine que ce soit. Si d'autres arrivent à marcher sur des charbons ardents, à gagner un million de dollars ou à vivre en parfaite harmonie avec l'être aimé, il vous suffit, pour y parvenir vous aussi, d'observer soigneusement comment ils ont fait et de faire exactement la même chose. Comment prendre exemple ?

Il faut tout d'abord comprendre que tout résultat est le produit d'un ensemble spécifique d'actions. Tout effet a une cause. Si vous reproduisez parfaitement la démarche suivie par un autre (intérieurement comme extérieurement), vous aboutirez au même résultat. Vous commencez par modeler votre activité mentale sur la sienne, en prenant pour point de départ son système de valeurs, puis vous passez à sa syntaxe mentale et copiez enfin sa physiologie. Agissez avec efficacité et élégance, et vous réussirez à faire à peu près tout ce que vous voulez.

Vous avez aussi appris que la réussite ou l'échec dépendent de ce dont on se croit capable. Si vous pensez pouvoir faire quelque chose, vous pouvez le faire. Et si vous vous en sentez incapable, vous n'y arriverez pas. Même si vous avez en vous toutes les ressources, tous les talents nécessaires, dès l'instant où vous vous dites que vous ne pouvez pas faire quelque chose, vous fermez les circuits neurologiques qui auraient rendu possible votre réussite. En vous disant : « Je peux », vous ouvrez les circuits qui vous donnent les moyens d'exécuter votre projet.

Vous avez appris la formule fondamentale du succès : sachez ce que vous voulez, développez votre acuité sensorielle afin d'être conscient de ce que vous obtenez, montrez-vous suffisamment souple pour adopter différents comportements jusqu'à ce que vous ayez trouvé celui qui produit des résultats, et vous obtiendrez ce que vous voulez. Et si vous ne l'obtenez pas, ne croyez pas que vous avez définitivement échoué. Comme le barreur d'un navire, changez simplement de cap, c'est-à-dire de comportement, autant de fois qu'il le faudra pour arriver au but.

Vous savez maintenant la puissance que confère le fait d'être en possession de tous ses moyens et vous avez appris à ajuster votre physiologie et vos représentations internes pour y trouver les ressources, les forces et le courage de réaliser vos désirs. Le succès se fabrique, il suffit pour cela de se consacrer à lui.

Les gens ne sont pas paresseux. Ils tendent simplement vers des buts inutiles, c'est-à-dire des buts qu'ils n'ont pas vraiment envie d'atteindre.

Il faut ajouter ici un point très important : l'existence d'un incroyable dynamisme inhérent à ce processus. Plus vous développez vos ressources, plus vous avez de pouvoir ; plus vous vous sentez fort, plus vous puisez dans vos ressources et plus vous les développez.

Des travaux passionnants ont été réalisés sur ce que l'on appelle « le syndrome du centième singe ». Le biologiste Lyall Watson raconte ce qui s'est passé dans une tribu de singes vivant sur une île proche du Japon où l'on avait introduit un nouvel aliment, des patates douces à demi enterrées dans le sable. Parce que leur nourriture habituelle ne demandait aucune préparation, les singes ne savaient pas comment manger ces tubercules tout sales. Puis une jeune guenon résolut le problème en les lavant dans un ruisseau et montra à sa mère et à ses autres compagnons comment procéder. Il arriva alors quelque chose d'étonnant. Quand un certain nombre d'entre eux – environ une centaine – eurent acquis cette technique, d'autres singes, qui n'avaient aucun contact avec les premiers, et dont certains vivaient même sur des îles voisines, se mirent à faire exactement pareil. Il était physiquement impossible qu'ils aient eu le moindre contact avec la première tribu et pourtant ce nouveau comportement s'était répandu.

Cette histoire n'est pas unique en son genre. Il arrive souvent que des individus isolés agissent à l'unisson sans s'être le moins du monde concertés. Quand un physicien fait une découverte, par exemple, il n'est pas rare de voir plusieurs de ses collègues étrangers parvenir au même moment à des conclusions semblables. D'où cela vient-il ? Nul ne le sait exactement, mais d'éminents scientifiques et spécialistes du cerveau, comme David Bohm et Rupert Sheldrake, pensent qu'il existe une conscience collective dans laquelle nous pouvons tous puiser, et qu'en nous appuyant sur le même système de valeurs, en tendant vers les mêmes objectifs, en essayant de tirer le maximum de notre physiologie, nous trouvons la voie qui donne accès à cette conscience collective.

Nos corps, nos cerveaux, nos manières d'être constituent un diapason qui résonne en harmonie avec ce degré supérieur d'existence. Mieux vous serez accordés, mieux vous profiterez de cette immense richesse. De même que nous recevons certaines informations de notre inconscient, nous pouvons en recevoir de cette source qui nous est complètement extérieure, à condition d'être dans l'état qui convient.

Pour y arriver, il vous faut, entre autres choses, savoir ce que vous voulez. Notre inconscient procède à un traitement constant de l'information pour nous faire suivre certaines directions. Même au niveau inconscient, l'esprit décompose, élimine et généralise. Aussi, pour le faire travailler efficacement, devons-nous développer notre perception des résultats que nous espérons obtenir. C'est ce que Maxwell Maltz appelle la « psychocybernétique ». Lorsque l'esprit possède une cible bien précise, il peut faire sa mise au point et viser, puis recommencer et ainsi de suite, jusqu'à ce qu'il ait atteint son objectif. Sans cible précise, il gaspille son énergie. Il a la meilleure tronçonneuse du monde, mais ne sait pas ce qu'il fait dans la forêt.

La façon dont les individus exploitent leurs ressources personnelles est directement fonction des buts qu'ils se donnent. Une enquête menée parmi les étudiants de l'université de Yale qui obtinrent leur diplôme en 1953 le démontre clairement. À la question : « Avez-vous des projets particuliers et nettement définis, et avez-vous un plan pour les réaliser ? », trois pour cent seulement répondirent oui. Vingt ans plus tard, en 1973, les chercheurs revinrent à la charge et interrogèrent les survivants de cette promotion. Ils découvrirent que les trois pour cent d'étudiants qui s'étaient fixé des objectifs avaient une surface financière supérieure à tous les autres réunis. La seule mesure donnée ici est celle de la réussite matérielle, pourtant les enquêteurs s'aperçurent également que dans des domaines plus subjectifs et plus difficilement mesurables, tel celui du bonheur ou de la joie de vivre, c'étaient les mêmes individus qui semblaient avoir obtenu les meilleurs résultats. Voilà à quoi arrivent ceux qui se donnent des buts.

Dans ce chapitre, vous apprendrez à exprimer vos objectifs, vos rêves et vos désirs, à établir fermement dans votre esprit ce que vous souhaitez réellement et les moyens que vous avez de l'obtenir. Avez-vous déjà essayé de reconstituer un puzzle sans avoir jeté un coup d'œil à ce qu'il est censé représenter ? C'est exactement ce qui se passe quand vous tentez d'organiser votre vie sans savoir ce que vous voulez en faire. Lorsque vous connaissez vos objectifs, vous donnez à votre cerveau une image précise des informations que votre système nerveux doit recevoir en priorité. Vous lui envoyez le message exact dont il a besoin pour travailler efficacement.

Pour gagner, il faut se lancer dans la bataille.

(Anonyme)

Il y a des gens, nous en connaissons tous, qui semblent constamment perdus dans le brouillard. Ils prennent une direction, puis une autre. Ils essaient quelque chose, puis autre chose. Suivent un chemin, puis repartent en sens contraire. Leur problème est simple : ils ne savent pas ce qu'ils veulent. On ne peut atteindre un objectif dont on ne connaît pas la nature.

C'est à vos rêves qu'il vous faudra faire appel dans ce chapitre. Mais, pour cela, vous devez vous concentrer. Si vous vous contentez de lire les pages suivantes, vous n'en tirerez rien. Il faut vous asseoir avec un papier et un crayon – ou devant une machine à traitement de texte, si vous préférez –, et suivre ce chapitre comme un séminaire où vous apprendrez étape par étape à définir vos objectifs.

Installez-vous là où vous vous sentez le plus à votre aise – devant votre bureau ou à une table de travail au soleil –, dans un lieu où vous savez pouvoir vous épanouir. Décidez de prendre à peu près une heure pour découvrir ce que vous voulez être, ce que vous voulez faire, partager, voir et créer. Cette heure sera peut-être la plus précieuse que vous ayez jamais passée. Vous allez comprendre comment il faut procéder pour se donner des objectifs, déterminer des résultats à atteindre. Vous allez tracer la carte des routes sur lesquelles vous voyagerez désormais et reconnaître votre destination.

DÉFINIR DES OBJECTIFS
COMPOSANTS CLÉS

Programme :	Que voulez-vous exactement ?
Données sensorielles :	Que verrez-vous ? Qu'entendrez-vous ? Quelles sensations ressentirez-vous ? Quelles odeurs sentirez-vous ?
État recherché/État présent :	Que voulez-vous ? Qu'avez-vous en ce moment ? Quelle est la différence ?
Vérification :	Comment saurez-vous que vous avez ce que vous désirez ?

Laissez-moi vous donner un conseil fondamental : ne limitez pas vos possibilités. Cela ne veut évidemment pas dire que vous deviez abandonner tout bon sens. Si vous mesurez un mètre quarante-huit, il ne sert à rien de vouloir devenir un international de basket-ball. Vous pourrez toujours essayer, vous n'y arriverez pas. Et non seulement cela, mais vous gaspillerez une énergie utilisable de façon plus efficace. Mais si vous les définissez intelligemment, il n'y a aucune raison de limiter vos objectifs. Des buts restreints font des vies étriquées. Sachez tirer le maximum de vous-même. Pour établir vos buts, il vous faudra suivre les cinq règles suivantes :

1. *Définissez vos objectifs en termes positifs :* dites ce que vous désirez qu'il vous arrive et non ce que vous ne voulez pas.

2. *Soyez aussi précis que possible :* à quoi ressemblent vos objectifs ? Servez-vous de vos cinq sens pour les décrire. Plus votre description sera sensoriellement riche, plus vous donnerez de puissance à votre cerveau pour créer ce que vous voulez créer. Fixez-vous aussi un laps de temps pour y arriver.

3. *Donnez-vous les moyens de faire le point :* sachez dès maintenant à quoi vous ressemblerez, ce que vous ressentirez et percevrez du monde extérieur quand vous aurez atteint vos objectifs. Il faut que vous puissiez savoir que vous y êtes arrivé. Si vous jouez une partie sans tenir de score, vous pouvez être en train de gagner alors que vous avez l'impression de perdre.

4. *Gardez la situation en main :* la réalisation de vos désirs ne doit dépendre que de vous. Vous ne devez pas attendre pour être heureux que les autres changent. Assurez-vous que vos objectifs concernent uniquement des choses sur lesquelles vous pouvez agir directement.

5. *Vos objectifs doivent être écologiquement sains et désirables :* imaginez les conséquences qu'aura

sur l'avenir ce que vous vous proposez d'atteindre. Vos buts doivent être bénéfiques, à vous et aux autres.

Voici maintenant une question que je pose lors de tous mes séminaires et que vous devez vous poser à votre tour : si vous saviez ne pas pouvoir échouer, que feriez-vous ? Si vous étiez absolument certain de votre réussite, quelles activités poursuivriez-vous, quelles actions engageriez-vous ?

Nous avons tous une certaine idée de ce que nous désirons. Mais c'est souvent très vague – davantage d'amour, davantage d'argent, davantage de temps pour profiter de la vie. Mais si nous voulons donner toute sa puissance à cet incroyable ordinateur que représente notre cerveau, il nous faut lui apporter des précisions : je veux une nouvelle voiture, une nouvelle maison, une nouvelle situation.

Quand vous ferez la liste de tout ce que vous désirez, vous y trouverez des éléments auxquels vous tendez depuis longtemps. Il s'agira quelquefois de souhaits que vous n'avez jamais formulés consciemment. Or, vous devez décider de façon consciente de ce que vous désirez. Avant qu'une chose arrive dans le monde extérieur, elle doit d'abord prendre forme dans votre monde intérieur. Lorsque vous vous représentez clairement ce que vous voulez, il se passe en vous un phénomène étonnant : vous programmez votre cerveau et votre corps pour obtenir un résultat. Mais si nous voulons dépasser nos limites actuelles, nous devons tout d'abord apprendre à mieux nous servir de notre cerveau, et le reste suivra.

Une expérience très simple va vous permettre de comprendre ce dont il s'agit. Mettez-vous debout, les pieds pointés en avant et légèrement écartés. Levez les bras devant vous de façon qu'ils soient parallèles au sol. Maintenant, tournez le haut du corps vers la gauche le plus loin possible, l'index tendu. Prenez note du point alors marqué par votre index. Puis retournez-vous, fermez les yeux et formez en vous l'image mentale de votre corps tourné à nouveau, mais cette fois beaucoup plus loin, et encore plus loin. Ouvrez les yeux et tournez-vous, toujours dans la même position. Vous êtes allé beaucoup plus loin que la première fois : vous avez créé une nouvelle réalité externe en programmant votre cerveau de façon à dépasser les limites que vous aviez avant.

Voilà ce que vous allez apprendre dans ce chapitre, à créer la vie que vous voulez avoir. Vous ne pouviez jusqu'à présent pousser les choses au-delà d'un certain stade, mais vous allez maintenant créer une réalité mentale plus large que celle que vous avez connue dans le passé, puis vous extérioriserez cette réalité.

1. *Commencez par faire l'inventaire de vos rêves, de tout ce que vous voulez être, accomplir, posséder et partager*. Donnez-vous une image mentale des gens, des sentiments et des lieux qui feront partie de votre vie telle que vous la désirez. Asseyez-vous et notez tout cela. Il faut absolument que votre stylo

coure sur le papier sans interruption pendant au moins dix minutes ou un quart d'heure. N'essayez pas de définir maintenant la façon dont vous allez atteindre ces objectifs, contentez-vous de les décrire. Et ne vous donnez pas d'autres limites que celles que vous impose votre bon sens. Pour aller plus vite et passer plus rapidement d'une idée à une autre, utilisez des abréviations et un style télégraphique. Vous devez aborder tous les domaines de votre vie : votre travail, votre famille, vos amis, votre état physique, mental, affectif, social et matériel, tout ce à quoi vous pourrez penser. Vous êtes le roi, tout est à votre portée, tout ce que vous définirez ici.

Il faut vous amuser, laisser votre esprit vagabonder librement. Vos limites sont celles que vous avez créées ; elles n'existent que dans votre tête. Jetez-les par-dessus bord. Visualisez cette opération : dites-vous que vous êtes un catcheur qui éjecte son rival du ring et débarrassez-vous de la même façon de vos limites. Tout ce qui vous entrave doit passer de l'autre côté du ring. Quelle sensation de liberté !

Telle est la première étape à suivre. À vos stylos !

2. *Passez en revue votre liste et faites une estimation du temps qu'il vous faudra pour atteindre ces objectifs :* six mois, un an, deux ans, cinq ans, dix ans, vingt ans. Certains s'apercevront que leurs désirs ne concernent que le présent, d'autres que leurs plus grands rêves appartiennent à un avenir lointain, une période imaginaire où tous leurs désirs seront accomplis. Si vous n'avez que des objectifs à court terme, commencez donc par jeter un regard plus durable sur vos possibilités de vie. Si vous n'avez que des objectifs à long

terme, décidez des premières étapes qui vous conduiront sur la voie que vous voulez prendre. Les plus longs voyages commencent tous par un pas en avant. Il faut avoir conscience des premiers pas comme des derniers.

3. Essayez maintenant autre chose : *choisissez pour l'année à venir vos quatre objectifs les plus importants*, ceux qui vous intéressent le plus, ceux pour lesquels vous voulez véritablement vous engager, qui vous apporteront les plus grandes satisfactions. Notez-les par écrit. Et ajoutez ensuite les raisons pour lesquelles vous voulez absolument atteindre ces objectifs. Soyez clair, concis et positif. Expliquez-vous à vous-même pourquoi vous êtes certain de réussir sur ces quatre points et pourquoi il est si important que vous y arriviez.

Si vous trouvez suffisamment de bonnes raisons pour faire une chose, quelle qu'elle soit, vous pouvez la faire. L'intention dans laquelle vous agissez vous motive beaucoup plus que le résultat recherché de votre action. C'est ce qui différencie ce qui nous intéresse de ce que nous nous engageons à accomplir. Nous disons souvent vouloir telle ou telle chose, mais il ne s'agit la plupart du temps que d'intérêts passagers. Or, l'accomplissement d'un objectif demande un engagement total. En disant par exemple que vous voulez devenir riche, vous définissez un but, mais cela ne fournit pas suffisamment d'informations à votre cerveau. Si vous savez pourquoi vous voulez être riche, ce que la richesse signifie pour vous, vous serez beaucoup plus motivé pour y accéder. Le pourquoi a plus d'importance que le comment. Une fois vos raisons d'agir clairement définies, il vous sera facile de déterminer la voie à suivre. Ayez de bonnes raisons d'agir et vous pourrez faire à peu près tout ce que vous voudrez.

4. *Après avoir fait la liste de vos principaux objectifs, passez-les en revue à la lumière des cinq règles établies plus haut.* Avez-vous défini vos buts en termes positifs ? Avez-vous utilisé des repères sensoriels précis ? Vous êtes-vous donné les moyens de savoir où vous en êtes ? Décrivez ce que vous allez ressentir quand vous aurez atteint ces objectifs de façon encore plus claire au niveau des images, des sons, des odeurs, des sensations tactiles. Vérifiez aussi qu'atteindre ces objectifs ne dépend que de vous. Qu'ils sont écologiquement sains et désirables pour vous et les autres. S'ils ne satisfont pas une de ces conditions, vous devez changer d'objectifs. Si vous désirez avoir de plus amples informations sur ces différents concepts, lisez le livre de Sheldrake, *A New Science of Life* (Une nouvelle science de la vie) ou tout ouvrage de Bohm sur les paradigmes holographiques.

5. *Établissez ensuite une liste des principales ressources dont vous disposez.* Lorsqu'on met en route un chantier, il faut connaître ses outils. Si vous voulez construire une image puissante de votre avenir, il en va de même. Notez donc tout ce que vous pourrez utiliser pour parvenir à vos fins : traits de caractère, relations, amis, argent, instruction, temps disponible, énergie, talents particuliers...

6. *L'étape suivante consiste à se concentrer sur les moments de votre vie où vous avez le mieux utilisé certaines de ces ressources.* Repensez à quelques-unes de vos réussites, à ce que vous avez particulièrement bien accompli, que ce soit dans le domaine du travail ou du sport, des affaires ou de l'amour. La fois où vous avez fait un malheur en Bourse, ou une merveilleuse journée passée avec vos enfants. Notez ces souvenirs, expliquez comment vous avez fait, ce qui s'est passé et ce qui, dans une telle situation, vous a donné l'impression d'avoir réussi.

7. *Décrivez maintenant le genre de personne que vous devriez être pour atteindre vos objectifs.* Vos buts vous demandent-ils une grande discipline, ou un niveau d'instruction très élevé ? Il vous faudra certainement aussi gérer votre temps en fonction de ce que vous voulez obtenir. Et si, par exemple, vous voulez devenir un responsable politique qui « fasse la différence », demandez-vous quel genre d'individu peut être élu et influencer un grand nombre de gens.

On parle beaucoup de la réussite, mais moins de ses composantes – attitudes, croyances, comportements qui permettent d'y accéder. Si ces composantes ne vous apparaissent pas clairement, il vous sera difficile de vous faire un schéma d'ensemble. Réfléchissez donc un moment et notez de façon détaillée les qualités, les aptitudes, le système de valeurs, le comportement qu'il vous faudra avoir afin de réussir ce que vous désirez réussir. N'hésitez pas à y passer un certain temps.

8. *Notez ensuite en quelques paragraphes ce qui vous empêche d'avoir en ce moment ce que vous désirez.* Pour dépasser les limites que vous avez créées, vous devez savoir ce qu'elles sont exactement. Analysez-vous afin de découvrir pourquoi vous n'atteignez pas vos buts. Peut-être n'arrivez-vous pas à vous organiser. Peut-être vous organisez-vous mais n'arrivez-vous pas à agir. À moins que vous ne vouliez faire trop de choses à la fois ou qu'au contraire un seul domaine de votre vie vous absorbe tant que vous négligez tout le reste. Avez-vous dans le passé imaginé le pire des scénarios et permis à cette représentation interne de vous empêcher d'agir ? Nous avons tous des façons bien à nous de nous limiter, nos propres stratégies d'échec, mais, en les reconnaissant, nous pouvons les changer.

Nous pouvons savoir ce que nous voulons, pourquoi nous le voulons, qui nous aidera, etc., mais la manière dont nous agissons constitue l'élément déterminant de notre succès. Pour diriger vos actions, vous devez les planifier. Il ne suffit pas, si vous désirez construire une maison, d'aller chercher du bois, des clous, un marteau et une scie et de se mettre au travail. Il faut dessiner un plan, puis le suivre pas à pas afin que chaque étape de votre travail complète la précédente et la renforce. Vous n'obtiendrez autrement qu'un vague assemblage de planches. Il en va de même pour votre vie, vous ne pouvez vous passer d'un projet structuré si vous voulez réussir.

Quelles sont les lignes d'action que vous devez suivre constamment pour produire les résultats que vous désirez obtenir ? Si vous ne les connaissez pas, essayez de trouver quelqu'un sur qui vous puissiez prendre exemple. Une fois que vous avez déterminé votre objectif final, parcourez le chemin qui y conduit en sens inverse, pas à pas. Si vous voulez, par exemple, devenir financièrement indépendant, il vous faudra peut-être diriger votre propre entreprise, et avant cela occuper un poste de P-DG dans une autre société. Revenez ainsi peu à peu en arrière, jusqu'à ce que vous trouviez ce que vous pouvez faire aujourd'hui de positif pour arriver à vos fins, qu'il s'agisse d'ouvrir un compte d'épargne ou de lire un livre traitant des problèmes financiers. Que devez-vous faire aujourd'hui, demain, après-demain, dans les semaines et les mois qui viennent, pour devenir danseuse étoile ou compositeur ? Définissez la dernière étape, puis l'avant-dernière et ainsi de suite afin de tracer le chemin à suivre et de vous y engager dès maintenant.

Pour vous aider à établir votre plan d'action, demandez-vous ce qui vous empêche d'obtenir ce que vous désirez. En répondant à cette question, vous pourrez immédiatement apporter un changement dans votre vie, trouver des solutions qui formeront les fondations de votre action.

9. *Prenez enfin le temps de réfléchir à chacun des quatre objectifs principaux que vous avez définis tout à l'heure et d'établir, étape par étape, les plans qui vous permettront de les atteindre*. Demandez-vous ce que vous devez faire pour réaliser vos souhaits, ce qui vous arrête aujourd'hui et comment vous pouvez dépasser ces limites. Et n'oubliez pas qu'il doit y avoir dans votre plan quelque chose que vous puissiez faire dès aujourd'hui.

Nous en avons terminé avec la première partie de la formule fondamentale du succès. Vous avez défini vos objectifs, à long et à court terme, et vous savez quels sont les aspects de votre personnalité qui vous aident ou au contraire vous empêchent d'atteindre vos objectifs. Je veux maintenant que vous mettiez au point la stratégie qui vous conduira au succès.

La meilleure façon de réussir est de prendre exemple sur quelqu'un qui a déjà fait ce que vous voulez faire.

10. *Il vous faut donc trouver des modèles*, des gens de votre entourage, ou des célébrités, cela n'a aucune importance, du moment où ils ont réussi. Notez les noms d'au moins trois personnes qui ont accompli ce que vous désirez accomplir et définissez en quelques mots les qualités et les comportements qui leur ont permis de réussir. Puis fermez les yeux et imaginez qu'ils vous donnent des conseils pour vous aider à atteindre vos objectifs. Notez ensuite la principale idée qui se dégagerait de ce que chacun vous dirait lors d'une telle conversation. Cela peut concerner la façon de dépasser un blocage, de faire tomber certaines limites, ce sur quoi vous devez fixer votre attention ou ce que vous devez rechercher. Faites simplement comme s'ils s'adressaient directement à vous et inscrivez sur votre feuille la première chose qui vous vient à l'esprit. Même si vous ne les avez jamais rencontrés, ils deviendront ainsi d'excellents conseillers.

Adnan Khashoggi a pris exemple sur Rockefeller. Il voulait devenir un homme d'affaires riche et puissant, aussi a-t-il choisi pour modèle quelqu'un qui l'était. Steven Spielberg a copié le comportement de ceux qui travaillaient aux Universal Studios avant même d'être engagé par cette société. Pratiquement tous ceux qui ont réussi se sont donné des modèles, des mentors ou des professeurs qui les ont guidés.

Puisque vous vous êtes construit une représentation interne précise de ce que vous voulez faire, vous pouvez maintenant économiser du temps et de l'énergie en évitant de vous fourvoyer sur les mauvais chemins. Il suffit pour cela de suivre l'exemple de ceux qui sont déjà arrivés à destination. Si vous n'en connaissez pas, n'hésitez pas à partir à la recherche de modèles.

Vous avez envoyé des signaux à votre cerveau, formé un schéma clair et concis de vos objectifs. Un but agit comme un aimant qui attire à lui tout ce qui lui donnera réalité. Vous avez appris dans le chapitre 6 à faire fonctionner votre cerveau, à le manipuler pour accroître la force de vos images positives et affaiblir vos images négatives. Appliquons maintenant ces techniques à vos objectifs.

Plongez-vous dans votre passé afin de retrouver un de ces moments où vous savez avoir parfaitement réussi quelque chose. Fermez les yeux et créez l'image la plus brillante et la plus claire possible de cette réussite. Notez dans quelle partie de votre espace mental vous placez cette image, à droite, à gauche, en haut, en bas, au milieu. Puis concentrez-vous sur ses sous-modes – taille, forme, mouvements –, ainsi que sur les sons et sensations internes que crée cette image. Pensez maintenant aux objectifs que vous avez définis aujourd'hui. Représentez-vous ce qui se passerait si vous les aviez atteints. Placez cette image du même côté que la première et donnez-lui autant de lumière, de couleur et de précision que possible. Est-ce que vous ne vous sentez pas déjà très différent, beaucoup plus sûr de vous que lorsque vous aviez simplement formulé vos désirs ?

Si vous trouvez cela trop difficile, utilisez la méthode « swish[1] » : déplacez l'image de ce que vous désirez de l'autre côté de votre espace mental. Laissez-la se brouiller et perdre ses couleurs. Puis remettez-la à l'endroit exact de l'image de votre ancienne réussite en lui faisant franchir tout ce qui pouvait évoquer un échec, de façon qu'elle reprenne la clarté, la brillance, la précision, les couleurs de ce que vous avez déjà accompli. C'est un exercice que vous devriez pratiquer de manière continue afin d'obtenir une image toujours plus claire, toujours plus intense de ce que vous désirez. Rappelez-vous que la voie de la réussite se construit perpétuellement.

11. Il est bon d'avoir toutes sortes de buts différents, mais il est encore meilleur d'arriver à prendre conscience de ce que leur ensemble représente pour vous. *Vous allez maintenant imaginer votre journée idéale*. Qui serait à vos côtés ? Que feriez-vous ? Comment commenceriez-vous cette journée ? Où iriez-vous ? Où seriez-vous ? Passez en revue chaque instant, du moment où vous vous réveillez à celui où vous vous endormez. Quel environnement choisiriez-vous ? Que ressentiriez-vous en vous couchant à la fin d'une telle journée ? Reprenez votre feuille et votre stylo et décrivez tout cela en détail. Rappelez-vous que tout ce que nous vivons naît de

1. *Swish* : mouvement rapide d'une cape, coup de fouet

ce que nous créons dans notre esprit, et créez cette journée de manière qu'elle corresponde à tout ce que vous désirez profondément.

12. *Nous oublions quelquefois que nos rêves commencent là où nous vivons*. Il faut, pour réussir, savoir créer autour de nous une atmosphère qui nourrisse notre créativité et nous aide à être tout ce que nous voulons être.

Définissez donc votre parfait environnement. Vous devez acquérir le sens du lieu. Laissez votre esprit se débrider. Ne vous limitez pas. Notez tout ce qui vous fait envie. Là encore, vous êtes un roi en son royaume. Choisissez un environnement qui vous permettra le mieux de vous épanouir. Où voulez-vous être, dans les bois, au bord de la mer, dans un bureau ? De quoi avez-vous besoin ? De papier à dessin, de peinture, d'un ordinateur, d'un téléphone, d'une chaîne hi-fi ? Sur qui vous appuierez-vous pour obtenir de façon certaine tout ce que vous désirez ?

Si vous n'en avez pas une image claire, comment voulez-vous arriver à créer ce que serait pour vous une journée parfaite ? Si vous ne savez pas à quoi ressemblerait votre environnement idéal, comment allez-vous le construire ? Comment toucher une cible dont on ne connaît pas la nature ? Votre cerveau a besoin de recevoir des signaux clairs et précis de ce qu'il doit réaliser. Il est suffisamment puissant pour vous donner tout ce dont vous avez envie, mais il ne peut le faire qu'à partir d'images fortes et bien définies.

Penser est la tâche la plus difficile qui existe, voilà probablement pourquoi si peu de gens s'engagent dans cette voie.

Henry FORD

Les exercices décrits dans ce chapitre constituent peut-être une des étapes les plus importantes à suivre pour ceux qui veulent envoyer à leur cerveau les signaux adéquats. La première conclusion à tirer de ces quelques pages est la suivante : on aboutit toujours à un résultat. Si vous ne programmez pas votre cerveau pour qu'il accomplisse ce que vous désirez, quelqu'un d'autre le programmera à votre place. Si vous n'avez pas de projet, vous finirez par ne faire partie que des projets des autres. Si vous vous contentez de lire ce chapitre, vous avez perdu votre temps. Il faut exécuter chacun de ces exercices. Et même si cela vous semble tout d'abord difficile, croyez-moi, cela en vaut la peine. Si la plupart des gens ne réussissent pas, c'est parce que le succès se cache derrière la difficulté. Il est plus facile de se contenter de gagner sa vie que de l'inventer. Développez votre pouvoir personnel et prenez le temps de vous discipliner en exécutant ces exercices. On dit qu'il n'existe en ce monde que deux formes de souffrance, celle de la discipline et celle du regret, et que la première est mille fois moins lourde que la seconde. Quoi qu'il vous en coûte, suivez donc une à une les douze étapes que je viens de vous proposer, vous avez tout à y gagner.

Il vous faudra aussi repenser régulièrement à vos objectifs. Nous évoluons, nous changeons, mais, dès l'instant où nous savons ce que nous voulons faire de notre vie, nos objectifs restent les mêmes.

Reconsidérez-les tous les deux ou trois mois, puis une ou deux fois par an. Tenir un journal pourrait vous être en ce sens très utile, car vous y retrouverez à tout moment les objectifs que vous vous étiez fixés par le passé. Relire son journal permet de prendre conscience de la façon dont on a évolué, de faire le point. Si votre vie vaut la peine d'être vécue, elle vaut la peine d'être racontée.

Est-ce que tout cela mène vraiment à quelque chose ? Oui, je peux vous l'assurer. Il y a deux ans, je me suis assis à une table, j'ai décrit ma journée idéale et l'environnement dont je rêvais, et tout cela est devenu aujourd'hui réalité.

J'habitais à l'époque dans un appartement agréable de Marina del Rey, en Californie, mais je savais que je voulais autre chose. Aussi ai-je décidé de m'atteler au travail auquel je vous invite ici. J'ai défini ce qui serait pour moi une journée parfaite et programmé mon subconscient afin de créer cette vie idéale. J'avais envie, en me levant le matin, de voir la mer et de pouvoir aller courir sur la plage. Une plage et de la verdure, l'image commençait à se dessiner, même si elle restait encore très vague.

J'ai découvert ensuite que j'avais besoin d'un grand espace pour travailler, une pièce arrondie au deuxième ou au troisième étage de ma maison. Je voulais une limousine et un chauffeur. Avoir quatre ou cinq associés aussi déterminés et passionnés que je l'étais, des gens avec qui je pourrais échanger des idées régulièrement. Je rêvais de la femme idéale que j'épouserais. Je n'avais pas d'argent, mais décidai de devenir financièrement indépendant.

J'ai atteint tous les objectifs que je m'étais fixés, tout ce pour quoi j'avais programmé mon cerveau. Mon château est exactement le lieu dont je rêvais à Marina del Rey. J'ai rencontré la femme idéale six mois après m'être fait une image d'elle très précise, et nous nous sommes mariés un an et demi plus tard. J'ai créé un environnement qui nourrit totalement ma créativité, qui m'ouvre à de nouveaux désirs et provoque en moi un éternel sentiment de gratitude. Pourquoi ? Parce que je m'étais donné une cible et que j'envoyais tous les jours à mon cerveau le même message : telle est ma réalité. Doté d'un objectif clair et précis, mon inconscient a utilisé toute sa puissance pour conduire mes pensées et mes actions dans le sens où je désirais aller. J'ai eu ce que je voulais, vous pouvez vous aussi obtenir ce que vous voulez.

Là où il n'y a pas de vision, les gens périssent.

Proverbes 29-18. La Bible

Avant de refermer ce chapitre, il vous reste encore quelque chose à faire : la liste de tout ce que vous avez déjà et que vous avez voulu avoir, celle des objectifs que vous vous étiez fixés et que vous avez atteints – ce qui, dans vos activités ou vos relations avec les autres, vous rend heureux, les ressources que vous avez développées en vous. Tout ce qui provoque en vous un sentiment de gratitude envers la vie. Les gens s'obnubilent quelquefois à tel point sur ce qu'ils veulent qu'ils en oublient ce qu'ils ont déjà. Pour atteindre vos buts, prenez en compte tout ce que vous possédez, remerciez-en le ciel et utilisez-le pour en accomplir plus. Il y a toujours moyen de faire mieux, à tout moment. Réaliser vos rêves les plus fous commence aujourd'hui avec les gestes quotidiens qui vous mettront sur la bonne voie. « L'action est éloquence », a écrit Shakespeare. Imaginez aujourd'hui avec éloquence l'action qui vous conduira à des résultats encore plus éloquents.

Nous avons vu combien il était important de formuler avec précision nos objectifs. Ce principe s'applique chaque fois que nous voulons communiquer avec nous-mêmes, ou avec les autres. Plus nous sommes précis, plus nous sommes efficaces.

Je vais maintenant vous faire connaître les techniques qui développent cette précision.

12

Le pouvoir de la précision

> *Le langage humain est comme un chaudron fêlé sur lequel on bat la mesure pour faire danser les ours, alors que nous voudrions émouvoir les étoiles.*
>
> Gustave FLAUBERT

Pensez à un moment de votre vie où vous avez entendu des mots qui avaient pour vous un écho magique. Peut-être était-ce lors d'un événement public, le jour, par exemple, où Martin Luther King a prononcé le discours intitulé : « J'ai fait un rêve. » Peut-être s'agissait-il des paroles de votre père, de votre mère ou d'un professeur. Nous avons tous le souvenir d'instants où quelqu'un s'est adressé à nous avec tant de force, tant de précision et tant de résonance que ces phrases sont restées gravées dans notre esprit à jamais. « Les mots sont la drogue la plus puissante que nous ayons jamais utilisée », a dit Rudyard Kipling. Il nous est arrivé à tous d'être intoxiqués par des mots.

John Grinder et Richard Bandler ont dégagé dans leur étude sur le succès de nombreux caractères communs à tous les gens qui réussissent. Ils ont en particulier remarqué que tous avaient le don de la précision. Un bon P-DG doit savoir traiter l'information. Selon Grinder et Bandler, les meilleurs semblent avoir un certain génie dans ce domaine : ils savent aller rapidement au cœur de l'information et communiquer aux autres ce qu'ils ont appris ; ils se servent de phrases et de mots-clés qui transmettent avec une grande précision les plus importantes de leurs idées.

Ils comprennent aussi qu'ils n'ont pas besoin de tout savoir, font la distinction entre ce qui leur est utile et ce qui ne l'est pas, et concentrent leur attention uniquement sur ce qui va leur servir.

Bandler et Grinder ont également observé que certains thérapeutes hors pair utilisaient parfois les mêmes phrases, des phrases qui leur permettaient souvent d'obtenir avec leurs patients des résultats immédiats, évitant ainsi des cures qui auraient autrement duré un ou deux ans.

Tout cela n'a rien de surprenant. Souvenez-vous que la carte n'est pas le territoire. Les mots avec lesquels nous décrivons notre vécu ne sont pas ce vécu. Ils ne sont que la meilleure représentation verbale que nous en ayons trouvée. On comprend donc facilement que la réussite dépende en partie de la justesse et de la précision avec lesquelles nous nous exprimons : de la fidélité avec laquelle la carte reproduit le territoire. Mais nous pouvons malheureusement tous aussi nous souvenir de moments désespérants où nous n'arrivions pas à communiquer. Nous pensions dire une chose, et notre interlocuteur entendait le message inverse. De même qu'une expression précise a le pouvoir d'entraîner les gens dans la bonne direction, des mots mal ajustés les mettent sur la mauvaise voie. « Si la pensée corrompt le langage, le langage peut aussi corrompre la pensée », a écrit George Orwell dont le roman *1984* est fondé sur ce principe.

Vous allez apprendre dans ce chapitre à vous servir d'outils grâce auxquels votre communication atteindra plus de précision et d'efficacité. Vous allez aussi découvrir comment aider les autres à atteindre le même résultat. Il s'agit de simples outils verbaux dont nous pouvons tous nous servir pour couper au verbiage et à la distorsion de la parole. Si les mots nous apparaissent souvent comme des murs, ils sont aussi des ponts. Ils doivent relier et non diviser.

Je dis à ceux qui assistent à mes séminaires que je vais leur montrer comment obtenir tout ce qu'ils veulent, je leur fais même simplement inscrire en haut d'une feuille de papier : « Comment obtenir tout ce que je veux. » Et après un long développement, je leur donne la formule magique.

Pour obtenir tout ce que vous voulez, demandez. Fin de la leçon.

Est-ce une plaisanterie ? Non. Quand je dis : « Demandez », je ne vous pousse pas à pleurnicher, à quémander, à vous plaindre ou à ramper. Je ne parle pas d'une main tendue ou d'un acte de charité. Je ne veux pas que vous vous attendiez que quelqu'un fasse votre travail à votre place. Je veux simplement dire : apprenez à demander intelligemment et avec précision, d'une manière qui vous aide à la fois à définir et à réaliser vos objectifs. En formulant les activités et buts exacts que vous voulez poursuivre, vous avez déjà appris, dans le chapitre précédent, à vous engager dans cette voie. Mais vous avez maintenant besoin d'outils verbaux plus spécifiques.

Les cinq règles suivantes vont vous permettre de les acquérir :

1. *Formulez votre demande de façon précise et détaillée.* Décrivez ce que vous voulez obtenir, pour mieux le comprendre vous-même et pour le faire comprendre à votre interlocuteur. Quand, où, comment, avec qui, combien ? Si vous devez renflouer une affaire, vous obtiendrez un prêt, à condition de savoir comment le demander. Vous n'arriverez à rien en disant : « Il nous faut de l'argent pour lancer une nouvelle gamme de produits. Pouvez-vous nous en prêter ? » Il est indispensable de définir exactement ce dont vous avez besoin, pourquoi vous en avez besoin et quand. Soyez aussi capable de montrer que vous saurez en faire quelque chose. Dans mes séminaires, les gens disent toujours qu'ils veulent plus d'argent. Je leur donne quelques pièces. Ils ont demandé et ils ont reçu, mais ils n'ont pas demandé intelligemment, aussi n'ont-ils pas obtenu ce qu'ils voulaient.

2. *Adressez-vous à quelqu'un qui puisse vous aider.* Il ne suffit pas de vous exprimer clairement, il faut présenter votre demande à quelqu'un qui a les moyens d'y répondre – les connaissances, le capital, la sensibilité ou l'expérience nécessaires. Vous avez, par exemple, des problèmes avec votre épouse. Votre relation se détériore de jour en jour. Vous pouvez toujours vous en ouvrir à un ami, être le plus précis et le plus honnête qu'il soit humainement possible

de l'être. Mais si vous cherchez une aide auprès de quelqu'un qui est aussi malheureux que vous en amour, cela vous servira-t-il à quelque chose ? Bien évidemment, non.

Trouver celui ou celle qui pourra vous aider nous ramène à savoir observer ceux qui réussissent. Quoi que vous désiriez – une relation plus heureuse, un travail plus intéressant, un meilleur investissement de votre argent –, il existe toujours quelqu'un qui l'a déjà. Qui et pourquoi ? Tout le problème est là. Nous avons trop tendance à perdre notre temps dans des conversations de bistrot. Nous nous épanchons à la première occasion venue en espérant que cela va améliorer notre situation. S'il manque à celui qui nous écoute d'une oreille sympathique l'expérience et le savoir, tout cela est inutile.

3. *Donnez à celui à qui vous vous adressez l'impression que vous pouvez lui apporter quelque chose.* Ne vous contentez pas de demander et d'attendre qu'on vous donne. Posez-vous d'abord la question de ce qui pourrait aider votre interlocuteur. Si vous voulez monter une affaire et que vous n'ayez pas assez d'argent, demandez-en à quelqu'un qui en a mais qui pourra aussi tirer profit de l'aide qu'il vous accordera. Expliquez-lui que vous allez gagner de l'argent, et lui aussi. La valeur que vous devez créer pour appuyer toute demande n'est pas nécessairement d'ordre matériel. Elle peut simplement correspondre à la sensibilité ou aux rêves de l'autre. Si vous venez me voir en me disant : « J'ai besoin de dix mille dollars », je vous répondrai probablement que vous n'êtes pas le seul. Mais si vous me faites comprendre

que vous avez besoin de cet argent pour transformer la vie d'autres personnes, je commencerai peut-être à vous écouter. Et si vous savez m'expliquer précisément comment vous allez aider les autres, quelles valeurs vous allez créer pour eux et pour vous-même, je verrai peut-être en quoi le fait de vous aider peut m'apporter quelque chose à moi aussi.

4. *Pour convaincre, montrez-vous convaincu.* L'ambivalence conduit à l'échec. Si vous n'êtes pas certain d'avoir besoin de ce que vous demandez, comment persuaderez-vous votre interlocuteur qu'il doit absolument vous le donner ? Faites donc preuve, dans ce genre de démarche, d'une profonde conviction, que vous exprimerez tant par vos paroles que par votre physiologie. Montrez que vous êtes sûr de ce que vous voulez, sûr de réussir et de créer de la valeur, pour vous et pour l'autre.

Les gens suivent souvent parfaitement ces quatre principes, ils formulent leur demande de façon précise, l'adressent à quelqu'un qui peut les aider, lui proposent de lui apporter quelque chose et se montrent convaincus. Et pourtant, ils n'obtiennent pas ce qu'ils veulent. C'est parce qu'ils ont négligé le point le plus important d'une demande intelligente :

5. *Demandez ce que vous voulez jusqu'à ce que vous l'ayez obtenu.* Cela ne veut pas dire que vous devrez vous adresser à la même personne, ou qu'il vous faudra toujours formuler votre demande de la même façon. Rappelez-vous que la formule fondamentale du succès exige deux choses de vous : il faut développer votre acuité sensorielle afin de

savoir reconnaître ce que vous obtenez et vous montrer suffisamment souple pour changer. Quand vous demandez, changez et ajustez votre comportement jusqu'à ce que vous soyez arrivé à vos fins. Si vous vous intéressez à la vie des gens qui ont réussi, vous vous apercevrez que tous ont toujours demandé, encore et encore, qu'ils ont continuellement changé de tactique, et cela parce qu'ils savaient qu'un jour ou l'autre ils rencontreraient celui ou celle qui satisferait leurs besoins.

Jerry Weintraub, président de l'United Artists, constitue l'exemple typique de l'homme qui a su « demander jusqu'à ». Alors qu'il était encore un inconnu, il a décidé de produire une tournée de concerts avec le numéro un du rock de l'époque, Elvis Presley. Il n'avait pas beaucoup de capitaux et ne pouvait se targuer d'une longue expérience. Mais c'était un accrocheur. Pendant plus d'un an, il appela tous les jours le manager d'Elvis, en tentant chaque fois une approche différente et en essayant d'apporter quelque chose à celui qu'on appelait le Colonel. Finalement, celui-ci accepta, en exigeant un dépôt de garantie d'un million de dollars. Weintraub ne possédait évidemment pas cette somme, mais il alla frapper aux bonnes portes et, en quarante-huit heures, il l'avait réunie. La suite appartient à l'histoire de Hollywood.

Lequel de ces cinq principes est le plus difficile à appliquer ? Pour beaucoup de gens, c'est le premier : savoir exprimer leur demande de façon précise. Notre civilisation n'accorde pas une importance fondamentale à la précision dans la communication. C'est peut-être un de nos plus grands manques culturels. Le langage reflète les besoins de la société. Les Esquimaux ont plusieurs dizaines de mots pour désigner la neige. Pourquoi ? Parce que, pour être un Esquimau efficace, il faut savoir distinguer les différentes sortes de neige. Il y a celle dans laquelle on s'enfonce, celle avec laquelle on construit les igloos, celle sur laquelle les chiens peuvent courir, celle que l'on mange, celle qui va bientôt fondre. Je ne vois presque jamais la neige, aussi un mot me suffit-il pour en parler.

Un grand nombre de mots ou de phrases que nous utilisons ne veulent pas dire grand-chose ou ont un sens imprécis. J'appelle ces expressions vagues, et qui ne reposent pas sur une approche sensorielle, de la « ouate ». Elles ne constituent pas un langage descriptif, mais demandent à être interprétées. « Marie semble déprimée », ou « Marie a l'air fatiguée », voilà des exemples de « ouate ». En langage précis, on dirait : « Marie est la jeune femme de trente-deux ans, brune aux yeux bleus, qui est assise à ma droite ; elle est assise tout au fond de sa chaise et boit un Coca, les yeux perdus dans le vide, le souffle court. » Cette dernière phrase décrit avec précision une expérience extérieurement vérifiable, alors que les précédentes ne font que hasarder une conjecture que personne ne peut vérifier. Celui qui parle n'a aucune idée de ce qui se passe dans la tête de Marie. Il dessine sa carte en prétendant savoir ce que cette femme est en train de vivre.

Il n'y a aucun expédient auquel un homme ne fera appel pour s'éviter le véritable travail de la pensée.

Thomas Edison

Seuls les paresseux de la communication font des suppositions, ce qui est extrêmement dangereux. L'histoire de Three Mile Island en est un excellent exemple. Selon un article du *New York Times*, plusieurs des problèmes qui ont entraîné l'accident de la centrale nucléaire avaient déjà été soulignés dans des rapports internes. Les responsables ont reconnu par la suite avoir supposé que quelqu'un d'autre s'en occupait. Au lieu d'agir directement en demandant de façon précise qui était en charge et ce qu'il fallait faire, ils ont supposé que quelqu'un, quelque part, agissait pour eux. Il en est résulté une des plus grandes catastrophes nucléaires de notre histoire.

Une grande partie de ce que nous exprimons n'est que suppositions et généralisations abusives. Ce langage de paresseux peut tuer toute véritable communication. Si les gens vous expliquent avec précision ce qui les inquiète et si vous arrivez à trouver ce qu'ils veulent à la place, vous pouvez faire quelque chose pour eux. S'ils se contentent de phrases vagues et générales, vous vous perdez vous aussi dans leur brouillard mental. Pour communiquer efficacement, il faut percer une trouée dans ce brouillard.

Il y a d'innombrables façons de saboter la communication en l'établissant à un niveau trop général et trop vague. Si vous voulez être efficace dans vos échanges, vous devrez savoir reconnaître la ouate et poser les questions qui vous permettront de serrer la réalité de plus près. Tel est le but de la précision dans le langage : obtenir le plus d'informations possible. Plus vous vous approchez d'une représentation exhaustive de l'expérience intérieure de l'autre, mieux vous pourrez la transformer.

Pour se débarrasser de la « ouate », on peut se référer au modèle de précision. Représentez-vous-le sur vos mains et prenez quelques minutes pour le mémoriser.

MODÈLE DE PRÉCISION

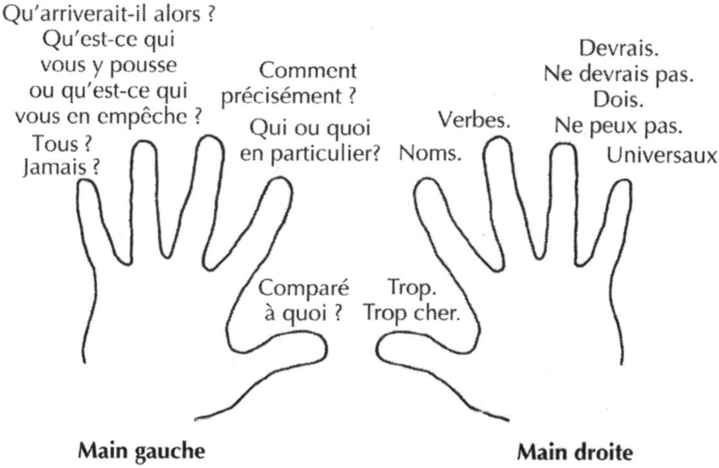

Maintenant que vous avez fixé dans votre esprit ces mots et ces phrases, je vais vous expliquer ce qu'ils veulent dire. Le modèle de précision est le guide grâce auquel vous éviterez les pièges les plus communs du langage, la carte de quelques erreurs les plus dangereuses que nous commettons. Il nous permet de les reconnaître et de reprendre la bonne direction, nous donne les moyens de mettre en évidence ce que chacun tait, déforme ou généralise, et cela, alors même que nous sommes en train de communiquer avec d'autres.

Commençons par les petits doigts. Celui de la main droite correspond aux « universaux », celui de la main gauche aux termes « tous, jamais ». Vous pouvez utiliser les universaux (concepts applicables à tous les individus d'un genre ou d'une espèce) dans la mesure où ils sont vrais. Si vous dites que tout le monde a besoin d'oxygène ou que tous les professeurs du lycée de votre fils ont fait des études, vous énoncez simplement des faits. Mais, la plupart du temps, les universaux nous plongent dans la zone de brouillard. Vous voyez dans la rue une bande d'enfants bruyants et dites : « Les gosses d'aujourd'hui sont mal élevés. » Un de vos employés fait une bourde et vous vous demandez : « Pourquoi est-ce que je paie ces gens qui ne font jamais rien de bien ? » Dans les deux cas, et presque chaque fois que nous utilisons des universaux, nous sommes passés d'une vérité limitée à une contrevérité générale. Peut-être ces enfants faisaient-ils du bruit, mais il y a encore des enfants bien élevés. Peut-être un de vos employés est-il particulièrement incompétent, mais d'autres vous rendent de grands services. Aussi, la prochaine fois que vous entendrez ce genre de généralisation, repensez au modèle de précision. Répétez ce qui a été dit en faisant ressortir le qualificatif universel.

« Les enfants sont tous mal élevés », « Tous ? »

« Non, pas tous, seulement ceux-là. »

« Mes employés ne font jamais rien de bien », « Jamais ? »

« Non, ce n'est pas vrai, celui-ci s'est trompé, mais ce n'est pas le cas de tous les autres. »

Regardez maintenant vos deux doigts suivants et pensez à ces mots restrictifs que sont « je devrais, je ne devrais pas, je dois, je ne peux pas ». Si quelqu'un vous dit qu'il ne peut faire quelque chose, quel signal envoie-t-il à son cerveau ? Il lui impose une limite qui l'empêchera effectivement de faire ce dont il parle. Lorsque vous demandez aux gens pourquoi ils ne peuvent pas faire une chose ou pourquoi ils doivent en faire une autre alors qu'ils ne le désirent pas, ils trouvent généralement une réponse. Pour briser ce cercle, on peut alors poser la question : « Qu'arriverait-il si vous étiez capable de le faire ? » En demandant cela, vous créez une possibilité dont ils n'avaient auparavant pas conscience et vous les amenez à évaluer les résultats positifs et négatifs de cette éventuelle activité.

Le même processus s'applique à votre dialogue intérieur. Quand vous vous dites : « Je ne peux pas le faire », demandez-vous : « Qu'arriverait-il si je le faisais ? » En répondant à cela, vous formulerez peut-être une série d'actions et de sentiments positifs et épanouissants, vous créerez une nouvelle image des possibilités qui sont à votre portée. Le simple fait de vous poser cette question commencera à transformer votre physiologie et votre façon de penser et vous serez certainement plus apte à réussir ce qui vous paraissait jusque-là totalement impossible.

Demandez-vous aussi ce qui vous empêche d'agir, cela vous donnera une idée plus claire de ce que vous devez changer, en vous ou autour de vous.

Passez ensuite à vos majeurs. Quand vous utilisez un verbe, demandez-vous : « Comment précisément ? » Pour qu'il soit efficace, vous devez envoyer à votre cerveau des messages suffisamment clairs. À langage brumeux, pensées brumeuses. Si quelqu'un dit : « Je me sens déprimé », il décrit simplement un état qu'il endure. Il ne vous donne aucune précision, rien sur quoi vous puissiez travailler de façon positive. Pour intervenir sur cet état, vous devez le dégager du brouillard. Demandez à votre interlocuteur à quel point il est déprimé, et pourquoi, précisément.

Lorsque vous vous engagez dans cette voie, vous ne devez pas hésiter à passer d'un des éléments du modèle de précision à un autre. Si l'on vous répond : « Je suis déprimé parce que je n'arrive jamais à rien dans mon travail », revenez aux problèmes des universaux et demandez : « Vraiment, tu n'arrives jamais à rien ? » Votre interlocuteur reconnaîtra alors probablement que cela n'est pas entièrement vrai et vous l'aurez conduit sur une voie qui lui permettra d'identifier un problème réel et d'y faire face. Il ne s'agit la plupart du temps que de difficultés passagères dont nous nous servons pour symboliser un immense sentiment d'échec qui n'existe que dans notre tête.

Puis regardez vos deux index. Ils correspondent aux noms et à la question : « Qui ou quoi en particulier ? » Chaque fois que vous entendez un nom, ou un pronom, utilisé dans une généralisation, posez cette question. Cela vous permettra de passer là encore des brumes qui n'existent que dans l'esprit de quelqu'un au monde réel. Or, vous pouvez traiter avec le monde réel.

Les noms imprécis constituent la pire sorte de « ouate ». Combien de fois avez-vous entendu quelqu'un dire : « On ne m'écoute pas », « On ne me donne pas ma chance. » Qui ça « on » ? S'il s'agit d'une vaste organisation (la société dans laquelle vous travaillez, par exemple), il existe probablement quelqu'un qui y prend des décisions. Aussi, au lieu de se perdre dans ce vague royaume où « on » ne vous comprend pas, mieux vaut trouver une façon de traiter directement avec la personne réelle qui agit vis-à-vis de vous dans le monde réel, à savoir le preneur de décisions. « On », cela veut dire : « je ne sais pas qui » et donc « je ne peux rien faire face à cette situation ». En précisant votre pensée, c'est vous qui reprenez le contrôle de votre vie.

Si quelqu'un vous dit : « Ton projet ne peut pas marcher », vous devez trouver quel est le problème exact que voit votre interlocuteur dans ce projet. En répondant : « Mais ça marchera », vous risquez de couper la communication et de toute façon vous ne résoudrez rien. Car il ne s'agit souvent pas de l'ensemble du projet en question, mais seulement d'un point précis. Si vous essayez de tout reprendre de zéro, vous naviguerez comme un avion sans radar. Et peut-être réussirez-vous à tout mettre au point sauf justement ce qui constituait le problème. Tandis que, si vous le définissez tout de suite et cherchez à lui apporter une solution, vous êtes sur la bonne voie. Plus la carte reproduit avec exactitude le territoire réel, plus elle vous sera utile. Plus vous connaîtrez le territoire, plus vous aurez de pouvoir pour y intervenir.

Pressez enfin vos pouces l'un contre l'autre. Le premier affirme : « Trop, trop cher », le second demande : « Comparé à quoi ? » Lorsque nous disons « trop », nous passons quelque chose sous silence, une construction souvent arbitraire logée dans un coin de notre cerveau. Vous dites peut-être que plus d'une semaine de vacances, c'est trop, parce que vous ne pouvez pas vous absenter de votre bureau pendant aussi longtemps, ou que l'ordinateur dont a envie votre fils coûte trop cher.

Dégagez-vous de ces généralisations grâce à des comparaisons. Cela vaut peut-être la peine de laisser votre travail pendant quinze jours et de le reprendre en pleine forme, ce qui vous permettra de donner le meilleur de vous-même. Cet ordinateur est trop cher si vous pensez qu'il ne servira à rien à votre fils. Mais si vous vous dites que grâce à ce nouvel outil il apprendra des tas de choses qui lui seront très utiles, qu'importe son prix ? La seule façon d'établir des jugements rationnels est de s'appuyer sur des critères de comparaison objectifs. Si vous commencez à utiliser le modèle de précision, vous finirez par vous y référer systématiquement.

Il arrive qu'on me dise, par exemple : « Votre séminaire est trop cher. » Et lorsque je demande : « Comparé à quoi ? » on me répond souvent : « À d'autres séminaires que j'ai suivis. »

Je cherche alors à savoir de quels séminaires mon interlocuteur me parle et je lui demande s'ils sont exactement comme le mien.

« Eh bien, non, pas vraiment, me répond-on.

— Voilà qui est intéressant. Imaginons qu'à la fin de mon séminaire vous trouviez qu'il vaut ce qu'il vous a coûté. »

Mon interlocuteur respire plus profondément, il sourit.

« Je ne sais pas... Je crois que je penserais cela si je me sentais bien.

— Que puis-je faire de particulier pour vous aider à penser ainsi ?

— J'aimerais que vous passiez plus de temps sur tel ou tel sujet, cela me ferait du bien.

— Et vous auriez l'impression de ne plus perdre votre temps ni votre argent ?

— Oui, c'est cela. »

Que s'est-il passé au cours de cette conversation ? Nous avons investi le monde réel, trouvé les points précis sur lesquels il nous fallait intervenir. Nous sommes passés d'une vague généralisation à des descriptions précises grâce auxquelles nous avons travaillé à résoudre nos problèmes. Il en va ainsi presque chaque fois que nous voulons communiquer. La route qui mène à l'entente est pavée d'informations précises.

Entraînez-vous pendant les jours qui viennent à porter votre attention sur la façon dont s'expriment les gens. Commencez par identifier les universaux, les noms et verbes imprécis. Comment ? Allumez par exemple votre télévision et regardez un journaliste qui mène une interview. Notez les mots et les expressions qui laissent le spectateur dans le brouillard et demandez-vous quelles questions vous poseriez pour obtenir les informations dont vous avez besoin.

Il ne me reste qu'à vous donner quelques derniers conseils avant d'en terminer avec ce chapitre. Évitez les mots comme « bon », « mauvais », « meilleur » ou « pire », tous les termes qui impliquent une évaluation ou un jugement. Lorsque vous entendez des phrases du genre : « C'est une mauvaise idée » ou « Il est bon de manger tout ce qu'on a dans son assiette », vous pouvez toujours répondre : « Qu'est-ce qui te fait dire ça ? » ou « Comment le sais-tu ? »

Devant des déclarations qui relient une cause à un effet, telles que : « Ses remarques m'énervent » ou « Ce que tu m'as dit m'a fait réfléchir », sachez demander : « Comment précisément est-ce que X entraîne Y ? » Cela vous aidera à mieux communiquer avec les gens et à mieux les aider.

Certains croient pouvoir lire dans l'esprit des autres comme à livre ouvert. Méfiez-vous des conclusions qu'ils en tirent. Quand on vous dit : « Je sais qu'il m'aime, voilà tout, je le sais » ou « Tu penses que je ne te crois pas », vous devez absolument demander à l'autre : « Comment le sais-tu ? »

Vous avez encore une chose à apprendre, quelque chose de très subtil. Qu'ont en commun des mots comme « attention », « affirmation » ou « raison » ? Ce sont des noms, certes. Mais ils ne correspondent à rien que nous puissions trouver dans le monde extérieur. Avez-vous déjà vu une affirmation ? Ce n'est ni une personne, ni un lieu, ni un objet. C'est un nom que l'on emploie à la place d'un verbe, il décrit le fait qu'on affirme. La nominalisation linguistique fait perdre leur spécificité aux mots. À vous de la leur redonner chaque fois que vous en avez l'occasion. On vous dit par exemple : « Je veux une nouvelle vie » ou « Je veux de l'amour. » Répondez : « Que veux-tu vivre ? » « Comment veux-tu être aimé ? » ou « Qu'est-ce qu'aimer ? » Ce que vous demandez ainsi à l'autre d'exprimer est beaucoup plus précis.

Pour entraîner la communication sur un terrain solide, il suffit de poser les bonnes questions, en particulier celles qui déterminent des objectifs. Si vous demandez à quelqu'un ce qui ne va pas, vous n'obtiendrez rien d'autre qu'une longue plainte. Mais si vous lui demandez : « Qu'est-ce que tu veux ? » ou « En quoi veux-tu que les choses changent ? », vous quittez l'optique du problème pour vous diriger vers celle de la solution. Quelle que soit notre situation, même la plus désespérée, nous désirons toujours quelque chose et c'est ce vers quoi nous devons orienter nos pensées, grâce à ces questions que l'on appelle en PNL les « questions-objectifs » :

« Qu'est-ce que je veux ? »
« Quel est l'objectif à poursuivre ? »
« Pourquoi suis-je ici ? »
« Qu'est-ce que je veux pour vous ? »
« Qu'est-ce que je veux pour moi ? »

Un autre point important : préférez les « comment » aux « pourquoi ». Avec des « pourquoi », vous obtiendrez des raisons, des explications, des justifications, des excuses... Mais tout cela ne vous apportera généralement aucune information utile. Ne demandez pas à votre enfant pourquoi il a des difficultés en algèbre, mais de quoi il a besoin pour mieux réussir. Il ne sert à rien de faire expliquer à un de vos employés pourquoi il n'a pas décroché le contrat dont vous aviez besoin, mieux vaut essayer de trouver avec lui ce qu'il doit changer dans sa manière de faire pour réussir de façon certaine la prochaine fois. Les as de la communication ne perdent pas de temps à expliquer les échecs, ils cherchent à découvrir des solutions et emploient pour cela les questions adéquates.

Un dernier conseil, enfin, qui nous ramène aux « croyances positives » du chapitre 5 (« Les sept mensonges du succès »). Vous devez faire reposer toutes vos communications, avec vous-même comme avec les autres, sur ce principe : rien de ce qui arrive n'est inutile, toute situation donnée peut vous aider à atteindre vos objectifs. Cela veut dire qu'une bonne communication doit refléter la réaction et non l'échec. Lorsque vous faites un puzzle et qu'une pièce ne va pas là où vous vouliez la mettre, vous n'abandonnez généralement pas la partie pour cela. Vous en prenez une autre qui semble mieux convenir. Eh bien ! vous auriez tout avantage à observer la même attitude dans le domaine de la communication. Il existe presque toujours une question ou une phrase qui transformera un problème en communication. Si vous suivez les principes généraux que je viens de vous donner, vous serez capable de la trouver, dans toutes les situations auxquelles vous vous trouverez confronté. (« Toutes les situations » – commencez à utiliser dès maintenant le modèle de précision !)

Dans le chapitre suivant, nous allons étudier ce qui sous-tend toute interaction humaine réussie, le lien qui attache les gens les uns aux autres. C'est ce qu'on appelle…

13

La magie de la sympathie

L'ami qui te comprend te crée.

Romain ROLLAND

Pensez à un moment de votre vie où vous étiez en total synchronisme avec un autre, un ami, un amant, un membre de votre famille, ou quelqu'un que vous veniez de rencontrer par hasard. Replongez-vous mentalement dans ces instants et cherchez ce qui en l'autre vous faisait vous sentir si totalement en accord avec lui.

Vous allez probablement vous rappeler que vous aviez les mêmes impressions ou les mêmes réactions face à quelque chose qui venait de se passer, ou à propos d'un livre que vous aviez lu, ou d'un film. Même si cela vous a échappé, vous parliez ou respiriez peut-être de la même façon. Il est possible aussi que vous ayez eu le même genre d'éducation, ou les mêmes croyances. Tout ce qui vous reviendra ainsi à l'esprit nous renvoie à une composante fondamentale des rapports humains : la sympathie. La sympathie est ce qui vous rend capable d'entrer dans l'univers de l'autre, de lui faire sentir que vous le comprenez, que vous avez des liens communs puissants. Elle vous permet de passer de votre carte du monde à la sienne, elle est l'essence même de la communication réussie.

La sympathie constitue l'outil grâce auquel vous obtiendrez des résultats avec les autres. Vous avez appris dans le chapitre 5 (« Les sept mensonges du succès ») que les autres représentent votre ressource fondamentale. Eh bien ! c'est grâce à la sympathie que vous puiserez dans cette ressource. Quoi que vous désiriez de la vie, si vous nouez des relations de sympathie avec les gens qu'il faut, vous saurez répondre à leurs besoins et ils sauront répondre aux vôtres.

La capacité d'établir des liens de sympathie est un art précieux. Pour réussir en tant qu'acteur ou représentant de commerce, en tant que père, mère ou ami, politicien ou publicitaire, nous avons simplement besoin de développer entre nous et les autres des rapports de sympathie, de créer des liens humains puissants et des correspondances.

Beaucoup de gens rendent la vie compliquée et difficile. Cela n'est pas indispensable. Toutes les techniques dont je vous ai parlé ont le même but : vous permettre d'améliorer vos rapports avec les autres. Car, si vous êtes en sympathie avec ceux qui vous entourent ou avec qui vous travaillez, tout ce que vous entreprendrez deviendra plus simple, plus facile et plus agréable. Quoi que vous ayez envie de faire, de voir, de créer, de partager ou de vivre, que vous désiriez vous réaliser sur le plan spirituel ou gagner un million de dollars, il existe toujours quelqu'un qui peut vous aider à atteindre votre objectif plus vite et plus facilement, quelqu'un qui sait et vous apprendra à ne pas perdre trop de temps ni d'énergie pour y arriver ou qui peut mettre à votre disposition les ressources dont il dispose. Pour l'en persuader, il vous suffit de créer entre lui et vous un lien de sympathie, ce lien magique qui unit les êtres humains et leur donne l'impression d'être engagés dans le même combat.

Vous voulez savoir quel est le pire de tous les lieux communs que nous nous amusons à répéter ? « Les contraires s'attirent. » Comme toute affirmation erronée, celle-ci contient une part de vérité : quand les gens ont suffisamment de points communs, ce en quoi ils diffèrent ajoute un certain piment aux choses. Mais qui vous attire le plus, avec qui voulez-vous passer du temps ? Cherchez-vous quelqu'un avec qui vous ne soyez d'accord sur rien, qui ait des intérêts d'ordre tout à fait différent, qui aime dormir quand vous voulez vous amuser et s'amuser quand vous avez envie de dormir ? Bien sûr que non. Vous voulez être avec ceux qui sont comme vous, chacun restant unique.

Quand les gens se ressemblent, ils s'apprécient. Est-ce que l'on fait partie d'un club lorsqu'on se sent différent de ses membres ? Non. Les anciens combattants se réunissent avec les anciens combattants, les collectionneurs de timbres avec les collectionneurs de timbres, les amateurs de football avec les amateurs de football, parce que c'est ce qu'ils ont en commun qui crée des rapports de sympathie entre eux. Avez-vous déjà assisté à un congrès ? Ne s'y crée-t-il pas immédiatement un lien entre des gens qui ne se sont jamais vus auparavant ? Imaginez un personnage extraverti, qui parle trop et trop vite, dans une scène de comédie qui l'associe à un introverti silencieux et effacé. Vont-ils s'entendre ? Certainement pas. Ils ne se ressemblent pas assez pour s'apprécier.

Avec qui un Américain se sentira-t-il le plus à l'aise, un Anglais ou un Iranien ? La réponse est évidente. Et avec qui a-t-il le plus de points communs ? Même réponse. Prenez le Moyen-Orient. Pourquoi pensez-vous qu'il y ait des problèmes dans cette région du monde ? Les Juifs et les Arabes ont-ils les mêmes croyances religieuses ? Appliquent-ils le même système judiciaire ? Parlent-ils la même langue ? On pourrait continuer comme ça longtemps. Leurs antagonismes sont nés de leurs différences.

L'expression « avoir des différends » traduit d'ailleurs parfaitement cette idée. Que se passe-t-il entre les Noirs et les Blancs aux États-Unis ? Où commencent les problèmes ? Là où les individus se focalisent sur leurs différences – leur couleur de peau, leurs traditions, leur culture. La tempête naît des différences massives, l'harmonie de la similarité. Cela s'est vérifié tout au long de l'histoire de l'humanité. Et c'est aussi vrai à l'échelle individuelle qu'à celle de la société.

Prenez n'importe quelle relation existant entre deux personnes : c'est ce qu'elles avaient en commun qui les a tout d'abord rapprochées l'une de l'autre. Elles peuvent fort bien faire la même chose différemment, mais c'est cette même chose qui a compté entre elles. Pensez à quelqu'un que vous aimez vraiment beaucoup et dégagez tout ce qui vous attire en lui. N'est-ce pas ce en quoi il est comme vous ou tout au moins comme ce que vous désireriez être ? Vous ne vous dites pas : ce type pense tout le contraire de moi, dans tous les domaines, qu'est-ce qu'il est chouette ! Non, vous vous dites : voilà quelqu'un d'intelligent, il voit le monde comme je le vois et m'ouvre des perspectives. Et maintenant, pensez à quelqu'un que vous ne pouvez supporter. Est-ce quelqu'un qui vous ressemble fondamentalement ? Vous êtes-vous déjà dit : c'est vraiment un pourri, il a exactement les mêmes idées que moi ?

Cela signifie-t-il qu'on ne peut sortir du cercle vicieux dans lequel la différence crée le conflit, puis le conflit la différence et ainsi de suite ? Évidemment, non. Car partout où existe la différence, la similarité existe aussi. Les Noirs et les Blancs des États-Unis sont-ils très différents ? Oui, mais ils ont beaucoup plus de points communs que de différences. Nous sommes tous des êtres humains, avec les mêmes peurs et les mêmes aspirations. Pour passer de la discorde à l'harmonie, il faut cesser de souligner les différences pour se focaliser sur les ressemblances. Le premier pas qui mène à la communication réelle est celui par lequel vous apprendrez à faire correspondre votre carte du monde avec la sienne. Et comment y arrivons-nous ? Par la sympathie.

Si tu veux gagner un homme à ta cause, convaincs-le d'abord que tu es son ami.

Abraham LINCOLN

Comment créons-nous la sympathie ? En créant ou en découvrant des points communs. C'est ce que nous appelons en PNL le processus du « miroir » ou de l'« appariement ». Il y a de nombreuses façons de créer la similarité et donc la sympathie. Le miroir peut refléter des intérêts communs (mêmes aventures passées, même violon d'Ingres, même goût pour la musique), des fréquentations similaires (même genre d'amis, de relations) ou des croyances identiques. C'est sur ces expériences communes que reposent les liens sociaux ou amicaux. Or, nous nous les communiquons toutes à travers le langage. Pour nous « apparier », nous commençons généralement par échanger des informations sur ce que nous sommes et cela, à travers des mots. Certaines études ont pourtant démontré que sept pour cent seulement de ce que nous nous communiquons est transmis par les mots. Trente-huit pour cent de cette communication passe à travers le ton sur lequel nous parlons (je sais que, quand j'étais petit et que ma mère élevait la voix pour dire « Anthony » sur un certain ton, cela en disait beaucoup plus long que mon simple nom) et cinquante-cinq pour cent, la part la plus importante, à travers notre physiologie, c'est-à-dire le langage corporel. Les expressions qui passent sur notre visage, nos gestes, notre façon de bouger lorsque nous sommes en train de communiquer les uns avec les autres en disent beaucoup plus que les mots que nous employons. Cela explique qu'un comique comme Don Rickles puisse s'adresser à vous, vous dire des choses horribles et vous faire rire. Ou que les cinq lettres, dans la bouche d'un Eddie Murphy, aient un effet comique irrésistible. Ce ne sont pas les mots, mais tout ce qui va avec eux – le ton, la physiologie – qui vous fait rire.

En essayant d'installer un rapport de sympathie uniquement par le contenu de notre conversation, nous oublions d'utiliser les moyens les plus importants que nous possédons pour établir une communication avec le cerveau de l'autre. Une des meilleures façons que nous ayons d'y parvenir consiste simplement à refléter ou créer une physiologie commune. C'est ce que faisait le grand hypnothérapeute Milton Erickson. Il apprit à reproduire le rythme respiratoire, les postures, le ton et les gestes des autres, ce qui lui permettait de faire passer en quelques minutes un courant de parfaite sympathie. Des gens qui ne le connaissaient pas lui faisaient soudain totalement confiance. Si vous arrivez à faire naître une certaine sympathie seulement avec des mots, pensez donc à la puissance incroyable des liens que vous pourriez nouer si vous utilisiez aussi votre physiologie.

Alors que les mots agissent sur le conscient, la physiologie joue sur notre inconscient, sur cette région d'où travaille notre cerveau. Tiens, ce type me ressemble, il a l'air pas mal. Une fois que ce phénomène s'est produit, il existe une incroyable attirance pour l'autre, un lien étonnant. Et parce que ce lien appartient au domaine de l'inconscient, il n'en est que plus fort. Vous ne le savez pas, mais la relation est nouée.

Comment, donc, refléter la physiologie de l'autre ? Quels traits physiques pouvons-nous reproduire ? La voix, par exemple. Son timbre, sa hauteur, son intensité, son rythme, le ton, les pauses observées. Reprenez les mots, les expressions qu'il utilise le plus souvent. Essayez aussi avec les postures, la respiration, la façon de bouger, les expressions du visage, des yeux, les gestes des mains. Vous pouvez reproduire n'importe quel aspect de la physiologie de l'autre, de la position de ses pieds à sa manière de secouer la tête. Mais, au premier abord, cela peut sembler absurde.

Qu'arriverait-il si vous réussissiez à reproduire toute la physiologie de vos interlocuteurs ? Ils auraient l'impression d'avoir rencontré l'âme sœur, quelqu'un qui les comprend totalement, qui peut lire leurs pensées les plus profondes, qui est exactement comme eux. Mais vous n'avez pas besoin de reprendre toute la physiologie de l'autre pour créer un état de sympathie. En commençant par le ton de la voix ou une expression faciale, vous pouvez déjà apprendre à faire passer un puissant courant de sympathie chaque fois que vous le désirerez.

Vous souvenez-vous de ce qui a été dit sur la technique du miroir dans le chapitre sur la physiologie ? Quand on reproduit la physiologie d'un autre, on arrive non seulement à se mettre dans un état similaire, mais à connaître les mêmes expériences intérieures et à avoir les mêmes pensées. Que se passerait-il donc si vous faisiez cela dans votre vie de tous les jours ? Si vous saviez assez bien reprendre à votre compte le langage corporel des autres pour connaître leurs pensées ? Quel genre de rapports auriez-vous alors avec eux et qu'en feriez-vous ? Cette éventualité peut faire peur. C'est pourtant ce que font continuellement les professionnels de la communication. L'art du miroir est un art comme les autres. Il demande de l'entraînement. Mais si vous vous y exercez dès maintenant, vous obtiendrez déjà des résultats.

COMPOSANTES DE LA VOIX
QUE L'ON PEUT REPRODUIRE

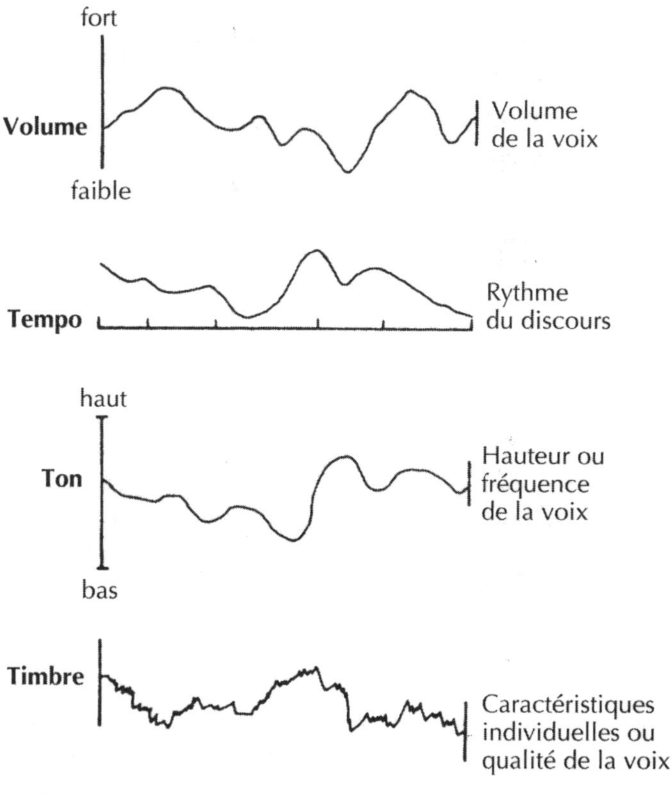

Pour reproduire, il faut savoir observer attentivement et faire preuve d'une grande souplesse. Exercez-vous avec quelqu'un que vous connaissez en prenant tour à tour le rôle du miroir et celui du meneur de jeu.

Le meneur de jeu doit pendant quelques minutes changer le plus souvent possible d'attitudes et d'expressions. Froncez les sourcils, penchez la tête, croisez et décroisez les mains... C'est un excellent exercice pour vos enfants, un jeu auquel ils adoreront jouer. Quand vous avez fini, comparez vos résultats. Vous avez probablement laissé passer autant de choses que vous en avez observé et reproduit. Pour devenir un expert au jeu du miroir, il vous faut tout d'abord prendre conscience du fait que nous utilisons notre corps de milliers de façons différentes et apprendre à en découvrir le plus grand nombre possible. Mais si ces possibilités sont illimitées, nous ne faisons, quand nous sommes assis, par exemple, qu'un nombre limité de mouvements. Au bout d'un certain temps, vous n'aurez même plus besoin de réfléchir. Vous reproduirez la physiologie de ceux qui vous entourent sans même y penser.

L'art du miroir est un art infiniment subtil, mais il repose sur quelque chose que nous avons évoqué dans le chapitre concernant le choix d'une stratégie : les trois systèmes fondamentaux de représentation. Nous utilisons tous ces trois systèmes, mais la plupart d'entre nous ont tendance à se référer plus souvent à un seul d'entre eux : nous sommes fondamentalement visuels, auditifs ou kinesthésiques. Identifier le système fondamental de représentation de l'autre simplifie radicalement la tâche de celui qui veut en reproduire sa physiologie.

Pour communiquer de façon efficace, nous devons comprendre que nous percevons tous le monde de façon différente.

Si notre comportement et notre physiologie dépendaient d'un ensemble aléatoire d'éléments, il nous faudrait en définir chaque indice et les combiner ensuite à grand mal. Mais les systèmes de représentation nous en donnent les codes secrets. Chaque fait remarqué permet d'en découvrir plusieurs autres. Comme nous l'avons vu dans le chapitre 8, il existe toute une constellation de comportements qui accompagnent l'appartenance au groupe des visuels. Il y a tout d'abord des indices verbaux, des phrases comme : « C'est comme ça que je vois les choses », ou : « Je ne regarde pas le problème sous cet angle. » Les individus qui font partie de ce groupe parlent généralement vite et respirent avec le haut de leur poitrine. Ils forcent leur voix, qui a un ton aigu et nasal. Leurs muscles sont tendus, en particulier ceux des épaules et de l'abdomen. Ils ont tendance à montrer du doigt, ont souvent les épaules voûtées et le cou allongé.

Les auditifs utilisent des phrases comme : « Je n'entends rien à tout cela », ou : « Il y a des souvenirs qui chantent dans ma mémoire. » Leur débit est plus modulé, leur rythme plus régulier. Leur voix a une certaine qualité de résonance, une certaine clarté. Ils respirent calmement et profondément, à partir de leur diaphragme ou de leur poitrine tout entière. Leur tension musculaire est équilibrée. Les gens qui croisent leurs mains ou leurs bras appartiennent généralement à ce groupe. Ils ont tendance à laisser tomber leurs épaules et à pencher légèrement la tête sur le côté.

Les kinesthésiques disent : « Je ne le sens pas », « Ça me touche beaucoup. » Ils parlent lentement, s'arrêtent souvent longuement entre deux mots, ont une voix basse, profonde. De nombreux mouvements du corps indiquent un accès kinesthésique tactile ou externe, une relaxation musculaire un accès kinesthésique interne, viscéral. Les kinesthésiques se tiennent souvent avec les bras arrondis et les paumes tournées vers le haut. Ils ont une posture solide, la tête bien plantée sur des épaules dégagées.

COMMENT NOUS PERCEVONS LA COMMUNICATION

Expressions génériques	*Visuels*
1. Je vous comprends.	1. Je vois votre point de vue.
2. Je veux vous communiquer quelque chose.	2. Je veux que vous jetiez un coup d'œil là-dessus.
3. Est-ce que vous comprenez ce que j'essaie de vous communiquer ?	3. Est-ce que le tableau que je vous ai brossé du problème est clair ?
4. Je sais que cela est vrai.	4. Je sais sans l'ombre d'un doute que c'est vrai.
5. Je n'en suis pas sûr.	5. Cela n'est pas très clair pour moi.
6. Cela ne me plaît pas.	6. Je ne vois pas ça d'un bon œil.
7. La vie est bonne.	7. J'ai une image de la vie claire comme de l'eau de roche et éblouissante.

Auditifs	*Kinesthésiques*
1. Je vous entends bien.	1. Vos paroles me touchent.
2. Je veux que vous entendiez cela clairement.	2. Je veux que vous mettiez le doigt sur ce que je suis en train de dire.
3. Est-ce que ces mots ont un écho en vous ?	3. Est-ce que vous saisissez ?
4. Cette information est exacte, mot pour mot.	4. On peut y croire dur comme fer.
5. Cela ne me dit rien de précis.	5. Je ne vous suis pas complètement.
6. Quelle cacophonie !	6. J'ai la désagréable sensation que vous vous fourvoyez.
7. La vie est un accord parfait.	7. La vie est douce et merveilleuse.

Cette description de la physiologie n'est qu'un indice parmi d'autres, certes, et de toute façon ces caractères varient d'une personne à l'autre. Sachez donc observer votre interlocuteur avec attention, car chaque individu est unique. Mais en identifiant le principal système de représentation de votre interlocuteur, vous avez fait un grand pas en avant grâce auquel vous apprendrez à entrer dans son monde. Car il ne vous reste alors plus qu'à vous apparier avec ce système.

Prenez un auditif, par exemple. Si vous essayez de le persuader de faire quelque chose en lui demandant de décrire comment il en voit le résultat et si vous lui parlez très, très vite, vous n'arriverez probablement à rien. Il a besoin d'entendre ce que vous lui dites, d'écouter vos propositions et de sentir qu'elles ont un écho dans sa tête. En fait, peut-être simplement ne vous « entend-il » pas à cause du ton de votre voix. De même, si vous tentez avec un visuel une approche kinesthésique, en parlant très lentement de ce que vous ressentez à propos d'une chose ou d'une autre, il y a des chances pour que votre lenteur l'irrite et qu'il vous demande où vous voulez en venir.

Voici un exemple qui illustre parfaitement ces différences. Il y a, dans un quartier des environs, une maison située dans une rue tranquille. À toute heure du jour, on entend chanter les oiseaux dans son jardin. Son intérieur, qui ressemble à celui d'un livre de contes, vous parle avec une telle éloquence qu'il est difficile de ne pas se demander comment on pourrait ne pas avoir envie d'y entrer. Et lorsque, au crépuscule, les oiseaux se taisent, le vent fait bruire doucement les branches des arbres.

Je vais vous parler maintenant d'une autre maison qui est incroyablement pittoresque. On peut la regarder pendant des heures, tant elle est étonnante, avec sa grande véranda blanche, ses murs ocre recouverts de lambris et ses innombrables fenêtres qui répandent à l'intérieur une lumière magnifique. Son escalier en colimaçon, les moulures de ses portes, tout y est intéressant. On aimerait en explorer chaque coin et recoin.

La troisième des maisons que je veux évoquer ici est plus difficile à décrire. Il faut y aller pour sentir ce qui s'en dégage. Elle est solidement bâtie et rassurante, dans ses pièces règne une atmosphère chaleureuse. D'une manière totalement indéfinissable, elle touche quelque chose de fondamental en vous. C'est un lieu nourricier. On a envie de s'y asseoir dans un coin et de s'imprégner de son air, comme pour y puiser une certaine sérénité.

Il s'agit, vous l'avez peut-être deviné, chaque fois de la même maison, décrite d'un point de vue auditif, puis visuel, puis kinesthésique. Si vous deviez la faire visiter, il faudrait, pour mettre en évidence toutes ses qualités, utiliser vous aussi ces trois modes. Le système de représentation de chaque individu déterminera ensuite laquelle de ces descriptions l'attire le plus. Mais n'oubliez pas que nous utilisons tous les trois systèmes. La communication la plus élégante puise donc à ces trois sources tout en faisant plus particulièrement appel à celle qui correspond au système fondamental de l'interlocuteur.

Commencez par établir une liste d'expressions visuelles, auditives et kinesthésiques. Pendant les jours qui viennent, écoutez ce que les gens vous disent et notez quel mode d'expression ils utilisent le plus. Puis parlez-leur avec les mêmes mots. Que se passe-t-il ? Parlez-leur ensuite un moment en faisant appel à un autre système de représentation. Qu'arrive-t-il cette fois ?

Laissez-moi vous montrer à quel point le procédé du miroir peut être efficace. Je me trouvais alors à New York, et comme j'avais envie de me détendre, je suis allé à Central Park. Assis sur un banc, je regardais autour de moi et vis un autre promeneur qui se reposait comme moi, de l'autre côté de l'allée. J'ai alors commencé à reproduire ses gestes. (Une fois que vous avez pris cette habitude, il est dur de s'en défaire.) Je faisais exactement tout ce qu'il faisait, prenais la même position, respirais comme lui, croisais mes pieds comme lui. Il jette des miettes de pain aux oiseaux, je jette des miettes de pain aux oiseaux. Il penche la tête, je penche la tête. Puis il lève les yeux et je lève les yeux. Il me regarde, je le regarde.

Bientôt il se lève et vient vers moi. Normal. Il se sent attiré par moi parce qu'il croit que je suis exactement comme lui. Nous bavardons et je reproduis le ton de sa voix, j'utilise le même genre de mots que lui. « Vous êtes certainement quelqu'un de très intelligent », me dit-il au bout d'un moment. Pourquoi croit-il cela ? Parce qu'il a l'impression que nous nous ressemblons. Ensuite, il ajoute qu'il a l'impression de mieux me connaître que des gens qu'il fréquente depuis vingt-cinq ans. Et peu après, il me propose de travailler avec lui.

Je sais que le procédé du miroir déplaît à certains. Ils le trouvent artificiel et parlent de manipulation. Mais c'est une idée absurde. Chaque fois que vous vous trouvez en sympathie avec un autre, vous reproduisez naturellement sa physiologie, le ton de sa voix, etc. Dans mes séminaires, il y a toujours quelqu'un qui s'élève contre ce que je raconte à ce sujet. Je lui dis que, s'il regarde celui qui est assis à côté de lui, il s'apercevra qu'ils ont exactement la même posture : jambes croisées, tête penchée du même côté et ainsi de suite. Invariablement, ils se reflètent l'un l'autre parce qu'une certaine sympathie s'est installée entre eux au cours de ces quelques jours de séminaire. Puis je lui demande ce qu'il pense de son voisin et il répond : « C'est un type bien », ou : « Nous nous comprenons. » Je propose alors à l'autre de changer sa physiologie et de s'asseoir dans une position totalement différente, puis je demande au premier ce qu'il ressent maintenant pour lui. « Plus distant », me répond-on, ou : « Je ne sais plus très bien. »

Le fait de refléter l'autre est donc un élément naturel du rapport de sympathie. De toute façon, vous le faites déjà inconsciemment. Dans ce chapitre, je vous donne les recettes de la sympathie, de manière que vous puissiez provoquer cette dernière chaque fois que vous le désirez, avec qui que ce soit, même un parfait étranger. Quant à qualifier le procédé du miroir de manipulation, dites-moi ce qui requiert le plus d'efforts conscients, parler sur le ton qui vous est propre et à votre rythme ou trouver véritablement la façon dont l'autre communique le mieux et investir son monde ? Souvenez-vous aussi que, lorsque vous reflétez l'autre, vous vivez véritablement son expérience intérieure, vous ressentez les mêmes choses que lui. Avez-vous donc l'intention de vous manipuler vous-même ?

Vous ne renoncez pas à votre identité en reproduisant la physiologie et le ton de l'autre. Personne n'est exclusivement visuel, auditif ou kinesthésique. Nous devons tous tendre à une plus grande souplesse. Le procédé du miroir crée une unité physiologique qui met en évidence notre humanité partagée. Quand je reflète l'autre, je tire profit de ce qu'il ressent et de ce qu'il pense. Apprendre à partager le monde avec d'autres êtres humains est une grande et puissante leçon de vie.

Si l'on veut susciter l'enthousiasme des masses, il faut établir avec elles un rapport de sympathie. Les grands dirigeants s'appuient sur les trois systèmes fondamentaux de représentation. Car nous tendons à accorder notre confiance à ceux avec qui nous nous trouvons en accord dans ces trois systèmes et qui nous donnent une impression de cohérence, l'impression que leur personnalité tout entière parle de la même chose. Prenons les élections présidentielles américaines.

Pensez-vous que Ronald Reagan était, pour son âge, un bel homme ? Avait-il une voix et une façon de parler agréables ? Pouvait-il nous émouvoir, éveiller en nous des sentiments de patriotisme et nous donner un certain optimisme face à l'avenir ? La plupart des gens, même ceux qui étaient en désaccord avec sa politique, répondaient « oui ! » sans hésiter à ces trois questions. Rien d'étonnant à ce qu'on l'ait appelé le Grand Communicateur. Prenons maintenant Walter Mondale. Était-il visuellement attirant ? Lorsque je posais cette question dans un séminaire, j'obtenais au maximum vingt pour cent de réponses positives et moins de gens encore pensaient qu'il avait une voix et une façon de parler agréables. Et quand j'en arrivais à la dernière question : peut-il éveiller en nous des sentiments de patriotisme et nous donner un certain optimisme pour l'avenir ?, l'assistance éclatait généralement de rire. La victoire écrasante de Reagan n'a donc rien eu d'étonnant.

Pensez maintenant à ce qui est arrivé à Gary Hart. C'était un homme assez séduisant, aux trois niveaux dont nous venons de parler. Mondale était plus riche et il avait déjà fait partie de l'équipe de la Maison Blanche. Pourtant Hart avait ses chances. Pourquoi a-t-il été écarté ? Tout d'abord, Hart n'était pas en accord avec ce qu'il disait, il manquait de cohérence. Lorsqu'on lui demandait pourquoi il avait changé de nom, il répondait que cela n'avait pas d'importance, mais sa voix et sa physiologie exprimaient autre chose. Il aurait pu faire face aux journalistes et leur dire : « Oui, j'ai changé de nom. Et je l'ai fait pour qu'on ne me juge pas sur mon nom mais sur la qualité de mon travail. » Au lieu de cela, il s'est esquivé. Puis les journalistes ont été obligés de le pousser dans ses retranchements pour le faire parler de ses « nouvelles idées » et, lorsqu'il les a évoquées, beaucoup les ont trouvées inconsistantes. Elles n'étaient que « ouate ».

Prenons maintenant l'exemple de quelqu'un comme Bruce Springsteen. Il remplit les salles et soulève l'enthousiasme, car ses spectacles offrent à nos yeux et à nos oreilles tout ce qu'on peut en attendre. Il est beau, parle d'une voix profonde et émouvante et attire la sympathie. Il semble parfaitement cohérent.

Pensez à un Président américain qui vous a laissé une image puissante, pleine de charisme, l'image d'un Président qui avait quelque chose en plus… Est-ce John Kennedy ? C'est ce que me répondent quatre-vingt-quinze pour cent de ceux à qui je pose cette question. Pourquoi ? Pour de nombreuses raisons dont nous pouvons ici analyser certaines. Trouviez-vous Kennedy visuellement attirant ? Il y a de fortes chances. J'ai rarement rencontré quelqu'un qui fût de l'avis contraire. Et il en va de même sur le plan auditif : quatre-vingt-dix pour cent des gens interrogés appréciaient sa voix et sa façon de parler. Avait-il le don de vous émouvoir quand il déclarait, par exemple : « Ne demandez pas ce que votre pays peut faire pour vous, demandez ce que vous pouvez faire pour votre pays » ? Il maîtrisait suffisamment l'art de la communication pour toucher profondément les gens. Était-il, enfin, cohérent ? Khrouchtchev devait le penser. La crise de Cuba fut un bras de fer entre Kennedy et Khrouchtchev. Les deux hommes se regardaient droit dans les yeux et, comme l'écrivit quelqu'un, « Khrouchtchev cligna des paupières ».

Ceux qui réussissent ont le don de créer des rapports de sympathie, toutes les études faites sur eux le démontrent. Ce sont les individus à la fois souples et attirants dans les trois systèmes de représentation qui parviennent à toucher le plus grand nombre de gens, que ce soit en tant que professeur, homme d'affaires ou dirigeant politique. S'il s'agit pour certains d'un don inné, c'est un don que vous pouvez acquérir. Si vous êtes capable de voir, d'entendre, de ressentir, vous êtes capable de créer un rapport de sympathie avec tous ceux que vous rencontrerez, simplement en faisant ce qu'ils font. Cherchez en l'autre ce que vous pouvez reproduire de la façon la plus discrète et la plus naturelle possible. Si vous mimez la façon asthmatique de respirer de votre interlocuteur ou le tic dont il est affligé, vous lui donnerez l'impression que vous vous moquez de lui.

Si vous vous y entraînez, vous entrerez ainsi dans le monde de tous ceux en présence de qui vous vous trouverez et vous parlerez sur le même mode qu'eux. Cela deviendra bientôt une seconde nature, vous le ferez de façon automatique, inconsciemment. Et lorsque vous commencerez à bien savoir refléter les autres, vous vous apercevrez que le procédé du miroir vous permet non seulement d'établir un rapport de sympathie et de comprendre l'autre, mais d'arriver à ce que ce dernier vous suive ; c'est ce que l'on appelle « suivre et conduire ». Quelles que soient les circonstances dans lesquelles vous vous rencontrez, quelles que soient les différences qui vous opposent, si vous réussissez à faire passer un courant de sympathie avec votre interlocuteur, vous arriverez rapidement à l'influencer de façon que son comportement se modèle sur le vôtre.

Un exemple me permettra de mieux vous expliquer ce que l'on entend par « suivre et conduire ».

Il y a quelques années, lorsque j'ai commencé à m'occuper des problèmes de nutrition, mon bureau d'études est entré en contact avec un médecin très connu de Beverley Hills. Très vite, ce dernier nous demanda de prendre une décision. Mais j'étais le seul à pouvoir le faire et avais dû m'absenter à ce moment-là. Il n'apprécia pas le fait de devoir attendre un gamin de vingt et un ans et, lorsque nous nous rencontrâmes enfin, il se montra tout d'abord assez hostile.

Il me reçut assis derrière son bureau, le dos raide, les muscles tendus. Je m'installai en face de lui, prenant exactement la même posture et le même rythme respiratoire. Il parlait rapidement, je lui parlai rapidement. Il faisait avec son bras droit un geste circulaire très particulier que je reproduisis.

Malgré les conditions difficiles de notre rencontre, nous trouvâmes assez vite un terrain d'entente. Pourquoi ? Parce que, grâce au processus du miroir, j'avais fait passer entre nous un courant de sympathie. Bientôt, j'essayai de prendre les rênes. Je commençai par parler plus lentement, son débit se ralentit. Je m'appuyai contre mon dossier, il en fit autant. Si, au début, j'avais observé et reflété son comportement, au fur et à mesure que notre relation s'établissait, j'arrivais à faire en sorte que ce soit lui qui me suive. Il m'invita à déjeuner et nous passâmes ensemble un moment très agréable, comme les meilleurs amis du monde. Et pourtant, au moment où j'avais passé sa porte, ce type me haïssait. Cela vous montre comment on peut, même dans les circonstances les moins favorables, utiliser efficacement le procédé du miroir. Il suffit pour cela de savoir adapter son comportement à celui de l'autre.

Suivre et conduire, voilà ce que j'ai fait avec cet homme. Suivre, c'est-à-dire refléter harmonieusement son comportement, ses gestes, ses rythmes. Lorsque vous en avez l'habitude, vous transformez votre physiologie et votre comportement presque instinctivement. Mais la sympathie n'est pas un rapport statique ; ce n'est pas un état qui, une fois atteint, reste stable. C'est un courant dynamique et flexible. De même que, pour établir une relation véritable et durable, il faut savoir se transformer et s'ajuster à ce que vit quelqu'un d'autre, il faut pour « suivre » l'autre savoir changer de vitesse au même moment sans faire grincer la boîte.

SUIVRE ET CONDUIRE

Apparier :

les prédicats
les séquences d'indices
la tonalité de la voix
la hauteur de la voix

Suivre ou refléter :

la respiration
le rythme cardiaque
la moiteur de la peau
la position de la tête
les mouvements faciaux
les mouvements des sourcils
la dilatation des pupilles
la tension musculaire
le déplacement des points d'appui
les mouvements des pieds
le positionnement des parties du corps
la relation à l'espace
les gestes des mains
les mouvements dans l'espace
les postures

Pour conduire, il faut commencer par suivre. En établissant un rapport de sympathie, vous créez un lien presque tangible. Conduire devient alors aussi naturel que suivre. À un moment donné, vous atteignez un stade où vous pouvez commencer à introduire certains changements, un stade où la sympathie est telle que, lorsque vous transformez votre comportement, l'autre vous suit à son tour inconsciemment. Il vous est probablement arrivé de vous retrouver très tard dans la nuit avec des amis sans avoir du tout envie de dormir, mais de vous sentir dans une relation si profonde les uns avec les autres que, lorsque l'un se met à bâiller, les autres bâillent à leur tour. C'est exactement ce que font les bons vendeurs. Ils entrent dans le monde de l'autre, établissent un courant de sympathie et utilisent ce courant pour conduire l'autre là où ils veulent.

Une question surgit inévitablement lorsque nous parlons ainsi : et si quelqu'un est fou ? Faut-il refléter sa folie, ou sa colère ? Eh bien, cela peut arriver. Nous verrons cependant dans le chapitre suivant comment briser les schémas de nos interlocuteurs, qu'il s'agisse de colère ou de frustration, et comment le faire rapidement. Il est quelquefois préférable de briser le schéma de l'autre plutôt que de refléter sa colère. Mais en reflétant la colère de l'autre, vous pouvez aussi vous introduire si profondément dans son monde que, lorsque vous commencez ensuite à vous détendre, il se détendra aussi. Souvenez-vous que le rapport de sympathie ne se limite pas à un sourire. Il doit entraîner une capacité de réaction de part et d'autre. Dans certains milieux, dans celui de la rue, par exemple, la colère doit souvent répondre à la colère.

Seule compte alors l'intensité de la communication, car le défi qui vous est lancé correspond à une des nombreuses façons dont le respect s'établit dans cette couche de notre société.

Faites une nouvelle expérience. Engagez une conversation. Reflétez la posture, la voix, le rythme respiratoire de l'autre. Au bout d'un moment, changez progressivement de position ou de ton. Est-ce qu'au bout de quelques minutes l'autre vous suit ? S'il ne le fait pas, revenez en arrière et suivez-le de nouveau. Puis essayez encore de conduire, mais de manière différente et par des transformations moins radicales. Si, lorsque vous essayez de conduire, l'autre ne vous suit pas, cela signifie que vous n'êtes pas encore suffisamment en sympathie. Utilisez le procédé du miroir pour établir ce rapport, jusqu'à ce que vous arriviez à conduire l'autre.

Je l'ai invité à regarder dans la vie des hommes comme dans un miroir et à prendre exemple sur les autres.

TÉRENCE

Quelle est la clé du rapport de sympathie ? La souplesse. Penser que les autres ont la même carte du monde que vous, que, parce que vous voyez l'univers d'une certaine façon, ils le voient ainsi eux aussi, telle est la plus grande erreur que vous puissiez faire. Les maîtres de l'art de la communication savent éviter cette erreur. Ils savent changer leur façon de parler, le ton de leur voix, leur rythme respiratoire, leurs gestes, jusqu'à ce qu'ils découvrent une approche grâce à laquelle ils réussiront à atteindre leur objectif.

Il est tentant, lorsque l'on n'arrive pas à communiquer avec quelqu'un, de prétendre qu'il s'agit d'un imbécile qui refuse d'entendre raison. Mais c'est couper définitivement la communication. Mieux vaut essayer d'utiliser d'autres mots, d'autres comportements, jusqu'à ce qu'ils correspondent à sa carte du monde.

Selon un des principes essentiels de la programmation neurolinguistique, c'est la réaction provoquée par notre communication qui donne son sens à cette dernière. Vous portez la responsabilité de ce que vous communiquez. Si vous essayez de persuader quelqu'un de faire quelque chose et qu'il fait autre chose, cela vient d'une erreur que vous avez commise dans votre communication. Vous n'avez pas trouvé la façon de faire passer votre message.

Il s'agit dans tous les domaines d'un problème crucial. Prenons l'enseignement, par exemple. La grande tragédie des professeurs réside en ce qu'ils connaissent leur sujet, mais pas leurs élèves. Ils ne savent pas comment les enfants traitent l'information, quel est leur système de représentation, comment fonctionne leur cerveau. Les bons professeurs savent instinctivement suivre et conduire, établir un rapport de sympathie pour faire passer leur message. Tous ceux qui enseignent devraient y arriver eux aussi. Il suffit pour cela qu'ils apprennent à présenter l'information de façon que les élèves puissent la traiter. Voilà qui révolutionnerait le monde de l'éducation.

Certains pensent que, puisqu'ils connaissent leur sujet, tout le problème réside dans le fait que les élèves ne sont pas capables d'apprendre ce qu'on leur enseigne. Même si vous connaissez sur le bout des doigts le Saint Empire romain, dans la mesure où vous ne réussissez pas à établir un rapport de sympathie, à traduire l'information selon la carte de ceux qui vous écoutent, votre savoir est inutile. On raconte que les enfants d'une classe décidèrent un jour de monter un chahut en faisant tous ensemble tomber leurs livres par terre à neuf heures pile. Quand elle vit ce qui se passait, loin de perdre les pédales, leur professeur posa sa craie, prit un livre sur son bureau et le fit tomber à son tour en disant : « Zut, je suis en retard. » Et elle se mit ainsi tous ses élèves dans la poche.

Les fondateurs de la PNL donnent un exemple fascinant de la façon dont l'enseignement devrait être donné : un jeune homme voulait devenir ingénieur et avait un système de représentation kinesthésique. Lire les schémas électriques était pour lui un véritable casse-tête. Il trouvait donc l'électricité une matière difficile et ennuyeuse. Quel était en fait son problème ? Il n'arrivait simplement pas à comprendre des concepts qu'on lui présentait visuellement.

Un jour, il se mit à penser à ce qu'il ressentirait s'il était un électron qui flottait dans le diagramme qu'il avait sous les yeux. Il imagina les réactions qu'il aurait et comment son comportement changerait chaque fois qu'il entrerait en contact avec les divers éléments du circuit qui correspondaient aux symboles inscrits sur le diagramme. Presque immédiatement, ces derniers s'éclairèrent pour lui d'un nouveau jour. Il commença même à prendre plaisir à les étudier. Chaque schéma lui offrait une nouvelle odyssée. Et il devint un brillant ingénieur. Il réussit tous ses examens parce qu'il avait su apprendre en fonction de son système de représentation fondamental.

La plupart des enfants qui subissent des échecs scolaires sont en fait capables d'apprendre. Nous n'avons simplement jamais appris la façon de leur enseigner nos connaissances. Nous n'avons jamais été capables d'établir avec eux un rapport de sympathie, d'apparier nos stratégies aux leurs.

Transmettre des connaissances est une chose que nous faisons tous, tout le temps, que ce soit à la maison avec nos enfants, ou au bureau avec ceux avec qui nous travaillons, voilà pourquoi j'insiste sur ce problème. Et ce qui marche dans une salle de classe marche dans la chambre de votre fils ou dans une salle de réunion.

Ce qu'il y a de merveilleux dans la magie de la sympathie, c'est qu'elle est la chose la plus accessible au monde. Vous n'avez besoin ni de manuels ni de leçons pour l'acquérir. Il ne vous faudra ni voyager pour écouter un maître ni passer d'examens. Vous aurez seulement besoin de savoir vous servir de vos cinq sens.

Commencez dès maintenant à apprendre à établir des rapports de sympathie. Nous communiquons les uns avec les autres et agissons les uns sur les autres continuellement. La sympathie vous permettra simplement de le faire plus efficacement. Entraînez-vous à refléter les autres passagers dans la salle d'embarquement où vous attendez un avion. Établissez des rapports de sympathie chez votre épicier ou votre boulanger, au sein de votre famille ou dans le cadre de votre travail. Si vous allez vous présenter pour un nouvel emploi, utilisez le procédé du miroir avec la personne qui vous recevra, elle vous aimera immédiatement. Sachez faire passer un courant de sympathie avec vos clients. Si vous voulez devenir un maître de la communication, vous n'avez qu'une seule chose à faire : apprendre à entrer dans le monde des autres. Vous disposez déjà de tous les moyens dont vous avez besoin pour y arriver.

Mais il existe une autre façon de créer la sympathie, en établissant des distinctions qui aident à déterminer les choix que font les gens. Pour cela, il faut...

14

Établir des distinctions : les métaprogrammes

Dans la bonne clé, on peut tout dire. Dans la mauvaise, rien. Choisir la clé, tel est le seul point délicat.

George Bernard SHAW

Lorsqu'on s'adresse à un groupe, on prend inévitablement conscience de la diversité des réactions humaines. Racontez une histoire que vous trouvez motivante, certains se passionneront, d'autres bâilleront d'ennui. Faites une plaisanterie, certains hurleront de rire, d'autres resteront impassibles. Comme si chacun écoutait dans un langage mental différent.

Pourquoi les gens réagissent-ils si différemment à des messages identiques ? Pourquoi les uns voient-ils un verre à moitié vide là où les autres voient un verre à moitié plein ? Pourquoi vous sentirez-vous intéressé, stimulé, motivé par un message qui n'évoquera rien pour votre voisin ? Shaw a parfaitement répondu à cette question. C'est un problème de clé. La pensée la plus profonde, la critique la plus juste, le message le plus inspirant perdent absolument tout leur sens s'ils ne sont pas compris à la fois intellectuellement et affectivement par celui ou celle à qui ils s'adressent. Il existe un certain nombre de clés fondamentales, grâce auxquelles nous pouvons non seulement développer notre pouvoir intérieur, mais aussi résoudre les problèmes que nous affrontons collectivement. Si vous voulez passer maître dans l'art de la persuasion, devenir un grand communicateur, que ce soit dans votre travail ou dans votre vie personnelle, vous devez apprendre à trouver la bonne clé.

Vous y arriverez grâce aux métaprogrammes : les métaprogrammes sont les clés qui donnent accès à la façon dont chacun traite l'information, des schémas internes puissants qui aident à déterminer comment un individu forme ses représentations internes et dirige son comportement, des programmes, en quelque sorte, que nous utilisons pour décider de ce sur quoi nous allons porter notre attention. Nous déformons, éliminons et généralisons les données de l'information parce que la partie consciente de notre cerveau ne peut, à tout moment, fixer son attention que sur un certain nombre de données.

Le cerveau d'un individu traite l'information de manière assez similaire à celle d'un ordinateur. Il reçoit des quantités inouïes de données et les organise selon une configuration qui a un sens pour cet individu. Un ordinateur ne peut rien faire sans le logiciel qui lui fournit la structure grâce à laquelle il accomplit des tâches spécifiques. C'est à peu près ce que font les métaprogrammes dans notre cerveau.

Ils nous fournissent la structure qui détermine ce sur quoi nous portons notre attention, le sens que nous tirons de nos expériences et la direction dans laquelle ces dernières nous entraînent. Nous décidons grâce à eux de ce à quoi nous allons nous intéresser ou non, de ce qui peut représenter pour nous une bénédiction ou un danger. Pour communiquer avec un ordinateur, nous devons connaître son logiciel. De même, pour communiquer efficacement avec quelqu'un, nous devons comprendre ses métaprogrammes.

Nous avons tous des schémas de comportements et des schémas par lesquels nous organisons notre expérience pour créer ces comportements. Seule une véritable compréhension de ces schémas vous permettra de faire passer vos messages, que vous vouliez persuader quelqu'un de vous acheter une voiture ou l'assurer de votre amour. Même si les situations varient, chaque individu comprend les choses et organise sa pensée selon une structure qui reste toujours la même.

Le premier métaprogramme concerne la façon dont nous allons vers quelque chose ou dont nous nous en détournons. Tout comportement humain se fonde sur le besoin que nous avons d'accroître notre plaisir ou d'éviter la douleur. Vous écartez de vous la flamme d'une allumette pour ne pas vous faire mal en vous brûlant. Vous regardez un beau coucher de soleil parce que vous prenez plaisir au spectacle d'un ciel embrasé.

Et cela reste vrai même lorsque nous agissons de façon moins instinctive. Certains choisiront de faire un kilomètre à pied pour aller travailler parce qu'ils aiment la marche, d'autres parce qu'ils ont une véritable phobie des voitures. On peut lire Sartre, Hemingway ou Fitzgerald parce qu'on apprécie leur style et leurs idées, ou parce qu'on ne veut pas passer aux yeux des autres pour un ignorant. Dans ce dernier cas, il ne s'agit pas tant de rechercher un plaisir que d'éviter une douleur ; celui qui lit ainsi ne va pas vers quelque chose, il s'écarte de quelque chose.

Comme dans les autres métaprogrammes dont je vous parlerai, il n'y a dans celui-ci rien d'absolu. Personne ne répond toujours de la même façon à tous les stimuli. Mais chacun d'entre nous réagit selon un mode dominant, une tendance profonde à utiliser le programme de la recherche du plaisir plutôt que celui de l'évitement de la douleur ou inversement. Il y a des gens énergiques, curieux, qui aiment prendre des risques. Ils se sentiront plus à l'aise lorsqu'ils vont vers quelque chose qui les intéresse. D'autres, prudents, inquiets, se protègent ; ils voient le monde comme un lieu plein de dangers. Ils tendent à s'éloigner de ce qui peut les blesser ou les menacer. Pour trouver le mode de vos interlocuteurs, *demandez-leur ce qu'ils cherchent dans une relation – une maison, une voiture, un travail, ou toute autre chose. Vous* disent-ils ce qu'ils veulent ou ce qu'ils ne veulent pas ?

C'est un point fondamental. Il y a deux façons de vendre un produit : en vantant ce que l'on obtient ou ce que l'on évite grâce à ce produit. Vous pouvez présenter une voiture en disant qu'elle est rapide, belle, confortable ou qu'elle ne consomme pas beaucoup d'essence, ne coûte pas cher à entretenir et se révélera très sûre en cas d'accident. La stratégie à utiliser dépend du mode de réaction de votre interlocuteur. Si vous avez choisi le mauvais métaprogramme, vous auriez mieux fait de rester chez vous. On ne peut attirer vers quelque chose quelqu'un qui attend seulement qu'on lui offre une bonne raison de s'écarter.

Souvenez-vous qu'une voiture peut faire le même chemin en marche avant et en marche arrière. Cela dépend seulement de la direction dans laquelle elle est tournée. Il en va de même pour nos problèmes personnels. Vous voudriez, par exemple, que votre fils passe plus de temps à faire ses devoirs. Vous lui dites : « Tu ferais mieux de travailler un peu plus ou tu n'iras jamais à l'université », ou : « Regarde Fred, il s'est fait renvoyer de l'école parce qu'il ne travaillait pas assez et il va passer le restant de ses jours à servir de l'essence aux automobilistes. » Cela va-t-il servir à quelque chose ? Tout dépend de votre fils. S'il est surtout dans une stratégie d'évitement, vous arriverez probablement à vos fins. Mais s'il tend à aller vers les choses, vous n'obtiendrez rien du tout en lui offrant l'exemple de ce qu'il faut éviter. Vous pouvez crier et tempêter, rien n'y fera, vous n'avez pas choisi la bonne clé. Vous parlez latin à quelqu'un qui ne comprend que le grec. Vous perdez votre temps et le sien. En fait, les gens qui vont vers les choses ressentent souvent de la colère ou du dépit quand on leur présente un problème sous l'angle de ce qu'il faut éviter. Dans ce cas, votre fils sera beaucoup plus motivé si vous lui dites : « En travaillant plus, tu obtiendras de meilleures notes et tu pourras choisir de faire les études que tu voudras. »

Le deuxième métaprogramme concerne les schémas internes ou externes de référence. Demandez à quelqu'un comment il sait qu'il a réussi quelque chose. Certains chercheront des preuves de leur réussite à l'extérieur : une petite tape sur l'épaule et un compliment de leur patron, une augmentation, un prix, des applaudissements. Si vous obtenez de telles approbations, c'est que vous avez réussi. Voilà ce qu'est le schéma externe de référence.

D'autres sauront à l'intérieur d'eux-mêmes si ce qu'ils ont fait est bien ou non, c'est la seule preuve qui les intéressera. Un architecte qui a un schéma interne de référence peut gagner les plus grands prix pour un de ses projets, cela ne le convaincra pas, s'il n'en est pas véritablement content, de la qualité de son travail. Il peut arriver inversement qu'un projet qui enthousiasme son auteur ne reçoive qu'un accueil très mitigé de la part des autres, mais cela n'empêchera pas celui qui l'a réalisé de faire confiance à son instinct. Tel est le schéma interne de référence.

Vous essayez par exemple de convaincre un ami d'assister à un séminaire. Vous pouvez lui dire : « Il faut que tu suives ce séminaire. C'est formidable. Tous mes amis y sont allés, et pour eux, ça a été un grand moment. Après, ils en ont parlé pendant des jours. Ils disaient que, depuis, leur vie avait changé. » Si vous vous adressez à quelqu'un qui possède un schéma externe de référence, vous avez des chances de le convaincre. Puisque tous ces gens croient en ce séminaire, il y croira lui aussi.

Mais si votre interlocuteur a un schéma interne de référence, vous aurez du mal à le persuader ainsi. Il ne comprendra pas. Ce que pensent les autres ne compte pas pour lui. Vous ne pourrez le convaincre qu'en évoquant des choses qu'il connaît par lui-même.

Dites-lui : « Tu te souviens des conférences auxquelles tu as assisté l'année dernière ? Eh bien, je connais un truc du même genre qui pourrait te plaire. Tu devrais essayer », et cela marchera, car vous parlerez alors son langage.

Il ne faut pourtant pas oublier que tous ces métaprogrammes sont reliés à un contexte de vie, et à l'angoisse. Celui qui fait quelque chose depuis dix ou vingt ans aura probablement dans ce domaine un puissant schéma interne de référence que l'on a rarement dans un contexte tout nouveau. Nous tendons avec le temps à établir des préférences, des repères. Mais même les droitiers utilisent leur main gauche quand cela leur est utile. Cela s'applique aux métaprogrammes. Vous n'êtes pas un bloc rigide, vous vous modifiez, vous changez.

Quel est le schéma de référence de la plupart des grands dirigeants ? Interne ou externe ? Un dirigeant véritablement efficace se doit d'avoir un puissant schéma interne de référence. Il ne pourrait conduire les autres en leur demandant continuellement leur avis avant de prendre une décision. Mais il existe là aussi un équilibre idéal. Peu de gens fonctionnent strictement sur un seul schéma. Un dirigeant efficace doit aussi être capable de se servir d'informations provenant de l'extérieur. Quand il ne le fait pas, son pouvoir devient mégalomanie.

À la fin d'un séminaire auquel pouvaient assister des invités, un homme est venu me voir avec trois amis et m'a dit d'un air sombre : « Moi, vous ne m'aurez pas ! » Je m'aperçus rapidement qu'il avait un schéma interne de référence. (Les gens orientés vers l'extérieur viennent rarement vous dire ce que vous devez faire et comment vous devez le faire.) Et en l'entendant parler avec ses amis, je compris également qu'il faisait partie de ceux qui cherchent plus à éviter certaines choses qu'à aller vers d'autres. « Je ne peux vous convaincre de quoi que ce soit, lui ai-je donc dit. Vous seul pouvez vous persuader vous-même. » Ne sachant que répondre, il a attendu que je continue pour mieux rejeter mes arguments. Mais il dut accepter ce que je disais, car il savait au fond de lui-même que c'était vrai. « Vous êtes le seul qui sache qui y perdrait le plus si vous n'assistiez pas aux cours », ai-je ajouté. Ce n'est pas du tout le genre de remarque que j'apprécie d'ordinaire. Mais je parlais son langage, et cela a marché. Notez que je ne lui ai pas dit qu'il avait quelque chose à perdre en ne suivant pas mon séminaire, et si je l'avais fait, jamais il ne se serait inscrit. Non, j'ai utilisé le schéma interne de référence (vous êtes le seul qui sache), et le métaprogramme de l'évitement (qui y perdrait le plus). « Oui, c'est vrai », a-t-il répondu avant de se diriger vers le bureau d'inscription. À l'époque où je n'avais pas encore étudié les métaprogrammes, j'aurais essayé de le convaincre en le mettant en relation avec d'autres personnes ayant assisté à mon séminaire (schéma externe de référence) et en lui expliquant tous les avantages qu'il en retirerait (métaprogramme du mouvement vers les choses). C'eût été une démarche intéressante pour moi, mais pas pour lui.

Le troisième groupe de métaprogrammes concerne l'optique dans laquelle nous établissons des relations : par intérêt personnel, ou pour les autres. Certains ne voient les rapports humains que sous l'angle de ce qui y existe et qui les intéresse personnellement, d'autres sous l'angle de ce qu'ils peuvent faire pour ceux avec qui ils sont en contact. Bien entendu, nous ne tombons pas toujours dans un de ces extrêmes. Ceux qui ne s'associent que par intérêt personnel deviennent de parfaits égoïstes, ceux qui n'agissent que pour les autres, des martyrs.

Comment savoir, par exemple, lorsqu'on embauche des employés, qui convient ou non au poste à pourvoir ? Une compagnie aérienne s'est récemment aperçue que quatre-vingt-quinze pour cent des plaintes qu'elle recevait concernaient cinq pour cent de son personnel. Il s'agissait d'individus fortement orientés vers leur intérêt personnel, qui pensaient à eux et non aux autres. Étaient-ils de mauvais employés ? Oui et non : ils exerçaient un métier qui ne leur convenait pas et le faisaient mal. Pourtant, cela ne les empêchait peut-être pas d'être intelligents, travailleurs, sympathiques : des gens bien, mais mal employés.

La direction les remplaça par des individus qui orientaient leurs relations vers les autres. Elle les choisit après leur avoir fait passer des entretiens collectifs au cours desquels on demandait aux candidats pourquoi ils voulaient travailler dans cette compagnie aérienne. Presque tous pensaient être jugés sur leur réponse, alors que seule comptait leur attitude au sein du groupe. On sélectionna ceux qui accordaient une véritable attention aux autres quand ils parlaient, les regardaient, leur souriaient, les soutenaient. Ceux qui ne semblaient porter aucun intérêt aux réponses des autres et restaient dans leur monde tant que leur tour n'était pas venu furent considérés comme trop orientés vers eux-mêmes pour ce travail. À la suite de cette décision, le nombre de plaintes reçues par la compagnie diminua de quatre-vingts pour cent. Cela montre l'importance des métaprogrammes dans le monde du travail. Comment juger quelqu'un lorsqu'on ne sait pas ce qui le motive ? Comment savoir si un emploi convient à un individu donné, en termes de capacités, d'aptitude à apprendre, de caractère ? Bien des gens très intelligents restent totalement frustrés au long de leur carrière, car ils exercent un métier qui ne leur permet pas d'utiliser au mieux leurs possibilités. Dans la comptabilité humaine, un passif peut se transformer en actif dès qu'on change de contexte.

Il est évident que les activités de service, comme celles d'une compagnie aérienne, correspondent à des gens qui orientent leurs relations vers les autres. Si vous voulez engager un audit, vous préférerez peut-être quelqu'un qui agit en fonction de son intérêt personnel. Combien de fois vous est-il arrivé d'avoir une impression désagréable devant quelqu'un qui exécutait son travail de façon tout à fait satisfaisante sur le plan intellectuel, mais qui ne donnait pas assez au niveau affectif ? Prenez un médecin qui est fortement orienté vers son intérêt personnel. Même s'il a un diagnostic brillant, il ne sera pas totalement efficace, car vous aurez l'impression qu'il ne se préoccupe pas de vous. Ce type de médecin devrait faire de la recherche et non rester praticien. Donner aux gens la place qui leur convient constitue un des problèmes majeurs de nos économies. Mais ce problème peut être résolu dès l'instant où l'on sait comment les candidats à un emploi traitent l'information.

Il faut noter ici que les métaprogrammes ne sont pas tous équivalents. Peut-être vaut-il mieux aller vers les choses que de s'en écarter. Peut-être vivrions-nous dans un monde meilleur si les gens pensaient plus aux autres qu'à leurs propres intérêts. Mais nous devons prendre la vie comme elle est et non comme nous souhaitons qu'elle soit. Vous auriez préféré voir votre fils aller vers les choses ? Il n'en reste pas moins que, si vous voulez communiquer véritablement avec lui, vous devez employer la méthode la plus efficace, pas celle qui correspond à *votre* idée du monde. Observer l'autre le plus attentivement possible, écouter ce qu'il dit, noter les métaphores qu'il utilise, suivre ce que révèle sa physiologie, voir ce qui l'intéresse et ce qui l'ennuie, tout le secret est là. Nous révélons à chaque instant, et de façon très cohérente, nos métaprogrammes. Découvrir les tendances des autres ne demande pas une étude approfondie. Vous voulez savoir dans quelle optique quelqu'un établit ses relations. Regardez l'attention qu'il porte aux autres. Se penche-t-il vers eux quand ils parlent, son visage trahit-il de l'intérêt pour ce qu'ils disent ? Ou s'enfonce-t-il dans son siège, le regard plein d'ennui et sans réagir à ce qu'il entend ? Nous cherchons tous à certains moments notre propre intérêt dans les rapports avec autrui, et il est important de le faire quelquefois. Mais il vous faut déterminer l'optique dans laquelle vous agissez le plus souvent, et savoir si elle vous permet d'obtenir les résultats que vous cherchez.

Le quatrième groupe de métaprogrammes crée une distinction entre les individus qui associent et ceux qui différencient. Regardez ces trois figures géométriques et dites quels rapports elles ont entre elles.

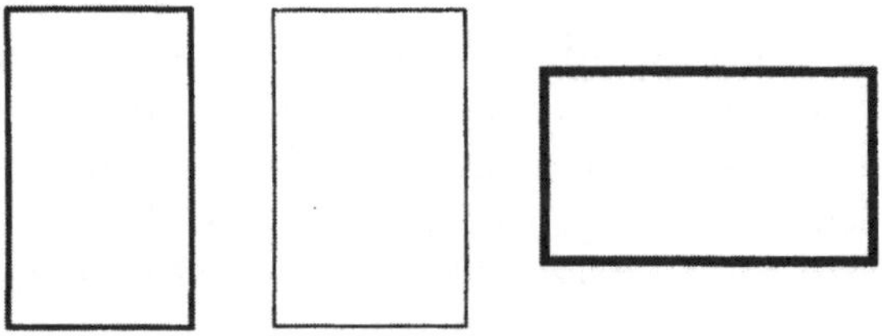

De nombreuses réponses peuvent vous venir à l'esprit : ce sont toutes des rectangles, elles ont toutes quatre côtés, deux sont verticales et la troisième horizontale, aucune n'a exactement la même relation avec les deux autres, il y en a deux pareilles et l'autre est différente…

Je suis sûr que vous trouverez encore beaucoup à dire. Que se passe-t-il ici ? J'ai décrit chaque fois les mêmes images, mais dans une approche différente. Ce métaprogramme montre la façon dont nous trions les informations lorsque nous voulons apprendre, comprendre, etc. Certains d'entre nous voient partout des ressemblances. Ils regardent des objets et pensent à ce que ces objets ont en commun. Ils associent et diront par exemple des figures ci-dessus : « Ce sont toutes des rectangles. » Il y a aussi ceux qui associent tout en émettant des réserves et disent : « Ce sont toutes des rectangles, mais deux sont verticales et la troisième horizontale. »

Il existe, de même, deux catégories de gens qui différencient. Les premiers regardent le monde et remarquent combien les choses sont différentes. Ils diront de nos trois figures qu'elles occupent toutes des places différentes, qu'aucune d'entre elles n'a les mêmes relations avec les deux autres. Les seconds établissent des différences, c'est ce qui leur saute aux yeux, mais ils remarquent ensuite ce que peuvent avoir en commun les objets qu'ils regardent.

Pour déterminer si votre interlocuteur est un associateur ou un différenciateur, demandez-lui la relation qui existe pour lui entre un ensemble d'objets ou de situations et notez s'il souligne en premier lieu des ressemblances ou des différences. Imaginez ce qui arrive quand un associateur rencontre un différenciateur. Le premier dira que nos trois figures sont toutes pareilles, il expliquera que ce sont toutes des rectangles, le second affirmera qu'elles n'ont rien à voir les unes avec les autres, puisque leur tracé est plus ou moins épais et qu'elles n'ont pas la même place. Ils ont évidemment tous les deux raison. Tout dépend de la perception que chacun a du monde. Les différenciateurs, cependant, ont souvent du mal à établir des relations avec les gens qu'ils rencontrent car ils créent des différences. C'est bien entendu avec d'autres différenciateurs qu'ils s'entendront le plus facilement.

Pour vous faire comprendre l'importance de ce métaprogramme, voici un exemple concernant mon travail. J'ai cinq associés qui sont tous, sauf un, des associateurs. En général, tout se passe merveilleusement bien. Nous pensons de la même façon et voyons les choses sous le même angle, aussi tirons-nous de nos réunions une énergie extraordinaire ; nous avons tous quelque chose à dire, des idées à avancer, et ces idées ne paraissent que meilleures du fait que nous nous associons les uns aux autres, que nous voyons ce que voient les autres, que nous nous appuyons sur leurs opinions, et nous enthousiasmons de plus en plus...

Jusqu'à ce que notre différenciateur entre en jeu. Cela ne rate jamais, il n'a pas le même regard que nous sur les problèmes que nous avons à résoudre. Là où nous voyons comment les choses peuvent s'agencer les unes avec les autres, il ne remarque que ce qui les oppose. Tandis que nous nous passionnons pour une idée, il hausse les épaules et dit que ça ne marchera jamais. Puis il se tasse au fond de son fauteuil, et ne fait plus attention à ce que nous expliquons, car il se polarise sur toutes sortes de problèmes dont nous ne souhaitons pas nous inquiéter. Nous voulons nous laisser soûler d'ozone mental, il veut revenir à la réalité et dit : « Ah oui ? Et avez-vous pensé à ceci, ou à cela ? »

Il est assommant. Mais quel précieux associé, si nous faisons appel à lui en temps voulu. Lorsque nous lançons un projet, nous ne devons pas le laisser nous arrêter sur des détails, cela gâcherait tout notre enthousiasme. L'énergie détonante que nous tirons de nos réunions nous est indispensable, à ce stade de notre travail. Ce n'est pas le moment de chercher la petite bête. Mais lorsque nous redescendons sur terre, nous avons désespérément besoin de quelqu'un qui sache voir ce qui ne va pas, qui remarque les contradictions internes d'un projet, ses failles. Tel est son rôle, et il nous a souvent sauvés de nous-mêmes.

Les différenciateurs forment une minorité. Des enquêtes ont montré qu'ils représentent environ trente-cinq pour cent des personnes interrogées. (Si vous en êtes un, vous direz probablement que les résultats de ces enquêtes ne sont pas valables.) Ce sont cependant des gens très utiles car ils tendent à voir ce que les autres ne voient pas. Ils n'ont généralement pas l'âme à l'inspiration poétique. Lorsqu'il leur arrive de se passionner pour quelque chose, ils se mettent tout d'un coup à remarquer tout ce qui ne va pas, comme s'il leur fallait trouver un moyen de faire retomber leur enthousiasme. Mais leur sensibilité analytique et critique reste indispensable. Souvenez-vous de l'échec retentissant du film *Les Portes du Ciel*. En jetant un œil dans les coulisses, peut-être auriez-vous aperçu un groupe d'associateurs créatifs, au schéma interne de référence – allant tous vers un but et ne regardant pas ce dont ils devaient s'écarter. Il aurait fallu parmi eux un différenciateur qui dise : « Attendez un peu. Avez-vous pensé à ça ? » et qui le dise de façon à se faire comprendre par des créateurs au schéma interne de référence.

Les modes associatifs ou dissociatifs ont une extrême importance car ils jouent dans d'innombrables domaines de notre vie, même au niveau de notre nutrition. Des associateurs radicaux finissent souvent par très mal se nourrir, car ils veulent toujours manger la même chose. Ils refuseront les fruits, car une pomme, par exemple, peut être trop différente d'une autre pomme, avoir un autre goût, une autre texture, une peau plus ou moins épaisse, être plus ou moins mûre, etc. Ils préféreront s'en tenir à une certaine marque de hamburger, car ils sont sûrs ainsi de ne pas avoir de surprise. Même si ce n'est pas bon pour leur organisme, cela réchauffe leur âme d'associateur.

Si vous devez pourvoir à un poste qui concerne un travail répétitif au long des années à venir, allez-vous embaucher un différenciateur ? Évidemment, non. Il vous faut un associateur, il sera très heureux de garder cet emploi, aussi longtemps que vous aurez besoin de lui. En revanche, s'il s'agit d'un travail qui change constamment ou requiert une grande souplesse, vous ne choisirez pas un associateur. Ces distinctions sont très utiles quand nous avons besoin de trouver quel genre de travail peut le mieux et le plus longtemps satisfaire un individu donné.

Prenez le cas d'un gardien de but dans une équipe de football. Quand il a commencé sa carrière, il tirait et marquait avec une incroyable habileté. Mais parce qu'il était un différenciateur, il s'est bientôt senti obligé de changer ses habitudes, et il a eu un long passage à vide. On lui expliqua qu'il devait se concentrer sur les différents fanions placés derrière les buts dans chaque stade. En se focalisant sur les différences qui existaient entre ces fanions, il satisfaisait son âme de différenciateur tout en donnant le meilleur de lui-même toujours de la même façon.

Utiliseriez-vous les mêmes techniques de persuasion avec un associateur et un différenciateur ? Leur donneriez-vous le même travail ? Traiteriez-vous de la même manière deux enfants, l'un qui ne voit dans le monde que des ressemblances, l'autre que des différences ? Évidemment, non. Cela ne veut pas dire que ces modes sont immuables. Nous ne sommes pas des chiens de Pavlov. Nous pouvons dans une certaine mesure modifier nos stratégies, mais seulement si quelqu'un nous explique dans notre propre langage comment le faire. Il faut une patience immense et d'incroyables efforts pour transformer un associateur en différenciateur, mais cela peut l'aider à tirer meilleur parti de l'approche qu'il a du monde et à se montrer moins pessimiste et doctrinaire. C'est une des clés qui permettent de vivre avec des gens différents de vous. D'un autre côté, il est bon pour les associateurs d'apprendre à voir des différences, car ils ont tendance à généraliser. C'est un excellent exercice pour un associateur que de se demander en quoi la semaine qu'il vient de passer est différente de la précédente, ou la ville qu'il visite de celle où il habite. Les différences sont aussi le piment de la vie.

Un associateur et un différenciateur peuvent-ils vivre heureux ensemble ? Certainement, tant qu'ils se comprennent. C'est-à-dire tant qu'ils ont conscience, en cas de différend, que l'autre n'a pas tort, ou qu'il n'est pas méchant, mais qu'il perçoit les choses sous un autre angle. Vous n'avez pas besoin d'être semblables pour établir une relation, mais de vous rappeler que vous ne voyez pas le monde de la même façon et d'apprendre à respecter et à apprécier l'autre.

Le métaprogramme suivant concerne ce qu'il faut faire pour convaincre quelqu'un de quelque chose. La stratégie de la persuasion suit deux étapes. Il faut tout d'abord découvrir quels sont les blocs sensoriels auxquels fait appel votre interlocuteur, et ensuite quelle est la fréquence à laquelle il a besoin de recevoir ces stimuli. Si vous voulez connaître le métaprogramme de persuasion de votre interlocuteur, demandez-lui : « Comment savez-vous que quelqu'un fait un bon travail ? Avez-vous besoin de le regarder faire ? D'entendre dire du bien de lui ? De travailler avec lui ? Ou de lire un dossier sur lui ? » La réponse que vous recevrez combinera peut-être plusieurs de ces éléments. Pour croire que quelqu'un fait un bon travail, certains auront par exemple besoin de voir ce qu'il fait et d'entendre dire du bien de lui. Demandez ensuite : « Au bout de combien de temps êtes-vous convaincu de la valeur de quelqu'un ? » Il y a quatre réponses possibles : immédiatement (il lui suffit d'avoir une fois la preuve de ce que quelqu'un fait un bon travail pour le croire) ; au bout de plusieurs fois ; au bout d'un certain temps (six mois ou un an, par exemple) ; ou jamais de façon définitive. Dans ce dernier cas, l'autre doit démontrer sa valeur continuellement, à chaque occasion.

Si vous êtes à la tête d'une entreprise, une des choses les plus importantes que vous puissiez faire est d'établir un rapport de confiance et de sympathie avec ceux qui y détiennent des postes clés. S'ils savent qu'ils comptent pour vous, vos employés travailleront mieux et avec plus d'ardeur. S'ils ne vous font pas confiance, ils ne se lanceront pas dans la bataille pour vous. Mais pour créer cette confiance, il faut entre autres choses savoir rester attentif aux différents besoins de chacun. Certains établiront une relation et la maintiendront. S'ils savent que vous jouez le jeu et que vous tenez à eux, vous pouvez nouer avec eux des liens qui dureront tant que vous ne les trahirez pas.

Mais cela n'est pas valable pour tous. Il y en a à qui cela ne suffit pas, il leur faut autre chose, entendre un mot gentil, lire un rapport positif les concernant, sentir que vous les soutenez devant les autres, se voir confier une tâche importante. Ils sont tout aussi talentueux et tout aussi loyaux, mais ils ont besoin de vérifier plus souvent où ils en sont avec vous. Ils veulent avoir la preuve de ce que le lien que vous avez créé avec eux tient toujours. De même, tout bon vendeur connaît des gens à qui il a vendu une fois quelque chose et qui sont devenus de fidèles clients. À d'autres, il lui faudra présenter plusieurs fois son produit avant qu'ils ne se décident, ou attendre plusieurs mois avant qu'ils ne repassent une commande. Et puis il y a le « chouchou » du vendeur, celui qui utilise son produit depuis des années mais qui veut, dès qu'il vous voit, savoir pourquoi il va de nouveau vous l'acheter. Il faut chaque fois le persuader. Le même processus existe dans nos relations personnelles, de façon encore plus intense. Certaines personnes, si vous leur avez apporté une fois la preuve de votre amour, y croiront pour toujours. D'autres auront continuellement besoin de nouvelles preuves. C'est ce qu'il y a d'intéressant dans ce métaprogramme : il vous permet de savoir quel plan suivre pour convaincre l'autre, de déterminer à l'avance ce qu'il vous faudra faire et de ne pas se sentir excédé par ces demandes répétées. Vous vous attendez à cette attitude.

Nous allons maintenant analyser le métaprogramme « possibilité contre nécessité ». Demandez à quelqu'un pourquoi il a voulu travailler là où il travaille, ou pourquoi il a acheté la voiture qu'il a ou la maison dans laquelle il habite. Certains sont avant tout motivés par ce dont ils ont besoin, plus que par ce qu'ils veulent. Ils font les choses parce qu'ils doivent les faire. Ce ne sont pas les possibilités qui leur sont offertes qui les poussent à agir. Ils ne recherchent pas des expériences infiniment variées, mais passent dans la vie en prenant ce qui vient, ce qui est à portée de leur main. Quand ils ont besoin de trouver un emploi, une maison, une voiture ou même quelqu'un avec qui vivre, ils vont faire un tour et acceptent ce qu'ils trouvent.

D'autres se mettront en quête de nouvelles possibilités. Ils sont moins motivés par ce qu'ils ont à faire que par ce qu'ils veulent faire. Ils rechercheront de nouvelles expériences, de nouveaux choix, de nouvelles voies à prendre. Celui qui est poussé par la nécessité s'intéresse à ce qui est connu, ce qui est sûr ; celui qui est motivé par la possibilité est également attiré par l'inconnu. Il veut savoir ce qui peut arriver, quelles occasions s'offriront à lui.

Mettez-vous à la place d'un employeur. Qui vaut-il mieux choisir ? Certains répondront probablement : « Quelqu'un qui est motivé par la possibilité. » Car, après tout, avoir le sens du possible ne peut qu'enrichir la vie. Pour la plupart d'entre nous (et même pour bon nombre de ceux qui sont motivés par la nécessité), rester ouvert à une infinie variété de nouvelles directions ne peut offrir que des avantages.

Mais la réalité n'est pas aussi simple. Il faut savoir, pour exécuter certaines tâches, se montrer pointilleux, stable et cohérent. Prenez l'exemple d'un homme chargé du contrôle de la qualité des voitures dans une usine d'automobiles. Avoir le sens du possible ne lui nuira pas, mais il aura probablement plus besoin du sens de la nécessité. Il doit savoir exactement comment il faut que soient ces voitures et vérifier si elles correspondent aux normes. Il y a de grandes chances pour qu'un individu motivé par la possibilité s'ennuie à mourir à un tel poste, mais un autre, motivé par la nécessité, s'y sentira parfaitement à l'aise.

Les gens que motive la nécessité ont d'autres vertus encore. Certains emplois requièrent une permanence particulière. On ne peut y placer que des gens qui y resteront longtemps. Un individu motivé par la possibilité cherche constamment à se lancer dans de nouvelles entreprises, à relever de nouveaux défis. S'il trouve un travail qui lui propose de nouvelles chances, il vous quittera probablement. Il n'en va pas de même avec l'âme quelque peu laborieuse de celui que motive la nécessité. Il accepte un emploi parce qu'il en a besoin et le garde parce qu'il a besoin de travailler pour vivre. Seuls les bâtisseurs de rêves, les bravaches, les risque-tout peuvent répondre aux exigences de certains emplois. Lorsqu'une société se diversifie et se lance dans de nouvelles branches, elle doit embaucher des gens ouverts à toutes les possibilités. Mais pour les postes qui requièrent solidité, cohérence et durée, les individus principalement motivés par la nécessité conviendront mieux. Il est très important pour chacun d'entre nous de connaître son métaprogramme personnel, car cela nous permet de choisir le métier qui correspond le mieux à nos besoins.

Le même principe s'applique aux motivations de vos enfants. Disons par exemple que vous voulez souligner les vertus de la réussite scolaire et des études universitaires. Si c'est la nécessité qui motive votre enfant, vous devez lui démontrer pourquoi il a besoin de bien travailler à l'école. Vous pouvez lui énumérer tous les métiers pour lesquels des diplômes sont indispensables, lui expliquer pourquoi il faut avoir de bonnes bases en mathématiques pour devenir ingénieur, ou en langues pour être professeur. Si c'est la possibilité qui le motive, vous devrez adopter une approche différente. Ce qu'il doit faire l'ennuie, montrez-lui donc toutes les possibilités qui sont offertes à ceux qui possèdent une solide instruction. Faites-lui voir comment le fait même d'apprendre est le chemin qui ouvre le plus de possibilités, emplissez son cerveau d'images de nouvelles voies à explorer, de nouvelles portes à ouvrir, de nouvelles découvertes à faire. Quelles que soient ses motivations, vous arriverez au même résultat si vous avez employé la méthode qui lui convient.

Venons-en maintenant au métaprogramme qui détermine notre façon de travailler. Chacun a sa propre stratégie dans ce domaine. Certains ne sont heureux que s'ils restent *indépendants*. Ils ont du mal à travailler avec d'autres et ne font rien de bon s'ils se sentent continuellement supervisés. Ils doivent faire marcher tout seuls leur boutique. D'autres, au contraire, fonctionnent mieux en tant qu'éléments d'un groupe. Leur stratégie est dite de *coopération*. Ils veulent toujours partager les responsabilités, quelles que soient les tâches qu'ils entreprennent. D'autres enfin ont une stratégie de *proximité*, quelque chose qui se trouve à mi-chemin des deux premières. Ils préfèrent travailler avec d'autres gens tout en gardant l'entière responsabilité d'une tâche donnée. Ils tiennent les rênes mais ne sont pas seuls.

Si vous voulez obtenir le maximum de vos employés, de vos enfants ou de ceux que vous supervisez, déterminez leur stratégie, la façon de travailler qui les rend le plus efficaces. Il vous arrivera de découvrir qu'un de vos employés est brillant mais insupportable, car il ne veut faire les choses que comme il l'entend. Il s'agit peut-être tout simplement de quelqu'un qui n'a pas le profil d'un employé, qui devrait diriger sa propre affaire et finira par le faire si vous ne lui offrez pas une voie dans laquelle il pourra s'exprimer comme cela lui est nécessaire. Et puisqu'il a de la valeur, n'hésitez pas à chercher un moyen de valoriser au maximum ses talents et de lui donner le plus d'autonomie possible. Si vous l'insérez dans une équipe, il rendra les autres fous. Mais si vous lui offrez suffisamment d'indépendance, il se montrera peut-être irremplaçable.

Vous avez sans doute entendu parler du principe de Peter, de cette idée selon laquelle nous sommes tous promus au niveau de notre incompétence. Cela s'explique en partie par le fait que les employeurs n'accordent souvent aucune attention aux stratégies de travail de leurs employés. Il y a des gens qui travaillent mieux dans un cadre de coopération. Ils tirent énormément de leurs échanges avec les autres et des rapports humains en général. Les récompenseriez-vous de leur succès en les lançant dans une aventure individuelle ? non, pas si vous voulez tirer le meilleur parti de leurs capacités. Cela ne veut pas dire que vous devez toujours les laisser à la même place. Mais il faut offrir les promotions et nouvelles expériences qui permettent à chacun de mettre en œuvre ses qualités, pas ses défauts.

Ceux dont la stratégie répond à la proximité veulent faire partie d'une équipe mais réaliser seuls leur travail. Quelle que soit la branche dans laquelle ils exercent, il existe toujours un poste qui corresponde à l'une de nos trois stratégies. Ce qu'il faut, c'est comprendre comment chacun travaille le mieux et trouver à chacun une tâche dans laquelle il s'épanouisse.

Voici maintenant un exercice que vous pouvez faire dès aujourd'hui. Après avoir lu ce chapitre, entraînez-vous à déterminer les métaprogrammes des gens.

Demandez-leur : « Que voulez-vous dans une relation (ou une maison, une voiture, un métier) ? Comment savez-vous que vous avez réussi quelque chose ? Quel est le rapport entre ce que vous avez fait ce mois-ci et le mois dernier ? Au bout de combien de temps êtes-vous convaincu de ce que l'on cherche à vous démontrer ? Parlez-moi d'une expérience professionnelle que vous avez particulièrement appréciée et expliquez pourquoi vous l'avez appréciée. »

Est-ce que celui à qui vous posez ces questions reste attentif, a-t-il l'air de s'intéresser à ce que vous lui dites ou bien semble-t-il absent ? Peu de questions vous permettront de réussir à déterminer les programmes dont nous avons parlé. Si vous n'obtenez pas les renseignements dont vous avez besoin, formulez votre question différemment, et ce jusqu'à ce que vous arriviez à vos fins.

Vous avez des difficultés à communiquer avec quelqu'un ? En réfléchissant, vous vous apercevrez qu'il suffit de comprendre les métaprogrammes de cette personne pour mieux ajuster votre communication à son langage et faire disparaître ce problème. Vous vous sentez frustré par quelque chose : quelqu'un que vous aimez ne se sent pas aimé, quelqu'un pour qui vous travaillez s'arrange toujours pour vous prendre à rebrousse-poil, ou quelqu'un que vous avez essayé d'aider n'a pas répondu à votre offre ? Il vous faut identifier le métaprogramme opérateur de l'autre, identifier ce que vous faites et ce que l'autre fait. Prenons des exemples : vous êtes convaincu qu'on vous aime parce que vous en avez eu une fois la preuve, mais votre partenaire a besoin que vous l'assuriez constamment de votre amour ; ou vous proposez un projet qui fonctionne sur des similitudes alors que celui qui vous supervise ne veut entendre parler que de différences ; ou encore vous tentez d'avertir quelqu'un de certains dangers qu'il doit éviter et il ne s'intéresse qu'à ce qu'il cherche à réaliser.

Lorsque vous utilisez un code erroné, votre interlocuteur ne peut recevoir le message que vous lui transmettez. Ce problème se pose aussi bien aux parents, dans leurs relations avec leurs enfants, qu'aux responsables des entreprises avec leurs employés. Nous n'avons souvent pas assez développé l'acuité qui nous permet de reconnaître et d'évaluer les stratégies fondamentales qu'utilisent les autres. Lorsqu'un message ne passe pas, il n'est pas besoin d'en changer le contenu. Ce qu'il faut, c'est développer en vous la souplesse qui vous permettra d'en altérer la forme afin qu'il corresponde aux métaprogrammes de celui ou de celle avec qui vous voulez communiquer.

Vous communiquerez souvent plus efficacement en utilisant plusieurs métaprogrammes à la fois. Nous étions un jour en désaccord, mes associés et moi, avec un homme qui avait travaillé pour nous et n'honorait pas son contrat. Lorsque je l'ai rencontré, j'ai voulu entamer la discussion de manière positive, en lui disant que je cherchais une solution qui nous satisfasse tous les deux. Il m'a immédiatement répondu : « Cela ne m'intéresse pas. J'ai cet argent et je vais le garder. Dites à votre avocat que ce n'est plus la peine qu'il me harcèle de ses coups de téléphone. » Ainsi, au lieu d'aller vers un compromis, il cherchait à s'écarter de ce qui le dérangeait. J'ai continué : « Nous faisons ce travail parce que ce qui nous intéresse, c'est d'aider les autres ; nous vivons mieux qu'eux et, en travaillant ensemble, nous pouvons y arriver. – Je me moque bien d'aider les autres ! a-t-il répondu. Tout ce que je veux, c'est vivre heureux ici. » La conversation a continué sur le même mode, sans que nous arrivions à rien, mais il devenait de plus en plus clair que cet homme avait une stratégie d'évitement, qu'il recherchait dans ses relations son intérêt personnel, qu'il était un différenciateur, avait un schéma interne de référence, ne croyait que ce qu'il voyait et entendait, avait besoin de preuves constantes.

Ces métaprogrammes n'arrangeaient pas notre malentendu, d'autant que les miens étaient dans l'ensemble exactement à l'opposé. Au bout de deux heures, nous en étions toujours au même point, ou presque, et j'allais renoncer quand la lumière s'est enfin faite dans mon esprit : il fallait que je change de tactique. « Ce que vous avez en tête, eh bien, moi, je l'ai là », lui ai-je dit en lui montrant mon poing. J'avais ainsi pris son schéma interne de référence, que je ne pouvais manipuler avec des mots, et l'avais extériorisé, de façon à pouvoir le contrôler. « Je vous donne une minute, ai-je ajouté. Vous avez beaucoup à perdre si vous ne vous décidez pas. Personnellement, je n'ai rien à perdre, mais vous, oui. » Il y avait maintenant pour lui une autre chose dont il devait s'écarter.

J'ai continué sur ma lancée : « Vous (intérêt personnel) allez perdre beaucoup (chose à éviter) parce que vous croyez que nous ne pouvons pas trouver ensemble de solution. » En bon différenciateur, il se mit à penser le contraire, qu'il devait y avoir une solution. « Vous feriez mieux de réfléchir (schéma interne de référence) : avez-vous envie de payer, jour après jour, ce que vous êtes en train de faire aujourd'hui ? Parce que je ne laisserai pas les gens oublier (stratégie de persuasion) la façon dont vous vous êtes conduit avec nous et ce que vous nous avez fait. Vous avez une minute pour vous décider. Soit vous finissez ce travail, soit vous perdez tout – tout ce qui vous intéresse – et pour toujours. Mettez-moi au défi, vous verrez que je sais tenir parole. »

Vingt secondes plus tard, il bondit de son siège en disant : « Écoutez, les gars, j'ai toujours voulu travailler avec vous. Je sais que ça peut marcher entre nous. » Il ne disait pas cela à contrecœur, il s'était levé dans un élan plein d'enthousiasme, comme si nous avions été de vieux amis. « Je voulais juste savoir que nous pouvions parler ensemble. » Pourquoi se montrait-il soudain si positif ? Parce que j'avais utilisé ses métaprogrammes et non mon idée du monde, pour le motiver.

Ce que je lui avais dit aurait été pour moi une insulte. Je me suis toujours senti frustré quand les gens avaient un comportement différent du mien, jusqu'à ce que je comprenne que chaque individu fonctionnait selon ses propres métaprogrammes.

Si les métaprogrammes que nous venons de définir sont parmi les plus importants et les plus puissants, il ne faut surtout pas oublier qu'il en existe d'autres et que seule votre sensibilité, votre imagination, peut ou non vous en faire prendre conscience. Établir de nouvelles distinctions constitue une des clés de la réussite. Les métaprogrammes sont les outils qui vous permettront de définir les distinctions fondamentales grâce auxquelles vous arriverez à traiter les problèmes que vous rencontrez dans vos relations avec les autres.

Ne vous limitez pas à ceux que nous avons étudiés ici. Devenez un étudiant en « possibilité », jaugez, évaluez constamment les gens qui vous entourent. Notez les schémas particuliers à travers lesquels ils perçoivent le monde et cherchez si d'autres ont des schémas similaires. Une telle approche vous fera développer un nouvel ensemble de distinctions et vous saurez ensuite comment communiquer efficacement avec toutes sortes de gens.

On peut, par exemple, distinguer les gens qui s'appuient sur leurs sentiments de ceux qui se réfèrent à un raisonnement logique. Pour les persuader de quelque chose, vous ne vous adresserez évidemment pas à eux de la même façon. Certains ne prennent de décisions qu'en se référant à des données précises, à des chiffres. Ils doivent, avant de penser à un projet dans son ensemble, s'assurer de ce que chacune de ses étapes est réalisable. D'autres, au contraire, ne se lanceront dans une aventure que convaincus par un concept ou une idée générale. Ils fonctionnent sur la globalité. Ils veulent voir l'image tout entière et, si elle leur plaît, ils se pencheront alors sur les détails. Il y a aussi des gens qui n'aiment que les commencements. Ils se passionnent pour les idées nouvelles qui leur viennent, mais s'en désintéressent bientôt pour se tourner vers autre chose. À l'opposé, certains se polarisent sur l'accomplissement des choses. Ils ont besoin d'aller jusqu'au bout de ce qu'ils font, qu'il s'agisse de lire un livre ou d'exécuter un travail donné. Il existe des gens qui se réfèrent sans cesse à la nourriture. Oui, à la nourriture. Pratiquement tout ce qu'ils font ou envisagent de faire est évalué en termes de nourriture. Demandez-leur comment on se rend à tel ou tel endroit, et ils vous répondront : « Descendez la rue jusqu'au McDonald's et tournez à droite. Vous trouverez ensuite une boulangerie, prenez alors la première à gauche et quand vous arriverez en face d'un immeuble rose bonbon, tournez de nouveau à droite. » Ils sont allés au cinéma, demandez-leur si cela leur a plu, ils vous répondront qu'il n'y avait pas d'esquimaux à l'entracte. Après un mariage, ils vous parleront de la pièce montée. Quelqu'un pour qui les rapports humains sont fondamentaux vous parlera des gens qu'il a rencontrés à ce mariage ou du héros du film, tandis que celui qui accorde une importance prépondérante aux activités vous expliquera ce qui s'est passé à l'église ou au cours de la réception, analysera l'intrigue du film, etc.

L'étude des métaprogrammes nous offre aussi un modèle d'équilibre. Nous suivons tous une stratégie ou une autre dans la façon dont nous utilisons les métaprogrammes. Pour certains, nous penchons légèrement d'un côté, pour d'autres nous nous appuyons largement sur un schéma sans tenir compte de celui qui lui est opposé. Mais de même que vous pouvez décider de vous mettre dans un état qui développera vos capacités, vous pouvez choisir d'adopter un métaprogramme qui vous aidera au lieu de vous entraver. Un métaprogramme dit à votre cerveau ce qu'il faut éliminer. Si, par exemple, vous allez vers les choses, vous ne pensez pas à ce dont il faut vous écarter. Si vous vous écartez des choses, vous ne pensez pas à celles vers lesquelles vous pourriez aller. Pour changer vos métaprogrammes, il vous suffit de prendre conscience de ce que vous éliminez habituellement, et de focaliser là votre attention.

Ne faites pas l'erreur de confondre individu et comportement, qu'il s'agisse de vous-même ou de ceux avec qui vous êtes en contact. Vous dites : « Je connais Paul, il fait telle et telle chose. » Non, vous ne connaissez pas Paul, vous ne connaissez que la façon dont il agit. Mais il n'est pas plus ce qu'il fait que vous n'êtes ce que vous faites. Vous avez tendance à vous écarter de tout ? C'est peut-être le schéma que vous suivez, mais si vous ne l'aimez pas, vous pouvez en changer. En fait, vous n'avez aucune excuse de ne pas changer. Vous êtes suffisamment puissant maintenant pour le faire. Mais avez-vous suffisamment de bonnes raisons d'utiliser ce que vous savez ? Tout le problème est là.

Deux processus nous permettent de changer de métaprogrammes. Nous appelons le premier « événement émotionnel signifiant » – EES. Si vous avez vu vos parents s'écarter constamment des choses et ne pas réussir ainsi à développer pleinement leur potentiel, cela vous a peut-être influencé dans le sens contraire, dans celui du mouvement vers les choses. Il vous est peut-être arrivé aussi, parce que vous étiez motivé par la « nécessité », de vous voir refuser un poste très intéressant mais correspondant à quelqu'un doué d'un sens dynamique de la « possibilité » ; cela vous a si profondément bouleversé que vous avez totalement changé sur ce point. Si vous avez tendance à aller vers les choses et que vous ayez essuyé un important revers financier, cela affectera probablement la façon dont vous considérerez la prochaine opportunité qui vous sera offerte.

Le second processus est de l'ordre de la volonté : vous changez de métaprogramme parce que vous l'avez décidé, en toute connaissance de cause.

Nous ne cherchons, pour la plupart d'entre nous, jamais à savoir quels sont les métaprogrammes que nous utilisons. Or, le premier pas qui mène au changement est la reconnaissance. Avoir une conscience exacte de ce que nous faisons d'habitude nous ouvre de nouveaux choix qui nous permettront de changer. Disons que vous avez une forte tendance à vous écarter des choses. Qu'en pensez-vous ? Il y en a évidemment que vous voulez éviter. Mettez la main sur un fer à repasser brûlant et vous l'en retirerez immédiatement. Mais n'y a-t-il pas des choses vers lesquelles vous voulez vraiment aller ? Celui qui contrôle sa vie ne doit-il pas aussi faire un effort conscient pour aller vers quelque chose ? Ceux qui réussissent ne cherchent-ils pas plutôt à atteindre des buts ? Il est peut-être temps pour vous de commencer à vous orienter en ce sens. Pensez à des objectifs qui vous tentent, et commencez à agir.

On peut aussi placer les métaprogrammes à un niveau plus général. Les nations ont-elles des métaprogrammes ? Bien sûr, puisqu'elles ont des comportements. Leur comportement collectif forme souvent un schéma fondé sur les métaprogrammes de ses dirigeants.

Les métaprogrammes, comme tout ce dont je parle dans ce livre, doivent être utilisés sur deux niveaux. Celui de l'outil qui vous permet de jauger les gens et de les guider. (De même que la physiologie de votre interlocuteur vous en dit long sur lui, ses métaprogrammes vous apprendront ce qui le motive et ce qui l'effraie.) Mais ils sont aussi un instrument grâce auquel vous pouvez changer. Une fois encore, vous n'êtes pas votre comportement. Si vous avez tendance à suivre des schémas qui vous portent tort, changez-les. Avec les métaprogrammes, vous analysez votre comportement et pouvez le transformer. Et ils sont parmi les outils de communication les plus utiles que nous possédions.

Dans le chapitre suivant, nous analyserons d'autres précieux outils de communication – des outils qui vous montreront...

15

Comment venir à bout des résistances et résoudre les problèmes

Tu peux rester immobile dans le courant d'une rivière, mais pas dans le monde des hommes.

Proverbe japonais

Vous avez appris jusqu'ici à imiter, à choisir des schémas décisifs produisant des résultats désirables, à diriger vos actions afin de prendre votre vie en main. Tout cela sans avoir besoin de procéder par tâtonnements : en contrôlant votre cerveau de façon efficace, vous devenez le maître.

Dans les rapports humains, on ne peut éviter certaines erreurs, certaines mises au point. Il est impossible de diriger le comportement des autres aussi vite et aussi efficacement. Mais, en apprenant à accélérer ce processus, vous détiendrez une nouvelle clé de la réussite. Vous y parviendrez en établissant des rapports de sympathie, en comprenant les métaprogrammes de vos interlocuteurs et en vous adressant à eux dans leur langage. Dans ce chapitre, nous traiterons du processus de tâtonnement inhérent à l'interaction humaine et permettant d'en découvrir plus sur les autres ; nous apprendrons à venir à bout des résistances et à résoudre les problèmes.

« Imiter », tel est le mot-clé de la première partie de ce livre ; c'est ce qui vous permet d'atteindre rapidement les objectifs que vous désirez. S'il y a un mot-clé, dans cette deuxième partie, c'est le mot « souplesse », qualité qu'ont en commun tous ceux qui savent communiquer de façon efficace. Ils évaluent leurs interlocuteurs et adaptent leur comportement, au niveau verbal et non verbal, afin de créer des résultats. Pour communiquer efficacement, il faut savoir rester humble et accepter de changer. Vous ne communiquerez pas par la force de la volonté. Vous ne pouvez obliger quelqu'un à admettre votre point de vue. Seule une souplesse attentive et soutenue permet la communication.

Nous sommes rarement d'un naturel flexible, et beaucoup d'entre nous suivent toujours les mêmes schémas. Nous sommes quelquefois tellement certains d'avoir raison que nous pensons réussir en nous obstinant à répéter la même démarche. Une telle attitude s'appuie à la fois sur notre ego et sur notre force d'inertie. Il est plus facile de faire exactement ce que l'on a déjà fait. Mais les solutions de facilité sont souvent les pires. Nous allons ici voir comment on peut choisir de nouvelles directions, briser les schémas, rediriger la communication et tirer profit de la confusion. Comme l'a écrit le poète William Blake : « L'homme qui ne modifie jamais ses opinions est comme une eau stagnante, il nourrit les reptiles de l'esprit. » Celui qui ne remanie jamais ses schémas de communication se retrouve lui aussi dangereusement embourbé.

Plus une machine vous offre d'options, plus elle vous est utile. Il en va de même en ce qui concerne les rapports humains. Prendre de nouvelles routes, ouvrir de nouvelles portes, adopter autant d'approches différentes qu'il le faut pour résoudre un problème, tel est le secret de la vie. Si vous gardez toujours la même stratégie, vous serez aussi efficace qu'une voiture qui ne marche que dans une seule vitesse.

J'ai regardé un jour une de mes amies en train d'essayer de convaincre le réceptionniste d'un hôtel de lui laisser garder sa chambre pendant quelques heures de plus. Son mari avait eu un accident de ski et elle voulait qu'il puisse se reposer en attendant qu'on le transporte à l'hôpital. Le réceptionniste lui expliquait obstinément et poliment que c'était impossible. Elle l'écoutait calmement et avançait à son tour de nouveaux arguments non moins valables.

Je la vis utiliser tour à tour le charme féminin et la logique. Sans jamais se montrer pressante ni arrogante, elle restait là, poursuivant son objectif. Le réceptionniste finit par lui sourire : « C'est bon, vous avez gagné », lui dit-il. Comment avait-elle obtenu ce qu'elle voulait ? En se montrant suffisamment souple pour adopter des attitudes différentes et manœuvrer dans diverses directions jusqu'à ce que l'employé de l'hôtel n'ait plus envie de s'opposer à sa demande.

Nous pensons généralement qu'une dispute se règle à coups de mots comme un match de boxe à coups de poing. Nous lançons nos arguments en avant pour écraser l'autre. Les arts martiaux de l'Orient, comme l'aïkido ou le taïchi, nous offrent un modèle beaucoup plus élégant et efficace. Il ne s'agit pas là de triompher de la force, mais de la rediriger, non pas d'opposer la force à la force, mais de s'aligner sur une force opposée et de la guider dans une nouvelle direction. C'est exactement ce qu'avait fait cette amie et ce que font tous les bons communicateurs.

La résistance n'existe pas en elle-même : il n'existe que des communicateurs inflexibles qui poussent au mauvais moment dans la mauvaise direction. Comme un maître de l'aïkido, un bon communicateur, au lieu de s'opposer aux vues de son interlocuteur, se montre suffisamment souple et plein de ressources pour sentir d'où vient la résistance, trouver des points d'entente, s'aligner sur eux et rediriger la communication dans le sens qu'il désire.

> *Le meilleur soldat n'attaque pas. Le combattant de valeur l'emporte sans violence. Les plus grands conquérants gagnent sans lutter. Les dirigeants les plus efficaces conduisent les hommes sans ordonner. C'est ce qu'on appelle « la non-agressivité intelligente ». C'est ce qu'on appelle « la maîtrise des hommes ».*
>
> LAO-TSEU, *Tao-tö King*

Il est important de se rappeler que certains mots, certaines phrases créent la résistance et les problèmes. Les grands dirigeants et les grands communicateurs le savent, ils font très attention aux mots qu'ils emploient et à leurs effets. Dans son autobiographie, Benjamin Franklin décrit la stratégie qu'il applique pour communiquer ses opinions aux autres tout en maintenant un rapport de sympathie. « J'ai pris l'habitude de m'exprimer avec modestie, sans assurance excessive. Je n'utilise jamais, quand j'avance quelque chose qui peut être discuté, des mots comme "certainement" ou "indubitablement", aucun terme qui fasse passer ces opinions comme définitives. Je dis plutôt comment les choses m'apparaissent, comment je les conçois : il me semble que, ou, je ne crois pas pouvoir penser que, pour telle et telle raison ; j'imagine que ; c'est, si je ne me trompe pas… Je crois que cette façon de faire m'a été très utile chaque fois que j'ai voulu inculquer aux autres mes idées et les persuader de prendre des mesures que je me suis parfois engagé à faire appliquer. »

Le vieux Benjamin savait que, pour convaincre, il faut s'assurer de ne créer aucune résistance à ce que l'on propose et, pour cela, ne pas utiliser d'expressions provoquant des réactions négatives. On peut toujours en trouver d'autres. Prenons par exemple ce petit mot, si souvent présent dans nos discours : « mais ». Si quelqu'un dit : « C'est vrai, mais… », que dit-il ? Il dit que ce n'est pas vrai, ou que cela n'a rien à voir avec la question. Le mot « mais » annule tout ce qui a été dit avant. Que va penser votre interlocuteur si vous lui expliquez qu'il a raison mais que… ? Que va-t-il maintenant se passer si le « mais » est remplacé par « et » ? Si vous dites : « C'est vrai, et il y a autre chose de tout aussi vrai… » ? Ou bien : « C'est une idée intéressante, et on peut l'envisager d'une autre manière » ? Dans un cas comme dans l'autre, vous vous appuyez sur un point d'entente, au lieu de créer une résistance, vous avez ouvert une nouvelle voie, une possibilité de rediriger le dialogue.

Il n'y a pas de gens qui résistent, il n'y a que des communicateurs qui manquent de souplesse. De même que certaines expressions provoquent immédiatement des sentiments ou des états de résistance, d'autres permettent à ceux qui vous écoutent de se sentir concernés et réceptifs.

Il existe un outil de communication que vous pouvez utiliser pour exprimer très exactement ce que vous ressentez sur un sujet donné sans compromettre en aucune façon votre intégrité et sans pour autant vous montrer en désaccord avec votre interlocuteur. Est-il besoin de dire combien un tel outil est puissant ? On l'appelle « structure d'entente ». Cette structure consiste en trois phrases dont vous pouvez vous servir chaque fois que vous voulez communiquer avec quelqu'un. Elle vous permettra de maintenir un rapport de sympathie, de faire partager à l'autre ce que vous pensez sans vous opposer à ses propres opinions. Là où il n'y a pas de résistance, il n'y a pas de conflit.

Voilà ces trois phrases :

« Je reconnais que... et... »

« Je respecte votre point de vue et... »

« C'est vrai et... »

En prononçant l'une de ces phrases, vous faites trois choses : vous entrez dans le monde de votre interlocuteur et reconnaissez ce qu'il vous communique, alors qu'en utilisant des mots comme « mais » ou « cependant », vous l'auriez ignoré ou dénigré ; vous créez ensuite une structure d'entente qui vous lie l'un à l'autre ; et enfin vous ouvrez la porte grâce à laquelle vous allez rediriger les forces en présence sans créer de résistance.

Prenons un exemple. Quelqu'un vous dit à propos d'un problème quelconque que vous avez tort. Si vous répondez : « Non, j'ai raison », demeurerez-vous dans un rapport de sympathie ? Non. Il y aura conflit et résistance. Dites plutôt : « Je respecte tes sentiments à cet égard, et je crois que tu verras peut-être les choses différemment si je t'explique mon point de vue. » Vous n'avez pas besoin d'exprimer votre accord sur le contenu de ce qu'on vous communique. Vous pouvez toujours reconnaître les sentiments de l'autre, les respecter et les comprendre, car si vous étiez dans le même état physiologique, si vous aviez la même perception, vous ressentiriez la même chose.

Vous pouvez de la même manière toujours tenir compte des intentions de votre interlocuteur. Lorsque deux personnes s'opposent l'une à l'autre, elles ne tiennent la plupart du temps aucun compte du point de vue adverse et aucune n'entend ce que dit l'autre. Mais si vous utilisez la structure d'entente, vous vous apercevrez que vous écoutez plus intensément ce que dit votre interlocuteur et découvrirez de nouvelles façons d'apprécier ses objectifs. Imaginons que vous discutiez du problème de l'armement nucléaire et que votre interlocuteur défende contre vous la course aux armements. Chacun voit l'autre comme un rival, alors que vous avez peut-être tous deux les mêmes intentions : assurer votre sécurité, celle de votre famille et maintenir la paix dans le monde. Aussi, si votre interlocuteur affirme qu'on ne peut résoudre ce problème qu'en écrasant les Russes, plutôt que de vous opposer à cette idée, vous feriez mieux d'entrer dans son monde et de dire : « Tu as raison de prendre position, de vouloir protéger l'avenir des générations futures et je crois qu'il y a encore mieux à faire que d'écraser les Russes. Ne crois-tu pas qu'en... ? » Lorsque vous vous exprimez ainsi, l'autre se sent respecté. Il a l'impression d'être entendu, il n'y a pas de combat, pas de désaccord. Et vous introduisez en même temps de nouvelles possibilités. Vous pouvez toujours utiliser cette formule – dans tout ce que l'on vous dit, il y a toujours des éléments intéressants à prendre en compte, quelque chose à respecter, à accepter. Il est alors impossible de lutter contre vous, vous ne combattrez pas.

> *Celui qui s'enferre dans ses idées trouve rarement avec qui s'entendre.*
>
> LAO-TSEU, *Tao-tö King*

Au cours de mes séminaires, je fais une expérience très simple qui aboutit avec la plupart des gens à d'excellents résultats. Je donne un sujet à débattre à deux personnes qui ne doivent ni employer le mot « mais » ni jamais dénigrer le point de vue de l'autre. Les gens voient généralement dans cet aïkido verbal une expérience libératrice. Une telle discussion leur en apprend beaucoup ; ils deviennent alors capables d'apprécier l'opinion adverse et n'ont plus envie de la détruire systématiquement. Ils avancent leurs arguments sans se montrer belliqueux ou vexés. Ils peuvent établir de nouvelles distinctions et atteindre des points d'entente.

Essayez de faire cette expérience avec quelqu'un de votre entourage. Choisissez un sujet sur lequel vous défendrez des opinions contraires et développez votre argumentation exactement comme je viens de l'expliquer, en y voyant un jeu consistant à trouver les points sur lesquels vous pouvez vous entendre et à entraîner ensuite l'autre dans la direction où vous voulez aller. Cela ne veut pas dire que vous trahirez vos idées ; mon but n'est pas de faire de vous une méduse intellectuelle. Mais vous vous rendrez compte que vous arriverez plus facilement à vos fins en vous alignant sur vos interlocuteurs et en les guidant ensuite vers votre objectif plutôt qu'en les poussant violemment dans votre sens. Et en vous montrant ouvert aux perspectives des autres, vous élargirez vos opinions : elles deviendront plus riches, plus équilibrées. Nous ne voyons trop souvent dans les discussions qu'un jeu où tout ce qui importe est de gagner. Nous avons raison et les autres ont tort. Nous détenons le monopole de la vérité, les autres sont plongés dans les ténèbres de l'erreur. J'ai constaté à plusieurs reprises que j'en apprenais plus et que je réussissais mieux à convaincre les autres en utilisant la structure d'entente. Exercez-vous aussi à défendre un point de vue qui n'est pas le vôtre. Vous serez surpris des nouvelles perspectives qui s'ouvriront alors à vous.

Les meilleurs vendeurs, les meilleurs communicateurs savent qu'il est très difficile de persuader quelqu'un de faire quelque chose qu'il n'a pas envie de faire. Si, en revanche, vous voulez faire faire à l'autre une chose qu'il a envie de faire, tout se passe comme sur des roulettes. C'est ce à quoi vous arriverez en créant une structure d'entente, en conduisant votre interlocuteur en douceur dans votre sens au lieu de le placer en situation conflictuelle. La communication est efficace quand l'autre fait ce qu'il veut faire et non ce que vous voulez qu'il fasse. Il est très difficile de surmonter les résistances, mieux vaut éviter de les créer. En établissant des rapports d'entente et de sympathie, vous transformez la résistance en assistance.

On peut donc résoudre bien des problèmes en les redéfinissant de façon à trouver un terrain d'entente. On peut aussi en venir à bout en brisant leurs schémas. Nous nous sommes tous quelquefois retrouvés dans des situations bloquées, notre cerveau tournant indéfiniment sur lui-même comme un lave-vaisselle dont le programmateur serait cassé. Nous n'entendons alors qu'un disque rayé qui répète inlassablement le même refrain. Il faut pousser plus loin l'aiguille ou relever le bras et le placer ailleurs, briser le schéma existant, ce vieux refrain qui ne mène à rien, et repartir sur de nouvelles bases.

Je regarde toujours avec un certain amusement ce qui se passe quand quelqu'un vient suivre une thérapie dans ma maison. Je suis installé dans un endroit magnifique qui surplombe la mer et cet environnement tend à mettre les nouveaux arrivants dans un état positif. Je les observe de ma fenêtre : ils garent leur voiture devant la porte, descendent et regardent autour d'eux, ravis, vivifiés par ce qu'ils voient, avant de sonner.

Puis ils montent et nous bavardons un moment : une conversation agréable, entre individus positifs. Et quand je leur demande ensuite : « Mais qu'est-ce qui vous amène ici ? » leurs épaules se voûtent, leurs muscles faciaux se relâchent, ils respirent moins profondément et prennent une voix misérable pour me raconter leurs malheurs : ils ont décidé de se mettre dans leur « état douloureux ».

Pour venir à bout de ce schéma, le plus simple est de montrer comment on peut le briser. Je prends donc généralement un ton très cassant, presque comme si j'étais en colère, et dis : « Attendez un moment, nous n'avons pas encore commencé. – Excusez-moi », répondent-ils immédiatement et ils se redressent, reprennent une respiration, une posture, des expressions normales. De nouveau, ils se sentent bien. Le message est passé. Ils savent déjà comment se mettre dans un état positif. Ils savent aussi comment choisir un état négatif. Ils possèdent tous les outils qui leur permettent de transformer leur physiologie, leurs représentations internes et l'état dans lequel ils sont, ce qui leur permet de changer, dans l'instant même, de comportement.

L'effet de surprise constitue l'une des meilleures façons de briser un schéma, de sortir quelqu'un d'une situation bloquée. Les gens s'enferment dans un schéma donné parce qu'ils ne savent pas comment faire autrement. Ils broient du noir et se dépriment, car ils croient qu'alors on s'occupera d'eux, qu'on leur demandera ce qui ne va pas. C'est une façon d'attirer l'attention des autres, ils utilisent leurs ressources le mieux qu'ils peuvent pour changer l'état dans lequel ils se trouvent.

Comment réagir devant ce genre d'attitude ? On peut faire ce que l'autre attend que l'on fasse, s'asseoir avec lui et se lancer dans une longue conversation amicale et triste. Cela lui fera peut-être du bien sur le moment, mais son schéma dépressif ne s'en trouvera que renforcé. Il saura que, s'il a le cafard, il bénéficiera de toute l'attention qu'il demande. Que va-t-il se passer maintenant si vous agissez autrement ?

Si vous commencez à plaisanter, si vous l'ignorez ou si vous vous mettez à hurler ? Il sera troublé par votre comportement, et l'effet de surprise ainsi créé lui permettra de percevoir son expérience à travers un nouveau schéma.

Nous avons tous à certains moments besoin d'un ami à qui parler. Il y a des douleurs que seule peut apaiser une oreille amicale. Mais je parle ici de schémas et de situations bloquées, de comportements répétitifs et destructifs qui s'autoperpétuent. En les renforçant, vous faites plus de mal que de bien. Ce qu'il faut, c'est montrer aux gens qu'ils peuvent briser ces schémas et adopter un nouveau comportement. Lorsqu'on croit être au bout du rouleau et qu'on attend de l'extérieur une nouvelle impulsion, on s'immobilise. Tandis que, si l'on se dit que l'on peut choisir un autre schéma et prendre la situation en main, on entre alors en action.

Notre culture, malheureusement, ne nous pousse pas souvent en ce sens. Elle tend à nous prouver que nous ne contrôlons ni nos comportements, ni nos états, ni nos émotions. Que nous sommes dépendants de tout, de nos traumatismes infantiles comme de nos dérèglements hormonaux. Elle nous empêche de prendre conscience de ce que les schémas existants peuvent être brisés et transformés, et ce, en un instant.

Les thérapeutes Richard Bandler et John Grinder s'étaient gagné la réputation d'être passés maîtres dans l'art de briser les schémas existants. Bandler raconte comment il lui est arrivé un jour d'avoir à soigner dans une institution psychiatrique un homme qui se prenait pour le Christ, non pas sur le plan métaphorique ou intellectuel, mais en chair et en os. Lorsque Bandler lui demanda : « Êtes-vous Jésus ? », il répondit : « Oui, mon fils. » Bandler sortit de la pièce en disant qu'il allait revenir dans un instant. Le malade l'attendit, troublé. Quelques minutes plus tard, Bandler revint, un mètre à la main. Il demanda à l'homme d'ouvrir les bras et le mesura, d'une main à l'autre et des pieds à la tête. Puis il ressortit. L'homme qui se prenait pour le Christ commença à s'inquiéter. Au bout d'un moment, Bandler apparut de nouveau, apportant cette fois avec lui un marteau, de gros clous et des planches qu'il installa en croix. « Que faites-vous ? » demanda l'homme. Bandler enfonça le dernier clou sans répondre et demanda à son tour : « Êtes-vous Jésus ? – Oui, mon fils », répéta l'homme. « Alors, vous savez pourquoi je suis ici », déclara Bandler. L'homme se rappela alors qui il était en réalité. Ce qu'il prétendait avant ne lui semblait plus tellement une bonne idée. « Je ne suis pas Jésus, non, je ne suis pas Jésus ! » cria-t-il. Affaire classée.

Une campagne antitabac lancée il y a quelques années nous donne l'exemple d'une façon plus positive encore de briser un schéma. Elle proposait la stratégie suivante : essayez de remplacer par un baiser chaque cigarette que veut allumer quelqu'un que vous aimez. Cela interrompt tout d'abord un geste devenu automatique, mais ce n'est pas tout. La nouvelle expérience ainsi créée jette un doute sur la valeur de l'ancienne.

On peut également avoir besoin de briser des schémas dans le monde du travail. C'est ce que fit un jour un directeur d'usine qui voulait voir changer la façon dont ses ouvriers travaillaient. Quand il prit l'affaire en main, il leur demanda de construire un modèle qui lui était destiné. Mais lorsque cela fut fait, il en essaya un autre, destiné au consommateur courant. Quand il vit qu'il ne pouvait rien en tirer, il se mit dans une rage noire et exigea que tous les produits de l'usine soient fabriqués comme si c'était lui et lui seul qui devait s'en servir. Il ajouta que désormais il pourrait passer à tout moment dans les ateliers pour vérifier la qualité d'un modèle ou d'un autre. La nouvelle de ce qui venait de se passer ne mit pas longtemps à se répandre dans l'usine, brisant le schéma qu'avaient les ouvriers de leur travail. Chacun repensa son activité sous un jour nouveau. En maître de la communication, leur directeur avait permis à ces ouvriers de réfléchir à ce qu'ils faisaient et ce, sans qu'ils lui en veuillent, car c'est à leur fierté qu'il avait fait appel.

Briser les schémas, créer un effet de surprise, se révèle aussi très utile dans le domaine de la politique. C'est ce qu'a démontré Kevin Reilly, un député de la Louisiane, qui chercha lors d'une session législative à obtenir de nouveaux crédits pour les universités et les écoles supérieures de cet État. Mais tous ses efforts restèrent vains. Un jour qu'il sortait du Capitole, un journaliste lui demanda ce qu'il pensait de la situation. Il se lança dans une longue tirade, déclarant que la Louisiane n'était qu'une « république bananière ». « Nous devrions nous déclarer en faillite, nous séparer de l'Union et chercher de l'aide à l'étranger... Nous battons des records – celui de l'analphabétisme ou du nombre de mères célibataires – et dans le domaine de l'instruction nous sommes les derniers. »

Ces remarques soulevèrent un tollé général car elles ne respectaient pas, loin s'en fallait, la prudence habituelle du discours politique. Mais Kevin Reilly devint bientôt une sorte de héros, et cette déclaration eut probablement plus d'effet sur la politique de la Louisiane en matière d'éducation que toutes les manœuvres politiques qu'il avait tentées auparavant.

Vous pouvez même utiliser cette stratégie dans votre vie quotidienne. Nous nous laissons tous parfois embarquer dans des discussions qui s'enveniment d'elles-mêmes. Le point de départ de ces disputes peut n'avoir aucune importance véritable, mais nous laissons monter notre colère, nous nous entêtons à « marquer des points », à prouver que nous avons raison. Quand c'est fini, nous nous demandons souvent comment nous avons pu nous laisser entraîner à de tels extrêmes. Mais tant que dure la discussion, nous ne nous posons aucune question. Repensez à des situations bloquées dans lesquelles vous vous êtes trouvé récemment. N'auriez-vous pas pu briser les schémas dans lesquels vous vous enfermiez, vous et vos interlocuteurs ? Réfléchissez un moment et essayez de trouver cinq stratégies qui vous permettraient de sortir de telles situations.

Réponds intelligemment, même quand on te traite inintelligemment.

LAO-TSEU, *Tao-tö King*

N'aimeriez-vous pas avoir une stratégie bien définie qui vous permettrait de briser les schémas, de court-circuiter toute dispute avant qu'il ne soit trop tard ? Je trouve que l'humour est bien utile dans ces cas-là. Comment se laisser emporter par la colère, alors que l'autre fait appel à votre humour ? Il y a une émission de télévision qui me fait beaucoup rire. Elle présente des sketches au cours desquels les acteurs se font des choses horribles, comme de se frotter le visage au papier de verre et de s'arroser ensuite d'alcool, puis ils prononcent une petite phrase, toujours la même : « Je déteste ce qui est en train de m'arriver. »

Nous sommes partis de cette émission, ma femme et moi, pour mettre au point une stratégie grâce à laquelle nous brisons les schémas qui risquent de nous conduire à une situation bloquée. Dès que l'un d'entre nous sent qu'une discussion prend un tour destructif, il dit : « Je déteste ce qui est en train de m'arriver », et l'autre abandonne. Cela nous force à sortir de l'état négatif dans lequel nous nous étions plongés en pensant à quelque chose qui nous fait rire. Et cela nous rappelle aussi que nous détestons vraiment ce qui est en train d'arriver. Il est à peu près aussi intelligent de se laisser entraîner avec quelqu'un qu'on aime dans une discussion désagréable que de se frotter le visage avec du papier de verre et de s'arroser ensuite d'alcool.

J'ai développé dans ce chapitre deux idées principales qui vont l'une comme l'autre à contre-courant de ce que l'on nous a souvent appris. Je crois tout d'abord que l'on convainc mieux sur un terrain d'entente que sur un champ de bataille. Nous vivons dans une société qui croit en la compétition, qui distingue les gagnants des perdants, comme si tous les rapports humains devaient aboutir au triomphe des uns et à la défaite des autres. Cela me rappelle une publicité pour des cigarettes qui disait : « J'aime mieux me battre que changer de marque », et montrait un homme exhibant fièrement un œil au beurre noir, preuve de sa combativité.

Mais tout ce que j'ai appris sur la communication dément la valeur du modèle compétitif. J'ai déjà parlé de la magie de la sympathie et du rôle essentiel que cette dernière joue pour ceux qui veulent développer leur pouvoir personnel. Si vous voyez dans votre interlocuteur un concurrent que vous devez vaincre, vous vous placez exactement à l'opposé de la sympathie. Ce que je sais de la communication me dit qu'il faut construire les rapports humains sur des bases de confiance et non de conflit, qu'il faut suivre pour mieux guider plutôt que d'affronter pour venir à bout des résistances. Cela est plus facile à dire qu'à faire. Cependant, grâce à une vigilance soutenue et consciente, vous pouvez transformer vos schémas de communication.

J'ai ensuite avancé dans ce chapitre que nos schémas de comportement ne sont pas indélébilement gravés dans notre cerveau. Si nous restons dans une répétition qui nous limite, ce n'est pas parce que nous souffrons de quelque obscure maladie mentale, mais parce que nous nous référons toujours au même schéma catastrophique. Briser le schéma, arrêter de faire ce que l'on est en train de faire et essayer quelque chose d'autre, voilà la solution. Nous ne sommes pas des robots programmés par des souvenirs dont nous nous souvenons à peine. Si nous faisons quelque chose que nous n'aimons pas faire, nous n'avons qu'à en prendre conscience et changer. C'est ce que dit la Bible : « Nous serons tous changés en un instant. En un clin d'œil. » Cela arrivera si nous le désirons.

Ces deux principes reposent sur l'idée de la souplesse. Si vous ne réussissez pas à reconstituer un puzzle, vous n'arriverez à rien en essayant de toujours placer la même pièce au même endroit. Vous n'en viendrez à bout qu'en vous montrant suffisamment souple pour essayer de nouvelles solutions. Plus vous êtes souple, plus vous créez de nouvelles possibilités, plus vous ouvrez de portes, et mieux vous réussirez.

Dans le chapitre suivant, nous allons étudier une autre façon d'atteindre cette souplesse personnelle.

16

Restructuration des schémas : le pouvoir de la perspective

La vie n'est pas statique. Seuls ne changent jamais ceux qui sont enfermés, impuissants, dans les asiles, et ceux qui reposent dans les cimetières.

Everett DIRKSEN

Écoutez un bruit de pas. Peut-être croyez-vous qu'il ne signifie rien pour vous. Pourtant, réfléchissez-y. Dans une rue très passante, au milieu de la foule, vous n'entendez qu'un brouhaha. Il y a trop de bruits de pas pour que vous les entendiez, aucun ne signifie quoi que ce soit pour vous. Mais si un soir tard, alors que vous ne dormez pas encore, vous entendez un bruit de pas qui se rapproche de votre chambre, que va-t-il se passer ? Vous allez interpréter ce bruit. C'est un signal dont la signification dépend de votre expérience passée. Il peut vous rassurer ou vous inquiéter, signifier, si vous l'attendez, que votre femme rentre, ou, si vous avez déjà été cambriolé, que des voleurs se sont introduits chez vous. La signification que nous donnons à tout ce qui nous arrive est déterminée par le schéma auquel nous nous référons à ce moment-là. En changeant ce schéma, vous changez immédiatement le sens de ce que vous vivez. Savoir plaquer sur chacune de vos expériences le meilleur schéma possible vous permettra de changer votre vie.

Essayez de décrire sur un morceau de papier la figure ci-dessous. Que voyez-vous ?

Un chapeau placé à la verticale, un monstre, une flèche ? Notez tout ce qui vous vient à l'esprit. Voyez-vous aussi le mot « FLY » ? Peut-être pas, car vous avez l'habitude de voir les mots écrits noir sur blanc. Le voyez-vous maintenant ? Oui, si vous avez changé votre schéma de perception, puisque « FLY » est ici écrit en blanc. Il en va de même dans la vie. Nous ne voyons pas toujours les possibilités qui nous sont offertes et grâce auxquelles nous pouvons faire de notre vie exactement ce que nous voulons qu'elle soit. Ce qui nous apparaît quelquefois comme un grave problème peut être vu comme une chance nouvelle – à condition que nous arrivions à sortir de nos schémas de perception habituels.

Comme je l'ai répété tout au long de ce livre, rien, dans ce monde, n'a de signification intrinsèque. Ce que nous ressentons face à quelque chose et ce que nous faisons alors dépendent de la perception que nous en avons. Un signal n'a de sens que dans le schéma ou le contexte dans lequel nous le percevons. Le malheur est un point de vue. Pour celui qui vend de l'aspirine, vos migraines sont un bienfait. Les êtres humains tendent à attacher un sens spécifique à chacune de leurs expériences, selon ce qu'ils ont déjà vécu. « Ceci », qui m'est déjà arrivé, signifie « cela ». Or, « ceci » peut généralement être interprété de bien d'autres façons. En changeant nos schémas habituels de perception, nous nous ouvrons de nouvelles possibilités. Nous ne devons jamais oublier que la perception est un processus créatif, elle envoie au cerveau un message, « ceci est dangereux », par exemple. Le cerveau traite ensuite l'information reçue et crée un état dans lequel le message est devenu réalité. Si nous adoptons un autre schéma de référence en regardant le même événement dans une perspective différente, nous réagirons différemment. Nous pouvons changer nos représentations ou perceptions et en un instant transformer ainsi notre état et notre comportement. Il suffit pour cela d'adopter de nouveaux schémas.

Nous ne voyons pas le monde tel qu'il est car ce que sont les choses peut être interprété de bien des façons différentes. Ce que nous sommes, nous, nos schémas de référence, nos « cartes » définissent le territoire. Regardez la figure A ci-après. Que voyez-vous ? Une vieille femme laide, bien sûr. Regardez maintenant la figure B. C'est à peu près la même vieille femme, le menton enfoncé dans le col de son manteau de fourrure. Examinez-la plus attentivement, et essayez d'imaginer quel genre de femme elle est.

Semble-t-elle triste, ou heureuse ? À quoi croyez-vous qu'elle soit en train de penser ? Tout cela n'est pas inintéressant, mais il y a là autre chose, car c'est un portrait de sa fille, jeune et jolie, que l'artiste prétend avoir fait. En changeant votre schéma de référence, vous arriverez à voir cette belle jeune fille. Je vais vous y aider. Le tracé du nez devient celui du menton et de la mâchoire inférieure, l'œil gauche se transforme en oreille, la bouche en collier. Vous ne voyez toujours pas la jeune fille ? Regardez la figure C.

FIGURE A

FIGURE B

FIGURE C

Pourquoi avez-vous vu dans la figure B une vieille femme au lieu d'une belle jeune fille ? Parce que vous étiez conditionné en ce sens. Il m'arrive souvent de partager en deux les groupes qui suivent mes séminaires et de montrer aux uns la figure A et aux autres la figure C. Puis je les réunis et je leur présente la figure B. Évidemment, les deux groupes se mettent à discuter. Ceux qui ont vu A en premier voient dans B une vieille femme, et ceux qui ont vu C en premier, une belle jeune fille.

C'est à travers nos expériences passées qu'est filtré ce que nous voyons de ce qui se passe réellement autour de nous. Mais il y a toujours diverses manières de voir les choses. Prenons l'exemple de ces gens qui font un véritable commerce des billets de concert : ils en achètent en quantité et les revendent à des prix plus élevés devant les portes du théâtre. Vous pouvez penser qu'ils profitent des autres et trouver cela méprisable, mais vous pouvez aussi vous dire qu'ils rendent service à ceux qui n'ont pas réussi à avoir de place ou qui n'ont pas eu envie de faire la queue pendant des heures pour en avoir. Pour réussir, apprenez à vous donner de toutes vos expériences des représentations qui vous aideront à obtenir de meilleurs résultats, pour vous et pour les autres.

> *Si tu vois le petit comme le petit se voit lui-même, si tu acceptes le faible pour la force qu'il a et utilises l'obscur pour la lumière qu'il donne, alors tout ira. C'est agir naturellement.*
>
> LAO-TSEU, *Tao-tö King*

La restructuration des schémas consiste, sous sa forme la plus simple, à énoncer de façon positive quelque chose que l'on envisage sous un angle négatif en changeant le cadre de référence de notre perception. Cela peut se faire soit au niveau du contexte de la perception, soit au niveau de son contenu. Dans un cas comme dans l'autre, nous transformons notre représentation interne en annulant une douleur ou un problème, ce qui va nous permettre de mieux utiliser nos ressources personnelles.

La restructuration au niveau du contexte consiste à prendre conscience qu'une expérience désagréable peut se révéler, dans un autre contexte, comme quelque chose de bénéfique. La littérature enfantine est pleine d'exemples de ce genre. Le vilain petit canard souffrait d'être différent des autres, mais ce n'était que parce qu'il devait devenir le plus beau des cygnes. Se rendre compte de l'avantage que présente dans un autre contexte ce qui apparaît comme un handicap est extrêmement utile en affaires. Reprenons l'exemple de celui de nos associés qui est un différenciateur : un poids à traîner, jusqu'au moment où nous avons compris combien il pouvait nous aider en faisant ressortir les difficultés que nous rencontrerions dans nos projets.

Ceux qui innovent sont ceux qui savent voir ce qu'il y a à tirer de certaines situations dans un contexte différent. La présence de pétrole dans le sous-sol enlevait autrefois de sa valeur à la terre, car elle la rendait moins fertile. Aujourd'hui, elle fait des millionnaires. Pendant longtemps, on n'a pas su quoi faire, dans les scieries, de la sciure de bois qui s'y entassait. Un homme décida d'utiliser dans un autre contexte ce qui était considéré jusqu'alors comme un déchet encombrant : il mit sous presse une préparation comprenant entre autres choses de la sciure et de la colle et inventa l'aggloméré ! Après avoir signé avec les scieries des contrats par lesquels il s'engageait à les débarrasser de leurs « déchets », il monta une fabrique d'aggloméré et, grâce à cette matière première qui ne lui coûtait rien, devint millionnaire en moins de deux ans. Voilà en quoi réside le génie des affaires : tirer des nouvelles richesses de ressources données. En d'autres termes, restructurer les schémas existants.

Pour restructurer le contenu d'une expérience, on peut la prendre exactement telle qu'elle est et lui donner une autre signification. Peut-être trouvez-vous par exemple que votre fils parle trop. Impossible de le faire taire ! Pourquoi ne pas penser plutôt qu'il doit être très intelligent, puisqu'il a tant de choses à dire ? On raconte ainsi comment un général a restructuré ses troupes au cours d'une bataille en disant : « Nous ne battons pas en retraite, nous avançons simplement dans une autre direction. » Quand un de leurs proches meurt, la plupart des gens qui appartiennent à notre culture sont tristes. Pourquoi ? Pour de nombreuses raisons, parce qu'ils ont un sentiment de perte, par exemple. D'autres manifestent leur joie. Pourquoi ? Parce qu'ils restructurent leur idée de la mort, pensent que désormais cet être aimé est avec eux à jamais, que rien dans l'univers ne se détruit, que les choses prennent tout simplement d'autres formes. Pour certains, la mort est un pas en avant vers un degré supérieur d'existence et elle ne peut les attrister.

Vous réussirez aussi à transformer le contenu d'une expérience en transformant la représentation visuelle, auditive ou autre que vous en avez. Quelqu'un vous a dit quelque chose qui vous a déplu ? Imaginez-vous en train de sourire pendant qu'il prononce ces mêmes paroles avec la voix de votre chanteur préféré. Ou visualisez la scène sur un fond de votre couleur favorite, ou dans une perspective qui vous place très haut au-dessus de lui. Vous pouvez même lui faire prononcer d'autres mots, vous imaginer qu'il vous présente des excuses, par exemple. Ces nouveaux stimuli donnent un autre sens au message reçu par votre cerveau, et transforment donc l'état dans lequel vous

vous trouvez et le comportement associé à cet état. Ce livre parle constamment de restructuration. Qu'y a-t-il d'autre dans « Les sept mensonges du succès » ?

Le *Reader's Digest* a publié récemment un article intitulé : « Un petit garçon qui voit autrement. » Calvin Stanley a onze ans, il va à l'école, joue au base-ball, se promène à vélo, fait à peu près tout ce que fait un garçon de son âge – sauf voir.

Comment cet enfant arrive-t-il à vivre normalement, alors que tant de gens y renoncent, dans la même situation ? J'ai compris en lisant cet article que la mère de Calvin était une « restructuratrice » hors pair. Elle a transformé dans l'esprit de son fils tout ce qu'il vivait – tout ce que d'autres mères auraient appelé des limites – en avantages. Elle lui a donné une représentation positive de toutes ses expériences.

En voici quelques exemples :

Le jour où il a voulu savoir pourquoi il était aveugle, elle lui a expliqué qu'il était né ainsi et que ce n'était la faute de personne. « Pourquoi moi ? » a-t-il demandé. « Je ne sais pas, Calvin, a-t-elle répondu. Peut-être y a-t-il quelque chose de spécial prévu pour toi. » Puis elle l'a fait asseoir et lui a dit : « Tu y vois, Calvin. Tu vois avec les mains au lieu des yeux. Et souviens-toi qu'il n'y a rien que tu ne puisses pas faire. »

Une autre fois, Calvin était très triste à l'idée qu'il ne verrait jamais le visage de sa mère. « Tu me vois, Calvin. Tu me vois en me touchant et en entendant le son de ma voix, et tu en sais plus sur moi que ceux qui me regardent avec leurs yeux. » Et l'article continuait ainsi, racontant que Calvin se déplace dans le monde avec la confiance inébranlable d'un enfant qui a toujours eu sa mère avec lui. Il veut devenir informaticien et inventer un ordinateur pour les aveugles.

Le monde est plein de Calvin. Mais il n'y a pas assez de gens comme Mme Stanley, pas assez de restructurateurs. J'ai eu la chance, récemment, de rencontrer Jerry Coffey. C'est un homme incroyable qui a su merveilleusement restructurer ses expériences pour ne pas devenir fou pendant les sept années qu'il a passées au secret dans un camp de prisonniers au Viêtnam. La seule idée d'un tel enfermement donne le frisson. Pourtant, rien n'est en soi bon ni mauvais dans ce monde. Il n'y a que des représentations positives ou négatives. Jerry a décidé de voir dans sa situation une grande opportunité, il allait pouvoir prouver sa force et apprendre à mieux se connaître. Il allait pouvoir se rapprocher de Dieu. Faire quelque chose qu'il serait un jour fier d'avoir fait. Armé de ce nouveau schéma, il assimila tout ce qui lui arrivait à une expérience de développement personnel et se transforma petit à petit, de façon totalement positive. Il dit que pour rien au monde il n'aurait renoncé à cette expérience.

Pensez à une lourde erreur que vous avez commise. Vous allez peut-être vous sentir envahi un instant par le désarroi. Mais cette erreur faisait probablement partie d'une expérience globale dont vous avez tiré plus d'éléments positifs que négatifs. En y réfléchissant, vous comprendrez que cette erreur vous a beaucoup appris.

Vous pouvez vous obnubiler sur ce que vous avez raté, mais vous pouvez aussi restructurer l'expérience en vous focalisant au-delà de ce qu'elle a été, sur ce qu'elle vous a appris. Chacune de nos expériences possède de multiples significations. Elles ne prennent que le sens que nous leur donnons, elles n'ont que le contenu sur lequel nous choisissons de nous appuyer. L'une des clés de la réussite consiste à trouver pour chacune de nos expériences le schéma qui nous permettra d'en faire quelque chose de positif.

Vivez-vous des choses sur lesquelles vous n'avez aucune prise ? Avez-vous des comportements qui font intrinsèquement partie de ce que vous êtes ? Êtes-vous vos comportements, ou bien êtes-vous celui ou celle qui les contrôle ? S'il y a une chose sur laquelle j'ai insisté tout au long de ce livre, c'est bien le fait que vous tenez votre vie entre vos mains. Vous dirigez votre cerveau. Vous êtes responsable de ce qui vous arrive. Reconstruire vos schémas vous fait envisager sous un jour nouveau ce que vous vivez.

Réfléchissez un instant aux situations suivantes et essayez de plaquer sur elles un nouveau schéma :

1. Mon patron me fait des reproches continuels.
2. J'ai payé deux fois plus d'impôts cette année que l'année dernière.
3. Nous n'avons pas suffisamment d'argent pour acheter des cadeaux de Noël.
4. Chaque fois que quelque chose marche bien, je me débrouille pour tout gâcher.

Voici des exemples de nouveaux schémas :

1. Vous avez de la chance, votre patron vous estime suffisamment pour vous dire ce qu'il a à vous dire. Il aurait pu vous renvoyer sans autre forme de procès.

2. C'est formidable : vous avez gagné beaucoup plus d'argent que l'année dernière.
3. Voici une occasion de déployer toute votre ingéniosité en offrant à ceux que vous aimez quelque chose que vous aurez fait tout spécialement pour eux.
4. Bravo ! Vous avez conscience du schéma que vous avez suivi jusqu'ici. Vous pouvez maintenant mettre au clair ce qui a provoqué ce comportement et le transformer définitivement.

La restructuration des schémas constitue un élément fondamental de la façon dont nous communiquons, tant avec nous-même qu'avec autrui. Au niveau personnel, elle nous permet de choisir le sens que nous donnons aux événements. Dans nos rapports avec les autres, elle est un outil indispensable. Pensez au problème de la vente, ou de toute autre forme de persuasion. Celui qui définit le schéma, celui qui détermine le territoire, est celui qui possède le plus grand pouvoir. Presque toutes les grandes réussites, dans des domaines allant de la publicité à la politique, sont le résultat d'habiles restructurations de schémas. Il s'agit de transformer la perception qu'ont de certaines choses ceux à qui l'on s'adresse afin qu'ils se les représentent différemment et que, mis dans ce nouvel état psychologique, ils réagissent différemment. Un de mes amis a vendu sa chaîne de restaurants à la General Mills qui la lui a payée cent soixante-sept fois la valeur de ses gains, ce qui ne s'est pratiquement jamais vu. Comment a-t-il fait ? Il a persuadé la General Mills de se baser sur ce que vaudrait sa chaîne dans cinq ans s'il en restait propriétaire et continuait à la développer. Il pouvait attendre. Il n'avait pas besoin d'eux. Mais eux avaient besoin de cette chaîne pour des raisons liées au fonctionnement de leur société, aussi acceptèrent-ils son schéma. Pour convaincre, il faut savoir transformer la perception de l'autre.

La plupart du temps, ce sont les autres qui restructurent nos schémas, nous ne faisons que réagir. Qu'est-ce que la publicité, après tout ? Une immense industrie dont le seul but consiste à créer constamment chez les consommateurs de nouveaux schémas de perception. Croyez-vous réellement qu'il y ait quelque chose de particulièrement masculin dans une marque de bière ou de particulièrement sexy dans une marque de cigarettes ? Mais les publicistes créent ce schéma et nous y réagissons. Et s'ils trouvent que nous ne réagissons pas suffisamment, ils en créent un autre, jusqu'à ce que cela marche.

Pepsi-Cola a réalisé, grâce à une habile restructuration de schémas, une des meilleures campagnes de publicité que je connaisse. Coca-Cola était depuis toujours « la » marque de référence de ce genre de boisson, et Pepsi ne pouvait pas battre ce concurrent sur son propre terrain. Lorsque vous affrontez quelqu'un qui fait autorité dans un certain domaine, il ne sert à rien de dire : « Maintenant, c'est moi qui fais autorité. » Personne ne vous croira.

Pepsi inversa donc la règle du jeu et restructura les perceptions des consommateurs. En inventant la Génération Pepsi, ou le Défi Pepsi, cette marque fit de sa faiblesse une force. « Les autres, disait-elle, ont été les rois jusqu'ici. Mais tournez-vous maintenant vers le présent, vers les produits d'aujourd'hui. » Pepsi présentait le produit de son concurrent comme un produit du passé, transformait la domination traditionnelle de Coca-Cola en handicap, tandis que sa place d'éternel second rôle devenait un avantage.

Que se passa-t-il alors ? Eh bien, Coca-Cola décida de se battre sur le terrain de Pepsi en lançant le « Nouveau Coca ». La suite de l'histoire est simple affaire de marketing, nous verrons dans quelque temps si la restructuration des schémas tentée par Coca-Cola est efficace. Mais il y a là un exemple classique de restructuration des schémas, car cette bataille s'est déroulée tout entière autour d'une image. Il s'agissait simplement de savoir quel serait le schéma qui se fixerait dans l'esprit des gens. Il n'y a aucun contenu social inhérent à une boisson gazeuse sucrée qui vous pourrit les dents. Il n'y a rien d'intrinsèquement contemporain dans le goût de Pepsi ou du nouveau Coca. Mais en trouvant un autre schéma de perception et en définissant un terrain de lutte différent, Pepsi a réussi un des plus beaux coups de l'histoire de la publicité.

La restructuration des schémas a joué un rôle fondamental dans l'affaire du général William Westmoreland contre la CBS. Dans le procès en diffamation qu'il faisait à cette chaîne de télévision, le général semblait bénéficier du soutien du public. On put lire, par exemple, dans un magazine de télévision un article intitulé : « Autopsie d'une calomnie ». Quand elle prit conscience du danger, la chaîne CBS fit appel à un chargé de relations publiques, John Scalon. Ce dernier devait inverser le courant d'opinion en focalisant l'attention du public sur les accusations portées contre Westmoreland, accusations dont la CBS espérait prouver le bien-fondé, et non plus sur les tactiques de l'émission mise en cause. Il y réussit si bien que Westmoreland renonça à poursuivre la CBS et se contenta de simples excuses. Voilà ce que peuvent accomplir ceux qui savent restructurer les schémas de perception des autres.

Pensez à la politique. Conseillers en marketing et consultants y jouent un rôle de plus en plus important : c'est l'image que donne un parti ou un homme qui compte désormais plus que tout. Il semble même à certains moments qu'il n'y ait aucune autre bataille. Après les débats qui opposaient Reagan à Mondale, les rédactions des journaux étaient assiégées par des responsables des deux camps qui cherchaient à donner à chaque parole prononcée le meilleur effet possible. Ce n'était pas le contenu qui comptait, mais le schéma de perception.

Au cours du second débat de la campagne présidentielle, Reagan fit une démonstration brillante de ses talents de restructurateur. Le problème que posait son âge avait été soulevé pour la première fois lors du débat précédent. Bien entendu, il s'agissait là aussi de créer un nouveau schéma dans l'esprit des gens. Tout le monde savait qu'il était âgé, et cela ne l'avait pas empêché d'être candidat. Mais sa faible performance et l'importance donnée par la presse à son âge risquaient d'en faire pour lui un handicap. Lors du second débat, Mondale lança quelques remarques en ce sens. On s'attendait que Reagan se défende. Au lieu de cela, il contre-attaqua de sa voix la plus suave en disant qu'il ne pensait pas que le problème de l'âge en fût un et qu'il n'avait nullement l'intention, au cours de cette campagne, de mettre en cause la jeunesse et le manque d'expérience de son adversaire. Il avait en une seule phrase complètement retourné ce problème qui n'allait donc plus en être un pour lui.

Nous trouvons souvent plus facile de créer de nouveaux schémas quand nous communiquons avec les autres qu'avec nous-mêmes. Nous savons que, pour vendre une vieille voiture dont nous ne voulons plus, il faut mettre en valeur ses qualités et minimiser ses défauts. Si votre acheteur potentiel en a une perception différente, à vous de transformer ce schéma. Mais rares sont ceux qui passent beaucoup de temps à restructurer leurs propres schémas. Quelque chose nous arrive ? Nous en créons immédiatement une représentation dans notre esprit. Et nous pensons que c'est avec ça que nous devons vivre. Quelle folie ! Cela revient à mettre le contact, faire démarrer votre voiture et voir ensuite dans quelle direction elle va.

Vous devez apprendre à communiquer avec vous-même en vous montrant aussi clair, aussi décidé et aussi persuasif que lorsque vous cherchez à vendre votre voiture. Vous devez créer des schémas et les transformer dans un sens qui vous sera bénéfique. Vous pouvez commencer par le faire au niveau d'une pensée attentive, consciente.

Nous connaissons tous des gens qui se sont repliés sur eux-mêmes à la suite d'une histoire d'amour malheureuse. Ils se sentent abandonnés, blessés et décident de ne plus prendre de tels risques. C'est parce que la relation qu'ils ont eue leur avait en fait apporté plus de joie que de douleur qu'ils ont eu tant de mal à y renoncer. Mais en effaçant tous les bons souvenirs et en ne repensant qu'aux mauvais, ils plaquent le schéma le plus négatif qu'on puisse imaginer sur cette expérience. Ils doivent modifier ce schéma, regarder les satisfactions, le bonheur qui ont existé et la façon dont une telle relation les a fait évoluer. Il leur sera alors possible de faire un nouveau pas en avant à partir de ce schéma positif, et d'envisager dans le futur une relation encore plus intense.

Réfléchissez un instant et pensez à trois situations qui vous ont remis en cause dans votre vie. De combien de façons différentes arrivez-vous à regarder ces expériences ? Combien de schémas pouvez-vous plaquer sur elles ? Que vous apporte le fait de les envisager dans des perspectives différentes ? Dans quelle mesure cela vous permet-il d'agir différemment ?

Je vous entends déjà dire : « Ce n'est pas facile d'y arriver. Je suis parfois trop déprimé pour faire une telle démarche. » Et vous l'êtes. Mais qu'est-ce que la dépression ? Un état. Vous souvenez-vous de ce chapitre où nous avons parlé du processus association/dissociation ? Pour restructurer vos schémas, il faut avant tout que vous réussissiez à vous dissocier de l'expérience déprimante et à l'envisager sous un angle nouveau. À partir de là, vous pourrez changer la représentation interne que vous en avez et transformer votre physiologie. Vous savez maintenant comment passer d'un état où vous n'avez aucun ressort à un état qui vous permet de mettre en œuvre toutes vos ressources. Si vous avez plaqué sur une de vos expériences un schéma qui ne vous fait aucun bien, changez ce schéma.

1. Accéder à la partie de la personne qui est responsable du comportement.
2. Mettre en place un signal.
3. Découvrir des bénéfices secondaires (ils ne sont pas toujours accessibles à l'esprit conscient).
4. Faire travailler la partie créative conjointement à la partie responsable du comportement, trouver trois autres façons de tirer des bénéfices secondaires.
5. Opération de vérification : y a-t-il des objections ?
6. Faire en sorte que la partie responsable du comportement actualise les comportements de remplacement et tester les effets du nouveau comportement.

Pour changer un schéma, on peut changer la signification d'une expérience ou d'un comportement. Prenons un exemple : quelqu'un fait quelque chose qui ne vous plaît pas et vous attribuez une signification particulière à ce comportement. Imaginons ainsi que vous aimiez faire la cuisine et qu'il soit important pour vous qu'on apprécie vos talents de cuisinier. Vous avez préparé le repas et votre femme mange en silence. Cela vous énerve, vous pensez que, si votre femme aime vos petits plats, elle devrait le dire. Puisqu'elle n'en parle pas, c'est qu'elle ne les trouve pas bons. Comment restructurer la perception que vous avez du comportement de votre femme ?

Souvenez-vous que ce qui est important pour vous, c'est que vous tenez à ce qu'on apprécie vos talents. Pour changer la signification de votre schéma de perception, il suffit de donner au comportement de votre femme un sens qui concorde avec ce que vous attendez d'elle, à savoir qu'elle apprécie vos talents. Peut-être votre femme prenait-elle tant de plaisir à ce repas qu'elle préférait consacrer tout le temps qu'elle y passait à manger plutôt qu'à parler ? Nos actes en disent souvent plus que nos paroles, non ?

Vous pouvez aussi changer la signification du comportement lui-même, en vous demandant s'il ne vous est pas arrivé de rester silencieux en mangeant un repas que vous trouviez délicieux. Que se passait-il alors en vous ? Le comportement de votre femme n'est énervant qu'à l'intérieur du schéma que vous avez plaqué sur cette situation. Dans un cas comme celui-là, un peu de souplesse suffit à transformer ce schéma.

Penchons-nous maintenant sur l'un de vos comportements que vous n'aimez pas, soit parce qu'il donne de vous une image qui ne vous plaît pas, soit parce qu'il aboutit à des résultats que vous n'appréciez pas. Imaginez maintenant une autre situation ou un autre contexte dans lequel le même comportement vous aiderait à obtenir quelque chose que vous désirez.

Supposons que vous êtes représentant de commerce. Vous vous donnez beaucoup de mal pour connaître chaque détail concernant les produits que vous vendez. Mais vous avez tendance à inonder vos clients d'une telle quantité d'informations qu'ils s'y noient et n'osent prendre une décision. Dans ce cas, demandez-vous dans quel autre contexte ce genre de comportement pourrait se révéler efficace. Ne pourrait-il pas mieux vous servir si vous étiez rédacteur publicitaire ou si vous écriviez dans des revues techniques ? Vous pouvez aussi utiliser ces connaissances pour passer des tests professionnels ou même simplement aider vos enfants à faire leurs devoirs. Ce n'est pas, vous le voyez, votre comportement qui constitue en lui-même un problème, mais le cadre dans lequel il est employé. Tout comportement humain possède une utilité dans un certain contexte. On dit que temporiser ne sert à rien, mais ne serait-il pas agréable de remettre au lendemain la colère ou la tristesse d'un moment, et de totalement l'oublier ensuite ?

Exercez-vous à restructurer des images ou des expériences qui vous troublent. Pensez à quelqu'un ou à quelque chose dont vous n'arriviez pas à débarrasser votre esprit. Vous rentrez par exemple chez vous après une dure journée de travail et vous ne pensez qu'à ce projet ridicule dont vous a parlé au dernier moment votre patron. Vous êtes furieux. Cela vous obsède et vous avez rapporté votre colère avec vous, au lieu de la laisser derrière la porte de votre bureau. Vous regardez la télévision avec vos enfants, mais vous ne suivez pas le film, vous pensez à votre « imbécile de patron » et à ses projets « idiots ».

Au lieu de laisser votre cerveau vous faire passer un mauvais week-end, vous pourriez apprendre à restructurer cette expérience de façon à vous sentir bien. Commencez par vous en dissocier. Prenez l'image de votre patron et mettez-la dans votre main. Collez sur son visage une paire de lunettes ridicules, un nez de clown et des moustaches. Donnez-lui une voix aiguë et grinçante de personnage de dessin animé. Imaginez-le amical et chaleureux, en train de vous dire qu'il a besoin de votre aide, en train de vous supplier de l'aider. Vous vous rendrez ensuite peut-être compte qu'il était très tendu et qu'il n'a pas eu le temps de vous parler de ce projet plus tôt. Peut-être vous rappellerez-vous alors qu'il vous est arrivé de vous conduire exactement de la même façon avec quelqu'un d'autre. Demandez-vous si tout cela est suffisamment important pour que vous gâchiez votre week-end, si vous avez vraiment de bonnes raisons de vous en inquiéter, une fois rentré chez vous.

Un problème existe, je ne le nie pas. Peut-être avez-vous besoin de trouver un autre emploi, ou de mieux vous entendre avec votre patron. Mais ce qu'il faut faire, c'est régler ce problème, et non vous laisser hanter par quelque spectre sinistre qui vous paralysera et vous fera peut-être agir de façon désagréable avec vos proches. Si vous avez fait ce que je viens de vous expliquer, peut-être, lorsque vous vous retrouverez face à votre patron, le verrez-vous avec un nez de clown et des lunettes ridicules et ne ressentirez-vous plus la même chose en l'entendant parler – ce qui vous fera réagir différemment et créera un nouveau rapport entre vous, extérieur à la dynamique stimulus/réaction qui s'était établie entre vous dans le passé.

Je vous ai donné des exemples de restructurations simples, utilisables face à ce que certains considèrent comme des problèmes majeurs. Dans des situations très complexes, il vous arrivera d'avoir à utiliser toute une série de restructurations simples afin d'atteindre lentement mais sûrement l'état recherché.

Dans son sens le plus large, la restructuration des schémas peut servir à éliminer les sentiments négatifs provoqués par presque toutes les situations envisageables. Nous allons maintenant étudier une des techniques de restructuration les plus efficaces. Imaginez-vous dans une salle de cinéma. Pensez à une situation qui vous trouble et regardez-la se dérouler comme un film sur l'écran. Vous pouvez tout d'abord avoir envie de la voir du début jusqu'à la fin, en séquences rapides, comme s'il s'agissait d'un dessin animé. Ou lui adjoindre un fond de musique de cirque, ou d'orgue électrique. Puis peut-être ferez-vous passer le film à l'envers, et le rendrez-vous ainsi à chaque image de plus en plus absurde. Essayez, vous verrez que ce qui vous troublait perd alors son pouvoir négatif.

Cette technique peut faire disparaître des phobies, mais à condition d'en amplifier chaque étape. Une phobie prend souvent racine à un profond niveau kinesthésique, aussi, pour réaliser une restructuration efficace, devez-vous prendre vis-à-vis d'elle une plus grande distance. Les réactions phobiques sont si fortes qu'une simple pensée peut les provoquer. Pour en venir à bout, il est indispensable de se dissocier à plusieurs reprises des représentations internes auxquelles elles sont associées. C'est ce qu'on appelle la « double dissociation ». Si vous avez une phobie particulière, essayez l'exercice suivant. Pensez à un moment de votre vie où vous vous êtes senti plein de ressources et plein de vie ; retournez en arrière et mettez-vous dans l'état où vous étiez alors, ressentez à nouveau cette force, cette confiance en vous. Maintenant essayez de vous voir entouré d'une bulle brillante qui vous protège. Une fois ainsi protégé, dirigez-vous mentalement vers votre salle de cinéma préférée. Asseyez-vous dans un fauteuil confortable bien en face de l'écran. Vous devez ensuite vous sentir flotter à l'extérieur de votre corps vers la cabine de projection, toujours à l'intérieur de votre bulle protectrice. Regardez dans la salle et voyez-vous assis au milieu des spectateurs, devant un écran vide.

Ensuite, regardez s'inscrire sur l'écran une image en noir et blanc, immobile, représentant votre phobie ou quelque horrible expérience dont le souvenir vous poursuit. Baissez les yeux pour vous voir assis dans la salle et regardez-vous en train d'observer ce qu'il y a sur l'écran – vous vous dissociez doublement de cette image. Une fois arrivé à ce stade, animez l'image et faites passer le film en noir et blanc à l'envers et à un rythme très rapide, comme un vieux film muet, ou un mauvais film d'amateur. Regardez-vous en train de le regarder dans la salle et notez vos réactions.

Allons plus loin. Je veux que cette partie de vous qui est en pleine possession de ses moyens, celle qui se trouve dans la cabine de projection, redescende en flottant vers l'endroit où votre corps est assis. Puis vous vous levez et vous marchez jusque devant l'écran. Vous devez arriver à le faire en continuant à vous sentir fort, confiant. Dites ensuite à votre ancien moi que vous l'avez regardé d'en haut et que vous avez trouvé des moyens de l'aider à changer le sens de cette expérience, des restructurations de son schéma grâce auxquelles vous pourrez maintenant et plus tard l'envisager différemment – des moyens de percevoir l'expérience passée sous un jour plus adulte. Cette souffrance, cette peur, est inutile. Vous êtes plus fort maintenant qu'autrefois, et cette situation dans laquelle vous vous êtes trouvé un jour appartient à votre histoire, mais pas à votre présent ni à votre avenir.

Aidez votre ancien moi à affronter quelque chose qu'il ne pouvait supporter jusque-là, puis revenez dans le fauteuil et regardez le film se transformer. Repassez la même scène, mais voyez cette fois avec quelle confiance votre ancien moi réagit. Retournez alors de nouveau vers l'écran et félicitez votre ancien moi de s'être libéré de sa phobie, de son traumatisme ou de sa peur. Puis faites-le rentrer en vous-même, en sachant qu'il a maintenant plus de ressources qu'il n'en a jamais eu et qu'il représente une part importante de votre vie. Reprenez tout ce processus pour les différentes phobies dont vous souffrez. Vous pourrez ensuite utiliser cette technique sur les autres.

Cette technique peut s'avérer extraordinairement efficace. J'ai fait ainsi disparaître bien des phobies, libéré bien des gens des peurs qui les hantaient depuis toujours, et quelquefois en quelques minutes. Pourquoi ces résultats ? Parce que l'état phobique correspond à des représentations internes spécifiques. En changeant ces représentations, vous transformez l'état que crée la personne phobique quand elle pense à l'expérience en question.

Pour certains, nombre de ces exercices demandent un niveau de discipline mentale et de puissance imaginative qu'ils n'ont encore peut-être jamais atteint. Dans ce cas, plusieurs des stratégies mentales que je vous ai proposées vous paraîtront au premier abord étranges. Votre cerveau, cependant, peut les suivre si vous vous y appliquez. Exercez-vous et vous verrez les progrès que vous réaliserez petit à petit.

Il ne faut pas oublier, quand on parle de restructuration des schémas, que tout comportement humain a un but dans un certain contexte. Si vous fumez, vous ne le faites pas pour imprégner vos poumons de substances cancérigènes. Vous le faites parce que fumer vous détend et vous permet de vous sentir plus à l'aise dans certaines situations sociales. Vous adoptez ce comportement parce que vous y trouvez des avantages. Vous jugerez parfois impossible de transformer un comportement sans nuire au besoin fondamental qu'il satisfait. C'est un problème qui peut apparaître chez ceux qui veulent arrêter de fumer et suivent une cure de désintoxication. Ils cessent de fumer, mais retrouvent ailleurs un comportement tout aussi nuisible, se sentent par exemple continuellement angoissés ou se mettent à trop manger. Je ne dis pas qu'une telle thérapie soit mauvaise en soi, mais qu'il est souvent utile de découvrir l'intention inconsciente d'un comportement afin de trouver une solution plus élégante.

Tout comportement humain est un mécanisme adaptatif : il doit satisfaire un besoin. Il n'est pas difficile d'arriver à faire détester le tabac aux gens. Mais il faut aussi s'assurer qu'on peut créer chez eux de nouveaux choix comportementaux qui satisferont leur besoin sans effets secondaires négatifs tels que ceux de la cigarette. Si fumer leur permet de se sentir détendus, confiants ou plus concentrés, il leur faut trouver un comportement de remplacement qui aboutira aux mêmes résultats.

Richard Bandler et John Grinder ont mis au point une restructuration des schémas en six étapes qui permet de transformer un comportement compréhensible en un comportement désirable tout en maintenant les bénéfices procurés par l'ancien comportement :

1. *Identifiez le schéma ou comportement que vous souhaitez transformer.*

2. *Établissez la communication avec la partie de votre cerveau inconscient qui génère ce comportement.* Entrez en vous-même et posez-vous les questions suivantes tout en restant dans un état d'éveil passif qui vous permette de remarquer tout changement dans les sensations, les images ou les sons provoqués par ces questions. Demandez-vous tout d'abord : « Est-ce que la part de moi-même qui génère le comportement X veut communiquer avec moi au niveau conscient ? »

Demandez ensuite à cette partie de vous-même, appelons-la « partie X », d'intensifier le signal donné quand elle veut vous dire oui et de le diminuer quand elle veut vous dire non. Testez maintenant la réaction en demandant à la partie X de vous dire oui… puis non… afin de réussir à distinguer ses réponses.

3. *Séparez intention et comportement.* Remerciez la partie X de bien vouloir coopérer avec vous. Demandez-lui maintenant si elle veut bien vous laisser savoir ce qu'elle a essayé de faire pour vous en générant le comportement X. Tout en lui posant cette question, restez attentif afin d'arriver à détecter sa réponse. Notez les avantages que vous avez tirés de ce comportement dans le passé et remerciez la partie X de vous les avoir procurés.

4. *Créez des comportements alternatifs qui répondront à l'intention initiale*. Revenez en vous-même et entrez en contact avec la partie la plus créatrice de votre cerveau, puis demandez-lui de générer trois comportements alternatifs qui réussiront aussi bien ou mieux que le comportement X à satisfaire l'intention de la partie X. Faites en sorte que la partie créatrice vous envoie un signal affirmatif quand elle a généré les trois comportements... Demandez-lui maintenant si elle veut bien vous révéler ce que sont ces trois comportements.

5. *Faites accepter à la partie X les nouveaux comportements proposés et la responsabilité de les générer quand il le faut*. Demandez à la partie X si les trois nouveaux comportements sont au moins aussi efficaces que le comportement X.

Puis demandez-lui si elle veut accepter la responsabilité de générer ces nouveaux comportements dans les situations où il faut répondre à son intention.

6. *Faites une vérification écologique*. Entrez en vous-même et demandez s'il y a des parties de vous-même qui s'opposent aux négociations que vous venez de mener, ou si toutes les parties de vous-même acceptent de vous soutenir. Dirigez-vous maintenant vers l'avenir : imaginez une situation qui aurait provoqué l'ancien comportement et essayez d'utiliser un des comportements alternatifs pour produire les bénéfices désirés. Puis imaginez une autre situation qui aurait provoqué l'ancien comportement et essayez d'utiliser un autre comportement alternatif.

Si vous percevez un signal vous informant que d'autres parties de vous-même s'opposent à ces nouveaux choix, reprenez tout par le commencement, identifiez la partie qui fait objection, les bénéfices qu'elle vous a procurés dans le passé et faites-la travailler avec la partie X pour générer de nouveaux choix qui conserveront les bénéfices qu'elle vous a toujours apportés. Il vous paraît peut-être étrange d'avoir à parler à des parties de vous-même, mais cela est un schéma hypnotique élémentaire dont des gens comme les Drs Erikson, Bandler et Grinder ont révélé l'utilité.

Si vous mangez trop, par exemple, créez un schéma qui vous fera produire de nouveaux types de comportements, ou identifiez votre boulimie comme un comportement que vous désirez changer. Demandez à votre inconscient de vous faire connaître les bénéfices que vous a apportés ce comportement dans le passé. Peut-être découvrirez-vous que vous avez utilisé la nourriture pour compenser un état de solitude. Ou peut-être le fait de manger vous faisait-il vous sentir plus en sécurité et donc plus détendu. Créez ensuite trois comportements qui satisferont vos besoins de compagnie ou de sécurité. Peut-être pourriez-vous vous inscrire dans un club sportif dont le fonctionnement vous permettra d'entrer en contact avec d'autres gens et d'éprouver ce sentiment de sécurité qu'offrent des moments de détente avec des amis tout en mincissant, ce qui développera ce sentiment de sécurité puisque vous saurez alors que vous avez une belle silhouette. Ou peut-être pourriez-vous par la méditation créer en vous un sentiment d'unité avec l'univers entier, lien qui vous sécurisera et vous détendra plus que le fait de manger sans arrêt.

Une fois que vous avez déterminé ces comportements alternatifs, vérifiez que votre moi tout entier désire vous aider à les adopter, ce qui vous permettra d'obtenir ce que vous désirez sans avoir à trop manger pour cela. Puis projetez-vous dans l'avenir, faites mentalement l'expérience de vos nouveaux choix et notez les résultats produits. Une fois que vous avez découvert ce qui satisferait mieux vos besoins inconscients que ne le faisait l'ancien comportement, vous aurez peut-être même envie de créer un nouveau schéma correspondant au nouveau comportement que vous désirez adopter. Vous vous êtes donné de nouveaux choix.

Presque toutes les expériences apparemment négatives peuvent être restructurées en expériences positives. Combien de fois ne vous êtes-vous pas dit : « Un jour, je repenserai à tout cela et j'en rirai » ? Pourquoi ne pas y penser maintenant et en rire tout de suite ? Ce n'est qu'une question de point de vue.

N'oubliez pas que, si vous pouvez reprogrammer les représentations internes des autres, en restructurant leurs schémas ou par d'autres techniques, si leur ancien comportement leur apportait plus de bénéfices que les nouveaux choix créés, ils y retourneront. Imaginons que je soigne une femme qui a un pied inexplicablement engourdi et que je découvre les opérations mentales et physiologiques grâce auxquelles elle produit cet engourdissement, puis qu'elle apprenne à envoyer à son corps de nouveaux signaux qui lui permettront de ne plus le faire, son problème semble réglé. Mais ce problème réapparaîtra peut-être quand elle rentrera chez elle si les bénéfices que lui apportait son pied engourdi disparaissent – si son mari ne lave plus la vaisselle, s'il ne fait plus autant attention à elle, ne la masse plus, etc. Au début, il sera peut-être ravi de la voir guérie. Pourtant, au bout d'un moment, puisque le problème de sa femme a disparu, non seulement il trouvera normal qu'elle lave la vaisselle, mais il ne la massera plus, ne s'occupera plus d'elle, puisqu'elle n'en a plus besoin. Bientôt, l'engourdissement réapparaîtra mystérieusement. Il n'y aura chez cette femme aucune démarche consciente. Pour son inconscient, l'ancien comportement réussit mieux à satisfaire ses désirs – et crac ! la voilà de nouveau avec un pied engourdi.

Elle doit donc trouver d'autres comportements qui lui fourniront la qualité de relation qu'elle désire avoir avec son mari. Elle doit obtenir davantage du nouveau comportement que de l'ancien. Il y eut ainsi dans un de mes séminaires une femme qui était aveugle depuis huit ans et semblait étonnamment capable et équilibrée. J'ai découvert par la suite qu'elle n'était pas aveugle du tout. Pourtant, elle avait vécu des années comme si elle l'était. Pourquoi ? Elle avait eu un accident à la suite duquel sa vue avait considérablement baissé. Ses proches l'entourèrent alors d'amour et d'attention, comme ils ne l'avaient jamais fait auparavant. De plus, elle découvrit que quoi qu'elle fasse, même les tâches les plus quotidiennes, les gens l'admiraient beaucoup d'y parvenir alors qu'elle était aveugle. On la traitait comme quelqu'un de spécial, aussi maintint-elle ce comportement, allant parfois jusqu'à se convaincre elle-même qu'elle était réellement aveugle. C'était le meilleur moyen qu'elle avait trouvé pour qu'on la traite avec attention et amour. Même en dehors de son entourage, les gens avaient envers elle une attitude particulière. Ce comportement ne pouvait changer que si elle y voyait des désavantages plus importants que les bénéfices qu'elle en tirait ou si elle en découvrait un autre présentant de plus grands avantages.

Nous nous sommes concentrés jusqu'ici sur les différentes façons de restructurer une expérience négative en une expérience positive. Mais je ne tiens pas à ce que vous considériez ces techniques comme des thérapies, des moyens de sortir de situations que vous jugez mauvaises pour entrer dans d'autres que vous jugez bonnes. La restructuration des schémas n'est en réalité ni plus ni moins qu'une métaphore de potentiel. Il y a très peu de choses dans votre vie qui ne puissent être restructurées en quelque chose de mieux.

Un des plus importants schémas à prendre en compte est celui des possibilités. Nous tombons souvent dans des ornières où nous nous enlisons. Nous y obtenons peut-être des résultats vaguement satisfaisants, alors que nous pourrions en obtenir de spectaculaires. Aussi, faites l'exercice suivant. Établissez une liste de cinq choses que vous faites en ce moment et dont vous êtes assez content, que ce soit dans le domaine de vos relations, de votre travail, de vos finances, ou dans tout autre domaine.

Passez quelques minutes à y réfléchir. Vous serez probablement surpris de vous apercevoir que votre vie pourrait aller incroyablement mieux. Nous pouvons tous restructurer nos possibilités. Cela ne demande que la souplesse mentale grâce à laquelle nous apparaissent le potentiel et le pouvoir personnel qui permettent d'entreprendre.

Laissez-moi ajouter à tout cela une touche finale qui s'applique à tout ce que contient ce livre. La restructuration des schémas est un nouveau talent à sortir de votre boîte à outils mentale afin de produire de meilleurs résultats. Pensez-y dans le sens plus large d'un processus continu, celui de l'exploration des hypothèses et de la découverte de contextes utiles à ce que vous faites bien.

Les grands dirigeants et tous les autres bons communicateurs sont des experts en restructuration des schémas. Ils savent comment motiver les gens en faisant de tout ce qui arrive un modèle de possibilité.

On raconte sur Tom Watson, le fondateur d'IBM, une histoire édifiante. Un de ses subordonnés avait commis une gigantesque erreur qui avait coûté dix millions de dollars à la compagnie. Appelé dans le bureau de Tom Watson, il lui dit : « Je suppose que vous attendez ma démission. » Watson le regarda : « Vous plaisantez ? Nous venons juste de dépenser dix millions de dollars pour vous former. »

Voilà une leçon qui peut nous servir dans tout ce qui nous arrive. Les meilleurs dirigeants sont ceux qui apprennent cette leçon et plaquent les schémas les plus positifs sur tout ce qui arrive. Et cela est aussi valable dans le domaine de la politique que dans celui des affaires, de l'enseignement ou de la vie privée.

Nous connaissons tous des restructurateurs inverses. Dans le ciel le plus pur, ils verront toujours un nuage. Mais pour toute attitude négative, pour tout comportement invalidant, existe une restructuration efficace. Vous n'aimez pas quelque chose ?

Changez-le. Vous vous comportez d'une façon qui ne vous mène pas là où vous voulez ? Faites autre chose. On peut non seulement produire des comportements efficaces, mais faire en sorte de les avoir à notre disposition quand nous en avons besoin. Nous apprendrons à redéclencher tout comportement utile au moment voulu dans le chapitre suivant en étudiant les diverses façons de se donner...

17

Les points d'ancrage de la réussite

Faites ce que vous pouvez, avec ce que vous avez, là où vous êtes.

Theodore ROOSEVELT

Il y a des gens – j'en fais partie – dont le cœur se met à battre plus vite dès qu'ils voient un drapeau américain. D'un point de vue purement logique, c'est une réaction curieuse. Un drapeau, après tout, n'est qu'un morceau de tissu imprimé d'un dessin en couleurs. Il n'y a en cela rien d'émouvant. Une telle interprétation passe pourtant à côté de l'essentiel. C'est un morceau de tissu, c'est vrai. Mais il représente toutes les vertus, tout ce qui caractérise notre nation. Quand nous regardons un drapeau, nous voyons un puissant symbole des valeurs que défend notre pays.

Un drapeau, comme bien d'autres choses, constitue un point d'ancrage, un stimulus sensoriel lié à un ensemble spécifique d'états. Il y en a bien d'autres, des mots, des phrases, des gestes, des objets, des sons, des sensations, des goûts ou des odeurs. Les points d'ancrage possèdent un grand pouvoir car ils nous mettent immédiatement dans un puissant état psychologique. C'est ce qui arrive quand vous voyez un drapeau. Vous ressentez immédiatement les fortes émotions qui représentent ce que vous ressentez pour la nation, car ces émotions sont liées ou associées aux couleurs ou aux emblèmes que porte ce drapeau.

Le monde est plein de points d'ancrage, profonds ou superficiels. Si je vous dis : « Soif d'aujourd'hui », il y a de fortes chances pour que vous répondiez : « Coca-Cola », même si vous pensez qu'une boisson sucrée n'étanche pas la soif. Ce slogan est si efficace qu'il a ancré en vous une réaction automatique. Nous sommes continuellement sujets à ce genre de réaction. La vue de quelqu'un vous met dans un état donné, bon ou mauvais, selon les sentiments que vous avez associés à cette personne. Les premières notes d'une chanson peuvent en quelques secondes transformer l'état dans lequel vous êtes. Tels sont les effets des points d'ancrage.

Ce n'est pas sans raison que ce chapitre termine la deuxième partie de ce livre. Les points d'ancrage donnent une permanence à notre expérience. Nous sommes capables de transformer nos représentations internes ou notre physiologie en un instant et d'atteindre ainsi de nouveaux résultats, mais cela requiert un effort conscient. Grâce aux points d'ancrage, vous pouvez créer un mécanisme constant de déclenchement qui vous entraînera automatiquement à engendrer l'état désiré sans que vous ayez à y penser. Si vous vous constituez des points d'ancrage suffisamment solides, vous les retrouverez chaque fois que vous en aurez besoin. Vous en avez déjà beaucoup appris dans ce livre. Mais la technique que nous allons étudier maintenant constitue le moyen le plus efficace que je connaisse pour canaliser nos réactions inconscientes de manière qu'elles soient toujours à notre disposition. Relisez la citation par laquelle commence ce chapitre. Nous essayons tous de tirer le meilleur parti possible de ce que nous avons. Grâce aux points d'ancrage, nous avons accès à nos ressources les plus riches. Ils nous permettent d'être certains de pouvoir puiser à chaque instant dans ces ressources.

Nous nous créons tous régulièrement des points d'ancrage, il nous est en fait impossible de faire autrement. Nous associons continuellement des pensées, des idées, des sentiments ou des états à des stimuli spécifiques. Souvenez-vous du Dr Pavlov. Il prit des chiens affamés et mit de la viande dans un endroit où ils pouvaient la voir et la sentir, mais pas la manger. Cette viande devint un stimulus puissant de leur sensation de faim. Ils se mirent à saliver. Dès qu'ils salivaient, Pavlov faisait retentir une sonnerie. Très vite, il n'eut plus besoin de la viande pour faire saliver les chiens, la sonnerie suffisait. Il avait créé un lien neurologique entre ce signal sonore et la sensation de faim.

Nous vivons nous aussi dans un monde de stimulus/réaction où une grande partie du comportement humain n'est que réaction programmée inconsciente. Bien des gens, dès qu'ils sont en proie au stress, tendent la main vers une cigarette, un verre d'alcool, ou, dans certains cas, quelque chose à « sniffer ». Ils n'y pensent même pas. Ils sont comme des chiens de Pavlov. Beaucoup aimeraient ne plus avoir de tels comportements, qu'ils ressentent comme inconscients et incontrôlables. Ce qu'il leur faut, c'est prendre conscience du processus de manière que, si les points d'ancrage en question les démolissent plus qu'ils ne les aident à construire, ils puissent les éliminer et les remplacer par de nouvelles associations stimulus/réaction qui les mettront immédiatement dans l'état recherché.

Comment se créent donc les points d'ancrage ? Quand nous nous trouvons dans un état intense où corps et esprit sont impliqués ensemble, et qu'un stimulus spécifique est envoyé chaque fois que cet état atteint sa puissance maximale, le stimulus et l'état deviennent neurologiquement liés. Dès lors, le stimulus déclenche automatiquement l'état intense. En chantant notre hymne national, nous créons certaines sensations dans notre corps et, en même temps, nous regardons le drapeau. Nous prononçons le serment de fidélité et regardons le drapeau. Bientôt, la seule vue du drapeau déclenche en nous ces sensations, ces sentiments.

Pourtant, les points d'ancrage ne suscitent pas tous des associations positives. Certains nous mettent mal à l'aise, ou pire. Si vous avez eu une amende pour excès de vitesse, vous sentirez une certaine appréhension chaque fois que vous passerez à cet endroit de l'autoroute. Que ressentez-vous quand vous entendez derrière vous la sirène d'une voiture de police ? Est-ce que vous ne changez pas instantanément d'état ?

Le pouvoir d'un point d'ancrage dépend, entre autres choses, de l'intensité de l'état originel auquel il est lié. Nous vivons quelquefois des expériences si désagréables avec ceux qui nous entourent que, dès que nous les voyons, nous sentons la colère monter en nous. Comment éprouver de la joie devant quelqu'un par qui l'on a souffert ? Si vous avez ce genre de points d'ancrage négatifs, ce chapitre vous apprendra comment les remplacer par des points d'ancrage positifs. Vous devrez vous souvenir d'une chose : cela arrivera automatiquement.

Bien des points d'ancrage sont agréables. Vous associez une certaine chanson des Beatles à un merveilleux été et, toute votre vie, chaque fois que vous entendrez cette chanson, vous repenserez à cette période. Vous avez passé au restaurant une soirée formidable et vous finissez le repas en partageant avec votre compagne un gâteau qui deviendra désormais votre dessert favori. Vous n'y pensez pas plus que les chiens de Pavlov, mais vous vivez chaque jour des expériences qui vous conditionnent à réagir d'une façon particulière.

Nos conditionnements sont la plupart du temps un effet du hasard. Nous sommes bombardés de messages par la télévision, la radio, et la vie quotidienne – certains de ces messages nous conditionnent, d'autres non. Cela se fait souvent au petit bonheur la chance. Si vous êtes dans un état intense – bon ou mauvais – au moment où vous entrez en contact avec un stimulus particulier, il est probable qu'il créera en vous un point d'ancrage. La répétition du stimulus est un puissant facteur de conditionnement. Si vous entendez souvent quelque chose (un slogan publicitaire, par exemple), il y a de fortes chances pour que cela produise en vous un point d'ancrage. Or, nous pouvons heureusement apprendre à contrôler notre conditionnement de façon à nous donner des points d'ancrage positifs et à éliminer les points d'ancrage négatifs.

Les grands dirigeants ont toujours su utiliser les points d'ancrage culturels de leur environnement. Quand un politicien s'entoure d'un drapeau, il essaie d'utiliser toute la magie de ce puissant point d'ancrage. Il tente d'associer son image à toutes les émotions positives qui sont attachées à ce drapeau. Au mieux, il réussit ainsi à créer un lien commun de sympathie et de patriotisme. Pensez à ce que vous ressentez le jour de la fête nationale. Quoi d'étonnant à ce que tous les hommes politiques qui se respectent participent à ces cérémonies ? Au pire, le conditionnement peut aboutir à un déploiement terrifiant de laideur collective. Hitler avait le génie du conditionnement. Il associait des émotions et des états d'esprit spécifiques à des points d'ancrage tels que la croix gammée, les défilés de soldats marchant au pas de l'oie et les meetings de masse. Il mettait les gens dans des états intenses et leur proposait alors toujours les mêmes stimuli – le geste, par exemple de sa main ouverte tendue en l'air – afin de faire surgir les émotions qu'il y avait attachées. Et il utilisait constamment ces instruments de conditionnement pour manipuler les sentiments, les états et les comportements d'une nation.

Dans le chapitre concernant la restructuration des schémas, nous avons établi qu'un même stimulus pouvait avoir des significations différentes, selon qu'on le faisait correspondre à un schéma ou à un autre. Le conditionnement fonctionne dans le sens positif comme dans le sens négatif. Les symboles nazis étaient associés pour les membres du parti à des sentiments positifs de fierté et de puissance, alors qu'ils suscitaient la crainte chez les opposants de Hitler. La croix gammée n'était pas chargée de la même signification pour un membre de la communauté juive que pour un soldat d'élite. Et pourtant, la communauté juive se servit de cette expérience historique pour se créer un point d'ancrage puissant qui l'aida à se construire une nation et à la protéger envers et contre tout. Le point d'ancrage auditif que constituent les mots « plus jamais ça », utilisés par de nombreux juifs, les place dans un état où ils s'engagent à défendre quoi qu'il arrive leurs droits souverains.

De nombreux analystes politiques considèrent que Jimmy Carter commit une erreur en tentant de démystifier le rôle du président des États-Unis. Au début de son mandat, tout au moins, il supprima certains symboles, certains points d'ancrage fondamentaux, de la présidence – sa pompe et ses cérémonies. Cela partait peut-être d'une intention admirable, mais c'était probablement une mauvaise tactique. Les dirigeants sont plus efficaces quand ils peuvent utiliser de puissants points d'ancrage pour mobiliser le soutien national. Peu de présidents se sont aussi souvent ceints du drapeau américain que Ronald Reagan. Que vous aimiez ou non sa politique, il est difficile de ne pas admirer son habileté (ou celle de ses conseillers) à utiliser les symboles politiques.

Le conditionnement ne se limite pas aux plus profondes de nos expériences et de nos émotions. Les comédiens utilisent de main de maître les points d'ancrage. Ils savent par exemple qu'en prenant un certain ton, une certaine attitude corporelle ou en prononçant certains mots ils provoqueront un rire immédiat.

Comment arrivent-ils à cela ? Ils font ou disent tout d'abord quelque chose de drôle, et pendant que vous riez, pendant que vous êtes dans cet état intense, ils produisent un stimulus particulier, un sourire, une expression, un ton de voix. Et ils recommencent jusqu'à ce que le rire soit associé à ce stimulus. Dès que vous les voyez prendre cette expression, vous avez envie de rire.

Je vais vous donner un exemple qui vous permettra de mieux utiliser les points d'ancrage pour atteindre des résultats recherchés. John Grinder et moi-même devions créer de nouveaux modèles d'entraînement pour l'armée afin d'améliorer son efficacité dans divers domaines. Le général qui était chargé de mener à bien ce projet organisa une réunion pour que nous réglions avec les officiers un certain nombre de questions, coûts, horaires, lieux de travail, etc. Nous les rencontrâmes autour d'une table de conférences disposée en fer à cheval et à la tête de laquelle se trouvait la chaise réservée au général. Il était clair que, même en l'absence de ce dernier, cette chaise constituait le principal point d'ancrage de la pièce. Tous les officiers respectaient cette place. C'était là que les décisions étaient prises, que les ordres étaient donnés. John et moi avons donc fait en sorte de passer le plus près possible de cette chaise, de l'effleurer, et même de nous y asseoir. Cela afin de transférer vers nous une partie des réactions que les officiers avaient face au général et à cet objet qui le symbolisait. Quand arriva le moment de parler de mes honoraires, j'allai me placer derrière la chaise du général et déclarai, en prenant une attitude décidée et un ton de commandement, combien je voulais être payé. Mes interlocuteurs avaient auparavant ergoté sur le prix à payer, mais, cette fois, personne n'essaya seulement de discuter. Parce que j'avais utilisé le point d'ancrage que représentait la chaise du général, j'obtins un juste salaire sans avoir à marchander. Les négociations se conclurent comme si j'en avais dicté les termes. La plupart des négociations importantes s'appuient sur l'utilisation de points d'ancrage efficaces.

De nombreux athlètes professionnels ont également recours à cette technique, même s'ils lui donnent un autre nom ou l'utilisent inconsciemment. « Marche ou crève », tel est le point d'ancrage sur lequel s'appuient les sportifs réputés pour se sortir brillamment de situations difficiles, le principe qui leur permet d'atteindre leur force et leur efficacité maximales. Certains ont des « trucs » pour y arriver. Les joueurs de tennis adoptent un rythme donné pour monter à la volée, ou respirent, avant de servir, d'une façon particulière.

J'ai appliqué, par exemple, la méthode des points d'ancrage et de la restructuration des schémas avec Michael O'Brien, médaille d'or du 1 500 mètres nage libre aux Jeux olympiques de 1984. J'ai restructuré ce qu'il croyait être ses limites, et j'ai associé ses états optimaux au signal du départ (en lui faisant se rappeler à ce moment-là un air de musique auquel il avait pensé lors d'une compétition qu'il avait remportée) ainsi qu'à la ligne noire du fond de la piscine sur laquelle il devait concentrer son attention. Mis ainsi en condition, il obtint les résultats qu'il désirait atteindre.

Revenons-en maintenant de façon plus détaillée à la technique des points d'ancrage. Elle se déroule en deux étapes fondamentales. Vous devez tout d'abord vous mettre, ou mettre la personne avec qui vous travaillez, dans l'état spécifique auquel vous voulez vous conditionner ou conditionner l'autre. Puis, chaque fois que cet état atteindra son intensité maximale, envoyez le même stimulus. Quelqu'un qui rit est dans un état spécifique auquel son corps tout entier participe. Si à ce moment-là vous lui pincez l'oreille, une fois et une seule, et que vous émettiez un son précis, que vous répétez, chaque fois que vous referez appel à ce stimulus (pincement de l'oreille et son répété), il se mettra à rire.

Pour créer chez quelqu'un des points d'ancrage sécurisants, vous pouvez aussi lui demander de se souvenir d'une époque de sa vie où il était dans un état auquel il aimerait avoir maintenant accès quand il le voudrait. Puis faites-lui revivre cette expérience afin qu'il s'y associe totalement et qu'il en ressente physiquement les effets. Vous verrez alors sa physiologie, c'est-à-dire ses expressions faciales, son attitude corporelle et sa respiration, changer. Au moment où cette transformation devient le plus évidente, envoyez rapidement un stimulus précis et exceptionnel que vous répéterez.

Vous pouvez renforcer ce conditionnement en aidant celui avec lequel vous travaillez à entrer plus rapidement dans un état sécurisant. Demandez-lui par exemple de vous montrer comment il se tient quand il se sent sûr de lui, et à l'instant même où vous verrez changer son attitude corporelle, faites jouer le stimulus. Demandez-lui ensuite de vous montrer comment il respire quand il se sent sûr de lui, et lorsque son rythme respiratoire se transforme, produisez de nouveau le même stimulus. Demandez-lui enfin ce qu'il se dit quand il se sent sûr de lui, et de vous le dire en prenant le ton qu'il utilise lorsqu'il est dans cet état de confiance en lui, et reprenez une dernière fois votre stimulus (vous pouvez par exemple lui presser l'épaule, toujours au même endroit).

LES CLÉS DU CONDITIONNEMENT

Intensité de la réaction.
Synchronisation (produire le stimulus quand la réaction atteint son intensité maximale).
Caractère exceptionnel du stimulus.
Répétition du stimulus.

Une fois que vous croyez avoir obtenu un point d'ancrage, vous devez le tester. Il faut pour cela partir d'un état neutre ou différent que vous obtiendrez en demandant à celui avec qui vous travaillez de changer sa physiologie ou de penser à autre chose. Faites alors jouer le stimulus et observez ce qui se passe. Si sa physiologie se transforme de nouveau, votre conditionnement est efficace. Sinon, c'est peut-être parce que vous êtes passé à côté d'une des clés d'un conditionnement réussi :

1. *Si vous voulez qu'un point d'ancrage soit efficace, qu'un stimulus entraîne une réaction donnée, vous devez y associer un état intense auquel participe le corps tout entier*. Plus cet état est intense, plus le conditionnement est facile et plus longtemps il durera. Si vous conditionnez quelqu'un et qu'il pense en même temps à autre chose, le stimulus

correspondra à différents signaux et perdra donc de sa puissance. Rappelez-vous, par ailleurs, que si vous associez quelqu'un à une expérience alors qu'il la regarde de l'extérieur, lorsque vous ferez ensuite agir le stimulus, il se retrouvera dans une position de spectateur et ne réagira pas de tout son corps et de tout son esprit.

2. *Vous devez produire le stimulus au moment où l'état désiré atteint son intensité maximale*. Si vous conditionnez trop tôt ou trop tard, vous ne saisirez pas toute cette intensité. Pour découvrir ce moment, regardez celui avec qui vous travaillez entrer dans un état donné et notez ce qui se passe quand cet état commence à disparaître. Ou demandez-lui de vous dire quand il va atteindre cette intensité maximale et servez-vous de cette donnée pour évaluer l'instant précis auquel vous produirez le stimulus.

3. *Choisissez un stimulus unique en son genre*. Le point d'ancrage doit envoyer au cerveau un signal clair et net. Si, au moment voulu, vous vous contentez par exemple de regarder celui avec qui vous travaillez d'une manière qui vous est habituelle, ce regard ne constituera probablement pas un point d'ancrage efficace, car il n'a rien d'exceptionnel et le cerveau aura du mal à y déceler un signal spécifique. Il en va de même si vous lui serrez simplement la main, car c'est un geste trop habituel. Si vous choisissez ce stimulus, donnez-lui un caractère particulier, par une pression plus forte, ou plus précisément localisée, etc. Les meilleurs points d'ancrage combinent plusieurs systèmes de représentation en un stimulus exceptionnel

auquel le cerveau peut plus facilement associer une signification particulière. Vous serez plus efficace en utilisant à la fois un contact physique et un certain ton de voix que par un simple contact.

4. *Pour que le point d'ancrage fonctionne, vous devez répéter chaque fois exactement le même stimulus.* Si, au moment voulu, vous pressez l'épaule de quelqu'un à un endroit précis et avec une force particulière, vous ne déclencherez pas la réaction désirée en répétant ce geste à un autre endroit ou avec moins de force.

Un processus de conditionnement qui suit ces quatre règles sera toujours efficace. Pour faire marcher les gens sur des charbons ardents, je leur apprends, entre autres choses, à se créer des points d'ancrage qui mobilisent leurs énergies les plus positives. Je les « conditionne » en leur faisant lever le poing chaque fois qu'ils réunissent toute leur puissance d'énergie. À la fin de la soirée, dès qu'ils lèvent le poing, ils sentent monter en eux un flux d'énergie productive.

Je vous propose maintenant de faire l'exercice suivant. Levez-vous et pensez à un moment de votre vie où vous vous êtes senti totalement sûr de vous, où vous saviez pouvoir faire tout ce que vous vouliez faire. Mettez votre corps dans la même physiologie que celle d'alors. Tenez-vous comme vous vous teniez. Quand vous vous sentirez en pleine possession de vos moyens, levez le poing et dites « oui » avec force et assurance. Respirez comme vous respiriez lorsque vous aviez totalement confiance en vous. Levez de nouveau le poing et dites « oui » sur le même ton que précédemment. Puis parlez de la voix assurée de quelqu'un qui contrôle parfaitement la situation. Levez encore une fois le poing et redites « oui », toujours de la même façon.

Si vous n'arrivez pas à vous souvenir d'un tel moment, pensez à ce qui se passerait si vous viviez une telle expérience. Donnez-vous la physiologie que vous auriez si vous vous sentiez totalement sûr de vous, si vous contrôliez parfaitement une situation. Respirez comme vous le feriez alors. Je veux que vous le fassiez véritablement, comme tous les exercices que je vous ai proposés jusqu'ici. Lire ce dont je vais vous parler maintenant ne vous aidera pas. Le faire vous permettra d'obtenir des résultats.

Vous êtes debout, vous vous sentez sûr de vous. Quand cet état atteint son intensité maximum, levez doucement le poing et dites « oui » d'un ton ferme. Ayez conscience de votre pouvoir, des extraordinaires ressources mentales et physiques dont vous disposez, sentez ce pouvoir jaillir en vous et votre attention se concentrer. Recommencez cinq ou six fois, voyez votre force s'affirmer, associez cet état au geste de lever le poing en disant « oui ». Changez ensuite votre état, votre physiologie. Levez le poing et dites « oui », comme vous l'avez fait pour vous conditionner, et notez ce que vous ressentez. Dans les jours qui viennent, recommencez cet exercice.

Vous vous apercevrez assez rapidement qu'en levant le poing vous faites apparaître cet état de confiance en vous, instantanément, dès que vous en avez envie. Cela ne viendra peut-être ni la première ni la deuxième fois, mais vous n'aurez pas longtemps à attendre si vous

vous y appliquez. Vous pouvez vous créer très vite un point d'ancrage si l'état recherché est suffisamment intense et le stimulus suffisamment précis.

Une fois que vous aurez créé ce point d'ancrage, utilisez-le dès que vous vous trouvez dans une situation difficile. Vous arriverez à retrouver ainsi tous vos moyens. Parce que vous vous serez conditionné, votre système neurologique réagira en un instant. La pensée positive traditionnelle vous demande de prendre le temps de penser. Ne serait-ce qu'au niveau d'une transformation de votre physiologie, elle vous demande un effort conscient. Un point d'ancrage vous permet en un instant de réunir vos ressources les plus puissantes.

Par ailleurs, vos points d'ancrage seront encore plus efficaces si vous employez un processus cumulatif, si vous vous appuyez sur diverses expériences positives. Chaque fois, par exemple, que je veux tirer le meilleur de moi-même, exploiter tout mon pouvoir personnel, atteindre une concentration extrême, j'adopte une posture, une physiologie, comparable à celle d'un champion de karaté. Dans cet état, j'ai marché des centaines de fois sur des charbons ardents, j'ai fait du parachutisme en chute libre, j'ai relevé toutes sortes de défis incroyables. Et chaque fois, j'ai brandi mon poing de la même manière, au moment le plus intense de chacune de ces expériences. Aussi, quand je brandis maintenant le poing de cette manière, je fais réapparaître dans mon système nerveux tous ces états, toutes ces physiologies. C'est une sensation comme aucune drogue ne pourra jamais en créer. Je saute en chute libre, je plonge de nuit à Hawaii, je dors dans les grandes pyramides, je nage au milieu des dauphins, je marche sur le feu, je dépasse mes limites, je remporte des compétitions, et tout cela en même temps, en un instant. Chaque fois que je suis dans cet état et que j'y associe une expérience positive supplémentaire, je renforce le pouvoir de mon point d'ancrage. C'est un autre exemple qui illustre le cycle du succès : la réussite naît de la réussite. Pouvoir intérieur et richesse personnelle créent un nouveau pouvoir, de nouvelles richesses.

COMMENT SE DONNER DES POINTS D'ANCRAGE

1. Déterminez clairement le résultat précis en vue duquel vous désirez utiliser un point d'ancrage et l'état exact qui vous aidera le mieux à atteindre ce résultat.
2. Évaluez l'expérience de base.
3. Grâce à vos schémas de communication verbale et non verbale, mettez-vous dans l'état recherché.
4. Utilisez votre acuité sensorielle pour savoir quand cet état atteint son intensité maximale et produisez à cet instant précis un stimulus exceptionnel (point d'ancrage).
5. Testez le point d'ancrage :
   — en changeant de physiologie pour sortir de cet état,
   — en déclenchant le stimulus (point d'ancrage) et en observant si votre réaction correspond à l'état recherché.

Essayez maintenant de donner à d'autres des points d'ancrage attachés à des états positifs. Trouvez trois personnes avec qui travailler, faites-les se souvenir d'un moment de leur vie où elles se sentaient pleines d'exubérance. Assurez-vous qu'elles revivent pleinement cette expérience et associez un stimulus à l'état où elles se trouvent alors. Puis lancez-les dans une conversation et testez votre point d'ancrage dès qu'elles pensent à autre chose. Retrouvent-elles l'état positif précédent ? Dans le cas contraire, vérifiez que vous avez appliqué les quatre règles de base et recommencez l'opération.

Si votre point d'ancrage ne déclenche pas chez ceux avec qui vous travaillez l'état recherché, c'est parce que vous avez commis une erreur. Peut-être n'avez-vous pas su leur faire revivre pleinement l'état positif lié à leur expérience passée. Peut-être avez-vous produit le stimulus trop tôt ou trop tard. Peut-être ce stimulus n'avait-il pas un caractère suffisamment exceptionnel, ou peut-être ne l'avez-vous pas reproduit assez exactement quand vous avez voulu redéclencher l'état positif. Quoi qu'il en soit, utilisez maintenant votre acuité sensorielle pour vous assurer de ne pas commettre à nouveau ces erreurs et recommencez l'opération jusqu'à ce que votre point d'ancrage fonctionne.

Vous allez maintenant choisir quatre ou cinq états ou sentiments positifs que vous aimeriez déclencher en vous quand bon vous semble, puis associez-les à un point d'ancrage lié à une partie spécifique de vous-même de façon à y avoir accès facilement. Disons, par exemple, que vous avez du mal à prendre des décisions et que vous aimeriez changer ce comportement.

Vous voulez vous sentir plus décidé. Pour avoir par exemple l'impression que vous savez prendre facilement, efficacement et rapidement une décision, vous pouvez choisir comme point d'ancrage la jointure de votre index. Repensez alors à un moment de votre vie où vous vous êtes senti tout à fait décidé, replongez vous mentalement dans cette situation et associez-vous-y totalement afin de ressentir exactement ce que vous avez ressenti lors de cette expérience. Revivez ce moment où vous avez été capable de prendre une grande décision et quand l'état dans lequel vous vous mettez ainsi atteint son intensité maximale, pincez la jointure de votre index et faites résonner en même temps un son dans votre tête – le mot « oui », par exemple. Pensez ensuite à une autre expérience similaire et associez à cette expérience le même stimulus. Recommencez cette opération quatre ou cinq fois, afin de créer un point d'ancrage lié à une série de puissantes expériences positives. Imaginons maintenant que vous ayez besoin de prendre une décision. Réfléchissez-y, analysez tous ses éléments. Puis plongez en vous-même et déclenchez le stimulus – vous devez être capable de prendre cette décision. Vous pouvez utiliser une autre jointure pour y associer un sentiment de détente, si vous en avez besoin. J'ai de la sorte associé le sentiment de créativité à un de mes doigts. Ainsi, lorsque je me sens dans une impasse, je déclenche ce sentiment en un instant. Prenez le temps de choisir cinq états positifs et de les ancrer en vous, puis amusez-vous à diriger rapidement et précisément votre système nerveux. Faites ce travail dès maintenant.

POSSIBILITÉS DE CALIBRAGE DES POINTS D'ANCRAGE

Respiration : niveau, temps de pause, cadence, volume.
Mouvements des yeux.
Taille de la lèvre inférieure.
Tonus musculaire.
Dilatation des pupilles.
Couleur, brillance de la peau.
Voix : prédicats, rythme, timbre, ton, volume.

Les points d'ancrage les plus efficaces sont souvent ceux qui ont été créés sans que la personne concernée s'en rende compte. Dans son livre *Keeping Faith* (Garder la foi), Jimmy Carter en donne un des meilleurs exemples que je connaisse. Au cours d'une de leurs conférences sur la limitation des armements, Leonid Brejnev surprit Carter en lui mettant la main sur l'épaule et en lui disant dans un anglais parfait : « Jimmy, si nous échouons, Dieu ne nous le pardonnera pas. » Des années plus tard, lors d'une interview télévisée, Carter décrivit Brejnev comme un « homme de paix », et il raconta cette histoire. Tout en parlant, il leva le bras et toucha son épaule en disant : « Je sens encore sa main posée sur mon épaule. » Si Carter avait un souvenir aussi vif de cette expérience, c'est parce que Brejnev avait agi de façon inhabituelle en s'exprimant dans un anglais parfait et en parlant de Dieu. Profondément religieux, Carter avait été extrêmement touché par les paroles de Brejnev dont le geste l'avait ainsi atteint dans un moment intense. L'émotion provoquée par Brejnev et l'importance de ce qui était en cause font que Carter devrait presque certainement se souvenir de cette expérience toute sa vie.

La technique des points d'ancrage peut se révéler particulièrement efficace lorsque l'on veut surmonter des peurs et changer de comportement. Je vais vous en donner un exemple tiré de mes séminaires.

Je demande à quelqu'un, homme ou femme, pour qui les relations avec des personnes du sexe opposé ne sont pas simples, de venir à côté de moi. Récemment, c'est un jeune homme qui s'est timidement porté volontaire pour cette expérience. Quand je lui ai demandé comment il se sentait quand il parlait à une femme qu'il ne connaissait pas, ou quand il donnait un rendez-vous pour la première fois, je me suis aperçu immédiatement que sa physiologie se transformait. Son corps s'est affaissé, ses yeux se sont dirigés vers le sol, sa voix s'est mise à trembler. « Je ne me sens pas très à l'aise dans ce genre de situation », m'a-t-il répondu. Mais il n'avait même pas besoin de le dire, je savais en le voyant ce que j'avais besoin de savoir. J'ai brisé cet état en lui faisant se rappeler un moment de sa vie où il s'était senti sûr de lui, fier et confiant, un moment où il avait su qu'il réussirait. Tandis qu'il évoquait mentalement cette expérience, je l'ai aidé à se tenir comme il se tenait alors, à respirer de la même façon, à ressentir tout ce qu'il avait ressenti. Je lui ai dit de repenser à ce que quelqu'un avait pu lui dire et à ce qu'il s'était dit lui-même ce jour-là. Et au moment où je l'ai senti de nouveau totalement en confiance, je lui ai posé la main sur l'épaule.

J'ai recommencé cette opération plusieurs fois de suite, tout en m'assurant qu'il ressentait et entendait exactement les mêmes choses chaque fois, et en répétant exactement le même stimulus. Un point d'ancrage efficace, souvenez-vous-en, est fonction de l'exactitude avec laquelle est reproduit le stimulus, j'ai donc bien pris soin de poser ma main sur son épaule toujours de la même façon et toujours au même endroit précis.

Une fois le point d'ancrage ainsi rétabli, je devais le tester. J'ai brisé l'état positif, puis j'ai demandé de nouveau au jeune homme ce qu'il ressentait avec les femmes. Immédiatement, il a repris sa physiologie déprimée. Ses épaules se sont voûtées, sa respiration s'est arrêtée. Quand j'ai posé ma main à l'endroit de son épaule où j'avais installé le point d'ancrage, son corps s'est automatiquement redressé, son souffle s'est fait plus profond. Il est toujours très étonnant de voir comment un point d'ancrage permet à quelqu'un de passer du désespoir ou de la peur à la confiance.

À ce stade de notre processus, n'importe qui peut toucher l'épaule du jeune homme (c'est-à-dire la partie de son corps associée au point d'ancrage) et lui faire retrouver l'état désiré dès qu'il le veut. Nous pouvons cependant aller encore plus loin en transférant cet état positif aux stimuli devant lesquels il se sentait jusque-là incapable de réagir comme il l'aurait dû. Laissez-moi vous expliquer comment. J'ai demandé à ce jeune homme de choisir dans l'assistance une jeune femme attirante, quelqu'un qu'il n'aurait en temps normal jamais osé aborder. Il a hésité un long moment. Je lui ai alors posé la main sur l'épaule et, en une minute, sa physiologie s'est transformée, puis il a désigné une ravissante blonde. J'ai fait venir cette dernière à côté de nous en lui disant que, lorsqu'il essaierait d'obtenir d'elle un rendez-vous, elle devrait lui résister.

J'ai remis ma main sur l'épaule du jeune homme, il a repris une posture pleine d'assurance, relevé les yeux, respiré profondément et rejeté les épaules en arrière. Il s'est avancé vers elle en lui disant : « Bonjour, ça va ? »

« Laissez-moi tranquille », a-t-elle répondu d'un ton sec. Cela ne l'a pas ébranlé. Avant, la simple vue d'une femme lui faisait perdre tous ses moyens. Cette fois, il sourit. Je continuai à lui tenir l'épaule et il poursuivit la jeune femme de ses avances. Plus elle lui parlait désagréablement, plus il prenait de l'assurance. Et lorsque j'enlevai ma main de son épaule, il garda confiance. J'avais créé un nouveau lien neurologique grâce auquel il se sentait plein de ressources devant une femme qui lui plaisait ou qui le repoussait. Et lorsqu'elle lui dit une dernière fois : « Mais fichez-moi la paix, bon sang ! » et qu'il lui répondit : « Pourquoi ne voulez-vous pas reconnaître le pouvoir que j'ai sur vous ? », toute la salle éclata de rire.

Il était maintenant sûr de lui, sans aucune aide de ma part, et le stimulus qui provoquait cet état, une femme belle et/ou qui le repoussait, n'était autre que celui qui provoquait chez lui jusque-là une terreur incontrôlable. J'avais, en bref, transféré un point d'ancrage. En le maintenant dans un état positif alors qu'il se faisait rembarrer, j'avais permis à son cerveau d'associer le refus de la jeune femme à cet état confiant et calme. Plus elle le repoussait, plus il se détendait, prenant une tranquille assurance. Quelle transformation !

Tout cela est bien beau, me direz-vous, mais il s'agit d'un séminaire et non de la vie réelle. Eh bien ! croyez-moi, la boucle stimulus/réaction est définitivement bouclée. Il arrive même souvent que des gens avec qui nous avons travaillé ainsi sortent le soir même, fassent des rencontres et agissent de façon véritablement étonnante. Parce que leur peur a disparu, ils nouent des liens avec des gens qu'ils n'auraient auparavant jamais seulement rêvé d'approcher. En fait, cela n'a rien d'étonnant. Nous avons tous appris en grandissant à réagir devant ceux qui nous rejetaient, les modèles de référence ne nous manquent pas. Vous avez maintenant à choisir parmi un nouvel ensemble de réponses neurologiques. Un homme que les femmes terrifiaient complètement et qui a suivi notre séminaire il y a un peu plus de deux ans est devenu depuis un chanteur dont le groupe est entièrement composé de femmes, entourage qui lui convient maintenant parfaitement. Dans tous mes séminaires de « révolution intérieure », j'utilise des variations de ce procédé, et j'obtiens toujours des résultats remarquables. Je me sers de la technique des points d'ancrage pour détruire des réactions phobiques.

Si tu fais ce que tu as toujours fait, tu obtiendras ce que tu as toujours obtenu.

(Anonyme)

Avoir conscience de nos conditionnements est une chose fondamentale, car ces conditionnements agissent perpétuellement sur nous. Si vous en avez conscience, vous pouvez agir sur eux et les transformer. Si vous n'en avez pas conscience, vous serez mystifié par les états qui apparaissent et disparaissent en vous apparemment sans raison. Prenons un exemple classique. Vous avez perdu une personne de votre famille et cela vous a profondément attristé. Après l'enterrement, les gens ont défilé devant vous et vous ont offert leurs condoléances avec un geste d'amitié, en vous serrant le haut du bras gauche. Si ce geste a été répété un nombre suffisant de fois à un moment où vous n'arriviez pas à vous défaire de votre tristesse, il pourra être, et sera souvent, associé à un état dépressif. C'est ainsi que plusieurs mois plus tard, si quelqu'un vous presse de la même façon le haut du bras gauche, dans un contexte totalement différent, le même sentiment de tristesse pourra rejaillir en vous sans que vous sachiez pourquoi.

Vous avez, j'en suis sûr, déjà vécu de telles expériences, été dans ces situations où l'on se sent soudain et sans raison profondément déprimé. Peut-être n'avez-vous même pas remarqué une musique en sourdine – une musique qui vous rappelle quelqu'un que vous avez aimé qui a disparu de votre vie. Ou peut-être que quelqu'un vous a regardé d'une façon particulière. Souvenez-vous que les points d'ancrage agissent sans que nous en ayons conscience.

Je vais maintenant vous enseigner quelques techniques qui vous permettront d'agir sur vos conditionnements négatifs. La première consiste à utiliser simultanément des points d'ancrage opposés. Reprenons l'exemple du sentiment de tristesse associé à un geste de condoléances. Vous pouvez ancrer un sentiment opposé, un sentiment de force, de confiance, à la même place, mais sur votre bras droit. Si vous faites jouer simultanément ces deux points d'ancrage, vous vous apercevrez qu'il se passe alors quelque chose d'étonnant. Parce que votre cerveau établit une connexion entre ces deux points, il aura par la suite le choix entre deux réponses possibles chaque fois que l'on touchera l'un ou l'autre et il choisira presque toujours la réponse la plus positive. Il vous mettra soit dans un état positif, soit dans un état neutre (où les deux points opposés s'annulent l'un l'autre).

Les points d'ancrage constituent un élément indispensable de toute relation durable. Ma femme et moi voyageons beaucoup ensemble. Nous nous mettons régulièrement dans de puissants états positifs et, au moment clé, nous échangeons un regard ou nous nous touchons. Notre relation est donc pleine de points d'ancrage positifs – chaque fois que nous nous regardons, tous ces moments heureux reviennent en nous. En revanche, lorsqu'une relation se détériore au point que les deux partenaires n'arrivent plus à se supporter, c'est souvent parce qu'il existe entre eux des points d'ancrage négatifs. Il y a souvent un moment dans l'histoire d'un couple où chacun associe à l'autre plus d'expériences négatives que positives. S'ils se voient constamment alors qu'ils sont dans de tels états, leurs sentiments vont s'y associer et la simple vue de l'autre finira par leur donner envie d'être ailleurs. Cela arrive en particulier lorsqu'on se dispute souvent et qu'on prononce dans la colère des phrases destinées à blesser l'autre. (Pensez à utiliser les interrupteurs de schémas !) Ces états intenses s'associent au visage de l'autre et au bout de quelque temps chacun désire être avec quelqu'un de différent, peut-être quelqu'un de nouveau, qui ne soit associé qu'à des expériences positives.

Nous avons eu une expérience de ce genre un soir avec Becky en arrivant dans un hôtel. Il n'y avait ni portier ni groom devant la porte, aussi avons-nous demandé à l'employé de la réception de faire garer la voiture et de monter nos bagages. Il nous a assuré que cela serait fait et nous sommes allés nous détendre dans notre chambre. Au bout d'une heure, nos valises n'étaient toujours pas arrivées et nous avons appelé la réception pour savoir ce qu'il se passait. Après moult péripéties sur lesquelles je ne m'attarderai pas ici, nous nous sommes rendu compte qu'on nous avait volé tout ce que nous possédions – y compris nos cartes de crédit, nos passeports et des chèques de voyage que j'avais déjà signés. Nous avions prévu un voyage de quinze jours. Vous imaginez dans quel état j'étais... Dans ma colère, je regardais constamment Becky, qui était, elle aussi, folle de rage. Mais, au bout d'un quart d'heure, je compris qu'il ne servirait à rien de s'énerver, et étant donné que je crois qu'il y a toujours une raison à ce qui nous arrive, j'ai commencé à me demander quel profit nous pouvions tirer de cette situation. Je me suis senti tout de suite mieux. Mais, dix minutes plus tard, quand j'ai de nouveau levé les yeux vers Becky, j'ai senti une fois de plus la colère m'envahir à la pensée de certaines choses qu'elle avait faites ce jour-là. Je vous assure qu'à cet instant elle ne m'attirait pas du tout. Puis j'ai interrompu le cours de mes pensées en me demandant ce qui m'arrivait tout d'un coup et j'ai compris que j'avais associé tous les sentiments négatifs provoqués par la perte de nos affaires à Becky, bien qu'elle ne fût pour rien dans cette histoire. Dès que je la regardais, je me sentais mal à l'aise. Lorsque je lui ai dit ce qui se passait en moi, elle m'a révélé qu'il en allait exactement de même pour elle. Qu'avons-nous fait alors ? Nous avons abandonné ces points d'ancrage négatifs. Nous avons eu l'un envers l'autre des gestes positifs, des gestes qui font qu'au bout de dix minutes, dès que nous nous regardons, nous nous sentons parfaitement bien.

Virginia Satir, conseillère familiale et conjugale de renommée mondiale, utilise constamment les points d'ancrage dans son travail. Elle obtient des résultats extraordinaires. Bandler et Grinder ont étudié sa technique et ont dégagé les différences qui l'opposent aux thérapeutes traditionnels. Lorsqu'un couple se présente à eux, bien des thérapeutes s'imaginent que ses problèmes viennent de ce que chacun passe sous silence les sentiments négatifs qu'il éprouve pour l'autre et ils croient l'aider en faisant dire à chacun ce qu'il pense de l'autre, ce qu'il lui reproche, etc. Vous imaginerez sans mal ce qui se passe quand un homme et une femme se lancent dans ce genre d'explication. Si le thérapeute les encourage à faire passer avec force et vigueur ce message plein de colère, il se crée entre eux des points d'ancrage négatifs encore plus forts, associés à la simple vue du visage de l'autre.

Je comprends évidemment qu'exprimer de tels sentiments peut aider quelqu'un qui les a gardés pour lui pendant trop longtemps. Je crois aussi qu'un couple, s'il veut durer, doit se dire la vérité. Mais je remets en cause les effets que ces points d'ancrage négatifs peuvent avoir. Nous nous sommes tous trouvés un jour ou l'autre en train de dire au cours d'une dispute des choses que nous ne pensions pas, et plus nous en disions, plus la dispute s'envenimait. Quand donc savons-nous ce que sont nos sentiments « réels » ? Vous mettre dans un état négatif avant de communiquer vos sentiments à quelqu'un que vous aimez présente quelques inconvénients. Au lieu de les pousser à se crier des choses horribles, Virginia Satir demande à ses patients de se regarder comme ils le faisaient quand ils sont tombés amoureux l'un de l'autre, de se parler comme ils se parlaient alors. Tout au long de la séance, elle crée ainsi entre eux des points d'ancrage positifs grâce auxquels chacun se sent bien en voyant le visage de l'autre. Une fois placés dans cet état, les deux partenaires réussissent à résoudre leurs problèmes en communiquant clairement et sans se blesser mutuellement. Ils agissent alors en fait avec tant de sensibilité à l'autre, tant d'amour, qu'ils déterminent un nouveau schéma, une nouvelle façon de résoudre leurs problèmes dans l'avenir.

Je vais maintenant vous donner un autre outil qui vous permettra de contrecarrer vos points d'ancrage négatifs. Créons tout d'abord un point d'ancrage positif puissant ; il vaut toujours mieux commencer par ce qui est positif plutôt que par ce qui est négatif, car lorsque l'état négatif surgit, vous avez alors en main le moyen de vous en sortir rapidement et facilement.

Pensez à l'expérience positive la plus puissante que vous ayez vécue. Placez cette expérience et les sentiments qui y sont associés dans votre main droite. Faites un effort d'imagination afin de ressentir l'impression que cela vous donne. Pensez ensuite à un moment où vous vous êtes senti totalement fier de ce que vous faisiez, et placez cette seconde expérience passée dans votre main droite. Puis faites-en de même avec un moment où vous vous êtes senti totalement aimant, positif, plein de ressources, et à un moment où vous avez ri tout votre soûl. Que ressentez-vous une fois que vous avez placé toutes ces expériences dans votre main droite ? Quelles couleurs tous ces profonds sentiments positifs ont-ils créées dans votre main droite ? Quelle forme ont-ils pris tous ensemble ? S'ils avaient un son, quel serait-il ? Quelle texture ont-ils ? S'ils devaient vous dire tous ensemble quelque chose de positif, que vous diraient-ils ? Prenez plaisir à les sentir là puis refermez sur eux votre main droite en les y laissant.

Ouvrez maintenant votre main gauche et placez-y une expérience négative liée à la colère, à la dépression, à la frustration, à quelque chose qui vous a profondément troublé et vous trouble peut-être encore. Ou à quelque chose qui vous fait peur, qui vous inquiète. Mettez cette expérience dans votre main gauche. Ne cherchez pas à la sentir, assurez-vous que vous vous en dissociez – elle est simplement là, dans votre main gauche. Je veux maintenant que vous preniez conscience de ses sous-modes. Quelle couleur cette situation négative crée-t-elle dans votre main gauche ? Si vous ne voyez aucune couleur apparaître, si vous ne ressentez rien, agissez comme si vous le faisiez. Quelle couleur cette expérience aurait-elle, si elle en avait une ? Passez en revue tous ses sous-modes, la forme, la texture, le poids, le son qu'elle aurait, la phrase qu'elle vous adresserait.

Nous allons maintenant procéder à ce que l'on appelle « la chute des points d'ancrage ». C'est un jeu auquel vous pouvez jouer comme vous en avez envie, de toutes les façons qui vous paraîtront naturelles. Vous pouvez par exemple prendre la couleur qui existe dans votre main droite, vous imaginer qu'il s'agit d'un liquide et le verser très rapidement sur votre main gauche en faisant de drôles de bruits, en vous amusant. Recommencez jusqu'à ce que le point d'ancrage négatif de votre main gauche ait pris la couleur de l'expérience positive de votre main droite.

Prenez maintenant le son de votre main gauche et jetez-le dans votre main droite. Observez ce que fait votre main droite à ce son. Prenez maintenant les sentiments de votre main droite et versez-les dans votre main gauche en observant ce qu'ils font à votre main gauche au moment où ils y rentrent. Frappez vos mains l'une contre l'autre, gardez-les unies pendant quelques instants jusqu'à ce que vous les sentiez équilibrées. Il doit maintenant y avoir en elles la même couleur, les mêmes sentiments.

Quand vous avez fini, regardez ce que vous ressentez alors envers l'expérience que vous aviez placée dans votre main gauche. Il y a de fortes chances pour que vous lui ayez enlevé tout pouvoir de vous inquiéter ou de vous troubler. Sinon, essayez encore une fois. Choisissez de nouveaux sous-modes, faites cet exercice en vous amusant et en vous montrant le plus actif possible. Au bout d'une ou deux fois, presque tout le monde réussit à oblitérer totalement le pouvoir de ce qui était jusque-là un puissant point d'ancrage négatif. Vous devriez désormais vous sentir bien, ou tout au moins dans un état neutre, face à cette expérience.

Il vous est tout à fait possible d'utiliser le même processus lorsque vous voulez changer les sentiments négatifs que vous éprouvez pour quelqu'un. Visualisez le visage d'une personne que vous aimez beaucoup dans votre main droite et celui d'une autre que vous n'aimez pas dans votre main gauche. Regardez tout d'abord celle que vous n'aimez pas, puis celle que vous aimez, et ainsi de suite. Faites-le de plus en plus vite sans plus donner de nom à ces visages. Serrez vos mains l'une contre l'autre, respirez, attendez un instant. Puis pensez à la personne pour qui vous éprouviez des sentiments négatifs. Maintenant, vous la trouvez bien, ou tout au moins pas antipathique. La beauté de cet exercice tient à ce qu'en quelques instants il vous permet de modifier ce que vous ressentez face à pratiquement n'importe qui ou n'importe quoi. Nous le pratiquons collectivement dans mes séminaires, et c'est ainsi qu'une femme avait placé dans sa main droite quelqu'un qu'elle aimait vraiment beaucoup et, dans sa main gauche, son père, à qui elle n'avait pas parlé depuis des années. Elle a réussi à neutraliser les sentiments négatifs qu'elle portait à son père, lui a téléphoné le soir même et a renoué avec lui des liens normaux.

Nous devons absolument prendre conscience des points d'ancrage que nous créons chez nos enfants. Récemment, les représentants d'une association ont fait dans l'école de mon fils Joshua une conférence destinée à expliquer aux jeunes les dangers qu'il y avait à accepter de monter dans des voitures dont ils ne connaissaient pas les conducteurs, sujet qui nous concerne tous, et dont il faut absolument parler à nos enfants. Mais pas n'importe comment ! Ces gens ont passé des diapositives aussi tristes que celles des cours de code, puis ils ont montré des avis de recherche de jeunes disparus et des photos où l'on voyait des corps d'enfants retrouvés morts. Voilà ce qui arrive, disaient-ils, à ceux qui acceptent de monter en voiture avec des gens qu'ils ne connaissent pas. De toute évidence, ils cherchaient à développer une stratégie d'évitement.

Ils firent ainsi de sacrés dégâts, en tout cas chez mon fils et, j'en suis sûr, chez bien d'autres de ses camarades. Car, en fait, ils créèrent une véritable phobie. Joshua associait désormais au trajet qu'il faisait entre la maison et l'école d'horribles images où il se voyait assassiné. Le soir de la conférence, il refusa de rentrer seul et il fallut aller le chercher. Les nuits suivantes, il fut réveillé par d'affreux cauchemars et ne voulut plus aller à l'école avec sa sœur. Je comprends heureusement les principes qui affectent le comportement humain. J'étais absent, à l'époque, mais, dès que j'ai appris ce qui se passait, j'ai soigné sa phobie par téléphone. Il s'agissait de faire disparaître les points d'ancrage qu'avait créés en lui cette conférence. J'ai eu avec lui une longue conversation, et, dès le lendemain, il retournait seul à l'école, de nouveau plein de confiance. Il ne prendrait certainement pas de risques inutiles, mais il pouvait vivre sa vie comme il le voulait et non en réagissant à la peur.

Les gens qui firent cette conférence avaient les meilleures intentions du monde. Malheureusement, cela ne suffit pas à compenser leur ignorance de la façon dont fonctionnent les points d'ancrage. Faites donc attention aux effets que vous pouvez avoir sur les autres, et en particulier sur les enfants !

Venons-en maintenant à un dernier exercice. Mettez-vous dans un état intense et fécond, et choisissez la couleur qui semble vous donner le plus de ressources. Puis choisissez une forme, un son, une sensation, que vous associerez à cet état positif. Dites-vous ensuite une phrase que vous prononceriez si vous vous sentiez plus heureux, plus concentré et plus fort que vous ne vous êtes encore jamais senti. Pensez maintenant à une expérience désagréable, à quelqu'un qui provoque en vous des sentiments négatifs, ou à quelque chose dont vous avez peur. Placez alors cette expérience à l'intérieur de la forme positive de tout à l'heure, comme si vous étiez absolument persuadé que vous pouviez y emprisonner vos sentiments négatifs, puis recouvrez le tout de votre couleur préférée, jusqu'à ce que l'image négative disparaisse. Faites intervenir de même le son et la sensation positives et dites la phrase qui correspond à votre état le plus fécond. Tandis que l'expérience positive se dissout dans votre couleur préférée, dites les mots qui renforcent votre pouvoir. Que ressentez-vous maintenant face à cette expérience négative ? Il y a de fortes chances pour que vous ayez désormais du mal à comprendre ce qui vous troublait tant jusque-là. Refaites cet exercice avec d'autres expériences négatives, puis faites-le faire à des amis.

Si vous vous êtes contenté de les lire, ces exercices vous sembleront bizarres, un peu idiots, même. Mais, si vous les faites, vous vous rendrez compte à quel point ils sont efficaces. *Arriver à éliminer de notre environnement ce qui tend à nous mettre dans des états négatifs ou stériles et à créer des états positifs, en nous, mais aussi chez les autres*, telle est la clé de la réussite. Pour y parvenir, vous pouvez établir la carte des points d'ancrage les plus importants de votre vie. Répondent-ils à des stimuli visuels, auditifs ou kinesthésiques ? Une fois que vous les connaissez et que vous avez étudié leurs sous-modalités, vous devez faire disparaître ceux qui sont négatifs et tirer le meilleur parti possible de ceux qui sont positifs.

Pensez à tout le bien que vous pourriez faire en apprenant à provoquer des états positifs non seulement en vous, mais aussi chez les autres. Imaginez qu'en parlant à vos employés vous les mettiez dans un état d'esprit tel qu'ils se sentent de vrais battants, totalement motivés. Là, vous créez un point d'ancrage correspondant à un certain ton de voix ou une expression que vous pourrez reproduire à volonté. Vous répétez ce processus jusqu'au moment où il vous suffira de reprendre ce ton, cette expression, pour que tous ceux qui travaillent avec vous se sentent intensément motivés. Ils travailleront mieux, avec un plaisir plus grand, vos affaires deviendront florissantes, et tout le monde sera content. Pensez au pouvoir que vous auriez sur votre vie si vous pouviez transformer vos expériences négatives en expériences positives. Et vous pouvez le faire !

Permettez-moi de finir ce chapitre sur une pensée qui ne concerne pas seulement les points d'ancrage, mais toutes les techniques que nous avons étudiées jusqu'ici. Il existe en elles une incroyable synergie, un effet cumulatif. Toute réussite en entraîne une autre Apprenez à les maîtriser et utilisez-les désormais de façon régulière ; vous augmenterez votre pouvoir personnel.

Mais les expériences humaines passent par un filtre qui joue sur la façon dont nous les ressentons. Ce filtre influence notre conditionnement et tout ce dont nous avons parlé dans ce livre. Nous allons l'étudier maintenant...

TROISIÈME PARTIE

DIRIGER : LE DÉFI DE L'EXCELLENCE

18

Les systèmes de valeurs : jugement ultime de la réussite

S'il veut être en paix avec lui-même, un musicien doit faire de la musique, un peintre peindre, un poète écrire.

Abraham Maslow

Tout système complexe, qu'il s'agisse d'une machine-outil, d'un ordinateur ou d'un être humain, doit être cohérent avec lui-même. Les parties qui le composent doivent travailler ensemble, chacune soutenant chaque action des autres. Ainsi seulement peut-on en tirer le meilleur parti possible. Si les éléments d'une machine fonctionnent simultanément en des sens opposés, cette machine se désynchronise et risque de tomber en panne.

Il en va exactement de même pour les êtres humains. Nous pouvons apprendre à produire les comportements les plus efficaces, mais si ces comportements ne soutiennent pas nos besoins et nos désirs les plus profonds, si ces comportements nuisent à d'autres parts importantes de ce que nous sommes, nous sommes en proie à un conflit intérieur, nous perdons la cohérence indispensable à la réussite. Celui qui obtient une chose tout en en désirant vaguement une autre ne sera ni totalement satisfait ni totalement heureux. Celui qui atteint un but, mais trahit pour y arriver ses propres convictions, ne peut être que tourmenté. Si nous voulons changer, si nous voulons avancer et nous épanouir, il nous faut prendre conscience des règles grâce auxquelles nous mesurons véritablement, pour nous comme pour les autres, la réussite et l'échec. Sans cela, même si nous obtenons tout, nous nous sentons minables. Tel est le pouvoir de l'élément fondamental de la vie humaine, celui qu'on appelle le système de valeurs.

Qu'est-ce qu'un système de valeurs ? Tout simplement l'ensemble de ce que vous croyez, en tant qu'individu, sur ce qui vous importe le plus. Vos idées sur le bien et le mal, sur ce qu'il faut faire ou ne pas faire. Maslow parle des artistes, mais son propos s'étend à l'humanité tout entière. Notre système de valeurs est ce dont nous avons fondamentalement besoin pour avancer. Si nous n'avançons pas, nous ne nous sentons pas complets, nous restons insatisfaits. Nous n'avons ce sentiment de cohérence, d'unité intérieure et de plénitude que lorsque notre comportement nous semble satisfaire nos valeurs. Ces valeurs déterminent même ce dont nous voulons nous écarter. Elles gouvernent entièrement la façon dont nous vivons. Elles déterminent la manière dont nous réagissons devant chacune de nos expériences. Elles correspondent en cela au système d'exploitation d'un ordinateur. Quel que soit le programme que vous lui proposez, c'est le système d'exploitation selon lequel il est conçu qui fera qu'un ordinateur acceptera ou non ce programme, l'utilisera ou non. Notre système de valeurs est le système d'exploitation du cerveau humain.

De la façon dont nous nous habillons, des voitures que nous conduisons aux maisons que nous habitons, de l'éducation que nous donnons à nos enfants aux causes que nous défendons ou à ce que nous faisons pour gagner notre vie, l'impact de notre système de valeurs est infini. Ces valeurs déterminent chacune de nos réponses à une situation donnée, elles constituent la clé qui nous permet de comprendre et de prévoir nos comportements et ceux des autres – la clé qui ouvre le sas derrière lequel est enfermé notre pouvoir intérieur.

Mais d'où viennent donc ces instructions si puissantes qu'elles déterminent notre notion du bien et du mal ? Personnelles, affectives et connexes, elles n'en sont pas moins des croyances et puisent aux sources que nous avons étudiées dans le chapitre qui traite des croyances. L'environnement dans lequel nous avons grandi joue lui aussi un rôle. Le père et, dans les familles traditionnelles, la mère plus encore ont joué un rôle fondamental dans l'élaboration primitive de votre système de valeurs. Ils exprimaient constamment le leur en vous disant ce qu'ils voulaient ou ne voulaient pas que vous fassiez, que vous disiez ou croyiez. Si vous acceptiez leurs valeurs, vous étiez récompensé, vous étiez un bon petit garçon, une bonne petite fille. Lorsque vous les refusiez, les problèmes commençaient, vous étiez

« vilain ». Et si vous vous entêtiez dans votre refus, on risquait de vous punir.

En fait, nos valeurs ont été pour la plupart programmées à travers cette technique punition-récompense. Puis nous avons grandi et trouvé parmi nos pairs d'autres sources de valeurs. Lorsque vous avez commencé à rencontrer d'autres enfants, ils avaient peut-être des valeurs différentes des vôtres. Vous avez peut-être aussi mêlé leurs valeurs aux vôtres, pour ne pas avoir à vous battre avec eux ou, pis, être mis à l'écart de leurs jeux. Toute votre vie, vous avez constamment créé de nouveaux groupes avec vos pairs et accepté de nouvelles valeurs, ou donné aux autres vos valeurs. Et toute votre vie, vous avez eu des héros ou peut-être des antihéros. Et, parce que vous les admiriez, vous avez essayé d'imiter ce que vous croyiez qu'ils étaient. Bien des jeunes ont commencé à prendre de la drogue parce que leurs héros, dont ils adoraient la musique, semblaient accorder une grande valeur à la drogue. Fort heureusement, beaucoup de ces héros, parce qu'ils ont compris les responsabilités qu'ils portaient et les moyens qu'ils avaient en tant que personnages publics de façonner les valeurs des autres, prennent clairement position aujourd'hui contre la drogue. De nombreux artistes déclarent qu'ils souhaitent voir le monde changer et apportent ainsi de nouvelles valeurs. Lorsqu'il a compris qu'on pouvait grâce aux médias réunir de l'argent afin d'aider ceux qui ont faim dans le monde, Bob Geldoff a fait appel aux valeurs d'autres grandes stars. Par leur action conjointe et l'exemple qu'ils ont donné, ils ont renforcé la valeur du don et de la compassion chez d'autres Occidentaux. De nombreuses personnes, qui accordaient jusque-là peu d'importance à de telles notions, ont changé d'attitude parce que leurs héros – Bruce Springsteen, Michael Jackson, Daniel Balavoine, Bob Dylan, Stevie Wonder, Diana Ross, Lionel Richie et d'autres – leur ont dit et répété, par leurs chansons et leurs vidéos, que des gens étaient en train de mourir et qu'il fallait faire quelque chose ! Dans le chapitre suivant, nous étudierons de plus près comment naissent les mouvements. Je veux pour l'instant simplement vous faire comprendre le pouvoir qu'ont les médias sur nos systèmes de valeurs et nos comportements.

La création des valeurs ne s'arrête pas aux héros. Elle se fait aussi dans le cadre de notre travail où fonctionne également la technique punition-récompense. Lorsque vous travaillez pour quelqu'un et que vous voulez faire votre chemin dans la société qu'il dirige, vous devez adopter certaines de ses valeurs. Si vous ne partagez pas du tout les idées de votre patron, aucune promotion ne vous sera peut-être jamais offerte. Et de toute façon, vous serez malheureux. Dans notre système scolaire, les enseignants expriment constamment leur système de valeurs et utilisent souvent la technique punition-récompense pour faire adopter ces valeurs à leurs élèves.

Notre système de valeurs se modifie également lorsque nous changeons nos objectifs ou l'image que nous donnons de nous-mêmes. Si vous décidez de devenir le numéro un de la compagnie pour laquelle vous travaillez, lorsque vous y arriverez, vous gagnerez plus d'argent et attendrez des autres des choses différentes. La valeur que vous accorderez au travail que vous allez désormais devoir fournir changera peut-être elle aussi. Même ce que vous considérez comme une bonne voiture ne le sera plus. Et les gens qui vous entourent changeront peut-être à leur tour afin de correspondre à votre « nouvelle » image. Au lieu d'aller boire une bière avec les copains, vous siroterez un Perrier dans votre bureau en faisant des projets d'expansion avec vos plus proches collaborateurs.

La voiture que vous conduisez, les endroits où vous allez, les amis que vous fréquentez, ce que vous faites, tout cela reflète ce à quoi vous vous identifiez. Tout cela peut concerner ce que le Dr Robert McMurray, psychologue de l'industrie, a appelé les symboles inversés de l'ego, symboles qui révèlent vos valeurs. Le fait, par exemple, que quelqu'un ait une voiture minable ne signifie pas qu'il se prenne pour un minable ou qu'il refuse de dépenser trop d'argent en essence. Cela peut vouloir dire qu'il désire se placer au-dessus de l'individu moyen en adoptant des symboles différents de ceux auxquels tout le monde adhère. Un scientifique de haut niveau, par exemple, qui touche un salaire élevé, peut vouloir se prouver et prouver aux autres qu'il est quelqu'un de « différent » parce qu'il a une voiture bon marché et toute cabossée. Le milliardaire qui vit dans un cabanon peut accorder de la valeur au fait de ne pas utiliser plus d'espace que le strict minimum ou vouloir démontrer qu'il a des valeurs totalement différentes des autres.

Vous devez donc maintenant comprendre l'importance qu'il y a à découvrir ce que sont nos valeurs. Toute la difficulté réside en ce qu'elles appartiennent souvent au domaine de l'inconscient. Il arrive que l'on ne sache pas pourquoi on fait certaines choses, que l'on ait simplement le sentiment de devoir les faire. Nous sommes parfois très mal à l'aise lorsque nous nous trouvons face à des gens qui n'ont pas les mêmes valeurs que nous. Bien des conflits proviennent de ce que les individus se réfèrent à des systèmes de valeurs différents. Et ce qui est vrai à l'échelle des individus l'est aussi à celle des groupes et des nations. Toute guerre, ou presque, oppose un système de valeurs à un autre. Regardez ce qui se passe au Moyen-Orient, ce qui s'est passé en Corée, au Viêtnam et ailleurs. Et qu'arrive-t-il quand un pays en conquiert un autre ? Les conquérants imposent leur culture, c'est-à-dire leurs valeurs.

À tout cela s'ajoute le fait que chaque individu accorde à certaines valeurs plus d'importance qu'à d'autres. Nous plaçons tous la barre à un niveau donné, des choses particulières sont pour chacun d'entre nous plus importantes que tout. Il s'agira pour quelques-uns de l'honnêteté, pour d'autres de l'amitié. Certains mentiront pour protéger un ami, alors qu'ils reconnaissent en l'honnêteté une valeur importante. Mais ils placent l'amitié plus haut sur leur échelle de valeurs. Imaginons que vous accordiez autant de valeur à la réussite professionnelle qu'à une vie familiale tranquille. Eh bien ! le soir où vous avez promis de rentrer tôt et qu'au dernier moment une occasion intéressante s'offre à vous dans le cadre de votre travail, vous serez en conflit avec vous-même. Ce que vous choisissez de faire dépend de ce que vous placez à ce moment-là le plus haut sur votre échelle de valeurs. Aussi, au lieu de dire qu'il n'est pas bien de passer trop de temps au bureau et de ne pas être avec votre famille ou vice versa, découvrez simplement ce que sont véritablement vos valeurs.

Alors, pour la première fois de votre vie, vous comprendrez pourquoi vous faites certaines choses, ou pourquoi les autres agissent comme ils le font. Le système de valeurs d'un individu constitue un des outils qui permettent le mieux de comprendre comment cet individu fonctionne.

Si vous voulez être efficace dans vos relations avec les autres, vous devez déterminer ce qu'il y a de plus important pour eux. Il est très difficile de comprendre les comportements fondamentaux et les motivations de l'autre tant qu'on ne comprend pas l'importance relative qu'il accorde à ses valeurs. Mais, une fois ce pas franchi, on peut virtuellement prédire comment l'autre réagira dans telle ou telle circonstance. Et une fois que vous avez reconnu votre propre échelle de valeurs, vous serez capable de résoudre tout problème relationnel ou tout conflit intérieur qui se posera à vous.

On ne peut véritablement réussir sans être en accord avec ses valeurs fondamentales. Il s'agit parfois d'apprendre à établir un compromis entre des valeurs conflictuelles que nous avons faites nôtres. Imaginez quelqu'un qui a des problèmes professionnels alors qu'il touche un salaire très élevé. Si l'argent représente pour lui un mal, le fait de se concentrer sur son travail ne suffira pas à le faire réussir. Il se débat intérieurement entre deux valeurs conflictuelles. Si quelqu'un n'arrive pas à se concentrer sur son travail parce qu'il place la vie de famille au sommet de son échelle de valeurs, et qu'il passe tout son temps au bureau, il lui faudra résoudre ce conflit intérieur et le sentiment de discordance qu'il produit. Découvrir nos véritables buts et restructurer nos schémas nous y aident dans une large mesure. Vous aurez beau être milliardaire, si ce que vous vivez se trouve en contradiction avec votre système de valeurs, vous ne serez pas heureux. Cela arrive constamment. Des tas de gens riches et puissants vivent des vies misérables. D'autres, en revanche, ont du mal à joindre les deux bouts, mais parce que leur vie reste en harmonie avec leur échelle de valeurs, ils se sentent satisfaits.

Il ne s'agit pas de déterminer de bonnes et de mauvaises valeurs. Je n'essaierai pas de vous imposer les miennes. Il s'agit d'apprendre ce que sont les vôtres afin de diriger votre vie, de vous soutenir et de vous motiver au niveau le plus profond. Nous avons tous une valeur suprême, une chose que nous désirons plus que tout, dans toute situation, que ce soit dans nos relations avec les autres, ou dans notre travail. Cela peut-être la liberté, l'amour, les sensations fortes ou la sécurité. Il se peut que vous vous disiez : « Mais c'est tout cela que je veux. » C'est ce que veulent la plupart d'entre nous. Mais nous accordons à chaque élément de cette liste une valeur relative différente. On peut rechercher par exemple dans l'amitié un sentiment d'admiration, ou la sensation d'être aimé, ou une communication honnête, ou enfin un lien sécurisant. Les gens n'ont, pour la plupart d'entre eux, absolument pas conscience de leur échelle de valeurs ou de celles de leurs proches. Ils savent vaguement qu'ils ont besoin d'amour, de sensations fortes, de défis à relever, mais ils ne comprennent pas comment s'imbriquent ces diverses tendances. L'ordre que nous leur accordons est absolument déterminant, dans la mesure où il définit si nous satisfaisons ou non à nos besoins les plus fondamentaux. Si vous ne savez pas ce que sont ces besoins, vous ne pouvez les satisfaire ni en vous, ni chez l'autre, ni aider l'autre à vous satisfaire. Vous ne pouvez résoudre vos conflits intérieurs et ceux des autres qu'après avoir compris la hiérarchie dans laquelle fonctionnent les valeurs de chacun. Et pour cela, il faut tout d'abord mettre en lumière chacune d'elles.

Comment découvrir notre propre échelle de valeurs ou celles des autres ? La première chose à faire, c'est de placer un cadre autour des valeurs que vous cherchez à découvrir. Cela signifie que vous devez travailler dans un contexte bien spécifique. Les valeurs sont compartimentées, elles varient d'un domaine à l'autre de notre vie, travail, relations affectives, liens familiaux. Demandez : « Qu'est-ce qui est le plus important pour toi dans une relation ? » On vous répondra peut-être : « Le sentiment qu'on me soutient. » Continuez : « Pourquoi le fait de te sentir soutenu est-il si important pour toi ? – Parce qu'il signifie que l'on m'aime. – Pourquoi est-ce important pour toi d'être aimé ? – Parce que cela me rend joyeux », etc. Vous établirez ainsi une liste de valeurs.

Puis, pour établir clairement l'échelle de ces valeurs, vous les reprenez deux par deux en les comparant. « Qu'y a-t-il de plus important pour toi, te sentir soutenu ou joyeux ? » La réponse déterminera laquelle de ces deux valeurs est hiérarchiquement supérieure à l'autre. Si l'on vous répond : « Me sentir joyeux », demandez ensuite : « Qu'y a-t-il de plus important pour toi, te sentir joyeux ou te sentir aimé ? » Si l'on vous répond : « Me sentir joyeux », cette valeur est alors la plus haute dans la hiérarchie. Vous devez donc ensuite demander : « Qu'y a-t-il de plus important pour toi, te sentir aimé ou soutenu ? » Votre interlocuteur vous regardera peut-être alors d'un air interrogateur et répondra : « Les deux sont importants. » Insistez : « Oui, mais que rechercheras-tu en premier, quelqu'un qui t'aime ou quelqu'un qui te soutienne ? » S'il répond : « Quelqu'un qui m'aime », vous savez que l'amour est la deuxième valeur sur son échelle, et le soutien la troisième. Vous pouvez faire de même avec toute liste de valeurs, quelle qu'en soit la longueur, afin de comprendre ce qu'il y a de plus important pour quelqu'un et le poids relatif de ses autres valeurs. Dans l'exemple que je vous ai donné, l'individu interrogé peut apprécier une relation, même s'il ne s'y sent pas soutenu. D'autres placeront le soutien avant l'amour (vous serez surpris de vous apercevoir combien ils sont nombreux). Ceux-là ne croient pas qu'on les aime s'ils ne se sentent pas soutenus et se sentir aimés sans être soutenus ne les satisfera pas.

Les gens ont des valeurs auxquelles ils tiennent tant que, si leur partenaire viole ces valeurs, ils seront capables de renoncer à leur relation. Si le soutien est la valeur numéro un de l'échelle d'un individu, il pourra mettre un terme à tout lien dans lequel il ne se sent pas soutenu. Un autre, pour qui le soutien vient en troisième ou quatrième position, maintiendra une relation quoi qu'il arrive, tant qu'il se sentira aimé. Vous arriverez certainement à établir une liste des valeurs qui sont pour vous les plus importantes.

En voici quelques-unes :

- amour
- sentiment d'exaltation

- communication mutuelle
- respect
- plaisir
- épanouissement
- soutien
- défi
- créativité
- beauté
- attirance
- unité spirituelle
- liberté
- honnêteté.

Ces valeurs ne sont en aucun cas les seules valeurs fondamentales qui existent. Vous en trouverez peut-être de plus essentielles ; dans ce cas, ajoutez-les à la liste ci-dessus.

Rangez-les maintenant par ordre d'importance. Vous devez pour cela procéder de façon systématique[1]. Prenez les deux premières valeurs de la liste et comparez-les. Qu'est-ce qui est plus important pour vous, l'amour ou le sentiment d'exaltation ? Si vous répondez l'amour, demandez-vous ensuite si l'amour est plus important que la communication mutuelle. Et ainsi de suite jusqu'en bas de la liste. Si aucune autre valeur n'est plus déterminante, vous avez trouvé ainsi celle qui vient tout en haut de votre échelle de valeurs. Passez ensuite au mot suivant. Qu'est-ce qui est le plus important pour vous ? Le sentiment d'exaltation ou la communication mutuelle ? Si c'est

1. Robbins Research tient à votre disposition un logiciel permettant de découvrir métaprogrammes et échelles de valeurs.

l'exaltation, descendez à nouveau jusqu'en bas de la liste. Dès que vous avez trouvé une valeur préférable à celle-là, comparez-la à son tour aux autres.

Si vous accordez par exemple plus d'importance à la communication mutuelle qu'à l'exaltation, continuez en comparant communication mutuelle et respect. Si la communication mutuelle l'emporte encore, comparez-la au plaisir. Et ainsi de suite. Si aucune valeur n'est plus essentielle, la communication mutuelle vient en seconde position sur votre échelle hiérarchique. Sinon, comparez celle qui est plus importante qu'elle aux autres, jusqu'à ce que vous ayez complété votre liste.

Si vous avez par exemple comparé la communication mutuelle à toutes les autres valeurs de la liste et qu'en arrivant à l'honnêteté vous vous apercevez que cette dernière est plus importante, vous n'avez plus ensuite besoin de la comparer à la créativité, puisque la créativité est moins déterminante que la communication mutuelle. Nous savons donc ainsi que, puisque l'honnêteté est plus importante que la communication mutuelle, elle est aussi plus importante que la créativité ou toute autre valeur déjà inférieure à la communication. Répétez ce processus jusqu'à ce que vous ayez complété votre échelle de valeurs.

Vous vous apercevrez que donner un ordre d'importance à ces valeurs n'est pas chose aisée, car nous n'avons pas l'habitude d'établir des distinctions aussi nuancées. Si vous n'arrivez pas à choisir, essayez d'éclaircir ces distinctions. À la question : « Qu'y a-t-il de plus essentiel, l'exaltation ou l'épanouissement ? » on pourra répondre : « Si je me développe, je me sens exalté. » Il faut alors demander : « Qu'est-ce que l'exaltation ? Qu'est-ce que l'épanouissement ? » Si vous répondez, ou si l'on vous répond : « L'exaltation est un sentiment absolu de joie intérieure, et l'épanouissement ce qui fait qu'on progresse », demandez : « Qu'y a-t-il de plus important, progresser ou ressentir cette joie intérieure absolue ? » Cela facilitera votre choix ou celui de votre interlocuteur.

Si la distinction n'est toujours pas assez claire, demandez ce qui arriverait si l'une de ces valeurs disparaissait. « Que préférerais-tu, ne jamais ressentir d'exaltation et pouvoir t'épanouir ou ne pas pouvoir t'épanouir et te sentir exalté ? » Cela suffit généralement à permettre de distinguer laquelle de ces deux valeurs est la plus déterminante.

Établir votre échelle de valeurs est un des exercices les plus enrichissants que vous puissiez faire. Prenez maintenant le temps de décider ce que vous attendez d'une relation. Et si vous en avez un, faites-le avec votre partenaire. Vous aurez ainsi plus clairement conscience de vos besoins fondamentaux réciproques. Notez tout ce qui est important pour vous dans une relation – attirance, joie, sensations fortes, respect, par exemple. Pour allonger cette liste, demandez-vous : « En quoi le respect est-il important ? » Si votre partenaire vous répond : « C'est l'élément fondamental de toute relation », vous avez déjà la valeur numéro un de sa liste. S'il vous répond : « Quand je me sens respecté, je me sens uni à l'autre », vous avez trouvé une nouvelle valeur, l'unité. Demandez alors : « En quoi l'unité est-elle décisive ? » On vous répondra peut-être : « Si je me sens uni à quelqu'un d'autre, je me sens aimé. » Question suivante : « En quoi l'amour est-il important ? » Continuez ainsi jusqu'au moment où vous aurez l'impression d'avoir dégagé les principales valeurs que vous recherchez dans une relation, et classez-les ensuite par ordre hiérarchique en utilisant la technique décrite plus haut.

Vous pouvez faire de même pour d'autres domaines de votre vie. Celui du travail, par exemple. Placez-vous dans le contexte de votre travail et demandez-vous : « Qu'y a-t-il d'important pour moi dans le travail ? » Vous répondrez peut-être : « La créativité. » Évidemment, vous vous demanderez ensuite : « En quoi la créativité est-elle importante ? » Et vous répondrez par exemple : « Quand je suis créatif, je m'épanouis. » « En quoi est-il essentiel de s'épanouir ? » Et ainsi de suite.

Si vous avez des enfants, je vous suggère de faire la même chose avec eux. Découvrir les valeurs qui les motivent véritablement vous aidera mieux que toute autre chose à les élever.

Qu'avez-vous découvert ? Que ressentez-vous devant l'échelle de valeurs que vous avez établie ? Correspond-elle, à votre avis, à la réalité ? Si ce n'est pas le cas, faites de nouvelles comparaisons, jusqu'à ce que vous soyez satisfait de la hiérarchie qui s'en dégage. Les gens sont souvent surpris quand ils découvrent quelles valeurs ils placent au sommet de leur hiérarchie. Mais cette prise de conscience leur permet de comprendre pourquoi ils agissent comme ils le font. Maintenant que vous connaissez votre échelle de valeurs, prenez le temps de vous demander ce qu'elle signifie.

Si la principale valeur que vous reconnaissez dans une relation est l'amour, demandez-vous : « Qu'est-ce qui fait que je me sens aimé ? » Ou : « Qu'est-ce qui fait que j'aime quelqu'un ? » Ou encore : « Comment est-ce que je sais qu'on ne m'aime pas ? » Ce sont des questions auxquelles vous devez répondre le plus précisément possible, au moins en ce qui concerne les quatre premières valeurs de votre hiérarchie. Le seul mot « amour » a probablement pour vous des tas de significations différentes qu'il est très utile de connaître. Cela n'est pas facile, mais si vous vous concentrez suffisamment sur cet exercice, vous en apprendrez beaucoup sur vous-même, sur ce que vous désirez vraiment et sur ce qui vous permet de savoir si vos besoins fondamentaux sont satisfaits.

Vous ne pouvez évidemment pas passer votre vie à définir en détail les valeurs sur lesquelles reposent les relations que vous avez avec tous les gens que vous rencontrez. Tout dépend du but recherché dans ces relations. S'il s'agit d'une relation de toute une vie, comme celle que l'on a avec un conjoint ou un enfant, vous aurez envie de découvrir tout ce que vous pouvez savoir sur la façon dont travaille le cerveau de ce conjoint ou de cet enfant. Si vous êtes entraîneur et cherchez à motiver un sportif ou un homme d'affaires qui veut évaluer le répondant d'un client éventuel, vous voudrez probablement savoir quelles sont les valeurs les plus importantes de votre interlocuteur, mais de façon plus superficielle, sans entrer dans les détails. Souvenez-vous que toute relation, qu'il s'agisse d'une relation aussi intense que celle qui peut unir un père à un fils ou d'une relation aussi banale que celle de deux vendeurs qui partagent le même téléphone, vous lie à l'autre par un contrat, qu'il soit verbalisé ou non. Chacun attend un certain nombre de choses de l'autre. Chacun juge les paroles et les actions de l'autre selon ses propres valeurs, tout au moins inconsciemment. Autant définir clairement ces valeurs dès le départ et créer un accord qui vous permettra de savoir à l'avance comment vos comportements réciproques vous affecteront et quels sont vos véritables besoins.

Vous mettrez en lumière les valeurs fondamentales des autres au cours de conversations tout à fait habituelles en écoutant attentivement ce qu'ils disent et en observant les mots qu'ils emploient. Les gens tendent à répéter des mots-clés qui révèlent quelles valeurs ils placent au sommet de leur hiérarchie. Imaginons que deux personnes aient partagé une expérience exaltante. La première expliquera combien cela l'a rendue créative, l'autre parlera de communion, d'intense sentiment de partage. Elles vous donneront probablement ainsi des indices sur leurs valeurs les plus essentielles et vous permettront donc de comprendre ce qui les motive ou ce qui les passionne.

Déterminer les valeurs est aussi important dans la vie professionnelle que privée. Chacun recherche dans le travail une valeur qu'il place au sommet de son échelle. C'est elle qui fait qu'il acceptera ou non un poste, ou qu'il le quittera. Pour certains, ce sera l'argent. Si vous les payez suffisamment, vous les garderez avec vous. Mais, pour beaucoup, il s'agit d'autre chose, de créativité, de défis à relever.

Il est absolument capital pour un employeur de connaître les valeurs fondamentales de ses employés. Pour les découvrir, il faut demander en premier lieu : « Qu'est-ce qui vous donne envie d'entrer dans une société ? » Imaginons que l'employé réponde : « Un environnement créatif. » À partir de là, il faut développer la liste de ses valeurs en lui demandant :

« Et quoi d'autre ? » Une fois ces éléments définis, l'employeur demandera à l'employé ce qui le ferait quitter un emploi où tous ces éléments seraient réunis. Imaginons qu'il réponde : « Un manque de confiance », l'employeur devra continuer à l'interroger à partir de ce nouvel élément. « Et qu'est-ce qui vous ferait rester, malgré un manque de confiance ? » Certains répondront qu'ils ne resteront jamais dans un endroit où on ne leur fait pas confiance. La confiance constitue leur valeur suprême, celle qui doit être satisfaite pour qu'ils gardent un emploi. D'autres répondront que, si on leur y offre une chance de promotion, ils resteront. Lorsqu'un employeur sait ce dont un employé a besoin pour être satisfait par un emploi ou un autre, il sait à l'avance ce qui le fera quitter cet emploi. Les mots par lesquels ils expriment leurs valeurs constituent pour les gens des super-points d'ancrage – associés à des émotions profondes. Pour être plus efficace, plus clair, l'employeur pourra demander : « Comment savez-vous que vous avez ceci ou cela ? » Ou : « Comment savez-vous que vous n'avez pas ceci ou cela ? » Il est tout aussi capital d'observer la procédure de vérification de votre interlocuteur afin de définir en quoi son concept de confiance diffère du vôtre. Il croit peut-être que la confiance n'existe que lorsqu'on ne remet jamais en cause ses décisions. Ou que lui attribuer des responsabilités différentes sans lui expliquer clairement pourquoi constitue un manque de confiance. Comprendre les valeurs de ses employés et être capable d'anticiper leurs réactions dans n'importe quelle situation sont indispensables à tout employeur qui veut se montrer efficace.

Certains employeurs s'imaginent qu'ils vont réussir à motiver leurs employés selon leurs propres termes. Ils pensent : Je le paie bien, j'attends de lui en échange telle et telle chose. Cela n'est vrai que dans une certaine mesure. Il y en aura pour qui il sera plus important de travailler sous les ordres de quelqu'un qu'ils aiment bien. Et lorsque cette personne s'en va, par exemple, leur travail perd de son intérêt. D'autres auront besoin de se sentir créatifs ou passionnés par ce qu'ils font, etc. Si vous voulez bien diriger quelqu'un, vous devez savoir quelles sont ses valeurs suprêmes et comment les satisfaire. Sans cela, vous risquez de le perdre ou tout au moins de ne jamais le voir donner le meilleur de lui-même ou prendre plaisir à ce qu'il fait.

Mais tout cela, direz-vous, demande du temps et de l'attention. C'est vrai. Pourtant, si vous accordez de l'importance à ceux avec qui vous travaillez, cela en vaut la peine – pour vous et pour eux. N'oubliez jamais que les valeurs ont un immense pouvoir affectif. Si vous n'agissez que par rapport à vos propres valeurs et décrétez que ce que vous faites est juste, puisque vous répondez à ces valeurs, vous vous sentirez probablement souvent trahi et amer. Si vous réussissez à faire le lien avec les valeurs des autres, vous aurez probablement des employés plus heureux, vos affaires marcheront mieux – et vous vous sentirez plus heureux. Il n'est jamais essentiel d'avoir les mêmes valeurs que quelqu'un d'autre. Mais il est essentiel de savoir s'aligner sur les autres, de comprendre leurs valeurs, de satisfaire ces dernières et de travailler à partir de ce qu'elles sont.

Les valeurs sont l'outil de motivation le plus puissant que nous ayons pour nous débarrasser de nos mauvaises habitudes. Un tel changement peut se faire très rapidement, si on l'associe à des valeurs fondamentales. Ainsi une femme accordait une importance extrême à la fierté et au respect. Elle écrivit une lettre aux cinq personnes qu'elle respectait le plus au monde pour leur dire qu'elle ne fumerait plus jamais, parce qu'elle respectait trop son corps et celui des autres. Après avoir envoyé ces lettres, elle cessa de fumer. Elle aurait souvent donné n'importe quoi pour une cigarette, raconta-t-elle, mais elle était trop fière pour revenir sur sa décision, et elle n'a jamais recommencé. Tel est le pouvoir de nos valeurs, lorsqu'elles sont bien utilisées, sur notre comportement.

Il m'est arrivé, il n'y a pas longtemps, de travailler avec une équipe universitaire de football. Ils avaient tous des valeurs très différentes. Pour découvrir ce qu'elles étaient, j'ai simplement demandé à chacun d'entre eux ce qu'il y avait d'important pour lui dans le fait de jouer au football, ce que cela lui apportait. Le premier répondit que le football lui permettait de rendre sa famille fière de lui et de glorifier Dieu. Le deuxième expliqua que, grâce à ce sport, il exprimait la puissance qu'il avait en lui ; le fait de se dépasser, de gagner, de se montrer plus fort que les autres, voilà ce qu'il y avait pour lui de plus important. Le troisième, un jeune homme qui venait du ghetto, ne trouvait aucune valeur particulière à associer au football. Quand je lui ai demandé en quoi ce sport était important pour lui, il a répondu qu'il ne savait pas. Je me suis aperçu qu'il suivait une stratégie d'évitement, qu'il recherchait avant tout à fuir la pauvreté et une vie de famille difficile, et il ne pouvait comprendre clairement ce que le football signifiait pour lui.

Il fallait évidemment trouver à chacun les motivations qui lui correspondaient. Si j'avais essayé, par exemple, de motiver le premier (qui jouait au football pour la gloire de Dieu et de sa famille) en m'appuyant sur l'importance qu'il y avait à écraser ses opposants et à leur faire mordre la poussière, j'aurais probablement créé en lui un conflit intérieur, car c'est une valeur positive, et non une valeur négative, violente, qu'il associait à ce jeu. Si j'avais fait un grand discours au second en lui parlant de fierté et de gloire de Dieu, je ne serais sans doute arrivé à rien, car c'est pour d'autres raisons qu'il joue au football.

Le troisième était le plus doué, mais il se servait moins bien de ses talents que les autres. Les entraîneurs n'arrivaient pas à le motiver, car il n'avait associé au football aucune valeur clairement définie – rien vers quoi il puisse aller ni de quoi se détourner. Il fallait donc découvrir une valeur importante pour lui dans un autre domaine – la fierté, par exemple – et la transférer au contexte du sport. Et quand cela fut fait, bien qu'il ne pût jouer parce qu'il s'était blessé, il se mit à soutenir avec enthousiasme son équipe. Désormais, il était motivé.

Les valeurs fonctionnent d'une manière aussi complexe et délicate que tout ce que nous avons évoqué. Rappelez-vous que, lorsque nous nous servons de mots, nous nous servons d'une carte, et que la carte n'est pas le territoire. Si je vous dis que j'ai faim ou que je veux aller me promener en voiture, vous n'avez en face de vous qu'une carte. On peut avoir faim d'un énorme repas ou simplement d'un sandwich. Vouloir se promener en Honda ou dans une limousine. Mais dans de tels cas, la carte recouvre assez bien le territoire. Votre équivalence complexe de ce genre de phrase est suffisamment proche de la mienne pour que nous n'ayons pas trop de mal à communiquer. Les valeurs, elles, constituent les cartes les plus subtiles de toutes. Quand je vous dis quelles sont mes valeurs, vous travaillez sur la carte d'une carte. Votre carte, votre équivalence complexe d'une valeur donnée, peut être très différente de la mienne. Si nous disons vous et moi que la liberté est notre valeur suprême, cela créera un accord, un courant de sympathie entre nous, car nous voulons la même chose, partageons la même motivation. Mais cela n'est pas si simple. La liberté peut signifier pour moi la possibilité de faire tout ce que je veux, quand je veux, où je veux, avec qui je veux, autant que je le veux. Elle peut signifier pour vous avoir quelqu'un qui s'occupe de tout pour vous, vous libère de tout souci en vous permettant de vivre dans un environnement structuré. Pour un autre, la liberté peut constituer un système politique, une discipline nécessaire au maintien d'une certaine forme de société.

Si un homme n'a pas découvert ce pour quoi il serait prêt à mourir, il n'est pas fait pour vivre.

Martin Luther KING

Parce que les valeurs jouent un rôle aussi fondamental, elles ont une charge affective incroyable. Il n'y a pas de liens plus étroits que ceux créés par des valeurs suprêmes identiques. C'est la raison pour laquelle une force militaire dévouée à son pays l'emportera presque toujours sur une armée de mercenaires. On ne peut pas opposer plus douloureusement les gens qu'en créant en eux des comportements qui mettent leurs valeurs suprêmes en conflit. Les choses qui nous importent le plus, qu'il s'agisse du sens patriotique ou de l'amour de la famille, reflètent toutes des valeurs. Aussi, en construisant des hiérarchies précises, vous élaborerez ce que vous n'avez encore jamais eu, la carte la plus utile possible de ce dont quelqu'un a besoin et de ce à quoi il répondra.

Tout ce qui se passe au sein de nos relations démontre à la fois le pouvoir explosif des valeurs et la difficulté qu'il y a à les définir tant elles sont nuancées. Certaines personnes peuvent se sentir trahies par un échec amoureux. « Il m'a dit qu'il m'aimait, tu parles ! » Pour l'un, l'amour est peut-être l'engagement de toute une vie. Pour l'autre, il peut n'être qu'une union brève mais intense. Il s'agit peut-être d'un goujat, mais peut-être aussi tout simplement de quelqu'un qui donne un sens différent au mot « amour ».

Il est donc absolument crucial de construire la carte la plus fidèle possible, de définir précisément ce qu'est la véritable carte de l'autre. Il faut non seulement savoir quels mots il utilise, mais le sens qu'il leur donne. Pour cela il faut l'interroger, avec souplesse et persistance, afin de savoir exactement ce qu'il met derrière son échelle de valeurs.

L'idée que l'on se fait des valeurs varie énormément. À tel point que deux personnes qui revendiquent des valeurs communes peuvent ne rien avoir en commun. Inversement, deux individus qui revendiquent des valeurs différentes peuvent en fait tendre exactement vers la même chose. Pour l'un, s'amuser voudra dire prendre de la drogue, aller à des fêtes, danser jusqu'à l'aube. Pour l'autre, il s'agira d'escalader des montagnes ou de descendre des rapides en canoë – de découvrir des choses nouvelles, de prendre des risques. La seule chose qu'ils aient en commun sur le plan des valeurs est le mot qu'ils utilisent. Un troisième dira peut-être que c'est au sens du défi qu'il accorde le plus d'importance. Pour lui, relever un défi, c'est peut-être escalader des montagnes ou descendre des rapides en canoë. Demandez-lui quelle importance il accorde au fait de s'amuser, ce que cela veut dire pour lui, il répondra peut-être qu'il n'accorde aucune valeur à quelque chose d'aussi frivole. Mais il entend par défi ce que le premier entend par amusement.

Des valeurs communes forment la base de tout rapport profond. Si deux personnes ont des valeurs parfaitement liées, leur relation pourra durer éternellement. Si leurs valeurs sont totalement différentes, il y a peu de chances pour qu'elles réussissent à avoir une relation durable et harmonieuse. Il y a donc deux choses à faire. Premièrement, trouvez les valeurs que vous avez en commun. Vous pourrez vous appuyer sur elles pour surmonter vos différences. (N'est-ce pas ce que les chefs d'État essaient de faire lors de leurs rencontres au sommet ? Maintenir les valeurs communes de leurs pays, valeurs sur lesquelles peut s'appuyer leur relation – telle que la survie de l'humanité, par exemple.) Ensuite, cherchez à soutenir et à satisfaire autant que vous le pouvez les valeurs les plus importantes de l'autre. Telle est la base d'une relation durable, puissante et épanouissante, que ce soit dans le domaine personnel, familial ou professionnel.

Les valeurs sont le facteur déterminant qui fait que les gens sont ou non cohérents, qu'ils sont ou non motivés. Si vous connaissez leurs valeurs, vous possédez la clé qui vous permettra d'agir sur eux le plus efficacement possible. Dans le cas contraire, vous créerez peut-être un comportement fort mais qui ne durera pas ou ne produira pas le résultat désiré. Si ce comportement est en conflit avec les valeurs d'un individu, il agira sur elles comme un coupe-circuit. On peut comparer les valeurs au tribunal qui statue en dernier ressort. Elles décident des comportements qui fonctionnent et de ceux qui ne fonctionnent pas, de ceux qui produisent des états désirés et de ceux qui créent l'incohérence.

De même que les gens ont des idées différentes de ce que signifient les valeurs, ils ont différentes façons de vérifier si leurs valeurs sont satisfaites.

À un niveau personnel, mettre en lumière une procédure de vérification est une des choses les plus utiles que vous puissiez faire quand vous voulez vous donner des buts à atteindre. Choisissez cinq valeurs que vous considérez comme importantes et définissez une procédure de vérification. Maintenant, que doit-il arriver pour que vous sachiez si ces valeurs sont ou non satisfaites ? Répondez à cette question sur une autre feuille de papier. Votre procédure de vérification vous aide-t-elle ou non ?

Vous pouvez contrôler et changer vos procédures de vérification. Celles que nous proposons ne sont que des constructions mentales, rien de plus. Elles doivent nous servir et non nous entraver.

Les valeurs changent. Quelquefois de façon radicale, mais généralement à un niveau inconscient. Bon nombre d'entre nous ont des procédures de vérification autodestructrices ou périmées. Lorsque vous étiez au lycée, vous aviez peut-être besoin de multiples histoires amoureuses pour savoir que vous étiez capable de séduire. Devenu adulte, vous avez peut-être adopté des stratégies plus élégantes. Si la séduction constitue pour vous une valeur, mais que vous ne vous sentiez séduisant ou séduisante que dans la mesure où vous pouvez rivaliser avec Robert Redford ou Faye Dunaway, il y a des chances pour que vous soyez frustré(e). Nous connaissons tous des gens qui s'étaient fixé un but, quelque chose qui symbolisait pour eux une valeur suprême. Puis, lorsqu'ils ont atteint ce but, ils se sont rendu compte qu'il n'avait plus de sens à leurs yeux. Leurs valeurs avaient changé, mais la procédure de vérification était devenue en elle-même ce qu'il y avait de plus important pour eux. Les gens ont quelquefois des procédures de vérification qui ne sont attachées à aucune valeur. Ils savent ce qu'ils veulent, mais ils ne savent pas pourquoi. Aussi, quand ils l'obtiennent, s'aperçoivent-ils qu'il ne s'agissait que d'un mirage, de quelque chose que leur culture leur avait vendu mais qu'ils ne désiraient pas véritablement. De *Citizen Kane* à *Gatsby le magnifique*, la discordance qui peut exister entre nos valeurs et nos comportements est un des grands thèmes de la littérature et du cinéma. Vous devez rester toujours attentif à ce que sont vos valeurs et à la façon dont elles changent. De même qu'il vous faut régulièrement confronter les résultats que vous obtenez et les buts que vous vous étiez fixés, il vous faut régulièrement passer en revue les valeurs qui vous motivent le plus.

Vous pouvez aussi, afin de mettre à jour vos procédures de vérification, noter si elles sont réalisables dans un laps de temps raisonnable. Prenez deux jeunes gens qui se lancent dans la vie. Pour le premier, la réussite pourra signifier avoir une famille stable, un salaire correct, une maison agréable et une bonne santé. Pour l'autre, il s'agira de gagner beaucoup d'argent, d'avoir une famille nombreuse, une maison très luxueuse, le corps d'un athlète, des tas d'amis, une Rolls-Royce conduite par un chauffeur et de sponsoriser une équipe professionnelle de football. Avoir des objectifs élevés est une bonne chose, à condition que ces objectifs vous motivent réellement. Je me suis moi-même fixé des buts élevés et, en créant ces représentations internes, j'ai été capable de produire les comportements qui m'ont permis de les atteindre.

Mais les procédures de vérification changent, comme les objectifs et les valeurs. Les gens sont plus heureux s'ils trouvent aussi des buts intermédiaires vers lesquels tendre. Cela leur procure la sensation de réussir, d'être capables de réaliser leurs rêves. Certains seront totalement motivés par le désir d'avoir un corps d'athlète, une maison de rêve, une Rolls-Royce, etc. D'autres considéreront avoir réussi s'ils participent à une course de dix mille mètres, ou s'ils s'entraînent régulièrement, ou s'ils suivent un régime, ont une maison agréable, une relation amoureuse ou une famille. Après avoir produit ces résultats, ils peuvent se fixer de nouveaux buts plus élevés, avoir une vision plus opulente de leur avenir, tout en éprouvant déjà la grande satisfaction d'avoir atteint leurs premiers objectifs.

Nos procédures de vérification ont aussi divers niveaux de spécificité. Si la relation amoureuse constitue pour vous une valeur, vous pouvez définir votre procédure de vérification de la façon suivante : réussir à avoir une bonne relation avec une femme séduisante et aimante. C'est un but raisonnable et qui en vaut la peine. Vous pouvez même vous faire une image plus précise du physique et du caractère de la femme avec qui vous voudriez vivre. Jusque-là, tout va bien. Mais si vous vous donnez comme objectif d'avoir une folle histoire d'amour avec une blonde aux yeux bleus, qui fait cent cinq centimètres de tour de poitrine, possède un appartement luxueux dans les beaux quartiers et des rentes abondantes, seules ces sous-modalités pourront vous satisfaire. Viser une cible précise ne constitue pas en soi un problème, mais vous risquez, en liant vos valeurs à une image trop spécifique, de provoquer en vous de grandes frustrations. Car vous écartez quatre-vingt-dix-neuf pour cent des gens, des choses ou des expériences qui seraient susceptibles de vous satisfaire. Cela ne veut pas dire que vous ne soyez pas capable de produire de tels résultats – vous en êtes capable. Cependant, une procédure de vérification plus souple vous permettra de satisfaire plus facilement vos véritables désirs ou vos véritables valeurs.

Nous retrouvons ici un élément commun à tout ce dont nous avons parlé, la souplesse. Souvenez-vous que, quel que soit le contexte, c'est le système le plus souple, celui qui comporte le plus de choix différents, qui se révélera le plus efficace. Il est absolument capital de toujours garder à l'esprit le fait que les valeurs ont une importance prépondérante, mais que nous nous les représentons à travers les procédures de vérification que nous adoptons. Vous pouvez choisir une carte du monde si limitée qu'elle constitue presque une garantie de frustration. Beaucoup d'entre nous le font. Nous disons : la réussite, c'est ceci, une bonne relation, c'est cela. En supprimant toute souplesse du système que nous définissons, nous provoquons presque immanquablement des frustrations.

Les problèmes les plus déchirants que nous ayons à affronter sont généralement liés à nos valeurs. Il nous arrive d'être écartelés entre deux valeurs différentes, comme l'amour et la liberté. Être libre, cela peut signifier pour vous que vous devez toujours faire ce que vous voulez, et aimer, que vous devez rester fidèle à quelqu'un. La plupart d'entre nous ont vécu ce conflit. Et lorsque cela nous arrive, ce n'est pas agréable. Si nous connaissons l'ordre hiérarchique de nos valeurs, nous pouvons choisir des comportements qui y correspondent. Si nous ne le connaissons pas, nous paierons un jour ou l'autre le prix affectif pour cette erreur d'aiguillage. Des comportements attachés aux plus hautes de nos valeurs supplanteront ceux qui ne soutiennent que des valeurs moins importantes.

Il n'y a rien de pire que de se sentir écartelé entre différentes valeurs fortes. Cela crée en nous une terrible incohérence qui, si elle dure trop longtemps, peut détruire une relation. Vous pouvez agir d'une façon qui satisfait l'une de ces valeurs – exercer par exemple votre liberté –, mais qui tue l'autre.

Vous pouvez essayer d'adapter votre comportement – c'est-à-dire étouffer votre besoin de liberté –, mais en ressentir une frustration qui détruira votre union. Et étant donné que peu d'entre nous comprennent et confrontent véritablement leurs valeurs, nous risquons de ne plus ressentir qu'une frustration et un malaise général ; très vite, nous faisons passer toutes nos expériences par le filtre de ces émotions négatives, jusqu'à ce qu'elles fassent partie intégrante de nous-même, créant en nous une insatisfaction permanente que nous essayons de soulager en mangeant trop, en fumant, etc.

Il est difficile de trouver un compromis élégant si on ne comprend pas comment les valeurs fonctionnent. Dès l'instant où on y parvient, on peut à la fois préserver son sens de la liberté et sa relation, car on peut changer sa procédure de vérification. Quand vous étiez au lycée, être libre signifiait peut-être pour vous avoir la vie sexuelle d'un Casanova. Une relation amoureuse, cependant, apporte le réconfort, les ressources et la joie qui créent une liberté plus réelle que celle donnée par la possibilité de coucher avec la première fille venue. C'est essentiellement en restructurant ainsi le schéma d'une expérience que l'on peut créer en soi la cohérence.

L'incohérence provient parfois non des valeurs elles-mêmes, mais des procédures de vérification des différentes valeurs. La réussite et la spiritualité ne doivent pas obligatoirement produire une incohérence. Vous pouvez très bien être quelqu'un qui réussit et avoir en même temps une vie spirituelle très riche. Mais que se passe-t-il si votre procédure de vérification de la réussite consiste à posséder un magnifique manoir alors que celle de la vie spirituelle correspond à une vie simple et austère ? Il vous faudra soit redéfinir votre procédure de vérification, soit restructurer votre schéma de perception. Vous risquez autrement de devenir la proie d'un continuel conflit intérieur. Rappelez-vous le système de croyances qu'a utilisé W. Mitchell pour avoir une vie riche et heureuse en dépit de ce qui semblait être un sérieux handicap. Il n'y a jamais de rapport absolu entre deux facteurs, quels qu'ils soient. Pour Mitchell, le fait d'être paralysé ne signifiait pas qu'il devait être malheureux. Avoir beaucoup d'argent ne signifie pas que vous n'avez aucune spiritualité, et vivre une vie austère ne veut pas nécessairement dire que vous accédiez à une grande spiritualité.

La programmation neurolinguistique fournit les outils qui permettent de transformer la structure de la plupart de nos expériences afin qu'elles créent en nous la cohérence. J'ai travaillé un jour avec un homme dont le problème n'avait rien d'exceptionnel. Il vivait une histoire d'amour avec une femme. Mais il accordait aussi une valeur importante à la séduction et aux aventures passagères. Et lorsqu'il s'apercevait qu'il plaisait à une autre femme, la valeur qu'il donnait à sa relation le faisait se sentir coupable.

Voici quelle était sa stratégie de la séduction quand il rencontrait une femme attirante : il la voyait et il se disait : « Cette femme est superbe et elle me veut » ; cela entraînait un sentiment ou un désir auquel il devait obéir et quelquefois le désir devenait réalité : il passait à l'action. Mais ce désir ou toute aventure qui y succédait provoquait un grave conflit avec son besoin profond d'avoir une relation forte et unique.

Je lui ai appris à ajouter un nouvel élément à sa stratégie et j'ai reconstruit cette dernière de la façon suivante : lorsqu'il avait vu une femme qui lui plaisait et qu'il s'était dit : « Elle est superbe et elle me veut », il devait ajouter : « Et j'aime la femme avec qui je suis. » Puis je lui demandais de se représenter mentalement l'image de la femme avec qui il était, en train de lui sourire et de le regarder avec amour, ce qui créait en lui une nouvelle sensation interne, une sensation qui lui donnait envie d'aimer sa femme. Pour installer cette nouvelle stratégie en lui, je lui ai fait répéter ce processus plusieurs fois. Encore et encore, jusqu'à ce qu'il soit capable d'entrer dans son nouveau schéma dès qu'il voyait une femme qui lui plaisait.

Cette stratégie lui permet de tout avoir à la fois. L'ancienne le déchirait et créait une pénible tension dans sa relation. Étouffer simplement le besoin qu'il avait de plaire n'aurait abouti qu'à une nouvelle frustration, un nouveau conflit intérieur. Sa nouvelle stratégie lui permet d'avoir le sentiment positif que lui apporte le fait de plaire tout en écartant le conflit qui sapait sa relation. Maintenant, plus il voit de femmes qui lui plaisent, plus il a envie d'aimer celle avec qui il est.

La meilleure façon d'utiliser les valeurs est de les intégrer aux métaprogrammes, ce qui nous permet de nous motiver et de nous comprendre, nous et les autres. Les valeurs constituent le filtre ultime. Les métaprogrammes sont les schémas opérationnels qui déterminent la plupart de nos perceptions et, par là, de nos comportements. En réussissant à les utiliser simultanément, vous élaborerez les schémas motivants les plus précis qui soient.

Prenons maintenant l'exemple de ce jeune homme avec qui j'ai aussi travaillé et qui agissait avec une telle irresponsabilité que ses parents ne savaient plus que faire. Il ne vivait que dans l'instant, sans jamais penser aux conséquences de ses actes. Il lui arrivait de ne pas rentrer chez lui de la nuit, non qu'il en eût au départ l'intention, mais il s'était simplement passé quelque chose qui lui avait donné envie de rester dehors. Il réagissait à ce qu'il avait en face de lui (les choses vers lesquelles il allait) et non en fonction des conséquences de ses actes (les choses dont il aurait dû s'écarter).

La première fois que je l'ai vu, j'ai mis ses métaprogrammes en évidence. J'ai compris qu'il allait vers les choses et réagissait à la nécessité. Puis j'ai tenté de découvrir quelles étaient ses valeurs et je me suis rendu compte qu'il recherchait surtout trois choses dans la vie : la sécurité, le bonheur et la confiance.

Après avoir créé entre nous un lien de sympathie par le procédé du miroir, j'ai commencé à lui expliquer comment ses comportements sapaient toutes ses valeurs essentielles. Il venait de rentrer chez lui après en être parti pendant deux jours sans y avoir été autorisé, et n'avait, pendant ce temps, donné aucune nouvelle à ses parents désespérés. Je lui ai dit qu'ils étaient à bout de patience et que son attitude allait lui faire perdre la sécurité, le bonheur et la confiance qu'il trouvait au sein de sa famille. S'il continuait à agir ainsi, il finirait par se retrouver dans un endroit où il n'y aurait ni sécurité, ni bonheur, ni confiance. En prison, ou en maison de redressement. S'il ne se montrait pas assez responsable pour vivre chez lui, ses parents se verraient obligés de l'envoyer là où d'autres personnes assumeraient les responsabilités qui normalement lui incombaient.

Je lui ai ainsi donné quelque chose dont il devait s'écarter, quelque chose qui représentait l'antithèse de ses valeurs. (Même si nous allons normalement vers les choses, nous chercherons, pour la plupart, à éviter de perdre une de nos valeurs clés.) Puis je lui ai offert la possibilité d'avancer, quelque chose vers quoi aller. Je lui ai donné un contrat à remplir, une procédure de vérification grâce à laquelle ses parents seraient capables de continuer à lui offrir la sécurité, le bonheur et la confiance dont il avait tant besoin. Il devait rentrer tous les soirs à dix heures au plus tard, trouver avant la fin de la semaine un emploi et aider dans la maison. Je lui ai donné rendez-vous deux mois plus tard. S'il remplissait son contrat, la confiance que ses parents avaient en lui se développerait – et ils pourraient mieux l'aider à se sentir à la fois heureux et en sécurité. Je lui ai fait comprendre clairement que c'était une nécessité, quelque chose vers quoi il devait immédiatement se diriger. S'il brisait une seule fois son contrat, nous n'y verrions qu'une faute de parcours ; s'il recommençait, cela lui vaudrait un avertissement. Et à la troisième fois, il devrait partir.

Je lui ai donné ce qu'il n'avait jamais eu dans le passé, quelque chose vers quoi se diriger afin de conserver tout ce à quoi il tenait vraiment, quelque chose qui sous-tendait sa relation avec ses parents. Je lui ai aussi démontré que ces changements étaient totalement nécessaires, et je lui ai fourni une procédure de vérification à suivre. La dernière fois que j'ai eu de ses nouvelles, il se conduisait comme un jeune homme modèle. Utilisés simultanément, ses valeurs et ses métaprogrammes lui apportaient une motivation suprême. Je lui avais donné le moyen de créer lui-même la sécurité, le bonheur et la confiance dont il avait besoin.

> *Celui qui en sait beaucoup sur les autres est peut-être instruit, mais celui qui se comprend lui-même est plus intelligent. Celui qui dirige les autres est peut-être puissant, mais celui qui s'est maîtrisé lui-même a encore plus de pouvoir.*
>
> LAO-TSEU, *Tao-tö King*

Je pense que vous devez maintenant avoir conscience de la puissance des valeurs et de leur utilité en tant qu'outils du changement. Dans le passé, vos valeurs ont presque entièrement opéré au niveau de votre subconscient. Maintenant, vous pouvez à la fois les comprendre et les manipuler afin d'apporter à votre vie des transformations positives. Pendant longtemps, nous n'avons pas su ce qu'étaient les atomes et nous ne pouvions nous servir de leur terrible puissance. Apprendre à connaître nos valeurs a à peu près le même effet sur nous. En prenant conscience de ce qu'elles sont, nous pouvons produire des résultats qu'il nous était impossible d'atteindre auparavant. Nous pouvons appuyer sur des boutons dont nous ne savions même pas avant qu'ils existaient. Souvenez-vous que les valeurs sont des systèmes de croyances qui possèdent des effets globaux. Voilà pourquoi en jouant sur nos valeurs – que ce soit en éliminant les conflits qui les opposent, ou en renforçant la puissance de celles qui nous donnent le plus de pouvoir –

nous réalisons de profondes transformations, dans tous les domaines de notre vie.

Au lieu de nous sentir mal à l'aise parce que nous sommes déchirés par des conflits intérieurs longtemps mal compris, nous pouvons chercher à découvrir ce qui se passe en nous ou entre nous et les autres et commencer à produire de nouveaux résultats. Il existe de nombreuses façons d'y arriver. Nous pouvons restructurer l'expérience afin qu'elle soit le plus efficace possible. Nous pouvons transformer nos procédures de vérification en manipulant leurs sous-modalités, comme nous l'avons fait tout au long de ce livre. Lorsque nous vivons un conflit de valeurs, il ne s'agit souvent que du conflit provoqué par une des nombreuses procédures de vérification que nous nous sommes données. Nous pouvons baisser le son et la lumière de façon à ne pas remarquer ce conflit. Nous pouvons même, dans certains cas, changer les valeurs elles-mêmes. S'il existe une valeur que vous souhaitez placer plus haut qu'elle ne l'est dans votre hiérarchie, changez ses sous-modalités afin qu'elle ressemble davantage à vos valeurs suprêmes. Il est, dans la plupart des cas, plus facile et plus efficace de jouer sur les sous-modalités, mais sachez combien ces techniques sont puissantes. Vous changerez le degré d'importance de vos valeurs en transformant la façon dont vous vous les représentez mentalement.

Un de mes clients avait pour valeur numéro un l'utilité. L'amour venait en neuvième place dans sa hiérarchie. Comme vous pouvez l'imaginer, avec une telle échelle de valeurs, la façon dont il agissait ne créait pas souvent de liens de sympathie avec les autres. J'ai découvert qu'il se représentait sa valeur numéro un, l'utilité, par une grande image placée sur la droite de son écran mental, très brillante, et associée à un certain ton de voix. Après avoir comparé cette image avec celle d'une autre valeur moins importante, l'amour (une image beaucoup plus petite, en noir et blanc, située différemment, plus basse, plus sombre, plus trouble), je n'ai plus eu qu'à donner aux sous-modalités de l'amour celles de l'utilité et aux sous-modalités de l'utilité celles de l'amour, puis à créer un schéma lui permettant de les conserver là. En faisant cela, nous avons changé ce qu'il ressentait vis-à-vis de ces valeurs, nous avons transformé leur hiérarchie. L'amour est devenu sa valeur numéro un. Cela a radicalement altéré la façon dont il voyait le monde, ce qu'il croyait être le plus important pour lui, et par conséquent sa façon d'agir.

Transformer le système de valeurs d'un individu peut avoir des implications considérables qui n'apparaissent pas forcément de façon immédiate. Il vaut généralement mieux commencer par découvrir sa procédure de vérification et changer la façon dont il perçoit le fait d'avoir ou non satisfait ses valeurs.

Vous devez être maintenant capable de voir combien tout cela peut se révéler utile dans une relation. Imaginez un homme qui place la séduction en haut de son échelle de valeurs, et pour qui viennent ensuite : une communication honnête, la créativité et le respect. Deux démarches permettraient de créer chez lui un sentiment de satisfaction à l'intérieur de la même relation : la première serait d'intervertir les places de la séduction et du respect sur son échelle des valeurs. Si cet homme ne se sent plus séduit par la femme avec qui il est, on peut faire en sorte que cette valeur devienne moins importante que le respect qu'il éprouve pour elle. Tant qu'il sentira qu'il la respecte, il aura l'impression de satisfaire son besoin le plus profond. Mais il serait plus simple et plus facile de déterminer la procédure de vérification qu'il utilise pour trouver quelqu'un d'attirant, ce qu'il doit voir, entendre, sentir, pour cela. À partir de là, on peut l'aider soit à transformer sa stratégie de séduction, soit à faire connaître à la femme avec qui il est ce dont il a besoin pour satisfaire cette valeur.

Nous vivons presque tous des valeurs conflictuelles. Nous voulons agir et produire des résultats, et nous détendre sur la plage. Nous voulons passer du temps avec notre famille et suffisamment travailler pour réussir professionnellement. Nous voulons la sécurité et les sensations fortes. Quelques-uns de ces conflits sont inévitables. Ils donnent une certaine texture, une certaine richesse à la vie. Le problème ne naît que lorsque nous sommes écartelés entre des valeurs fondamentales. Après avoir lu ce chapitre, observez votre échelle de valeurs, vos procédures de vérification afin de déterminer où existent ces conflits. Les voir clairement là où ils sont, tel est le premier pas à faire pour les résoudre.

Les valeurs ont une importance aussi fondamentale pour les sociétés que pour les individus. Ce qui s'est passé aux États-Unis au cours de ces trente dernières années démontre de façon magistrale l'importance et la variabilité des valeurs. Qu'est le mouvement des années 1960, sinon un exemple de bouleversement provoqué par un conflit de valeurs ? Soudain, une large partie de la population s'est fait entendre alors qu'elle soutenait des valeurs radicalement opposées à celles de l'ensemble de la société. De nombreuses valeurs chères depuis longtemps à notre pays – patriotisme, sens de la famille, mariage, éthique du travail – étaient soudain remises en cause. Il en résulta une grande incohérence, un grand malaise social.

Deux différences fondamentales opposent cette époque à celle d'aujourd'hui. Tout d'abord, les jeunes des années 1960 ont trouvé de nouvelles façons, plus positives, d'exprimer leurs valeurs. Dans les années 1960, être libre pouvait signifier pour certains avoir les cheveux longs et se droguer. Dans les années 1980, les mêmes individus auront le sentiment qu'ils peuvent atteindre ce résultat plus efficacement en dirigeant leur propre affaire et en gardant le contrôle de leur vie privée. D'autre part, les valeurs ont changé. Lorsque l'on considère l'évolution des valeurs américaines au cours des trente-cinq dernières années, il n'apparaît pas que les valeurs des uns l'ont emporté sur les valeurs des autres, mais plutôt qu'un nouvel ensemble de valeurs s'est développé. Dans un certain sens, nous sommes revenus à des valeurs traditionnelles telles que le patriotisme ou la vie de famille. Dans un autre, nous avons adopté de nombreuses valeurs des années 1960. Nous sommes plus tolérants, nous avons des idées différentes sur les droits de la femme et des minorités, ainsi que sur la nature d'un travail satisfaisant et productif.

Nous avons tous à tirer une leçon de cette évolution. Les valeurs changent, et les gens aussi. Seuls ne changent pas ceux qui ne respirent pas. L'important est donc d'avoir conscience de ce flux et de bouger avec lui. Vous vous souvenez de l'exemple de ces gens qui sont obnubilés par un objectif pour s'apercevoir finalement qu'il ne correspond plus à leurs valeurs ? Beaucoup d'entre nous se trouvent, à différents moments, dans cette situation. Pour y échapper, nous devons donc apprendre à reconnaître continuellement nos valeurs et les procédures de vérification que nous avons élaborées pour elles.

Nous devons tous vivre avec une certaine dose d'incohérence. Cela fait partie de l'ambiguïté fondamentale des êtres humains. Nous passons par des périodes transitoires, comme celles qu'ont connues nos sociétés dans les années 1960. Mais si nous en avons conscience, nous sommes capables de faire face à ce qui nous arrive et de modifier ce que nous pouvons changer. Si nous sentons simplement l'incohérence sans en comprendre les raisons, nous agissons souvent de façon inappropriée. Nous commençons à fumer, à boire, à faire n'importe quoi pour pallier des frustrations que nous ne nous expliquons pas. La première chose à faire face à un conflit de valeurs est donc de comprendre ces valeurs. La formule de la réussite suprême s'applique aussi bien aux valeurs qu'à tout le reste. Il vous faut savoir ce que vous voulez – connaître vos valeurs fondamentales et leur hiérarchie. Il vous faut agir. Il vous faut développer votre acuité sensorielle afin de savoir ce que vous obtenez, et développer votre souplesse afin de changer. Si vos comportements actuels ne satisfont pas vos valeurs, vous devez transformer ces comportements de façon à résoudre le conflit qu'ils entraînent.

Un dernier point : souvenez-vous que nous prenons tous continuellement exemple sur d'autres. Nos enfants, nos employés, nos associés prennent d'une manière ou d'une autre exemple sur nous. Si nous voulons constituer des modèles efficaces, nous devons avant tout adopter des valeurs fortes et un comportement concordant. L'exemple que nous donnons par nos comportements est important, mais dans ce domaine les valeurs l'emportent encore une fois sur presque tout le reste. Si vous vous dites engagé et que l'on vous voie toujours malheureux ou plein de désarroi, ceux qui prennent exemple sur vous associeront l'idée d'engagement à celle de malheur et de désarroi. Si vous vous dites engagé et que vous viviez dans la joie et l'enthousiasme, vous offrez aux autres un modèle cohérent qui associe engagement et joie de vivre.

Pensez aux gens qui vous ont le plus marqué dans votre vie. Il y a de fortes chances pour qu'ils vous aient fourni des modèles efficaces, cohérents. Ce sont les gens dont les valeurs et les comportements donnent un exemple fascinant de vie réussie. De quoi parlent avant tout des livres tels que la Bible ou le Coran, qui ont marqué l'histoire de l'humanité, si ce n'est de valeurs ? Les histoires qu'ils racontent, les situations qu'ils décrivent proposent des exemples qui ont enrichi les vies de la plupart de ceux qui habitent sur cette planète et leur ont donné un grand pouvoir.

Pour découvrir ce qu'est quelqu'un, il suffit simplement de savoir ce qui est important pour lui. Cela vous aidera à connaître non seulement ses besoins, mais les vôtres. Dans le chapitre suivant, nous allons étudier cinq points qui concernent tous ceux qui réussissent, je les appelle...

19

Les cinq clés de la richesse et du bonheur

L'homme n'est pas l'œuvre des circonstances. Les circonstances sont l'œuvre de l'homme.

Benjamin DISRAELI

Vous avez maintenant les moyens de prendre totalement votre vie en charge. Vous êtes capable de former les représentations internes et de produire les états qui conduisent à la réussite et au pouvoir. Mais ce n'est pas parce qu'on est capable de faire quelque chose qu'on le fait forcément. Certaines expériences mettent systématiquement ceux qui les vivent dans des états où ils sont sans ressources. Il y a des virages sur la route, des rapides sur la rivière, des pièges auxquels nous nous laissons toujours prendre. Des expériences qui empêchent les gens d'être tout ce qu'ils peuvent être. Je veux vous donner dans ce chapitre une carte qui vous montrera où vous attendent les dangers et ce que vous avez besoin de savoir pour leur échapper.

Cette carte est celle de ce que j'appelle les cinq clés de la richesse et du bonheur. Si vous voulez utiliser toutes les capacités que vous avez maintenant, si vous voulez être tout ce que vous pouvez être, il vous faudra comprendre ces clés. Tous ceux qui réussissent doivent le faire, un jour ou l'autre. Quand vous arriverez à manipuler continuellement les cinq clés de la richesse et du bonheur, votre vie deviendra une réussite sans faille.

J'étais à Boston, il n'y a pas longtemps. Un soir, après un séminaire, je suis allé me promener. Je regardais les immeubles, architectures du siècle passé et gratte-ciel ultramodernes, quand je vis un homme qui s'avançait dans ma direction en vacillant. Il semblait avoir dormi dans la rue depuis des semaines. Il sentait l'alcool et avait oublié ce qu'était un rasoir.

J'ai immédiatement pensé qu'il allait venir me demander de l'argent. Et la pensée crée l'événement. Il s'est approché : « Hé, m'sieur, vous avez pas vingt-cinq *cents* ? » J'ai d'abord hésité, est-ce que je voulais encourager un mendiant ? Puis je me suis dit que je ne voulais pas qu'il souffre. De toute façon, vingt-cinq *cents* ne changeraient pas grand-chose. Aussi ai-je décidé de lui donner en même temps une leçon. « Vingt-cinq *cents*, c'est tout ce que vous voulez ? – Oui, juste vingt-cinq *cents*. » J'ai fouillé dans ma poche et lui ai tendu une pièce. « La vie ne vous donnera que ce que vous lui demandez. » Il est resté un instant ébahi, puis il est reparti en titubant.

Tout en le regardant s'éloigner, je me suis mis à réfléchir sur ce qui distinguait les gens qui réussissent de ceux qui échouent. Quelle différence existait-il entre cet homme et moi ? Pourquoi ma vie est-elle une telle joie, pourquoi puis-je faire ce que je veux, quand je veux, où je veux, avec qui je veux, autant que je le veux ? Il avait peut-être soixante ans, vivait dans la rue et mendiait. Est-ce que c'était Dieu qui m'avait dit : « Robbins, tu es un homme de bien, tu vas vivre la vie dont tu rêves » ? Cela est peu probable. Est-ce que quelqu'un m'a donné des moyens plus grands ou des avantages quelconques ? Je ne le crois pas. J'ai été autrefois dans un état presque aussi lamentable que ce clochard, même si je buvais moins et si je ne dormais pas dans la rue.

Je pense que ce que j'ai dit à cet homme explique en grande partie ce qui nous différenciait l'un de l'autre : la vie vous donne ce que vous lui demandez. Demandez-lui vingt-cinq *cents* et c'est ce que vous aurez. Demandez-lui de vivre dans la joie et de réussir, et c'est ce qui vous arrivera. Tout ce que j'ai appris m'a convaincu d'une chose : ceux qui maîtrisent leurs états et leurs comportements peuvent changer leur vie. Vous pouvez apprendre ce qu'il faut demander à la vie, et vous l'obtiendrez, cela ne fait aucun doute. Au cours des mois suivants, j'ai parlé avec d'autres clochards, je les ai interrogés sur leur passé, sur ce qui les avait menés là. Je me suis aperçu que la vie nous avait lancé des défis semblables et que c'était la façon dont nous y avions répondu qui nous différenciait.

Ce que l'on s'entend dire, c'est toujours ce que l'on a dit soi-même.

Proverbe grec

Laissez-moi vous donner maintenant les cinq règles à suivre sur la route de la réussite. Elles sont claires, simples, mais capitales. Si vous savez les appliquer, plus rien ne vous limitera. Si vous les refusez, vous avez déjà placé les limites de ce que vous pouvez faire. Le fait d'être déterminé et d'avoir une pensée positive constitue une condition nécessaire, mais non suffisante, de la réussite. Sans la discipline, la détermination conduit à la déception. La détermination alliée à la discipline produit des miracles.

La première clé de la richesse et du bonheur est la *maîtrise de la frustration*. Si vous voulez devenir tout ce que vous êtes capable de devenir, faire tout ce que vous êtes capable de faire, entendre tout ce que vous êtes capable d'entendre, voir tout ce que vous êtes capable de voir, vous devez apprendre à maîtriser la frustration. La frustration peut tuer les rêves. Cela arrive constamment. La frustration peut transformer une attitude positive en attitude négative, vous faire passer d'un état où vous êtes en possession de tous vos moyens à un état d'impuissance. La pire des choses que puisse produire une attitude négative est la disparition de toute autodiscipline. Car, avec cette dernière, disparaissent les résultats que vous désiriez produire.

Vous devez donc, pour vous assurer le succès à long terme, apprendre à discipliner votre frustration. Et laissez-moi vous dire une chose : une frustration massive est indispensable à la réussite. Pensez à ceux qui ont réussi, vous vous apercevrez que cela ne va jamais sans une frustration massive. Ceux qui vous diront le contraire ne savent rien de la réussite.

Il y a deux sortes de gens : ceux qui maîtrisent la frustration et ceux qui regrettent de ne pas l'avoir fait.

Un nommé Fred Smith a monté un jour une petite compagnie de fret aérien, la Federal Express, et il en a fait une affaire qui rapporte des millions de dollars. Cela, parce qu'il a su supporter frustration après frustration. Au début, après avoir investi dans la Federal Express jusqu'à son dernier *cent*, il espérait livrer cent soixante-sept colis. Or, il n'y en eut que sept, dont cinq que la compagnie s'était envoyés à elle-même. Les choses allèrent ensuite de mal en pis. La banque refusait les chèques de fin de mois que touchaient ceux qui travaillaient à l'époque pour Fred Smith. On lui reprit plusieurs fois ses avions et il devait, pour les récupérer, trouver en une journée l'argent qui lui manquait. La Federal Express vaut maintenant un milliard de dollars. Pourquoi ? Parce que Fred Smith a su dépasser les unes après les autres toutes ses frustrations.

Les gens gagnent énormément à maîtriser leurs frustrations. Si vous êtes fauché, c'est probablement parce que vous ne maîtrisez pas beaucoup vos frustrations. Vous dites : « Je suis fauché, voilà pourquoi je me sens frustré. » C'est prendre les choses à l'envers. Si vous supportiez plus de frustrations, vous seriez riche. La façon dont ils maîtrisent leurs frustrations constitue une des différences majeures qui existent entre ceux qui n'ont pas de problèmes financiers et ceux qui en ont. Je n'irai pas jusqu'à dire que la pauvreté n'est pas frustrante. Je veux simplement vous faire comprendre qu'on ne peut échapper à la pauvreté qu'en supportant les frustrations. « Ceux qui ont de l'argent n'ont pas de problèmes », croit-on souvent.

Or, au contraire, ils en ont davantage, mais ils savent les résoudre, trouver de nouvelles stratégies, de nouvelles alternatives. Mais souvenez-vous qu'être riche, ce n'est pas seulement avoir de l'argent. Avoir avec quelqu'un une merveilleuse relation est une gageure qui pose bien des problèmes. Si vous ne voulez pas avoir de problèmes, vous ne devriez pas avoir de relation du tout. Il y a une grande frustration sur la voie de toute grande réussite – réussite d'une affaire, d'un amour ou d'une vie.

Les technologies de performance optimale nous ont offert un outil particulièrement précieux en nous apprenant à maîtriser de manière efficace la frustration, à programmer ce qui nous frustre de façon que cela nous motive. La programmation neurolinguistique ne constitue pas qu'une pensée positive. Le problème, avec les pensées positives, est qu'il faut penser – cela prend du temps et, ensuite, il est souvent trop tard pour faire ce que l'on veut faire.

La PNL nous fournit le moyen de transformer le stress en capacité. Vous savez déjà comment agir sur les images qui vous dépriment, comment les faire disparaître ou les transformer en d'autres, qui vous exaltent. Cela n'est pas difficile, vous en êtes maintenant capable.

Voici les deux règles à suivre pour maîtriser le stress :

1. ne faites pas un plat de ce qui n'est pas grave ;
2. souvenez-vous que rien n'est grave.

Tous ceux qui réussissent apprennent que le succès se trouve de l'autre côté de la frustration.

Malheureusement, certains n'arrivent pas à passer de l'autre côté. Les gens qui n'atteignent pas leurs objectifs sont généralement arrêtés par la frustration. Ils la laissent les empêcher d'agir comme il conviendrait pour réaliser leurs désirs. Pour dépasser cet obstacle, il faut entrer dans la frustration, faire de chaque échec un tremplin, savoir en tirer une leçon, et avancer plus loin. Vous rencontrerez peu de gens qui ont réussi sans être passés par là.

Il est vrai que nous ne contrôlons pas tout. Nous ne pouvons contrôler l'esprit, mais nous pouvons régler nos voiles.

Savoir essuyer les refus, telle est la deuxième clé de la réussite. Lorsque je dis et répète cette phrase dans mes séminaires, je sens changer la physiologie de mes auditeurs. Y a-t-il dans le langage humain un mot plus douloureux que le mot « non » ? Si vous êtes dans la vente, qu'est-ce qui fait que vous aurez un chiffre d'affaires de cent mille et non de vingt-cinq mille dollars ? C'est la façon dont vous réagissez devant les refus, le fait de ne plus laisser la peur du refus vous empêcher d'agir. Les meilleurs vendeurs sont ceux qui essuient le plus de refus. Ceux qui savent encaisser un « non » et s'en servir comme d'un tremplin pour aller jusqu'au prochain « oui ».

Le plus grand problème de ceux qui appartiennent à notre culture est de ne pas pouvoir affronter le mot « non ». Vous vous souvenez de cette question que je vous ai posée plus haut : « Que feriez-vous si vous étiez sûr de ne pas pouvoir échouer ? » Repensez-y maintenant. Si vous étiez sûr de ne pas pouvoir échouer, cela changerait-il votre comportement ? Cela vous permettrait-il de faire exactement ce que vous voulez faire ? Qu'est-ce qui vous empêche donc de le faire ? C'est ce petit mot « non ». Pour réussir, vous devez apprendre à supporter le refus, à enlever au refus son pouvoir sur vous.

J'ai travaillé un jour avec un ancien champion de saut en hauteur. Bien qu'ayant participé aux Jeux olympiques, il en était arrivé à un point où, quelle que fût la hauteur à laquelle était placée la barre, il la faisait tomber. Il m'a suffi de le voir sauter une fois pour comprendre immédiatement quel était son problème. Comme de bien entendu, il a touché la barre, ce qui l'a mis dans un état où se mêlaient le désespoir et la colère. Il faisait de chaque échec une véritable catastrophe. Je l'ai appelé et lui ai dit que, s'il voulait travailler avec moi, cela ne lui arriverait plus jamais. Il était dans l'échec. Il envoyait à son cerveau un message renforçant cette image d'échec qui ne le quittait plus quand il sautait. Au lieu de lui donner les moyens de réussir, son cerveau ne pensait plus qu'à la façon dont il allait échouer.

Je lui ai expliqué que, s'il touchait de nouveau la barre, il devrait se dire : « Ah, ah ! Je me suis encore fait remarquer », et non : « Oh ! là, là ! quelle horreur, encore un échec ! » Il devait reprendre possession de ses moyens et recommencer. Il sauta trois fois, et obtint les meilleurs résultats qu'il avait eus depuis deux ans. Il ne faut pas longtemps pour changer. À deux mètres trente, la barre n'est qu'à vingt centimètres de plus qu'à deux mètres dix. Ce n'est pas grand-chose, en hauteur, mais la performance, elle, est très différente. Il en va de même dans la vie : des petits changements peuvent transformer radicalement la qualité de votre vie.

Vous avez déjà entendu parler d'un certain Rambo ? De Sylvester Stallone ? Croyez-vous qu'il soit arrivé dans le bureau d'un agent ou dans un studio et qu'on lui ait dit : « Vous avez le physique qu'il nous faut. Nous allons vous faire faire un film ? » Pas vraiment. Sylvester Stallone est devenu une star parce qu'il a su essuyer refus après refus. Quand il a cherché à se lancer, personne ne voulait de lui. Il est allé voir tous les agents qui travaillaient à New York et tous lui ont dit « non ». Mais il a continué à frapper aux portes, il n'a pas renoncé et, finalement, il a fait *Rocky*. Il a pu s'entendre dire « non » un millier de fois et aller frapper à la mille et unième porte.

Combien de « non » pouvez-vous supporter ? Combien de fois avez-vous eu envie de parler à quelqu'un qui vous plaisait et ne l'avez-vous pas fait de peur d'entendre le mot « non » ? Combien d'entre vous ont décidé de ne pas répondre à une offre d'emploi, de ne pas aller à une audition, de ne pas téléphoner à un client potentiel parce qu'ils ne voulaient pas essuyer un échec ? Pensez combien cela est absurde. Réfléchissez aux limites que vous vous créez simplement parce que vous craignez un mot. Un tout petit mot de trois lettres. Mais le mot n'a aucun pouvoir en lui-même. Il ne peut ni entailler votre peau ni saper vos forces. Son pouvoir vient de ce que vous lui permettez de représenter pour vous. Des limites qu'il vous fait créer. Et que produisent des pensées limitées ? Des vies limitées.

Lorsque vous apprenez à diriger votre cerveau, vous apprenez à affronter le refus. Vous pouvez même vous donner des points d'ancrage grâce auxquels le mot « non » vous excitera. Vous pouvez faire de tout refus une opportunité. Si vous êtes dans la vente par téléphone, vous pouvez vous conditionner de façon que le simple fait de décrocher votre combiné vous mette en joie au lieu de déclencher en vous la peur du refus.

Il n'y a pas de véritable succès sans refus. Plus vous essuyez de refus, mieux cela vaut, plus vous en apprenez, plus vous approchez de ce que vous voulez obtenir. La prochaine fois que quelqu'un vous refusera quelque chose, tapez-lui sur l'épaule. Cela changera sa physiologie. Transformez les « non » en accolades. Quand vous saurez affronter les refus, vous aurez appris à obtenir tout ce que vous voulez.

Voici maintenant la troisième clé de la richesse et du bonheur, c'est la *maîtrise des pressions financières*. Pour n'avoir à subir aucune pression financière, il faudrait vivre dans un monde sans argent. Il existe de nombreuses sortes de pressions financières, et elles ont détruit beaucoup de gens. Elles peuvent rendre avide, envieux, malhonnête ou paranoïaque. Elles peuvent vous faire perdre votre sensibilité, elles peuvent vous faire perdre vos amis. Attention, je dis qu'elles peuvent le faire, et non qu'elles le feront. Maîtriser les pressions financières, c'est savoir comment obtenir de l'argent et comment en donner, comment en gagner et comment en épargner.

L'argent, dit la chanson, l'argent change tout. Quand j'ai commencé à faire de l'argent, tout le monde m'en a voulu. Mes amis me désavouaient. « Tu ne penses qu'à l'argent, qu'est-ce qui t'arrive ? » Et quand je répondais : « Je ne pense pas qu'à l'argent, il se trouve que j'en ai, c'est tout », ils ne voulaient pas voir les choses comme ça. Parce que j'avais un statut financier différent, les gens se faisaient soudain de moi une image différente. Certains m'en voulaient énormément. C'est un des effets que l'argent peut avoir sur votre vie, une de ces pressions financières dont je parlais. Ne pas avoir assez d'argent en est une autre. Vous la subissez probablement jour après jour, comme la plupart d'entre nous. Mais que vous ayez beaucoup ou peu d'argent, vous subissez des pressions financières.

Nos actions sont guidées par nos idées, ou par les représentations internes qui déterminent la façon dont nous agissons. Ces idées nous fournissent des modèles de comportement. George S. Clason nous a donné dans *L'Homme le plus riche de Babylone (The Richest Man in Babylon)* un des meilleurs exemples à suivre si l'on veut maîtriser les pressions financières. Si vous avez déjà lu ce livre, relisez-le. *L'Homme le plus riche de Babylone* peut faire de vous quelqu'un de riche, d'heureux et de passionné. Il y a de nombreuses leçons à tirer de ce livre, mais voici à mes yeux la plus importante : il faut mettre de côté dix pour cent de tout ce que l'on gagne et le donner aux autres. Pourquoi ? Tout d'abord parce que l'on doit rendre ce que l'on prend. Ensuite parce que cela crée de la valeur, pour vous et pour les autres. Enfin, et c'est là le plus important, parce que celui qui agit ainsi envoie à son subconscient et au monde le message suivant : il y a plus qu'assez. On peut tirer de ce message une croyance fondamentale : s'il y a plus qu'assez, cela veut dire que vous pouvez avoir ce que vous voulez, et les autres aussi. Et une fois cette croyance établie, elle devient réalité.

Quand allez-vous commencer à donner dix pour cent de ce que vous gagnez ? Quand vous serez riche et célèbre ? Non. Il faut le faire dès qu'on se lance dans la vie. Car ce que vous donnez devient comparable à des grains de maïs qu'il faut planter et non manger. Vous devez investir, et la meilleure façon d'investir est de donner afin de produire de la valeur pour les autres. Il ne vous sera pas difficile de trouver comment. La misère est partout autour de nous. Donner vous apportera quelque chose de précieux, une nouvelle image de vous-même. Lorsque vous cherchez à connaître et à satisfaire les besoins des autres, vous vous sentez très différent et vous en êtes reconnaissant à la vie.

J'ai eu la chance l'autre jour de retourner dans mon lycée de Glendora, en Californie. Je donne des conférences destinées aux enseignants et je voulais exprimer ma reconnaissance aux professeurs qui ont influencé ma vie. Quand je suis arrivé, j'ai vu qu'un cours d'expression orale, que j'avais suivi plus jeune et grâce auquel je sais maintenant m'exprimer en public, venait d'être supprimé à la suite d'une compression de budget et parce que cette matière semblait moins importante que d'autres. J'ai donc financé ce cours. J'ai rendu une partie de ce qui m'avait été donné. Je ne l'ai pas fait parce que je suis un chic type mais parce que j'avais une dette à rembourser. Et n'est-il pas agréable de pouvoir rembourser ses dettes ? Voilà la véritable raison qui fait que nous devons avoir de l'argent. Nous avons tous des dettes. Nous devons avoir de l'argent pour les rembourser.

Quand j'étais enfant, mes parents travaillaient dur pour nous élever. Pour diverses raisons, nous nous sommes souvent retrouvés dans des situations financières extrêmement délicates. Je me souviens d'un Noël où nous n'avions pas d'argent. Nous étions tous tristes, jusqu'au moment où un homme est arrivé devant notre porte les bras chargés de victuailles. Il nous a dit que c'était de la part de quelqu'un qui savait que jamais nous ne demanderions quoi que ce soit, quelqu'un qui nous aimait et voulait que nous fêtions joyeusement Noël. Je n'ai jamais oublié ce jour. Et je fais maintenant chaque année ce que quelqu'un a fait autrefois pour moi. J'achète à Noël de quoi nourrir une famille pendant une semaine et je l'apporte à des gens qui sont dans le besoin. Je fais comme si j'étais un employé, ou un livreur, jamais je ne me présente comme celui qui offre ces présents. Je laisse toujours un mot où j'ai écrit : « De la part de quelqu'un qui pense à vous et espère qu'un jour vous aurez surmonté vos difficultés et que vous ferez la même chose pour ceux qui seront alors dans le besoin. »

C'est chaque fois un grand moment pour moi. Voir se transformer le visage des gens quand ils se rendent compte que quelqu'un pense à eux, apporter aux autres un plus, voilà ce qu'est la vie. J'ai voulu, une année, distribuer des dindes dans Harlem, mais nous n'avions pas de camionnette ni même de voiture, et tout était fermé. Mes collaborateurs m'ont dit : « Laissons tomber », mais je n'ai pas voulu. « Comment vas-tu faire sans camionnette ? » m'ont-ils demandé. Je leur ai répondu qu'il y en avait dans les rues, qu'il suffisait d'en trouver une pour nous conduire à Harlem avec nos cadeaux. J'ai commencé à faire des signes à celles qui passaient, ce que je ne recommanderais à personne de faire dans New York. Bien que ce fût un jour de fête, les conducteurs roulaient comme s'ils avaient eu pour mission de rattraper un dangereux chauffard en fuite.

Je me suis donc placé à un feu rouge et j'ai commencé à frapper à la vitre des camionnettes qui s'arrêtaient, en disant aux conducteurs qu'ils pouvaient gagner cent dollars s'ils m'emmenaient à Harlem. Comme cela ne marchait pas mieux, j'ai changé mon message. Je leur ai expliqué que je voulais qu'ils m'accordent une heure et demie de leur temps pour distribuer de la nourriture aux malheureux d'un « quartier pauvre ». Déjà, ils réagissaient mieux.

J'avais décidé qu'il me fallait une camionnette assez grande pour transporter le plus de dindes possible. Évidemment, un magnifique break rouge, très long, est arrivé. « C'est celui-là qu'il nous faut », ai-je crié. Un de mes collaborateurs a couru de l'autre côté de la rue et a offert cent dollars au conducteur pour nous emmener là où nous voulions aller. « Écoutez, les gars, vous n'avez pas besoin de me payer. Je serai heureux de vous emmener. » C'était la cinquième personne à qui nous nous étions adressés. Avant de nous ouvrir la portière, il s'est penché pour prendre sa casquette et la mettre. Il y avait écrit dessus « Armée du Salut ». Il a ajouté qu'il était le capitaine John Rondon et qu'il voulait s'assurer de lui-même que nous distribuions de la nourriture à des gens qui avaient vraiment faim.

Ainsi, au lieu de n'aller qu'à Harlem, nous nous sommes dirigés ensuite vers le South Bronx, un des coins les plus défavorisés de ce pays. Après être passés devant des immeubles vides et à moitié détruits, nous avons acheté dans une épicerie de la nourriture que nous avons distribuée aux squatters, aux réfugiés, aux clochards et à des familles qui luttaient pour vivre décemment.

Je ne sais pas si nous avons changé quelque chose dans la vie de ces gens, mais, selon le capitaine Rondon, nous leur avons montré que leur sort ne laissait pas tout le monde indifférent, comme ils le croyaient. Jamais l'argent ne pourra vous procurer ce que vous recevez quand vous donnez de vous-même. Aucun plan financier ne pourra en faire plus pour vous que le fait de donner dix pour cent de ce que vous avez. Cela vous apprend ce que l'argent peut faire et ce qu'il ne peut pas faire. Ces deux leçons sont parmi les plus utiles que vous puissiez apprendre. J'ai longtemps pensé que la meilleure façon d'aider les gens pauvres était d'en faire partie. Je me suis aperçu que le contraire peut être vrai. Qu'y a-t-il de mieux à faire pour aider les pauvres que leur fournir un modèle des possibilités qui existent, leur laisser savoir que d'autres choix sont à leur portée, et les aider à développer leurs ressources afin qu'ils satisfassent à leurs propres besoins ? Quand vous avez distribué dix pour cent de votre revenu, consacrez-en encore dix pour cent au remboursement de vos dettes et dix pour cent à la constitution d'un capital à investir. Il vous faut subvenir à vos besoins sur les soixante-dix pour cent restants. Nous vivons dans une société capitaliste où la plupart des gens ne sont pas des capitalistes. Ce qui fait qu'ils n'ont pas le style de vie qu'ils désirent. Pourquoi vivre dans une société capitaliste, où nous sont offertes certaines opportunités, et ne pas tirer profit du système que nos ancêtres ont créé et défendu ? Apprenez à utiliser une partie de votre argent comme un capital. Si vous dépensez tout, vous n'aurez jamais de capital. Vous n'aurez jamais les ressources dont vous avez besoin.

Il en va de l'argent comme du reste. Vous pouvez le faire jouer en votre faveur ou le laisser jouer contre vous... Vous devriez être capable de considérer l'argent comme tout ce que vous analysez mentalement, avec la même détermination, la même élégance. Apprenez à en gagner, à en économiser et à en donner. Ce faisant, vous apprendrez à maîtriser les pressions financières et l'argent ne constituera plus jamais pour vous un stimulus provoquant un état négatif qui vous rend malheureux et vous empêche de traiter ceux qui vous entourent comme vous le devriez.

Lorsque vous aurez ces trois clés bien en main, votre vie vous paraîtra un immense succès. Si vous arrivez à maîtriser les frustrations, les refus et les pressions financières, il n'y aura plus de limites à ce que vous pouvez faire. Avez-vous déjà vu Tina Turner en scène ? Voilà une femme qui a su surmonter tout cela. Après être devenue une star, elle a perdu tout son argent, son mariage s'est brisé, et elle a passé huit ans au purgatoire du show-business, chantant dans des salles de restaurant et des boîtes minables. Quand elle téléphonait aux gens, non seulement ils ne lui proposaient jamais de contrat, mais ils ne la rappelaient jamais. Pourtant, elle a continué à creuser sa route, malgré les « non », elle a travaillé dur pour payer ses dettes, mettre ses finances en ordre. Et elle a refait tout le chemin en sens inverse, jusqu'aux plus hauts sommets du monde du spectacle.

Ainsi, vous pouvez tout faire. Mais c'est là qu'intervient la quatrième clé de la réussite : *ne jamais se laisser aller à la complaisance*. Vous avez vu des gens de votre entourage, ou des artistes, ou des sportifs, atteindre un certain niveau de succès puis s'arrêter. Ils commencent à se sentir bien, et perdent ce qui leur a permis de conquérir ce bien-être.

Ce qui est le plus accompli a encore tout l'avenir pour s'accomplir.

LAO-TSEU, *Tao-tö King*

La sensation de bien-être peut être l'une des plus désastreuses que nous puissions expérimenter. Qu'arrive-t-il quand on se sent trop bien ? On arrête de se développer, de travailler, de créer de la valeur ajoutée. Ne cherchez pas trop de bien-être. Si vous vous sentez vraiment bien, il y a des chances pour que vous ayez cessé d'avancer. Comme disait Bob Dylan : « Celui qui ne cherche pas à naître cherche à mourir. » Quand on demanda à Ray Kroc, le fondateur de McDonald's, quel conseil il donnerait à quelqu'un qui voudrait s'assurer une vie réussie, il répondit simplement : « N'oubliez jamais qu'un fruit vert est en train de mûrir, un fruit mûr en train de pourrir. » Tant que vous restez un fruit vert, vous mûrissez. Vous pouvez prendre chacune de vos expériences comme une chance de vous développer, ou comme une invitation au déclin. Vous pouvez voir dans la retraite le début d'une vie plus riche, ou la fin de votre vie active. Vous pouvez considérer le succès comme un tremplin vers des succès plus grands, ou comme un vestiaire où vous reposer. Et si c'est un vestiaire, vous n'y resterez probablement pas longtemps.

La complaisance vient souvent de la comparaison. J'ai pensé, à une époque de ma vie, que je réussissais parce que je réussissais mieux que les gens que je connaissais. C'est une des plus graves erreurs que l'on puisse commettre. Cela veut peut-être simplement dire que vos amis ne réussissent pas très bien. *Apprenez à vous juger d'après vos objectifs et non d'après ce que semblent faire ceux qui vous entourent.* Pourquoi ? Parce que vous trouverez toujours chez les autres de quoi justifier vos actes, quels qu'ils soient.

C'est ce qui arrivait quand vous étiez enfant : « Pierre le fait bien, lui, pourquoi pas moi ? » Votre mère répondait probablement : « Je me moque de ce que fait Pierre », et elle avait raison. Vous ne devriez pas vous occuper de ce que fait Pierre, Paul ou Jacques. Occupez-vous de ce que vous êtes capable de faire. Occupez-vous de ce que vous créez et de ce que vous voulez réaliser. Agissez à partir d'un ensemble d'objectifs dynamiques, qui évoluent et développent vos capacités et qui vous aideront à faire ce que vous voulez et non ce que quelqu'un d'autre a fait. Vous trouverez toujours des gens qui ont plus que vous et d'autres moins. Tout cela ne compte pas. Vous devez vous juger vous-même selon vos objectifs, et uniquement selon eux.

Les petits événements affectent les petits esprits.

Benjamin DISRAELI

Voici une autre façon d'éviter la complaisance. Tenez-vous à l'écart des bavardages autour d'un verre. Je suis sûr que vous savez de quoi je veux parler.

De ces discussions où est exposée comme dans une foire la vie des autres – la façon dont ils travaillent, leur vie sexuelle, leurs problèmes financiers et tout le reste. Ces discussions sont un suicide. Elles empoisonnent votre cerveau en vous faisant fixer votre attention sur ce que font les autres et sur leur vie privée et non sur ce que vous pouvez faire pour rehausser la valeur de ce que vous vivez. On se laisse prendre facilement à ce genre de passe-temps. Mais n'oubliez pas que ceux qui bavardent ainsi essaient simplement de se distraire de l'ennui provoqué par leur incapacité à produire dans leur propre vie les résultats qu'ils désirent.

Il y a une phrase d'un sage indien dont nous nous sommes souvent servis : « Ne parle que dans une bonne intention. » Ce que nous proposons au monde nous revient comme un boomerang. Tenez-vous donc à l'écart du côté minable de la vie. *N'accordez pas d'importance à ce qui n'en a pas*. Si vous voulez être complaisant et médiocre, passez votre temps à échanger des ragots, à parler de qui couche avec qui. Si vous voulez faire la différence, lancez-vous des défis, mettez-vous à l'épreuve, faites de votre vie quelque chose de spécial.

Voici maintenant la dernière clé de la réussite : *donnez toujours plus que vous n'espérez recevoir*. C'est peut-être la plus importante, car elle garantit virtuellement le bonheur.

Je me souviens d'être un soir rentré d'une réunion au volant de ma voiture, presque endormi. Seuls les cahots me tenaient éveillé. Dans cet état de demi-sommeil, j'essayais de comprendre ce qui donnait un sens à la vie. Tout d'un coup, une petite voix a résonné dans ma tête : « Donner, voilà le secret de la vie. À toi de jouer, mon ami. »

Si vous voulez faire marcher votre vie, commencez par donner. La plupart des gens ne pensent d'abord qu'à recevoir. Recevoir n'est pas difficile. Mais pour que les choses bougent, il faut donner. Le problème de la vie tient à ce que les gens veulent avant tout obtenir une chose ou une autre. Un couple vient me voir. Le mari dit que sa femme ne le traite pas bien, elle explique que c'est parce qu'il ne se montre pas très aimant. Chacun attend que l'autre fasse le premier geste, donne la première preuve.

Quelle sorte de relation est-ce là ? Combien de temps durera-t-elle ? Commencer par donner, et continuer à donner, voilà le secret de toute relation. Ne vous arrêtez pas de donner pour attendre de recevoir. Quand on commence à compter les points, c'est que la partie est finie. Dès que vous dites : « J'ai donné, c'est le tour de l'autre », le jeu est terminé, l'autre est parti. Vous pouvez aller compter vos points sur une autre planète, car ils ne vous servent à rien sur cette Terre. Il faut semer la graine puis l'aider à pousser.

Qu'arriverait-il si vous vous mettiez devant un champ en disant : « Donne-moi des plantes, donne-moi des fruits » ? Le champ répondrait probablement : « Excusez-moi, mais vous vous méprenez. Vous devez être nouveau, ici. Ce n'est pas comme ça que ça se passe. » Et il vous expliquerait qu'il faut d'abord planter une graine, puis s'en occuper, arroser, bêcher, mettre de l'engrais. La protéger et la nourrir. Ensuite, si vous faites bien tout cela, vous aurez une plante, un fruit. Vous pouvez demander indéfiniment au champ ce que vous désirez, cela ne vous mènera à rien. Pour que la terre porte ses fruits, il faut donner à la terre, nourrir la terre – et la vie est exactement pareille.

Vous pouvez gagner des fortunes, régner sur des empires, diriger des multinationales ou contrôler de vastes territoires. Si vous ne le faites que pour vous, vous n'êtes pas quelqu'un qui a vraiment réussi. Vous n'avez pas de vrai pouvoir, vous n'avez pas de vraie richesse. Si vous atteignez seul le sommet de la réussite, vous finirez probablement par sauter dans le vide.

Voulez-vous savoir quelle est la plus grande illusion que l'on puisse se faire à propos de la réussite ? C'est de croire qu'elle est une montagne à escalader, une chose à posséder, un résultat statique à atteindre. Pour réussir, pour satisfaire à tous vos objectifs, vous devez penser à la réussite comme à un processus, un mode de vie, une disposition d'esprit, une stratégie d'ensemble. Voilà de quoi parlait ce chapitre. Vous devez savoir ce que vous avez entre vos mains et les dangers que vous rencontrerez. Si vous voulez connaître la vraie richesse et le vrai bonheur, vous devez être capable d'utiliser votre pouvoir de façon responsable et aimante. Lorsque vous saurez vous servir de ces cinq clés, les capacités et les talents que je vous ai appris à développer dans ce livre porteront leurs fruits, vous ferez des choses prodigieuses.

Regardons maintenant comment le changement fonctionne à un niveau plus général, au niveau des groupes, des communautés et des nations.

20

Création des tendances : le pouvoir de la persuasion

Nous ne pourrons plus longtemps réussir à manœuvrer le Vaisseau Spatial Terre si nous ne le voyons pas comme un bâtiment entier, si nous ne considérons pas notre destin comme un destin commun. Ce sera nous tous ou personne.

Buckminster FULLER

Nous avons jusqu'ici traité du changement individuel, de la façon dont les gens peuvent grandir et développer leur puissance. Mais il y a un aspect du monde moderne que nous ne pouvons négliger, celui des phénomènes de masses et de leur évolution. Comparer le monde à un village est devenu depuis longtemps un cliché, mais qui n'en est pas moins vrai. Il n'y avait jamais eu jusqu'alors dans notre histoire tant de puissants mécanismes jouant sur les masses de façon durable. Il peut s'agir de ces mécanismes qui font qu'à un moment donné de plus en plus de gens se sont mis à boire du Coca-Cola, à porter des Levi's ou écouter du rock and roll. Il peut aussi s'agir de ceux qui transforment certaines attitudes sur toute la planète. Tout dépend de qui persuade qui et pourquoi. Nous allons étudier dans ce chapitre les changements qui existent au niveau des masses, chercher à comprendre comment ils arrivent et ce qu'ils signifient. Puis nous verrons comment vous pouvez devenir un guide, comment vous pouvez utiliser vos capacités.

Nous croyons que le monde d'aujourd'hui est inondé de stimuli, mais ce n'est pas ce qui le différencie vraiment des temps plus anciens. Un Indien qui marchait dans les bois était constamment confronté à des images, des sons et des odeurs pouvant signifier pour lui qu'il allait vivre ou mourir, manger ou rester affamé. Son monde ne manquait pas de stimuli.

Ce qu'il y a de très différent aujourd'hui, c'est le caractère intentionnel et la portée des stimuli. Dans la forêt, l'Indien devait interpréter le sens de stimuli aléatoires. Notre monde, au contraire, est plein de stimuli qui sont consciemment dirigés vers nous pour nous faire agir. On nous persuade d'acheter une voiture ou de voter pour tel ou tel candidat. On fait appel à nous pour sauver des enfants qui meurent de faim ou on nous incite à manger plus de gâteaux et de biscuits. On veut nous convaincre que tout va bien parce que nous possédons quelque chose, ou que rien n'ira bien tant que nous ne posséderons pas autre chose. Mais c'est le caractère constant de la persuasion qui caractérise le monde moderne. Nous sommes sans cesse entourés de gens qui possèdent les moyens, la technologie et le savoir qui leur permettent de nous persuader de faire une chose ou une autre. Et cette persuasion a une portée globale. Une image qui nous est imposée peut être imposée au même instant à tout le reste du monde, ou presque.

Prenons l'exemple de la cigarette. Les gens pouvaient autrefois plaider l'ignorance. Mais aujourd'hui, nous savons que le tabac est nocif, que, du cancer aux troubles cardiaques, il est lié à tous les problèmes de santé. Il y a même dans le public un sentiment profond, qu'expriment des campagnes locales ou des enquêtes, de ce qu'en fumant on fait quelque chose de mal. Les gens ont toutes les raisons du monde de ne pas fumer. Pourtant, l'industrie du tabac continue à prospérer, des millions d'êtres humains continuent à fumer et, chaque jour, d'autres commencent à le faire. Pourquoi ?

Est-ce le plaisir que procure une cigarette qui pousse les gens à commencer à fumer ? Non, car, pour que ce plaisir existe, il faut apprendre qu'il peut être créé par la cigarette ; il ne constitue pas une réaction naturelle. Que se passe-t-il la première fois que les gens allument une cigarette ? Ils détestent ça. Ils toussent, ils ont des haut-le-cœur et la nausée. Leur corps leur dit : « Ce truc est horrible. Je n'en veux pas. » Or, nous suivons dans la plupart des cas les conseils de notre corps. Pourquoi n'en va-t-il pas de même avec la cigarette ? Pourquoi les gens continuent-ils à fumer jusqu'à ce que leur corps se rende et devienne ensuite dépendant ?

Parce qu'on a restructuré leur schéma interprétatif de la cigarette et ancré en eux cette nouvelle représentation et l'état auquel elle correspond. Quelqu'un qui sait comment persuader les autres a dépensé des millions et des millions de dollars pour les convaincre de ce que fumer est désirable. À travers la publicité, des images et des sons adroitement conçus ont été utilisés pour nous placer dans des états positifs ; puis ces états désirables ont été associés à un produit appelé cigarette. Et ce, de façon si intensément répétitive que l'idée de fumer est désormais liée à des états désirables. Une feuille de papier enroulée autour de quelques grammes de tabac n'a en elle-même aucune valeur, aucun contenu social. Mais on nous a persuadés que fumer donnait du sex-appeal ou de l'aisance, que les vrais adultes ou les vrais « hommes » fumaient. Vous voulez ressembler à l'homme de Marlboro ? Fumez une cigarette. Vous voulez prouver que vous avez fait du chemin ? Fumez une cigarette. Vous avez fait du chemin et, si vous fumez, ce chemin débouche sur un grand risque de cancer du poumon.

Quelle folie ! Quel rapport peut-il y avoir entre un état désirable et le fait d'imprégner ses poumons de produits cancérigènes ? Le rapport qu'ont établi les publicitaires en faisant à un niveau général exactement ce dont nous avons parlé dans ce livre. Ils produisent des images qui vous placent dans un état intense, réceptif – et, au moment le plus fort de cette expérience, ils ancrent en vous leur message. Puis ils recommencent, à la télévision, à la radio, dans les magazines, afin de renforcer constamment le point d'ancrage.

Pourquoi faut-il payer Bill Crosby ou Michael Jackson pour vendre du Coca-Cola ou du Pepsi ? Pourquoi est-ce qu'un homme politique s'entoure d'un drapeau ? Pourquoi les Français aiment-ils les steaks frites, le football et la tarte aux pommes ? Ces gens et ces symboles constituent déjà de puissants points d'ancrage dans une culture, et les publicitaires ne font que transférer le sentiment que nous éprouvons pour ces gens ou ces symboles sur leurs produits. Ils les utilisent pour nous rendre réceptifs à leurs produits. Pourquoi, lors des élections de 1985, la campagne télévisuelle de Reagan jouait-elle sur le symbole inquiétant de l'ours dans les bois ? L'ours, qui symbolise la Russie, était un puissant point d'ancrage négatif renforçant l'image du besoin qu'avaient les États-Unis d'un dirigeant fort, comme Reagan se proposait de continuer à l'être. Ne vous est-il pas arrivé de voir des ours et de penser qu'ils étaient mignons ? Pourquoi celui-ci faisait-il peur ? C'était l'effet de toute une mise en scène – lumière, mots, musique.

Vous pouvez analyser n'importe quelle publicité ou campagne électorale efficace, vous vous apercevrez toujours qu'elle est exactement conçue selon la technique que nous avons élaborée dans ce livre. Elle utilise tout d'abord des stimuli auditifs et visuels qui vous mettent dans l'état que les publicitaires désirent créer en vous. Puis elle associe cet état à un produit ou à une décision qu'ils veulent vous faire prendre. Ceci, évidemment, de façon répétée, jusqu'à ce que votre système nerveux associe effectivement l'état au produit ou au comportement désiré. Lorsqu'elle est bien faite, elle propose des images et des sons qui affectent les trois principaux systèmes de représentation – visuel, auditif et kinesthésique. Si la télévision est un aussi bon média, c'est parce qu'elle utilise mieux que tout autre ces trois systèmes : elle vous donne de belles images, elle les accompagne de paroles ou de musique accrocheuses et fait passer de l'énergie dans son message. Pensez aux publicités les plus connues. Pensez à la campagne : « Tendez la main, touchez quelqu'un » de la compagnie américaine des téléphones. Elles agissent toutes sur les plans visuels, auditifs et kinesthésiques à la fois, ce qui leur permet de toucher tout le monde.

Il y a évidemment des publicités qui produisent de façon aussi efficace une image opposée – qui brisent aussi violemment que possible un état considéré comme non désirable. Pensez aux campagnes antitabac. Avez-vous déjà vu cette affiche représentant un fœtus qui fumait dans le ventre de sa mère ? Ou Brook Shields, l'air totalement hébété, avec des cigarettes qui lui sortaient des oreilles ? Ces images cassent les schémas, détruisent l'aura magnifique que quelqu'un d'autre a essayé de créer autour d'un produit malsain.

Vous pouvez, dans un tel monde, faire partie soit de ceux qui persuadent les autres, soit de ceux qui se laissent persuader. Vous pouvez diriger votre vie ou être dirigé. Ce n'est, au fond, que de persuasion que parle ce livre. Il vous a montré comment développer le pouvoir personnel qui vous permet de prendre les commandes de l'influence, que ce soit pour offrir à vos enfants un modèle à suivre ou pour exercer une force puissante dans votre travail. Ce sont ceux qui persuadent qui ont le pouvoir. Ceux qui n'ont pas de pouvoir agissent simplement d'après les images et les ordres qu'on envoie vers eux.

Le pouvoir, c'est aujourd'hui la capacité de communication et de persuasion. Si vous n'avez pas de jambes, mais de l'influence, vous persuaderez quelqu'un de vous porter. Si vous n'avez pas d'argent, vous persuaderez quelqu'un de vous en prêter. La persuasion peut être ce qu'il y a de plus utile pour créer le changement. Si vous savez persuader les autres et que vous êtes seul au monde alors que vous ne le voulez pas, vous trouverez quelqu'un pour vous aimer. Si vous savez persuader les autres et que vous avez un bon produit à vendre, vous trouverez quelqu'un pour vous l'acheter. Vous pouvez avoir une idée ou un produit susceptible de changer le monde, si vous n'avez pas de pouvoir de persuasion, vous n'avez rien. Communiquer ce que l'on a à offrir, voilà autour de quoi tourne toute notre vie. Il n'y a rien de plus important à apprendre.

Je vais maintenant vous donner un exemple du pouvoir de cette technologie et de tout ce que vous pourrez faire une fois que vous maîtriserez les techniques de la programmation neurolinguistique. Lorsque j'ai créé mon premier séminaire de PNL, j'ai décidé de proposer à ceux qui le suivaient un exercice qui leur ferait vraiment utiliser ce qu'ils avaient appris. Je les ai donc tous réunis à onze heures et demie du soir et leur ai demandé de me donner leurs clés, leur argent, leurs cartes de crédit, leurs portefeuilles – tout sauf les vêtements qu'ils portaient.

Je voulais démontrer qu'ils n'avaient pour réussir besoin de rien d'autre que de leur pouvoir personnel et de leurs capacités de persuasion. Qu'ils savaient désormais comprendre les besoins des autres et y répondre et qu'il ne leur fallait ni argent, ni statut social particulier, ni véhicule, ni rien de ce que notre culture nous présente comme indispensable, pour vivre comme ils le voulaient.

Nous étions à Carefree, en Arizona. Ils devaient tout d'abord se rendre à Phoenix, qui se trouve à environ une heure de voiture de Carefree. Je leur ai dit de bien prendre soin d'eux-mêmes, d'utiliser ce qu'ils avaient appris pour arriver jusqu'à la ville sains et saufs et s'installer dans un endroit agréable, et de se servir de leurs talents de persuasion chaque fois que cela leur semblerait utile, pour eux et pour les autres.

Ils parvinrent à des résultats étonnants. Plusieurs obtinrent dans les banques des prêts de cent à cinq cents dollars, uniquement grâce à leur pouvoir personnel et leur crédibilité. Souvenez-vous qu'ils n'avaient pas leurs papiers et qu'ils se trouvaient dans une ville où ils n'avaient jamais mis les pieds. Une femme se rendit dans un grand magasin où on lui accorda une carte de crédit qu'elle utilisa sur-le-champ. Quatre-vingts pour cent des cent vingt personnes qui partirent de Carefree trouvèrent du travail à Phoenix et sept d'entre elles se virent offrir ce jour-là au moins trois emplois. Il y avait une femme qui voulait travailler au zoo. On lui dit que, même pour les bénévoles, il y avait une liste d'attente de six mois. Mais elle noua avec les gens qu'elle rencontra un tel rapport de sympathie qu'on lui permit de venir travailler avec les animaux. Elle soigna un perroquet malade en stimulant son système nerveux grâce à la PNL. Le directeur du zoo fut si impressionné qu'elle finit par faire des mini-séminaires au cours desquels elle enseignait au personnel comment utiliser de façon positive ces techniques sur les animaux. Un homme qui aimait les enfants et avait toujours rêvé de s'adresser un jour à une assemblée de jeunes se rendit dans une école et déclara : « Je viens faire la conférence. À quelle heure doit-on commencer ? – Quelle conférence ? lui demanda-t-on. – Vous savez bien, la conférence prévue pour aujourd'hui. Je viens de loin, je n'ai pas beaucoup de temps. Il faut que nous démarrions dans l'heure qui vient. » Personne ne savait vraiment qui il était, mais il se montra si sûr de lui et si crédible que les responsables de l'école décidèrent que cette conférence devait avoir lieu. Ils réunirent les enfants et il leur parla pendant une heure et demie de ce qu'ils pouvaient faire pour améliorer leur vie, ce qui passionna tout le monde, élèves et professeurs.

Une autre femme entra dans une librairie et se mit à signer des dédicaces sur un livre de Terry Cole Whittaker, évangéliste de la télévision. Elle ne ressemblait absolument pas à Terry Cole, dont il y avait une photo sur la couverture du livre. Mais elle imita si bien sa démarche, ses expressions et son rire que le libraire – qui n'avait tout d'abord pas beaucoup apprécié qu'une étrangère se mette à écrire sur ses livres – joua le jeu et lui dit : « Excusez-moi, madame Whittaker, je suis très honoré de votre visite. » D'autres personnes lui demandèrent des autographes et achetèrent le livre pendant qu'elle était là. Ce jour-là, des individus pleins de ressources soignèrent de leurs phobies et autres problèmes psychologiques de nombreux habitants de Phoenix. Cet exercice avait pour but de démontrer à ces gens qu'il leur suffisait, pour se débrouiller, d'utiliser toutes leurs ressources personnelles, qu'ils n'avaient aucun besoin de tout ce dont ils se servaient habituellement (moyens de transport, argent, réputation, contacts, crédits, etc.) et ils vécurent, pour la majorité d'entre eux, une des journées les plus agréables, les plus riches de leur vie.

Ils se firent tous des amis et aidèrent des centaines de gens.

Nous avons parlé, dans notre premier chapitre, de ce que les gens pensent du pouvoir. Certains y voient quelque chose de choquant ; avoir du pouvoir signifie pour eux contrôler illégitimement la vie des autres. Laissez-moi vous dire que, dans le monde moderne, la persuasion n'est pas un choix, mais une réalité omniprésente. Il y a toujours quelqu'un qui persuade les autres. Les gens dépensent des millions et des millions de dollars pour faire passer leurs messages de la façon la plus adroite et la plus efficace possible. Si ce n'est pas vous qui persuadez, d'autres le feront. Qui a le plus grand pouvoir de persuasion, vous ou le revendeur de drogue ? Voilà de quoi dépendra le comportement de vos enfants. Si vous voulez maîtriser votre vie, si vous voulez être pour ceux que vous aimez le modèle le plus abouti, le plus efficace, vous devez apprendre à développer votre influence. Il y a des tas de gens qui sont prêts à combler le vide que vous laissez en ne prenant pas vos responsabilités.

Vous savez déjà ce qu'une communication efficace peut signifier pour vous. Il nous faut maintenant nous placer à un niveau plus général. Nous vivons une des périodes les plus extraordinaires de l'histoire humaine, une période où se produisent en quelques jours des changements qui prenaient autrefois des dizaines d'années, une période où se font en quelques heures des voyages qui duraient autrefois des mois. Cette évolution a de nombreux aspects positifs. Nous vivons plus longtemps, plus confortablement, nous sommes plus stimulés et plus libres que nous ne l'avons jamais été.

Mais notre époque a aussi des aspects terrifiants. Pour la première fois de l'Histoire, nous sommes maintenant capables de détruire la planète tout entière, que ce soit par d'horribles explosions ou en polluant et en empoisonnant lentement cette Terre et ses habitants. C'est une chose dont nous n'aimons généralement pas parler, une chose dont nos esprits cherchent à s'écarter et non vers quoi ils veulent aller. Mais c'est aussi une réalité de la vie d'aujourd'hui. Heureusement, que vous l'appeliez Dieu, l'intelligence humaine, le pur hasard ou autrement, la force qui a provoqué ces problèmes affolants a créé en même temps les moyens de les résoudre. Car je crois en une source qui dépasse mon entendement présent. Ceux qui disent qu'il n'y a rien derrière l'intelligence, aucune source que l'on pourrait appeler Dieu, pourraient aussi bien dire que le dictionnaire est le résultat d'une explosion qui se serait produite à l'intérieur d'une imprimerie, explosion à la suite de laquelle tous les mots se seraient mis d'eux-mêmes en place.

Le jour où j'ai commencé à réfléchir aux « problèmes » de ce monde, j'ai remarqué tout d'un coup qu'il y avait entre eux tous une relation commune. Tous les problèmes humains sont des problèmes de comportement ! Si, comme je l'espère, vous utilisez en me lisant votre modèle de précision, vous demanderez : « Tous ? » Eh bien, disons les choses autrement : même si la source du problème n'est pas le comportement humain, il existe généralement un comportement qui résout le problème. Le crime, par exemple, n'est pas le problème, c'est le comportement des gens qui crée ce que nous appelons le crime.

Il nous arrive souvent de donner à des ensembles d'actions des noms, comme s'ils étaient des objets, alors qu'il s'agit en fait de processus. Tant que nous nous représentons les problèmes humains comme des objets, nous en faisons quelque chose d'énorme, qui échappe à notre contrôle, et nous nous rendons impuissants devant eux. Ni l'énergie nucléaire ni les déchets nucléaires ne sont le problème. C'est la façon dont les humains utilisent l'atome qui peut poser problème. Si nous décidons, en tant que nation, que ces outils ne constituent pas l'approche la plus saine et la plus efficace en matière d'accroissement de la production et de la consommation d'énergie, nous pouvons changer de comportement. La guerre nucléaire n'est pas un problème en elle-même. C'est la façon dont les êtres humains se conduisent qui provoque la guerre ou l'empêche d'éclater. En Afrique, le problème n'est pas la famine elle-même. Ce n'est pas en dévastant chacun à son tour la terre de son voisin que l'on développe sa production alimentaire. Si les denrées qu'on envoie du monde entier dans ces pays pourrissent dans les ports parce que certains êtres humains ne veulent pas coopérer, c'est un problème de comportement. Regardez ce qu'ont fait les Israéliens d'un morceau de désert.

Dès l'instant où nous acceptons que le comportement humain soit la source des problèmes humains ou que de nouveaux comportements humains résolvent la plupart des autres problèmes, on se passionne pour cette idée, car on comprend que ces comportements résultent des états dans lesquels se trouvent les êtres humains et sont les modèles selon lesquels ils réagissent à ces états.

Nous savons aussi que les états dont naissent les comportements résultent de nos représentations internes. Nous savons, par exemple, que le fait de fumer est associé à un état particulier. On ne fume pas à chaque instant de la journée, mais uniquement quand on est dans cet état. Ceux qui mangent trop ne le font pas toute la journée, mais seulement quand ils sont dans l'état qu'ils ont associé au fait de se goinfrer. Si vous réussissez à changer ces associations ou la réaction en cause, vous pouvez transformer le comportement des gens.

Nous vivons maintenant un âge où la technologie permettant de communiquer des messages au monde entier ou presque est déjà installée et utilisée. Cette technologie est celle des médias – radio, télévision, cinéma, imprimerie. Les films que nous voyons un jour à New York et Los Angeles passent le lendemain à Paris et à Londres, le surlendemain à Beyrouth et à Managua et partout dans le monde quelques jours plus tard. Si ces films, ou les livres, ou les émissions de télévision, ou toute autre forme de média changent les représentations internes et les états des gens dans un sens positif, ils peuvent aussi changer le monde en ce sens. Nous avons vu combien les médias sont efficaces quand il s'agit de vendre des produits ou de répandre la culture. Nous commençons maintenant à découvrir combien ils peuvent être efficaces pour ceux qui veulent changer le monde. Pensez aux concerts « Live Aid », à cette extraordinaire démonstration du pouvoir positif de la technologie de communication qu'ils ont été.

Nous avons donc maintenant à notre disposition les moyens de changer les représentations internes d'innombrables êtres humains, et donc leurs états, et donc leurs comportements. En utilisant efficacement notre savoir sur ce qui déclenche les comportements humains et en faisant appel à la technologie actuelle pour communiquer ces nouvelles représentations aux masses, nous pouvons changer l'avenir de notre monde.

Le documentaire américain *Scared Straight* nous donne un magnifique exemple de la façon dont nous pouvons changer les représentations internes et par là les comportements des gens en utilisant les ressources des médias. Ce film montre des jeunes délinquants que l'on emmène dans un pénitencier où des prisonniers, pour leur éviter le pire, mettent « le paquet » pour changer leurs représentations internes du crime et de l'enfermement. On avait auparavant interviewé ces jeunes. Ils avaient réagi pour la plupart en « vrais durs », disant que la prison n'était « pas si terrible que ça ». Mais leurs représentations internes et leurs états changèrent radicalement quand un homme, qui avait de nombreux meurtres à son actif, leur expliqua ce qu'était *véritablement* la vie en prison, en en relatant tous les détails avec une intensité qui aurait fait changer la physiologie de n'importe qui ! Il faut voir *Scared Straight*.

Ceux qui ont assuré le suivi de cette émission ont trouvé qu'elle avait eu une influence extraordinairement efficace sur le comportement de ces adolescents. Et la télévision a permis d'étendre cette expérience à un très grand nombre de jeunes (et d'adultes), de transformer simultanément leurs pensées et leurs comportements.

Nous pouvons changer de nombreux comportements humains en jouant sur tous les systèmes fondamentaux de représentation à la fois et en proposant des schémas qui correspondent à tous les principaux métaprogrammes en même temps. Quand nous transformons les comportements des masses, nous faisons prendre à l'Histoire un autre cours.

La plupart des jeunes Américains de l'époque ont réagi de façon positive à l'idée d'aller se battre au-delà des mers pendant la Première Guerre mondiale. Pourquoi ? Parce que les représentations internes de la guerre créées par les médias d'alors (affiches de l'Oncle Sam appelant les jeunes à la rescousse, chansons, etc.) leur donnaient la sensation qu'ils allaient sauver la démocratie et libérer des peuples entiers. Ces stimuli externes faisaient qu'ils désiraient partir à la guerre. Ils s'engageaient. Que s'est-il passé en revanche lors de la guerre du Viêtnam ? Qu'ont ressenti cette fois les jeunes à cette même idée d'aller se battre « au-delà des mers » ? Pourquoi ont-ils réagi si différemment ? Parce que des stimuli totalement différents leur étaient offerts quotidiennement dans ce qu'on appelle le journal du soir. Cette nouvelle technologie transforma leurs représentations internes jour après jour. Les gens commencèrent à se faire une image de la guerre bien différente de celle qu'ils avaient eue jusque-là. La guerre ne se déroulait plus « au-delà des mers », elle entrait chez vous à l'heure du dîner, dans toute son horreur. Il ne s'agissait plus de glorieux défilés ni d'aller sauver la démocratie, mais de regarder des enfants de dix-huit ans, qui auraient pu être vos fils ou ceux de vos voisins, mourir le corps déchiqueté dans une jungle lointaine.

Leurs représentations internes se transformèrent, et leurs comportements aussi. Je ne veux pas dire que la guerre soit bonne ou mauvaise, je veux simplement exposer des faits, un changement, et expliquer que ce sont les médias qui ont véhiculé ce changement.

Nos idées et nos comportements se transforment même quelquefois sans que nous nous en apercevions. Qu'évoquent en vous, par exemple, les extraterrestres ? Pensez à des films comme *E.T.* ou *Rencontres du troisième type* ? Nous avons longtemps imaginé les extraterrestres comme d'horribles monstres qui viendraient nous dévorer vivants et détruiraient tout ce à quoi nous tenons. Maintenant nous pouvons les imaginer comme des êtres qui se cachent dans le placard d'un petit garçon et font du vélo avec nos enfants jusqu'à l'heure du dîner, ou des types qui prêtent leur piscine à grand-père pour qu'il se rafraîchisse quand il fait trop chaud. Si vous veniez d'ailleurs et que vous souhaitiez être accueilli par les habitants de cette Terre à bras ouverts, préféreriez-vous qu'ils aient vu avant de vous rencontrer des films de Spielberg ? Moi, avant de débarquer sur une planète comme celle-ci, je ferais faire par quelqu'un des tas de films qui montreraient quel type formidable je suis. Je trouverais un chargé de relations publiques pour transformer la représentation interne qu'auraient de moi les masses. Peut-être Steven Spielberg vient-il après tout d'une autre planète !

Quelle image de la guerre un film comme *Rambo* vous donne-t-il ? Ne présente-t-il pas le fait de tuer comme quelque chose d'excitant, de formidablement amusant ? Ne nous rend-il pas plus ou moins réceptif à l'idée de combattre ? Il est évident que ce n'est pas un film qui transformera les comportements de tout un pays. Et, de toute façon, Sylvester Stallone ne cherche pas à pousser les gens à en tuer d'autres. Bien au contraire, ses films traitent tous de la façon dont nous pouvons dépasser nos limites par le travail et la discipline. Ils offrent des modèles montrant comment on peut gagner, même quand on a contre soi de lourds handicaps. Mais l'important, dans tout cela, c'est d'observer les effets de cette culture de masse que nous produisons constamment, d'être conscients des idées que nous nous mettons dans la tête et de nous assurer qu'elles nous aident à obtenir les résultats auxquels nous tendons.

Qu'arriverait-il si l'on changeait la représentation interne qu'a de la guerre le monde entier ? Si on utilisait cette puissance et cette technologie qui ont fait combattre des millions d'individus les uns contre les autres pour effacer les différences de valeurs et unir tous les peuples ? Cette technologie existe, j'en suis certain. Mais ne vous méprenez pas, je ne sous-entends pas que cela soit facile, qu'il suffise de faire quelques films et de les montrer partout pour que le monde change. Ce que je veux dire, c'est que nous avons en main aussi bien les mécanismes du changement que ceux de la destruction. Nous devenons de plus en plus conscient de ce que nous voyons, entendons et vivons chaque jour, et nous faisons de plus en plus attention à la façon dont nous nous représentons collectivement et individuellement ces expériences. Si nous voulons créer les résultats que nous désirons au sein de nos familles, de nos communautés, de nos nations et du monde, développons davantage encore cette conscience.

Ce que nous diffusons devant les masses est intériorisé par les masses. Ces représentations affectent les comportements futurs d'une civilisation et d'un monde. Si donc nous voulons créer un monde qui fonctionne, il nous faudrait peut-être constamment repenser et prévoir ce que nous pouvons faire pour créer des représentations positives à l'échelle d'un monde uni.

Il y a deux façons de vivre votre vie. Vous pouvez être comme les chiens de Pavlov, réagir à tous les messages qui vous sont envoyés, vous laisser entraîner par tous les courants que d'autres vont créer. Vous pouvez vous laisser séduire par la guerre, vous laisser allécher par des nourritures malsaines, ou piéger par tout ce que déversent les écrans de télévision. Quelqu'un a dit un jour de la publicité qu'elle était « la science qui permet d'empêcher suffisamment longtemps l'intelligence humaine de fonctionner pour en tirer de l'argent ». Certains d'entre nous vivent dans un monde constamment en panne d'intelligence.

Mais vous pouvez aussi chercher des solutions plus élégantes. Vous pouvez apprendre à vous servir de votre cerveau pour choisir les comportements et représentations internes qui feront de vous un être meilleur et du monde un monde meilleur. Quand on vous programme ou qu'on vous manipule, vous pouvez en prendre conscience. Vous pouvez savoir si vos comportements et les modèles qu'on vous offre reflètent ou non vos véritables valeurs. Vous pouvez agir sur ce qui compte vraiment pour vous et refuser ce dont vous ne voulez pas.

Nous vivons à une époque où de nouveaux courants apparaissent continuellement. Si vous avez un pouvoir de persuasion, vous créerez ces courants au lieu de vous contenter de réagir à une multitude de messages. La direction dans laquelle vont les événements est aussi importante que les événements eux-mêmes. Les directions font les destinations. Il faut donc découvrir en quel sens va le courant, et ne pas attendre de se retrouver au bord des chutes du Niagara dans une barque sans rames. Celui qui a un pouvoir de persuasion conduit les autres, il reconnaît le terrain, trouve les chemins qui mènent aux meilleurs résultats.

Ce sont les individus qui créent les mouvements.

Je vais maintenant vous donner deux modèles qui vous permettront de comprendre comment on crée un mouvement. J'essaie de transformer les choses en un sens positif grâce à l'enseignement. Si nous voulons avoir une action positive sur le futur, nous devons donner aux générations qui nous suivent les outils le plus efficaces possible afin qu'elles créent leur monde comme elles le désirent. Nous organisons pour ce faire des camps d'excellence illimitée où nous apprenons aux enfants à se servir des outils spécifiques qui leur permettent de diriger leur cerveau, de contrôler leurs comportements et par là les résultats qu'ils produisent dans leur vie. Ils apprennent aussi à développer de profonds rapports de sympathie avec des gens venant de tous les horizons, à prendre exemple sur des modèles, à dépasser leurs limites et à restructurer la perception qu'ils ont de ce qui leur est possible. Lorsque le camp se termine, ces enfants ont en grande majorité l'impression d'avoir vécu l'expérience la plus forte de leur vie d'élève.

C'est un des cours les plus satisfaisants que j'aie le privilège de donner.

Mais je ne peux pas me multiplier, et mes associés ne peuvent travailler qu'avec un certain nombre d'enfants. Nous formons donc d'autres enseignants de programmation neurolinguistique et de technologie de performance optimale. Nous avons ainsi fait un grand pas en avant qui nous a permis de nous adresser à un plus grand nombre d'enfants, mais cela n'était pas véritablement suffisant pour créer un nouveau mouvement dans l'éducation. Nous commençons maintenant à mettre au point un autre projet, que nous appelons « fondation du défi ». L'un des défis lancés à de nombreux enfants – en particulier à ceux des régions les plus pauvres – est qu'ils n'ont accès à aucun modèle positif puissant. La fondation du défi se propose de monter une vidéothèque qui posséderait des documents concernant les modèles les plus positifs et les plus puissants de notre culture : aussi bien des juges de la Cour suprême que des gens du spectacle ou des hommes d'affaires, mais aussi certaines grandes figures du passé, comme John F. Kennedy, Martin Luther King ou le Mahatma Gandhi. Cela donnera aux enfants de puissantes expériences qui les stimuleront. Entendre parler de Martin Luther King par un professeur et lire ses discours ne constituent qu'une expérience partielle. Passer une demi-heure avec lui, l'entendre et le voir vous expliquer personnellement ses idées et ses croyances sont bien autre chose. Surtout si, dans les cinq dernières minutes, il vous lance un défi, celui de faire quelque chose de votre vie. Je voudrais que les enfants puissent s'inspirer non seulement des paroles, mais de la voix, de la physiologie, de la présence totale de ces maîtres de la persuasion. Beaucoup de jeunes étudient par exemple la Constitution sans établir de rapport entre ce document et la vie actuelle. Ne serait-il pas préférable pour eux de voir en vidéo le président de la Cour suprême leur expliquer pourquoi il consacre sa vie à faire appliquer cette Constitution et en quoi cela les concerne, eux, aujourd'hui ? Et si lui aussi leur lançait un défi ? Pouvez-vous imaginer ce qui arriverait si de très nombreux enfants avaient partout dans un pays donné accès à ce genre d'expérience positive et stimulante ? Cela pourrait transformer notre avenir. Nous pouvons tous participer à un tel projet et je vous invite à m'y aider.

Le travail d'Amory Lovins, directeur de recherches au Rocky Mountain Institute, nous donne un autre exemple de la façon dont un homme peut utiliser son influence pour créer de nouveaux mouvements positifs. Lovins s'intéresse depuis des années aux énergies de substitution. Beaucoup de gens pensent aujourd'hui que l'énergie nucléaire est trop coûteuse, trop peu rentable et trop dangereuse. Pourtant, le mouvement antinucléaire a peu progressé – et cela parce qu'il n'est que ce qu'il est, antinucléaire. Beaucoup de ceux qui sont en quête de solutions se demandent ce que ce mouvement propose. Cela n'est pas toujours évident, mais Lovins a obtenu d'énormes succès auprès des compagnies de recherches sur l'énergie parce qu'il est de ceux qui persuadent et non de ceux qui se contentent de protester. Lovins propose des solutions qui sont plus rentables, car elles n'exigent pas ces usines immenses dont les coûts de construction et de fonctionnement peuvent dépasser de plusieurs milliards un budget initial.

Lovins applique ce qu'il appelle la « politique aïkido ». Il utilise le principe du schéma d'entente pour diriger son comportement de façon à minimiser le conflit. On lui demanda un jour de se prononcer sur le projet d'un organisme qui voulait installer une immense usine nucléaire. Ce projet, alors qu'on n'avait pas encore commencé la construction proprement dite, avait déjà coûté trois cents millions de dollars. Lovins déclara tout d'abord qu'il n'était pas venu se prononcer pour ou contre l'usine. Il dit ensuite que l'organisme en question devait simplement – dans son propre intérêt et dans celui des consommateurs – travailler sur des bases financières saines. Puis il expliqua les économies que l'on pouvait faire grâce à la conservation d'énergie et ce que coûterait l'énergie produite par la nouvelle usine nucléaire. Il se borna à présenter des faits, il ne chercha pas à s'élever violemment contre une telle usine ou contre l'énergie nucléaire en général.

Quand il eut fini, le directeur financier de cet organisme lui demanda de le rencontrer et, lorsqu'ils se virent, il lui parla des effets désastreux que pouvait avoir cette usine sur la situation financière de sa compagnie. Cette dernière, dit-il, pouvait renoncer au projet et accepter de perdre les trois cents millions de dollars déjà investis. Si Lovins avait auparavant parlé en adversaire du projet, la compagnie serait restée sur ses positions, qui ne satisfaisaient personne. Mais parce qu'il avait trouvé un terrain d'entente, proposé une autre possibilité, ils en arrivèrent à une conclusion qui convenait à tout le monde. Et grâce au travail de Lovins, on voit se dessiner un nouveau mouvement : d'autres compagnies d'électricité l'ont engagé comme consultant afin de limiter leur dépendance à l'égard du nucléaire et d'augmenter en même temps leurs bénéfices.

Lovins s'occupa aussi d'une affaire concernant les fermiers de la San Luis Valley, dans le Colorado et le Nouveau-Mexique. Depuis toujours, la source principale d'énergie de ces fermiers était le bois qu'ils ramassaient sur des terres dont les propriétaires leur interdirent un jour l'accès. Bien que très pauvres, ces gens suivirent l'avis de quelques leaders qui les persuadèrent de ne pas se laisser abattre par cette difficulté, mais d'y voir une nouvelle occasion d'agir. Ils lancèrent alors un projet reposant sur l'énergie solaire qui compte parmi les mieux réussis du monde, obtinrent ainsi des résultats et apprirent, ce faisant, le pouvoir de l'action et de la volonté collectives.

Lovins cite également l'exemple d'une petite coopérative qui prit un jour conscience de ce qu'elle n'utilisait pas efficacement son énergie. Elle poussa les gens à mieux isoler leurs maisons et à économiser leur mazout, ce qui lui permit de rembourser ses dettes. Et parce que ses tarifs baissèrent par trois fois en deux ans, elle permit aux consommateurs d'une ville de trois mille huit cents habitants d'économiser un million six cent mille dollars par an sur leurs dépenses d'énergie.

On retrouve dans chacun de ces exemples deux éléments communs. Les gens intéressés ont tout d'abord tiré profit les uns des autres en établissant un schéma grâce auquel tous étaient gagnants et ils ont ensuite acquis un nouveau sens de l'autorité et de la sécurité en apprenant à agir pour obtenir un résultat désiré. L'esprit d'entreprise et de coopération qu'ils ont ainsi développé constitue pour eux un gain aussi profitable que l'argent qu'ils ont économisé. Voilà les courants positifs que peuvent créer quelques personnes décidées et douées du talent de persuasion.

Il existe déjà un proverbe dans le langage de l'informatique : « À données inexactes, résultats erronés. » Cela veut dire que la qualité que vous obtenez d'un système dépend entièrement de ce que vous y avez mis. Si vous avez introduit des informations fausses ou incomplètes, vous aboutirez à des résultats faux ou incomplets. Bien des gens, dans notre société d'aujourd'hui, ne prennent pas assez conscience de la qualité des informations et des expériences quotidiennement injectées dans le monde. Selon des statistiques récentes, l'Américain moyen regarde la télévision sept heures par jour. D'après le *U.S. News and World Report*, un jeune assiste ainsi dans sa vie de lycéen à une moyenne de dix-huit mille meurtres. Il sera devant une télévision pendant vingt-deux mille heures, plus du double du temps qu'il passe à l'école pendant toute sa scolarité. Si nous voulons que nos cerveaux développent leur capacité de nous faire vivre et apprécier pleinement ce que nous appelons la vie, nous devons absolument savoir de quoi nous les nourrissons. Nous fonctionnons comme des ordinateurs. Si nous créons des représentations internes nous montrant que le fait d'envoyer des bombes sur un village est une bonne chose ou que les gens qui réussissent mangent de façon malsaine, voilà ce qui gouvernera notre comportement.

Le pouvoir que nous avons maintenant de façonner les perceptions internes qui induisent notre comportement dépasse tout ce qui a existé jusqu'à présent. Rien ne garantit que nous le ferons pour le mieux. Mais cela est possible, et nous devrions commencer à agir en ce sens. Les problèmes les plus importants qui se posent à nous, aussi bien à l'échelle des nations que de la planète entière, concernent les images et les représentations que nous produisons pour les masses.

Créer des courants, tel est le rôle de ceux qui veulent conduire le monde, et tel est le véritable message de ce livre. Vous savez maintenant comment contrôler votre cerveau pour qu'il traite l'information de la façon la plus positive possible. Vous savez comment baisser le son et la luminosité d'une communication malsaine, et résoudre vos conflits de valeurs. Mais si vous voulez vraiment faire la différence, vous devez aussi apprendre à conduire les autres, à utiliser votre influence pour faire de ce monde un monde meilleur. Cela veut dire être un modèle plus talentueux, plus positif, pour vos enfants, pour vos employés, pour vos associés, pour votre univers. Vous pouvez influencer les gens qui vous entourent, et agir aussi sur les masses. Au lieu de vous laisser influencer par des images où un Rambo élimine joyeusement d'autres êtres humains, vous pourriez vouloir consacrer votre vie à communiquer aux autres les messages positifs grâce auxquels le monde deviendrait ce que vous voulez qu'il soit.

Souvenez-vous que ce sont ceux qui savent persuader les autres qui dirigent le monde. Tout ce que vous avez appris dans ce livre et tout ce que vous voyez autour de vous le proclament. Si vous réussissez à extérioriser à l'échelle des masses les représentations internes que vous avez du comportement humain, de l'élégance, de l'efficacité, de ce qui est positif, vous donnerez une autre direction à l'avenir de vos enfants, de votre communauté. La technologie nécessaire existe. Je propose que nous nous en servions.

Tel est notre but. Bien sûr, vous avez appris à développer votre pouvoir personnel, à devenir efficace et à réussir ce que vous essayez de faire. Mais régner sur une planète moribonde n'a aucun intérêt. Tout ce dont nous avons parlé – l'importance des schémas d'entente, la nature du rapport de sympathie ou d'empathie, la force des exemples, la syntaxe du succès, etc. – fonctionne d'autant mieux qu'on l'utilise de façon à créer aussi la réussite pour les autres.

Le pouvoir suprême est synergique. Il vient de ce que les gens travaillent ensemble et non séparément. Nous possédons la technologie qui nous permet de transformer les perceptions des gens en quelques instants. Il est temps de l'utiliser pour le bien de tous. Comme l'a écrit Thomas Wolfe : « Rien ne peut mieux empêcher quelqu'un de chercher la bagarre que le sentiment de la réussite. » Exceller, c'est se servir de ses talents pour développer son pouvoir et celui des autres de manière véritablement positive, de façon à engendrer une réussite commune, massive et joyeuse.

Le moment est venu de commencer à le faire.

21

Vivre l'excellence : le défi humain

L'homme n'est pas la somme de ce qu'il a mais la totalité de ce qu'il n'a pas encore, de ce qu'il pourrait avoir.

Jean-Paul SARTRE

Nous avons fait une longue route ensemble. À vous de décider jusqu'où vous irez maintenant. Je vous ai donné les outils, les techniques et les idées qui peuvent changer votre vie. Mais ce que vous en ferez dépend totalement de vous. Lorsque vous refermerez ce livre, bien qu'ayant l'impression d'avoir appris quelque chose, vous continuerez peut-être à vivre comme avant. Ou peut-être tenterez-vous d'arriver à contrôler votre cerveau et votre vie. Vous pouvez produire les états et les croyances qui feront des prodiges, pour vous et ceux que vous aimez. Mais cela n'arrivera que si vous le faites arriver.

Revenons un instant sur ce que vous avez appris de plus important. Vous savez désormais que l'outil le plus puissant dont nous disposons sur cette planète est le bio-ordinateur qui se cache dans notre boîte crânienne. Correctement utilisé, votre cerveau peut donner à votre vie une dimension dont vous n'aviez même jamais rêvé. Vous avez appris la formule fondamentale de la réussite : connaître vos objectifs, agir, développer l'acuité sensorielle grâce à laquelle vous saurez ce que vous obtenez et changer de comportement jusqu'à ce que vous ayez obtenu ce que vous désiriez. Vous êtes conscient de vivre à une époque où tous peuvent réussir, mais où seuls y parviennent ceux qui agissent. Quelles que soient vos connaissances, elles ne vous suffiront pas. Des tas de gens ont en main les mêmes informations, mais seuls ceux qui se sont engagés dans l'action sont arrivés à de fabuleuses réussites, et eux seuls ont changé le monde.

Vous avez appris combien il est important d'avoir des modèles. Vous pouvez tirer des leçons de vos expériences, avancer par tâtonnements, ou accélérer incroyablement le processus en apprenant à suivre des exemples. Tout résultat obtenu par un individu est le produit d'un ensemble spécifique d'actions répondant à une syntaxe spécifique. En vous conformant aux actions internes (mentales) et externes (physiques) de ceux qui ont réussi là où vous voulez réussir, vous gagnerez un temps précieux. Quelques heures, quelques jours ou quelques années – cela dépend de la nature de la tâche entreprise – vous suffiront pour apprendre ce qu'ils ont mis de longs mois ou de longues années à découvrir.

Vous savez aussi que la qualité de votre vie est celle de votre communication. La communication prend deux formes. Vous communiquez en premier lieu avec vous-même. Un événement n'a de sens que celui que vous lui donnez. Vous pouvez faire parvenir à votre cerveau les messages puissants, positifs et enrichissants qui vous permettront de tirer parti de tout ce qui vous arrive, ou lui envoyer des signaux qui lui disent simplement ce que vous ne pouvez pas faire. Ceux qui excellent sont ceux qui savent profiter de n'importe quelle situation, si tragique qu'elle soit, pour avancer vers le succès, des gens comme W. Mitchell, Julio Iglesias ou Patrick Segal. Il nous est impossible de revenir sur le passé, de changer ce qui est arrivé. Mais nous pouvons contrôler nos représentations de manière qu'elles nous offrent quelque chose de positif pour l'avenir. Nous communiquons ensuite avec les autres. Ceux qui ont changé notre monde, des gens comme John F. Kennedy, Martin Luther King ou le Mahatma Gandhi, étaient tous des communicateurs de premier ordre. Vous pouvez vous servir de tout ce qu'il y a dans ce livre pour découvrir ce que les autres désirent et maîtriser ainsi l'art de la communication.

Vous avez enfin appris l'immense pouvoir des croyances. Des croyances positives peuvent faire de vous un maître, des croyances négatives un perdant. Vous avez appris à transformer vos croyances de façon qu'elles jouent en votre faveur. Vous savez l'importance de la physiologie, l'importance des états. Vous connaissez la syntaxe et les stratégies que les gens suivent, et vous avez appris à établir un rapport de sympathie avec tous ceux que vous rencontrez. Vous avez découvert les techniques qui permettent de restructurer les schémas et de créer des points d'ancrage. Vous devez maintenant savoir communiquer avec précision et talent, éviter le langage vague qui tue toute communication et utiliser le modèle de précision qui rend toute communication efficace. Vous avez en main les cinq clés qui ouvrent les portes de la réussite. Et vous connaissez les métaprogrammes et les valeurs d'après lesquels s'organise le comportement individuel.

Je ne m'attends pas que vous soyez complètement transformé après avoir lu ce livre. Certains des points que j'ai abordés vous paraîtront plus faciles à comprendre que d'autres. Mais la vie a un effet évolutif. Le changement entraîne le changement. Le développement s'étend. En commençant à changer dans certains domaines, en développant çà et là vos capacités, vous transformerez lentement mais sûrement votre vie. Vous pouvez faire naître à la surface de votre vie des vagues qui prendront de plus en plus d'amplitude. On s'aperçoit, quand on regarde en arrière, que ce sont souvent les plus petites choses qui ont produit les plus grands effets.

Pensez à deux flèches pointées dans la même direction. Si vous en orientez une un tout petit peu plus à droite ou à gauche, la différence ainsi créée sera tout d'abord à peine perceptible. Mais si vous suivez cette nouvelle direction sur des centaines de mètres, puis sur des kilomètres, vous vous éloignerez de plus en plus de la première, jusqu'au moment où ce chemin n'aura plus rien à voir avec le premier.

C'est ce que ce livre peut vous apporter. Il ne vous fera pas changer du jour au lendemain (à moins que vous ne passiez la nuit à travailler sur vous-même !). Mais si vous apprenez à diriger votre cerveau, si vous comprenez et si vous savez vous servir de la syntaxe, des sous-modalités, des valeurs, des métaprogrammes, et d'une manière générale de tous les outils proposés, semaine après semaine, mois après mois, année après année, votre vie prendra une nouvelle orientation et n'aura un jour plus rien à voir avec ce qu'elle a été. Vous faites déjà à votre façon certaines des choses abordées. D'autres que vous avez découvertes pour la première fois. Mais tout, dans la vie, est cumulatif. Si vous appliquez un des principes de ce livre, vous faites un pas en avant. Vous exercez une impulsion qui va créer une force ; toute force produit un effet, un résultat ; tout résultat produit s'ajoute au précédent pour nous entraîner dans une direction ; et toute direction conduit à une destination.

> *Il y a dans la vie deux buts à viser : obtenir tout d'abord ce qu'on désire, et arriver ensuite à en jouir.*
>
> Logan Pearsall SMITH

Voici maintenant venu le moment de vous poser une dernière question. Dans quelle direction êtes-vous actuellement engagé ? Si vous suivez cette direction, où vous retrouverez-vous dans cinq ou dix ans ? Et est-ce là que vous voulez aller ? Soyez honnête avec vous-même. Comme l'a dit un jour John Naisbitt, la meilleure façon de prédire l'avenir est de se faire du présent une idée claire. Aussi, quand vous aurez fini ce livre, asseyez-vous et réfléchissez au chemin que vous avez pris et ce à quoi il vous conduit. Si ce n'est pas ce que vous désirez vraiment, choisissez une autre voie. Si ce livre vous a appris une chose, c'est qu'on peut créer le changement presque en un éclair. Détenir le pouvoir suprême, cela signifie être capable de changer, de s'adapter, de se développer, d'évoluer. Quand je vous parle de pouvoir illimité, je ne veux pas dire que vous réussirez toujours et que vous n'échouerez plus jamais, mais que vous apprendrez quelque chose de toutes vos expériences et que vous en tirerez profit, que vous transformerez vos perceptions, vos actions et les résultats que vous produirez, que vous serez capable de donner aux autres cette attention et cet amour qui sont la qualité même de la vie.

J'aimerais vous proposer un autre moyen de changer votre vie et de vous assurer une réussite suivie. Trouvez une équipe dans laquelle vous voulez jouer. Nous avons, souvenez-vous, parlé du pouvoir en termes d'action conjointe. Le pouvoir ultime est le pouvoir de ceux qui agissent ensemble et non chacun de son côté. Cette équipe peut être votre famille ou un groupe d'amis. Des associés ou des collègues de bureau. Mais on travaille mieux et plus quand on travaille aussi bien pour les autres que pour soi. On donne davantage et on reçoit davantage.

Si vous demandez aux gens de vous parler des expériences les plus enrichissantes qu'ils ont eues dans leur vie, ils évoquent généralement des choses qu'ils ont faites au sein d'une équipe. Il peut s'agir d'un sport qu'ils ont pratiqué avec une équipe qu'ils n'oublieront jamais, d'une tâche difficile qu'ils ont menée à bien avec des collègues de travail ou de quelque chose qu'ils ont accompli avec leur famille ou leur conjoint. Si vous faites partie d'une équipe, vous avancerez plus vite, car les autres peuvent vous apporter un soutien ou une impulsion qu'il est impossible de trouver en soi. Les gens font souvent pour d'autres ce qu'ils ne feraient pas pour eux-mêmes. Et ce qu'ils en obtiennent en retour les récompense.

Si vous êtes vivant, vous faites partie d'une équipe. Votre famille, le réseau de vos relations, votre groupe de travail, votre ville, votre pays, ou votre monde sont autant d'équipes dont vous faites partie. Vous pouvez rester assis sur un banc et regarder, ou vous pouvez vous lever et jouer. Je vous conseille de jouer. De vous joindre à la horde. De partager. Car, plus vous donnez, plus vous obtenez, et plus vous mettrez à votre service et à celui des autres ce que vous avez appris dans ce livre, plus vous en tirerez profit.

Assurez-vous que vous faites partie d'une équipe qui vous motive. Le cours des choses peut nous échapper. Nous pouvons savoir ce qu'il faut faire et ne pas le faire. La vie semble ainsi faite et on ne regarde pas plus loin, elle suit les lois de la gravitation et nous attire vers le bas. Nous avons tous nos mauvais jours, nous passons tous par des phases au cours desquelles nous ne nous servons pas de ce que nous savons. Mais en nous entourant de gens qui réussissent, qui vont de l'avant, qui se montrent positifs, qui cherchent à produire des résultats et qui nous soutiennent, nous nous donnons les moyens de nous dépasser, de faire mieux et de partager davantage. Le plus beau cadeau que vous puissiez recevoir de la vie est d'être entouré de gens qui vous pousseront toujours à donner le meilleur de vous-même. L'association est un outil puissant. Assurez-vous que ceux avec qui vous vous associez feront ainsi de vous un être meilleur.

Une fois que vous faites partie d'une équipe, l'excellence vous lance un nouveau défi : devenir un meneur. Cela peut vouloir dire accéder au poste de président d'une richissime compagnie ou être le meilleur professeur, le meilleur commerçant, le meilleur parent que vous puissiez devenir. Les vrais meneurs connaissent bien l'effet cumulatif, ils savent que les grands changements viennent de nombreuses petites transformations. Ils ont conscience de ce que tout ce qu'ils disent et font peut jouer sur la vie des autres dans un sens positif ou négatif.

Lorsque j'étais au lycée, mon professeur d'expression verbale m'a dit un jour de rester en classe après les cours. Alors que je me demandais ce que j'avais bien pu faire de mal, il me parla très gentiment : « Je crois, monsieur Robbins, que vous avez le don de la parole et je voudrais que vous participiez la semaine prochaine à un concours. » Je n'avais jamais pensé avoir un talent spécial dans ce domaine, mais il était si sûr de lui que je le crus. Et son message a changé ma vie, il m'a mis sur ma voie, celle qui menait à ce que je suis aujourd'hui, un professionnel de la communication. Ce n'était qu'un grain de sable, mais qui a tout bouleversé.

Celui qui veut conduire les autres doit avoir suffisamment de force et de perspicacité pour prévoir à l'avance quels résultats produiront ses actions, les plus anodines comme les plus graves. Les techniques de communication que ce livre vous a présentées permettent d'établir clairement ces distinctions. Nos sociétés ont besoin de modèles, de symboles d'excellence plus nombreux. Ma vie est devenue ce qu'elle est parce que j'ai eu la chance de recevoir de certains de mes professeurs ou mentors des présents inestimables. Et je me suis donné pour but de rembourser ce que je pourrai rembourser de cette dette. C'est ce que j'essaie de faire dans mon travail.

Mon premier mentor m'a appris que le bonheur et la réussite n'étaient pas le résultat de ce que nous avons mais de la façon dont nous vivons. C'est de ce que nous faisons avec ce que nous possédons que dépend la qualité de la vie, et nos gestes les plus anodins peuvent être ceux qui marqueront les différences les plus importantes. C'est ce qu'il m'a expliqué avec l'exemple du cireur de chaussures. Un homme cire vos bottes dans la rue. Tout en frottant, il siffle, et vos bottes brillent. Son travail et la manière dont il l'accomplit ajoutent de la valeur à votre vie. Aussi, quand vous plongez la main dans votre poche pour en sortir quelques pièces et que vous vous demandez s'il faut lui donner un ou deux francs, n'hésitez pas, choisissez toujours le chiffre le plus élevé. Vous ne le faites pas seulement pour lui, mais aussi pour vous. Si vous ne lui donnez qu'un franc, chaque fois que vous regarderez vos bottes ce jour-là, vous vous direz : Comment ai-je pu être aussi mesquin ? Si vous lui en donnez deux, vous aurez une autre idée de vous-même, une idée meilleure. Pourquoi ne décideriez-vous pas de toujours tendre une pièce à ceux qui font la quête pour une cause ou une autre ? Ou de téléphoner de temps en temps à vos amis, pour leur dire : « Je t'appelle sans raison précise, simplement pour te dire que je pense à toi. Je ne veux pas te déranger, je veux seulement que tu saches combien tu comptes pour moi » ? Ou d'envoyer systématiquement un mot de remerciement à ceux qui ont fait quelque chose pour vous ? Pourquoi ne consacreriez-vous pas consciemment quelques heures à chercher ce que vous pourriez faire pour tirer plus de joie de votre vie en ajoutant de la valeur à celle des autres ? La qualité de la vie réside dans la façon dont nous passons le temps, ce temps dont nous disposons tous. Nous pouvons nous embourber dans la routine, ou faire de chaque instant un instant unique. Les deux francs du cireur semblent bien peu de chose, mais chacun de ces petits gestes a sur l'idée que vous vous faites de vous-même une action puissante. Ils affectent les représentations internes que vous avez de votre propre personne et, par là, la qualité de vos états et de votre vie. J'ai appliqué ce précepte et j'en ai été récompensé. C'est une philosophie qui enrichit la vie, je la soumets à votre examen.

> *Celui qui, par quelque alchimie, sait extraire de son cœur, pour les refondre ensemble, compassion, respect, besoin, patience, regret, surprise et pardon crée cet atome qu'on appelle l'amour.*
>
> Kahlil GIBRAN

Je vais vous demander une dernière chose : partagez cette information avec d'autres. Et cela pour deux raisons. Tout d'abord, parce que nous enseignons tous ce que nous avons le plus besoin d'apprendre. Partager avec d'autres une idée nous permet d'en entendre parler et de nous souvenir de ce à quoi nous accordons de la valeur, de ce qui nous paraît important. Ensuite, parce qu'on trouve une richesse et un bonheur extrêmes, presque inexplicables, à offrir aux autres chaque fois qu'on le peut la possibilité de faire un pas en avant, de changer.

J'ai vécu lors d'un de nos camps d'enfants une expérience inoubliable. Pendant douze jours, nous enseignons à ces jeunes bien des choses dont nous avons parlé ici, et nous les aidons à développer leurs capacités, leur aptitude à apprendre, leur confiance en eux, en tant qu'êtres humains pleinement vivants. Cet été-là, le camp s'est terminé par une cérémonie au cours de laquelle tous les enfants ont reçu des médailles d'or semblables à celles des Jeux olympiques et sur lesquelles on avait gravé ces mots : « Tu peux faire des prodiges. » Ce fut une fête très émouvante, très gaie, et nous avons veillé tous ensemble jusqu'à deux heures du matin.

Je suis parti me coucher épuisé, sachant que je devais me lever à six heures pour prendre l'avion, mais avec le sentiment de satisfaction que l'on éprouve quand on sait avoir fait d'une journée un moment important. À l'instant où j'allais m'endormir, vers trois heures, on a frappé à ma porte. Qui cela pouvait-il bien être ?

J'ai vu, en ouvrant, un jeune garçon. « J'ai besoin de votre aide, monsieur Robbins », m'a-t-il dit. Je lui ai tout d'abord proposé de me téléphoner la semaine suivante à San Diego, puis j'ai entendu un bruit derrière lui. C'était une très jeune fille qui pleurait toutes les larmes de son corps.

Quand j'ai demandé ce qui se passait, le garçon m'a répondu qu'elle ne voulait pas retourner chez elle. Je lui ai proposé de la faire entrer. Je pouvais lui donner les points d'ancrage dont elle avait besoin pour se sentir mieux à l'idée de ce retour. Mais il m'expliqua que le problème était plus grave : elle ne voulait pas rentrer parce que son frère, qui vivait avec elle, la forçait à coucher avec lui depuis sept ans.

Après les avoir installés dans mon bureau, j'ai mis en œuvre les techniques dont nous avons parlé tout au long de ce livre. J'ai changé les représentations internes que la jeune fille avait de ces expériences négatives afin qu'elles ne provoquent plus en elle de douleur. Puis je lui ai donné des points d'ancrage correspondant à ses états les plus puissamment positifs et j'ai associé ces états aux nouvelles représentations internes que j'avais créées de façon que la seule vue ou la seule pensée de son frère la mette dans un état où elle contrôlerait pleinement la situation. À la suite de cette séance, elle a décidé d'appeler son frère. Elle s'est dirigée vers le téléphone, pleine d'assurance, et l'a réveillé. « Écoute-moi, a-t-elle dit d'un ton qu'il ne lui avait probablement jamais entendu, je vais rentrer à la maison et tu feras mieux de ne même pas me regarder d'une façon qui me fasse croire que tu penses à ce que tu avais l'habitude de faire avec moi. Parce que, autrement, tu passeras le restant de tes jours en prison, et je te ferai honte devant tout le monde. Tu paieras le prix à payer. Je t'aime parce que tu es mon frère, mais je n'accepterai plus jamais que tu te conduises comme avant. Et si jamais j'ai l'impression que tu as l'intention de recommencer, c'en est fini de toi. Dis-toi bien que je parle sérieusement. Je t'aime. Au revoir. » Il avait compris.

Quand elle a raccroché, elle se sentait pour la première fois de sa vie totalement forte et totalement responsable. Elle a serré dans ses bras son ami et, ensemble, ils ont pleuré de soulagement. Puis ils m'ont tous les deux embrassé en m'étreignant de toutes leurs forces. Le jeune garçon disait qu'il ne savait pas comment me remercier. Je lui ai répondu que rien ne pouvait me faire plus plaisir que de voir le changement qui s'était produit chez son amie. Mais il a insisté : « Non, je vous suis redevable. Et j'ai ici quelque chose à quoi je tiens beaucoup. Prenez-le. » Il a enlevé sa médaille en or et l'a accrochée à ma veste. Ils m'ont embrassé une dernière fois et sont partis en disant qu'ils ne m'oublieraient jamais. Je suis remonté dans ma chambre et je me suis mis au lit. Ma femme Becky, qui avait tout entendu, pleurait, et moi aussi. « Ce que tu as fait est extraordinaire, m'a-t-elle dit. Tu as transformé la vie de cette petite. – Merci, ma chérie, ai-je répondu, mais n'importe qui d'autre aurait pu le faire, à condition bien sûr de maîtriser ces techniques. – Oui, Tony, n'importe qui l'aurait pu, et pourtant c'est toi qui l'as fait. »

> *Si tu pouvais seulement aimer assez, tu serais, dans ce monde, le plus puissant.*
>
> Emmett FOX

Tel est le dernier message de ce livre. Agissez. Prenez les choses en main. Lancez-vous dans la course. Utilisez ce que vous avez appris ici, et ce dès maintenant. Ne le faites pas seulement pour vous, mais pour les autres aussi. Vous y gagnerez plus que vous ne pouvez l'imaginer. Il y a beaucoup de beaux parleurs en ce monde. Beaucoup de gens qui savent où sont le bien et le pouvoir, et qui ne produisent pourtant pas les résultats qu'ils désirent. Il ne suffit pas de prononcer la parole, il faut « agir la parole ». Le pouvoir illimité est celui qui vous fait faire ce qui est nécessaire pour atteindre l'excellence. Julius Erving a une conception de la vie qui résume, je crois, la philosophie de ceux qui agissent la parole. « J'exige plus de moi-même que quiconque ne pourrait jamais en attendre. » Voilà pourquoi il est le meilleur. C'est un exemple à suivre.

Il y a eu dans l'Antiquité deux grands orateurs, Cicéron et Démosthène. Quand Cicéron avait fini de parler, la foule lui faisait une ovation et tout le monde s'écriait : « Quel beau discours ! » À l'instant où Démosthène se taisait, les gens criaient : « En avant ! » et ils allaient manifester. C'est ce qui différencie l'art de la présentation de celui de la persuasion. J'espère faire partie de ceux qui maîtrisent ce dernier. Si vous vous contentez de lire ce que j'ai écrit en pensant : « Toutes ces techniques sont passionnantes », et que vous n'en utilisiez aucune, nous avons vous et moi perdu notre temps. Mais si vous reprenez dès maintenant ce livre pour l'utiliser comme un manuel afin d'apprendre à diriger votre corps et votre cerveau, comme un guide qui vous permettra de changer tout ce que vous voulez changer, vous aurez alors peut-être entrepris le long voyage d'une vie qui fera presque paraître vos plus grands rêves du passé comme des banalités. C'est ce qui m'est arrivé quand j'ai commencé à appliquer quotidiennement ces principes. Faites de votre vie un chef-d'œuvre. Rejoignez les rangs de ceux qui agissent la parole. Ils sont les modèles de l'excellence et le reste du monde les regarde, émerveillé. Entrez dans l'équipe de ceux, trop peu nombreux, qui font, alors que les autres voudraient bien – de ces gens tournés vers les résultats, qui façonnent leur vie exactement comme ils souhaitent qu'elle soit. Ma vie s'inspire d'histoires vécues par ceux qui ont utilisé leurs ressources afin de produire de nouvelles réalisations, de nouvelles réussites, pour eux et pour d'autres. Peut-être un jour raconterai-je votre histoire. Si ce livre vous aide à avancer dans cette direction, je me considérerai comme un homme très heureux.

En attendant, je vous remercie de vouloir apprendre, de vouloir progresser et vous développer, et de m'avoir permis de partager avec vous quelques-uns des principes qui ont transformé ma vie. Puisse votre quête de l'excellence humaine porter ses fruits et ne jamais s'arrêter. Puissiez-vous vous consacrer non seulement à tendre vers les objectifs que vous vous êtes fixés, mais les atteindre et vous en fixer d'autres ; puissiez-vous non seulement poursuivre les rêves que vous avez formés, mais en imaginer de plus beaux encore ; non seulement jouir de cette Terre et de sa richesse, mais en faire un lieu meilleur ; prendre non seulement ce que vous pouvez prendre de la vie, mais aimer et donner en toute générosité.

« ... Que la route monte vers vous. Que le vent souffle toujours derrière vous. Que le soleil réchauffe votre visage, que la pluie tombe doucement sur vos champs, et, jusqu'à ce que nous nous rencontrions à nouveau... que Dieu vous garde doucement au creux de Ses mains[1]. »

Au revoir. Dieu vous bénisse.

---

1. Bénédiction irlandaise, © 1967, Bollind, Inc., Boulder, CO 80302

Remerciements

À mesure que je tente de me remémorer tous les gens à qui je désire exprimer ma gratitude pour leur appui, leurs suggestions et tous les efforts qu'ils ont déployés pour permettre à ce livre de voir le jour, la liste ne cesse de s'allonger.

Je voudrais tout d'abord remercier mon épouse et ma famille d'avoir su créer l'environnement permettant à ma créativité de s'exprimer à n'importe quelle heure du jour ou de la nuit et d'avoir prêté à mes idées une oreille sympathique.

Je dois signaler ensuite, bien sûr, la tâche remarquable accomplie par Peter Applebome et Henry Golden pour remettre en forme mes élucubrations. À diverses étapes de l'évolution de ce travail, les suggestions du Wyatt Woodsmall et de Ken Blanchard m'ont été extrêmement utiles. L'ouvrage n'aurait jamais été mené à bien sans la contribution de Jan Miller et de Bob Asahina qui, aidés par l'équipe de Simon & Schuster, sont demeurés pendant des heures à mes côtés pour opérer les modifications de dernière minute.

Je ne pourrai jamais oublier les enseignants dont la personnalité, les méthodes et l'amitié m'ont le plus marqué, de Jane Morrison et Richard Cobb, avec qui j'ai mené mes premiers travaux sur la communication, à John Grinder et Richard Bandler.

Je dois aussi des remerciements aux maquettistes, secrétaires de rédaction et documentalistes – Bob Evans, Dan Aaris, Donald Bodenbach, Kathy Woody et, bien sûr, Patricia Valiton – qui ont travaillé dur pour respecter les délais imposés.

Et, « last but not least », je voue une gratitude particulière au personnel du Robbins Research Institute, aux directeurs de centres et aux membres des équipes de promotion disséminés dans tous les États-Unis qui m'aident quotidiennement à communiquer notre message au monde.

Les onze lois de la réussite

Je dédie ce livre à tous ceux qui ont compris que l'amour est le plus grand don que la vie puisse leur faire et pour qui la plus grande joie sur terre est de le partager. Je tiens tout particulièrement à remercier les bénévoles et le personnel de la Fondation Anthony Robbins dont les efforts incessants permettent de sauver et d'améliorer des vies.

Quelques mots à propos de ce livre

Les Onze Lois de la réussite, publié pour la première fois en 1991 par la Fondation à but non lucratif Anthony Robbins, est basé sur des anecdotes et des concepts tirés des deux best-sellers d'Anthony Robbins : *L'Éveil de votre puissance intérieure* et *Pouvoir illimité*. Dans ce petit livre, conçu et écrit pour inspirer et aider toute personne « vivant des moments difficiles », Anthony Robbins a cherché à simplifier le contenu de ces deux ouvrages plus volumineux. L'auteur donne quelques conseils simples qui permettent aux lecteurs d'améliorer immédiatement leur qualité de vie.

Outre les efforts déployés annuellement par sa Brigade des paniers, la Fondation distribue ce livre gratuitement à des familles et à des personnes dans le besoin. Cette initiative qui se déroule à la fois aux États-Unis et au Canada fait partie d'une démarche bénévole visant à fournir de la nourriture, des vêtements et d'autres moyens de subsistance aux personnes dans le besoin pendant les fêtes de l'Action de grâce[1].

1. **Jour d'Action de grâce.** Proclamé « journée entièrement consacrée à rendre grâce au Dieu Tout-Puissant pour tous les bienfaits qu'il a prodigués au Canada », le Jour d'Action de grâce tient son origine de trois traditions : les fêtes de la moisson qui, pour la paysannerie européenne, avaient comme symbole la corne d'abondance ; la stricte observance de la solennité chrétienne, telle que célébrée en 1578 dans l'est de l'Arctique

La totalité des droits d'auteur de cette nouvelle édition sera remise à la Fondation Anthony Robbins afin de soutenir les efforts de sa Brigade des paniers et de financer d'autres actions bénévoles. Pour plus de renseignements au sujet de la Fondation, veuillez consulter le chapitre intitulé : Quelques mots sur la Fondation Anthony Robbins, à la fin de ce livre.

---

par Martin Frobisher (le premier jour d'Action de grâce en Amérique du Nord) ; les festivités organisées par les pèlerins du Massachusetts en 1621 à la fin des premières moissons (depuis lors, les plats traditionnels de l'Action de grâce sont la dinde à l'américaine, la courge et la citrouille). La fête fait son apparition en Nouvelle-Écosse dans les années 1750. À la fin de la Guerre de Sept ans (1763), les citoyens d'Halifax célèbrent l'événement par une journée d'action de grâce. Les Loyalistes ont introduit la fête en diverses régions du Canada.
Mais le 31 janvier 1957, le Parlement proclame l'observance de l'Action de grâce au deuxième lundi d'octobre. E.C. Drury, le Premier ministre de l'Ontario, surnommé « Farmer-Premier », se plaignait que la fête des agriculteurs avait été « volée par les gens de la ville » afin d'obtenir un congé en cette belle période de l'année.
David Mills
Extrait de *L'Encyclopédie du Canada*, tome 2, Éditions Internationales Stanké, pp. 1025-1026

Merci

Merci de l'investissement que vous faites en achetant ce livre. En décidant de vous donner les moyens d'améliorer votre propre vie, vous contribuez en même temps au mieux-être d'autres personnes. Votre contribution s'ajoute aux efforts de la Fondation d'aide bénévole Anthony Robbins dont les objectifs sont de nourrir, d'éduquer et de fournir diverses ressources à plus de 150 000 personnes dans le besoin, au Canada et aux États-Unis.

J'ai écrit ce livre, il y a maintenant de nombreuses années, dans un style simple et accessible à tous, pour appuyer les efforts déployés chaque année par tous les membres de la Brigade des paniers de la Fondation Anthony Robbins, lors de la célébration du jour de l'Action de grâce. Comme vous le constaterez à la lecture de ces pages, cette fête est par ailleurs très importante à mes yeux. C'est non seulement une tradition nationale pour les Américains et pour les Canadiens, mais c'est aussi une fête traditionnelle pour moi. C'est le moment de l'année où j'éprouve, plus que jamais, un sentiment de gratitude pour les bienfaits dont la vie me comble ; sentiment dont je veux faire aussi profiter les autres en leur tendant la main.

En fait, le titre de ce livre reflète bien mon intention : quelques mots et suggestions de la part d'un ami, à lire dans les moments où vous serez à court d'inspiration. On y fait quelques recommandations à ceux qui gagneraient à se remémorer certains principes de vie fondamentaux, ainsi que des suggestions stimulantes pour relever plus facilement les défis de la vie.

J'ai constaté avec une pointe d'ironie que ce petit livre, en raison de sa simplicité, plaît tout autant aux milliers de bénévoles chargés de le distribuer qu'à ceux à qui nous l'offrons. De nombreux bénévoles réclament leur propre exemplaire pour redécouvrir les principes et vérités essentielles pour bâtir une vie harmonieuse. De plus, quelques enquêtes personnelles m'ont prouvé que beaucoup de gens ne lisent jamais mes ouvrages plus volumineux, *Pouvoir illimité* et *L'Éveil de votre puissance intérieure*, car ils se laissent impressionner par l'épaisseur de ces deux livres (plus de 400 pages chacun).

C'est pourquoi, dans cette optique, j'ai décidé de mettre à jour et de publier à nouveau *Les Onze Lois de la réussite* pour le grand public. Si vous faites déjà partie du nombre de mes fidèles lecteurs, cette philosophie vous est certes déjà familière, mais ce livre produira tout de même sur vous un effet très particulier et vous permettra de découvrir de nouvelles perspectives car il est de lecture facile. Si c'est la première fois que vous lisez un de mes livres, j'espère que cette introduction vous divertira et je vous encourage à jeter un coup d'œil sur les ouvrages dont j'ai tiré *Les Onze Lois de la réussite*.

Nous avons tendance à oublier que nous devons tous, tôt ou tard, affronter des moments difficiles où nous sommes ballottés par les événements et les circonstances, et où nous semblons avoir peu de contrôle sur notre vie. Parfois, *nous nous sentons* tout simplement dépassés par les événements. Le fait d'être licencié et de se retrouver soudainement sans travail, même si nous avons toujours un toit et que nous jouissons de l'affection de nos proches, peut susciter en nous un profond sentiment de perte et de vide. Par ailleurs, les défis que la vie nous lance peuvent nous sembler si formidables que nous en oublions souvent les frustrations de ceux qui nous entourent.

Et pourtant, nous ne sommes pas seuls. Apprendre à être plus sensibles et à tenir compte des difficultés affectives de notre entourage fait aussi partie de la réussite dans la vie. Cela décuple notre sentiment de gratitude envers la vie et même envers les obstacles que nous devons surmonter. En fin de compte, le seul moyen de profiter pleinement de la vie, c'est de vivre en état de gratitude constante et d'apprécier ce que nous avons et ce que nous pouvons donner. Et le meilleur moyen d'assurer notre propre bonheur, c'est d'aider les autres à trouver le leur.

En lisant ce livre, vous faites en même temps un don important. En tant que « membre honoraire » de notre Brigade des paniers, vous contribuez aux efforts que nous faisons pour offrir plus que de la nourriture.

Les Onze Lois de la réussite stimule la réflexion et offre une perspective simple de la vie, tout en suggérant des pistes à suivre pour la transformer et l'embellir.

Merci de votre aide. J'espère que ce livre vous permettra non seulement d'améliorer considérablement la qualité de votre propre vie, mais également d'aider les autres.

Que se passerait-il si, dans les pages qui suivent, vous appreniez à mettre en pratique quelques techniques simples pour vous sentir plus heureux, pour mieux gagner votre vie, ou pour améliorer votre situation, dans presque tous les domaines ?

Introduction

Histoire d'un généreux inconnu

Il y a de nombreuses années, le jour de l'Action de grâce, une jeune famille se réveilla, envahie d'un obscur pressentiment. Bien loin d'être remplis de gratitude face à ce que leur réservait cette journée, les membres de la famille s'inquiétaient de leurs faibles ressources. Au mieux, ce jour de « réjouissances » ne leur apporterait sans doute qu'un repas peu copieux. S'ils avaient fait appel à un organisme de charité, on leur aurait certainement offert une dinde garnie, mais ils ne l'avaient pas fait. Pourquoi ? Car, comme bien d'autres familles, ils avaient leur fierté. Ils comptaient se débrouiller avec leurs maigres moyens.

Cette situation pénible ajoutait à leur frustration et à leur désespoir. Puis survint l'irréparable : le père et la mère échangèrent des propos durs. L'aîné de la famille, complètement anéanti, assistait impuissant à la colère et à la dépression qui accablaient les êtres qu'il aimait le plus au monde.

C'est alors qu'intervint le destin. On frappa soudain à la porte ! Le fils aîné l'ouvrit et un homme de grande taille, aux vêtements fripés, le salua. Il arborait un grand sourire et portait un énorme panier rempli des mets traditionnels de l'Action de grâce : une dinde, de la farce, des tartes, des patates douces, des conserves, bref, tout ce qu'il fallait pour un jour de festin !

La famille contemplait tout cela, abasourdie. L'homme qui se tenait sur le seuil leur dit : « Ceci vous est envoyé par quelqu'un qui sait que vous êtes dans le besoin et qui veut que vous sachiez qu'on vous aime et qu'on pense à vous. » Tout d'abord, le père ne voulut pas accepter le panier, mais l'homme ajouta : « Écoutez, je ne suis que le livreur. » Puis, en souriant, il mit le panier dans les bras du jeune garçon, fit demi-tour et repartit comme il était venu en s'écriant : « Bon jour d'Action de grâce ! »

À ce moment précis, la vie de ce jeune homme changea pour toujours. Grâce à ce simple geste généreux, il apprit que l'espoir est éternel et que les gens – y compris les parfaits inconnus – se préoccupent du sort de leurs semblables. Il en ressentit une telle gratitude et fut si profondément ému qu'il se jura de faire preuve d'autant de générosité le jour où sa situation le lui permettrait. À peine avait-il atteint ses 18 ans que le jeune homme tenait déjà sa promesse. Avec ses maigres économies, il acheta des provisions dans une épicerie, non pas pour lui, mais pour deux familles en détresse qui manquaient de nourriture. Il les leur apporta ensuite lui-même, vêtu d'un vieux jean et d'un tee-shirt, en se faisant passer pour un livreur. Lorsqu'il arriva à la première maison délabrée, une femme d'origine latino-américaine lui lança un regard soupçonneux. Elle était mère de six enfants et son mari venait de les abandonner quelques jours auparavant. Ils n'avaient rien à manger.

Le jeune homme lui dit : « J'ai une livraison pour vous, madame. »

Puis, il alla vers sa voiture et en sortit des boîtes et des sacs remplis de victuailles qu'il porta dans la maison : une dinde, de la farce, des tartes, des patates douces et des conserves. La femme restait là bouche bée, sous le coup de la surprise. En voyant toute cette nourriture, les enfants se mirent à pousser des cris de joie.

La jeune mère, qui baragouinait à peine l'anglais, saisit le jeune homme par le bras et se mit à l'embrasser en disant : « Vous, don du ciel, vous, don du ciel !

— Non, non, fit le jeune homme. Je ne suis que le livreur. Ça, c'est le cadeau d'un ami. » Puis il lui tendit un morceau de papier sur lequel était écrit :

« De la part d'un ami. Réjouissez-vous et profitez de ce jour d'Action de grâce. Votre famille et vous le méritez bien. Sachez qu'on vous aime. Et si vous en aviez un jour l'occasion, ayez la gentillesse d'en faire autant pour quelqu'un d'autre. »

Tout en parlant, le jeune homme continuait d'apporter d'autres sacs remplis de provisions. L'excitation, la joie et l'amour atteignirent alors leur paroxysme. Au moment de partir, des sentiments d'affection et de dévouement envahirent le jeune homme et lui arrachèrent des larmes d'émotion. Alors qu'il s'éloignait dans son véhicule, il jeta un coup d'œil dans son rétroviseur sur les visages souriants de la famille qu'il avait eu le privilège d'aider et sentit qu'il était revenu à son point de départ, que ce « terrible » jour de son enfance avait été en fait un don du ciel, et lui avait enseigné à s'épanouir en servant les autres.

Par ce geste simple, il s'acquittait de la mission qu'il poursuit jusqu'à ce jour : rembourser la dette que sa famille et lui avaient contractée envers le destin, tout en rappelant aux gens qu'il est toujours possible d'influer sur le cours des événements, qu'on les aime et que – par de simples gestes, un peu de compréhension et un plan d'action très concret – tous les défis comportent des leçons profitables et l'occasion d'évoluer et de trouver le vrai bonheur.

Comment se fait-il que j'en sache autant sur ce jeune homme et sur sa famille, non seulement en ce qui a trait à leurs actes, mais aussi à leurs sentiments ? Eh bien, tout simplement parce que ce jeune homme, c'était moi.

J'ai écrit ce livre parce que je veux que vous sachiez que l'on pense à vous. Je veux que vous sachiez que, même si vos propres difficultés vous paraissent insurmontables, vous pouvez réellement changer le cours de votre vie. Vous pouvez réaliser vos anciens rêves. Comment ? En apprenant à exploiter votre potentiel, à donner le maximum de vous-même au moment où vous lisez ces mots. Cette énergie, enfouie au tréfonds de vous, peut vous aider à changer votre vie du tout au tout, presque instantanément. **Tout ce que vous avez à faire, c'est de la libérer de ses entraves.**

Comment se fait-il que je puisse vous dire cela avec autant de conviction ? Tout simplement parce que j'ai eu moi-même recours à cette énergie pour transformer complètement ma vie. Il y a un peu plus de dix ans, j'étais encore aux prises avec toutes sortes de problèmes, je me sentais très frustré, bref j'avais pour ainsi dire abandonné tout espoir de pouvoir un jour m'en sortir ! Je vivais dans un tout petit studio, à Venice, en Californie. J'étais très seul, très malheureux et je pesais 20 kilos de trop. Je n'avais aucun projet d'avenir. J'avais l'impression que la vie ne m'avait doté que de cartes perdantes et que je ne pouvais rien y changer. Je n'avais pas un sou, et sur le plan psychique, j'étais au bout de mon rouleau. Je me sentais dépassé par les événements, désemparé et vaincu.

Je suis ici pour vous dire qu'en moins d'un an, j'ai réussi à tout changer. J'ai perdu 13 kilos en moins de trente jours. Et je ne les ai jamais repris, car j'ai fait plus que me mettre au régime : j'ai décidé de changer radicalement ma façon de penser.

J'ai repris une forme éblouissante en m'entraînant régulièrement et j'ai acquis la confiance nécessaire pour surmonter les périodes difficiles et atteindre les objectifs dont j'avais rêvé. Mon secret était de me concentrer sur les besoins des autres. Je me demandais constamment : *« Comment puis-je contribuer au bien-être de mes semblables ? »* Ce processus de réflexion m'a permis de devenir un leader. Je m'aperçus très tôt que je ne pouvais pas aider les autres à changer avant d'avoir changé moi-même. Le secret d'une vie heureuse était d'apprendre à donner, mais pour pouvoir donner, il fallait tout d'abord que je m'améliore. En marche vers cet idéal, je réussis à attirer la femme de mes rêves, je l'épousai et je devins père. En moins d'un an, moi qui vivotais au jour le jour, je suis devenu millionnaire. J'ai déménagé de mon studio délabré pour m'installer dans la demeure que j'occupe aujourd'hui : un palais de 3000 mètres carrés, surplombant l'océan Pacifique.

Mais je n'en suis pas resté là. Dès que je réussis à me prouver que je pouvais m'en sortir seul, je décidai d'approfondir toutes les manières possibles d'aider les autres. Je me mis en quête de modèles de réussite, de personnes qui parvenaient à tout changer à la vitesse de l'éclair. Parmi ces spécialistes en performances de très haut niveau, se trouvaient quelques-uns des mentors et des thérapeutes les plus célèbres au monde, des gens capables d'aider les autres à résoudre leurs problèmes en une ou deux séances plutôt qu'en une, deux ou même plusieurs années. Avec le plus vif intérêt, j'étudiai leurs enseignements et je les mis immédiatement en pratique. Je mis par ailleurs aussi au point mes propres stratégies et techniques.

Depuis lors, ces techniques m'ont permis de travailler avec plus d'un million de personnes, issues de 42 pays différents, et de leur offrir les « outils » et la formation dont elles avaient besoin pour changer le cours de leur vie. Par la suite, j'ai eu le privilège de partager le résultat de mes recherches avec des gens provenant des milieux les plus divers : des ouvriers et des aristocrates, des membres de familles royales, des chefs d'État et des P-DG de sociétés, des présidents d'associations de parents d'élèves, des vedettes de cinéma, des athlètes professionnels, des équipes sportives, des mères de famille, des médecins, des enfants et des sans-abri. Grâce à mes livres, des cassettes, des colloques et des rencontres télévisées, je suis littéralement parvenu à rejoindre des dizaines de millions de personnes. Mon but a toujours été de les aider à se prendre en main et à améliorer instantanément leur qualité de vie.

Je ne suis pas en train de vous raconter tout cela pour vous impressionner et vous convaincre qu'il est possible de changer très rapidement. Une fois que nous comprenons ce qui façonne nos pensées, nos sentiments et notre comportement, tout ce qui nous reste à faire, c'est d'agir concrètement sur tous les plans, de façon logique, intelligente et en faisant preuve de détermination. À l'aide de ce livre, je me propose de vous guider pour vous permettre d'apporter tous les changements que vous souhaitez à votre vie.

La pensée positive ne suffit pas

Nous caressons tous nos propres rêves, n'est-ce pas ? Nous sommes tous prêts à croire que nous sommes vraiment des êtres exceptionnels, que nous pouvons changer le cours de notre vie, jouer un rôle important au sein de notre propre famille, ainsi que dans la vie de nos amis ou d'autres personnes. Nous avons tous déjà su, à un moment donné, ce que nous voulions et ce que nous méritions de recevoir de la vie.

Pourtant, ils sont nombreux ceux qui oublient leurs rêves d'autrefois lorsqu'ils doivent affronter la vie et ses défis. Ils font abstraction de leurs aspirations, ils oublient qu'ils ont le pouvoir de décider de leur avenir, et ils perdent confiance et espoir. C'est pourquoi je me suis donné la mission de rappeler aux autres – des gens comme vous et moi – que nous possédons le pouvoir de changer tout ce que nous désirons. **Nous pouvons éveiller ce pouvoir et réaliser nos rêves**, *dès aujourd'hui*. Ce livre vous fournira quelques outils simples pour effectuer ces changements spectaculaires.

Il va sans dire que la pensée positive constitue déjà un excellent début. Vous devez bien sûr concentrer votre énergie sur la façon de modifier le cours des événements – sur des *solutions* à vos problèmes – plutôt que de ressasser pourquoi les choses vont si « mal ». **Mais la pensée positive ne suffit pas pour réussir à inverser le cours des choses.** Il vous faudra aussi de nouvelles stratégies et des plans précis pour changer votre façon de penser, de réagir, et d'agir, *chaque jour de votre existence*.

N'est-il pas vrai que nous souhaitons tous améliorer les choses dans notre vie ? Presque tous les changements que nous voulons effectuer se répartissent en deux catégories : nous souhaitons soit changer notre façon de *réagir* à ce qui nous touche (avoir davantage confiance en nous, dominer nos peurs, nous débarrasser de nos frustrations, nous sentir plus heureux ou avoir une perception plus positive de notre passé), soit modifier notre *manière d'agir* (changer certaines habitudes, cesser de fumer, de boire, ou de toujours remettre les choses au lendemain). Mais le problème, c'est qu'en dépit de notre désir sincère de changer, *bien peu d'entre nous connaissons les techniques nécessaires pour y arriver et pour que ces changements soient permanents*.

Je voudrais que cet ouvrage vous aide à amorcer des changements positifs. Je ne vous promets pas que ce simple petit livre vous aidera à obtenir la lune, mais *par contre, je vous garantis* que vous pouvez prendre votre destin en main et commencer à améliorer la qualité de votre vie en mettant en pratique quelques techniques simples, présentées dans ce livre. Vous pourrez aussi y avoir recours pour aider vos amis et des membres de votre famille.

Si vous voulez vraiment effectuer un virage positif, le seul moyen est de commencer immédiatement à croire qu'il *est* possible de changer. Le passé n'a aucune espèce d'importance. Quelle que soit la nature de vos échecs passés, cela n'a rien à voir avec ce que vous avez décidé d'entreprendre actuellement. Seuls vos actes *présents* comptent quand il s'agit de façonner votre destinée. Pour le moment, vous devez apprendre à devenir votre meilleur ami. Cessez de vous reprocher sans cesse vos fautes passées et concentrez-vous plutôt sur la recherche de solutions au lieu de ruminer vos problèmes.

Vous sentez-vous prêt à entreprendre ce voyage ? Eh bien, en route ! Et commençons à changer notre vie en sachant quoi faire lorsque...

Première leçon

Vous vous sentez dépassé par les événements... Comment renverser la situation ?

Au cours de notre vie, de nombreux événements se produisent qui sont souvent indépendants de notre volonté. L'entreprise pour laquelle nous travaillons décide par exemple de réduire son personnel et nous sommes mis à pied ; notre conjoint nous quitte ; un membre de notre famille tombe gravement malade ou un de nos proches meurt subitement ; le gouvernement supprime un programme subventionné sur lequel nous comptions, et ainsi de suite. Dans de telles situations, nous nous sentons souvent impuissants à agir pour améliorer les choses.

Il vous est certainement déjà arrivé d'avoir tout essayé pour trouver un nouvel emploi, pour aider votre famille, pour rencontrer l'âme sœur, ou tout simplement pour être plus heureux. Mais rien ne semblait marcher. Et souvent, lorsque nous tentons de mettre en pratique une nouvelle approche, que nous cherchons à fournir le meilleur de nous-même, sans toutefois parvenir au but, nous avons peur de faire de nouvelles tentatives. Pourquoi ? Parce que nous fuyons tous la souffrance et que personne n'aime jouer perpétuellement le rôle du perdant. Personne n'aime faire de son mieux et voir à nouveau ses espoirs déçus. Et bien entendu, il n'est pas rare qu'après plusieurs déceptions, nous perdions tout désir d'essayer à nouveau ! Nous finissons par croire que *rien, absolument rien*, ne marchera.

Si vous vous trouvez dans une telle impasse, c'est que vous souffrez de « résignation acquise ». Vous avez littéralement appris à vous persuader que vous faites partie de ceux qui « n'y peuvent jamais rien ».

La bonne nouvelle, en l'occurrence, c'est que vous vous trompez. Vous *avez le pouvoir d'agir* ! Vous pouvez tout changer dans votre vie, dès aujourd'hui, en modifiant vos perceptions et votre façon d'agir.

> *« Je ne suis pas découragé, car tout nouvel échec constitue un pas de plus vers la victoire. »*
>
> Thomas EDISON

Le premier pas à faire pour changer le cours de votre vie, c'est de vous débarrasser de l'idée négative qu'il est inutile d'agir ou que vous en êtes incapable. Comment ? Affirmer son impuissance à agir, c'est exprimer en fait que des méthodes se sont révélées inefficaces par le passé. Mais permettez-moi de vous rappeler – et c'est une phrase que j'ai maintes fois répétée au cours de mon existence : VOTRE PASSÉ

N'A RIEN À VOIR AVEC VOTRE AVENIR. C'est ce que vous faites *à l'heure actuelle* qui compte et non pas ce que vous avez fait hier. En effet, bien des gens essaient de bâtir leur avenir en ne regardant que leur rétroviseur ! Si vous êtes de ceux-là, ce sera à coup sûr la catastrophe. Apprenez plutôt à vous concentrer sur ce que vous pourriez faire *aujourd'hui même* pour améliorer les choses.

C'est en persévérant qu'on arrive au but

Nombreux sont ceux qui m'ont dit : « J'ai essayé de réussir *de millions* de façons différentes et aucune n'a fonctionné ! » Ou : « J'ai essayé *mille* choses ! » Pensez-y bien ! Ces personnes n'ont certainement pas essayé de changer les choses de cent façons, ni même de douze façons. La plupart des gens n'ont vraiment essayé que huit, neuf ou dix méthodes, tout au plus. Et lorsque ça n'a pas marché, ils ont baissé les bras.

La clé du succès, c'est de savoir exactement ce qui compte le plus à vos yeux, puis de faire le maximum, tous les jours, pour améliorer les choses, même lorsque vos efforts ne semblent mener à rien.

Permettez-moi de vous donner un exemple. Avez-vous déjà entendu parler d'un certain colonel Sanders ? Sans aucun doute ! Comment le colonel est-il parvenu à une telle réussite ? Est-il né dans une famille riche ? Ses parents l'ont-ils envoyé étudier à une université renommée comme Harvard, par exemple ?

Ou bien, a-t-il réussi parce qu'il s'est lancé très tôt en affaires ? Y a-t-il du vrai dans tout cela ?

La réponse est non. Le colonel Sanders n'a pu commencer à réaliser son rêve qu'à partir de 65 ans ! Qu'est-ce qui l'a finalement poussé à agir ? Il était sans le sou et très seul. C'est alors qu'il reçut un premier chèque d'assistance du gouvernement, d'un montant de 105 pauvres dollars, ce qui le rendit furieux. Mais au lieu d'en faire le reproche à la société ou d'écrire une lettre cinglante au Congrès, il se demanda : « **Que pourrais-je faire d'utile pour les autres ? Comment rendre ce qui m'a été donné ?** » Et il commença à réfléchir aux connaissances qu'il possédait et dont il pourrait faire profiter les autres.

Sa première inspiration fut : « Eh bien, je connais une recette de poulet qui semble plaire à tout le monde ! Et si je la vendais à des restaurants ? Est-ce que je pourrais gagner de l'argent de cette façon ? » Il pensa alors presque aussitôt : *« C'est ridicule. Vendre ma recette ne m'aidera même pas à payer mon loyer. »* Il lui vint alors une autre idée : « Et si en plus de vendre ma recette, je montrais à ces restaurateurs comment cuire le poulet à la perfection ? Qu'arriverait-il si le poulet était tellement bon que cela leur permettrait d'augmenter leur chiffre d'affaires ? Et si plus de clients fréquentaient leur restaurant et que leur commerce prospérait, peut-être accepteraient-ils de me donner un pourcentage sur leurs nouvelles ventes. »

Beaucoup de gens ont des idées qui valent leur pesant d'or. Mais le colonel Sanders était un homme hors du commun. Il ne se contentait pas seulement de caresser des idées de projets grandioses. *Il passait ensuite aux actes*. Il alla de porte en porte en proposant son idée à tous les propriétaires de restaurants : « J'ai une merveilleuse recette de poulet et je suis persuadé que si vous l'offrez à vos clients, cela vous permettra d'accroître vos ventes. En échange, j'aimerais recevoir un pourcentage sur votre nouveau chiffre d'affaires. »

Il va sans dire que bien des gens lui rirent carrément au nez en lui disant : « Écoutez, grand-père, sortez d'ici, j'ai à faire. Et pourquoi portez-vous ce ridicule costume blanc ? » Le colonel Sanders décida-t-il alors d'abandonner la partie ? Pas le moins du monde. Il connaissait le véritable secret de la réussite, ce que j'appelle *le pouvoir personnel*. Et le pouvoir personnel signifie faire preuve de persévérance ; chaque fois que nous poursuivons un but, nous en tirons une nouvelle leçon pour ensuite faire mieux la fois suivante. C'est sans aucun doute à son pouvoir personnel que le colonel Sanders fit appel ! Au lieu de se sentir déprimé par le dernier propriétaire de restaurant qui avait rejeté son idée, il chercha immédiatement à améliorer son boniment de vente pour obtenir de meilleurs résultats au restaurant suivant.

À votre avis, combien de fois le colonel Sanders dut-il essuyer un refus avant d'obtenir la réponse qu'il cherchait ? **Eh bien, 1 009 fois avant d'entendre le premier oui.** Il passa *deux ans* à parcourir l'Amérique dans sa vieille voiture, dormant sur le siège arrière dans son costume blanc fripé, très matinal et plein d'enthousiasme à la perspective de partager son idée avec de nouveaux restaurateurs. Bien souvent, il se contentait de grignoter quelques bouchées des échantillons de poulet qu'il avait cuisinés d'avance pour les montrer à d'éventuels clients. Combien de gens à votre avis auraient accepté de se faire dire non 1 009 fois – pendant deux ans ! – sans abandonner la partie ? Très peu. Voilà pourquoi il n'existe qu'un seul et unique colonel Sanders. Je suis convaincu que la plupart des gens n'insisteraient plus au bout de vingt refus, et encore moins après cent ou mille refus ! Pourtant, c'est parfois la seule chose à faire pour réussir.

Si vous lisez la biographie de gens ayant brillamment réussi au cours de l'histoire, vous remarquerez qu'ils ont tous quelque chose en commun : aucun refus ne pouvait les rebuter, ni les arrêter. Ils ne permettaient à personne de les empêcher d'atteindre leurs buts et de réaliser leurs rêves. Saviez-vous que Walt Disney dut essuyer trois cent deux refus avant de trouver le financement nécessaire pour réaliser son rêve de créer « une oasis de bonheur sur terre » ? Tous les directeurs de banques étaient persuadés qu'il avait perdu la tête. Loin de là ! C'était un visionnaire et, surtout, il s'était juré de faire de son rêve une réalité. Aujourd'hui, des millions de gens ont la joie « de découvrir le monde merveilleux de Disney », un univers semblable à nul autre et créé par un seul être humain.

Alors même que je vivais dans mon minable petit appartement où je devais laver la vaisselle dans la baignoire, j'essayais de ne pas oublier ce genre d'exemple. Je tentais de garder à l'esprit qu'AUCUN PROBLÈME

N'EST PERMANENT. AUCUN PROBLÈME NE PEUT AFFECTER MA VIE ENTIÈRE. IL EXISTE UNE SOLUTION À CHACUN D'ENTRE EUX, SI J'ENTREPRENDS D'AGIR DE FAÇON CONSTRUCTIVE ET POSITIVE, EN FAISANT UN MAXIMUM D'EFFORTS SUR TOUS LES PLANS. Je gardais constamment cette idée à l'esprit : « *Même si ma vie me paraît épouvantable à l'heure actuelle, il y a en fait pas mal de choses pour lesquelles je peux remercier le ciel, par exemple, mes deux amis, le fait que je sois en possession de mes facultés ou le fait que je peux respirer de l'air pur.* » J'essayais de me concentrer constamment sur ce que je cherchais, de fixer mon attention sur les *solutions*, plutôt que sur les problèmes. Et je me répétais qu'aucun problème ne pouvait se répercuter sur ma vie entière, même si j'en avais l'impression à ce moment-là.

Je décidai de ne plus croire que toute mon existence était foutue, parce j'étais en proie à la frustration et à des difficultés financières passagères. Je décidai que je n'avais rien à me reprocher et que je me trouvais tout simplement en « période de transition ». En d'autres termes, je savais que si je continuais à cultiver les graines que j'avais plantées – si je continuais à faire ce qu'il fallait – je finirais bien par sortir de cette impasse, que des moments plus heureux m'attendaient – et que je récolterais un jour le fruit de ces dures années d'efforts, apparemment inutiles. Je décidai aussi qu'il était insensé de croire qu'on pouvait obtenir des résultats positifs en répétant constamment des comportements qui s'étaient soldés par un échec dans le passé. Je devais persévérer jusqu'à ce que je trouve les réponses que je cherchais.

Le message que je voudrais vous transmettre est simple, et je sais qu'au fond de vous-même, vous savez que c'est vrai : **un plan d'action efficace, une persévérance de tous les instants et un maximum d'efforts vous permettront d'obtenir ce que vous désirez, si vous savez faire preuve de souplesse face aux obstacles ; mais pour cela, vous devez tout d'abord cesser de croire qu'il n'existe aucune solution à vos problèmes.** Il faut que vous vous concentriez immédiatement sur ce que vous pouvez faire dès aujourd'hui, ne serait-ce qu'à très petite échelle.

C'est logique, n'est-ce pas ? Alors pourquoi n'y a-t-il pas plus de gens prêts à adopter le slogan publicitaire de la firme Nike : « Il suffit d'agir » ? C'est parce que la peur d'échouer les paralyse. Mais j'ai découvert quelque chose d'extraordinaire en ce qui a trait à l'échec...

Deuxième leçon

L'échec n'existe pas

L'heure est venue de prendre une *décision*. Dès maintenant, vous devez prendre la ferme résolution de ne plus jamais vous laisser aller à entretenir des sentiments défaitistes ou vous laisser aller à des humeurs dépressives. Cela ne veut pas dire que vous devez sous-estimer l'ampleur des défis qui vous attendent. Cela signifie seulement que vous comprenez maintenant que la dépression et le défaitisme vous empêchent d'agir et de transformer votre vie. Il est indispensable que vous commenciez à vous persuader que, même si tout vous paraît irréalisable en ce moment, vous pouvez faire volte-face. **Voyez-vous : chacun vit des problèmes et subit des déceptions et des frustrations**, mais *c'est notre façon de réagir à ces obstacles qui façonne notre existence.*

Je voudrais partager avec vous un merveilleux exemple de ce principe dynamique. Il y a bien des années, un jeune homme rêvant de devenir un musicien célèbre, abandonna ses études et se mit en route. Il est très difficile de dénicher un emploi quand on n'a même pas fini ses études secondaires. Il se mit donc à jouer du piano et à chanter dans quelques-uns des bars les plus mal famés de la ville, faisant don de son âme et de sa musique à des clients tellement soûls qu'ils ne s'apercevaient même pas de sa présence. Imaginez les sentiments de frustration et d'humiliation qu'il dut éprouver ! Il se sentait accablé et presque anéanti par la dépression. Il n'avait pas un sou en poche et il dormait dans des teintureries automatiques. Il continuait à se battre uniquement par amour pour sa petite amie qui était, à ses yeux, la plus belle femme du monde.

Mais un jour, elle aussi l'abandonna. Il pensa que sa vie était finie et décida de se suicider. Mais avant de passer aux actes, il essaya de trouver de l'aide et se rendit à un hôpital psychiatrique. Ce fut alors que sa vie changea, non pas « grâce à une guérison miraculeuse », mais parce qu'il s'alarma en voyant l'état grave des patients et qu'il comprit à quel point tout pouvait dégénérer ! Il se rendit compte qu'il n'avait pas de réel problème. Et ce jour-là, il se promit de ne plus jamais se laisser sombrer dans la dépression. Il travaillerait aussi dur et aussi longtemps qu'il le fallait pour devenir un excellent musicien, car il était certain d'avoir du talent. **Aucune déception et personne au monde ne valent la peine qu'on se suicide. La vie vaut toujours la peine d'être vécue. Il y a toujours des bienfaits dont on peut remercier le ciel.**

Il poursuivit sa lutte. Au début, rien ne se passa, mais son talent fut enfin reconnu. En fait, le monde entier connaît aujourd'hui ce musicien et sa musique. Il s'appelle Billy Joel.

N'oublions jamais que CE N'EST PAS PARCE QUE LE DESTIN NOUS REFUSE QUELQUE CHOSE À UN CERTAIN MOMENT DU TEMPS QU'IL FAUT CONSIDÉRER CE REFUS COMME DÉFINITIF. L'échec n'existe pas, et si vous tentez quelque chose sans succès, mais que, ce faisant, vous en tirez une leçon dont vous saurez profiter à l'avenir, c'est alors que vous aurez vraiment réussi.

En fait, il y a un dicton qui m'a aidé au cours des ans :

« LE SUCCÈS EST LE FRUIT D'UN BON JUGEMENT.

LE BON JUGEMENT EST LE FRUIT DE L'EXPÉRIENCE.

L'EXPÉRIENCE EST SOUVENT LE FRUIT D'ERREURS DE JUGEMENT. »

Accrochez-vous ! Si vous persévérez dans vos efforts pour améliorer les choses, tout en tirant une leçon de vos « erreurs », vous réussirez. Examinons maintenant de plus près ce qui nous pousse à agir...

TROISIÈME LEÇON

Apprenez à décider et plus rien ne saura vous arrêter

Je maintiens dans ce petit livre que le pouvoir de changer votre vie existe. Où se trouve-t-il ? Comment le canaliser ? Nous savons tous que pour obtenir de nouveaux résultats, il faut changer de comportement, mais il faut aussi prendre conscience du fait que tous nos actes découlent des décisions que nous prenons : **pouvoir décider, c'est pouvoir changer.** Là encore, il est vrai que nous ne sommes pas toujours maîtres des circonstances, mais nous pouvons exercer un contrôle sur ce que nous décidons de penser, de croire, de sentir et sur nos réactions aux événements. Il ne faut jamais oublier qu'à chaque instant, que nous l'acceptions ou non, la vie nous met en face de nouveaux choix ; ces choix, ainsi que les actes et résultats qui en découlent, dépendent entièrement de nous. La plupart d'entre nous oublions que nous avons le pouvoir de choisir. EN FIN DE COMPTE, CE SONT NOS DÉCISIONS ET NON PAS LES CIRCONSTANCES QUI INFLUENT SUR NOTRE DESTIN. Votre mode de vie actuel reflète notamment qui vous avez décidé d'être et ce que vous avez décidé d'accomplir, ainsi que vos décisions de fréquenter telle ou telle personne, d'apprendre ou de ne pas apprendre, d'adopter certaines croyances, de persévérer ou d'abandonner la partie, de vous marier, d'avoir des enfants, de vous alimenter d'une certaine façon, de fumer ou de boire. Toutes ces décisions ont littéralement réglé le cours de votre vie. Si vous voulez sincèrement changer votre situation, vous devez décider ce qui vous tient à cœur, ce que vous ferez, et quels sont les engagements que vous êtes prêt à prendre.

Lorsque j'emploie le terme *décision*, je veux parler d'un choix conscient. La plupart des gens se disent : « Bon, j'ai décidé de perdre du poids », mais ils pensent en termes trop vagues et manquent de précision. En fait, ils se contentent d'énoncer une préférence ; en d'autres termes, ils disent : « *J'aimerais* être plus mince. » En fait, il n'y a prise de décision que lorsqu'on refuse de considérer tout autre scénario possible, que l'on se concentre exclusivement sur son but, que l'on ne se permet même pas de douter.

Permettez-moi de vous raconter l'exemple édifiant d'un homme qui avait compris toute la puissance que renferme une vraie décision, de quelqu'un qui s'était juré une fois pour toutes de ne jamais abandonner la partie. Il s'appelle Soichiro Honda ; c'est le fondateur de la société Honda, qui fabrique des automobiles et des motocyclettes. M. Honda ne se laissa jamais arrêter par les tragédies, les problèmes, ou les défis. **En fait, il décida souvent de considérer les plus grands**

obstacles comme de simples étapes à franchir dans la course devant le mener à la victoire finale.

En 1938, M. Honda n'était qu'un pauvre étudiant qui rêvait de créer un nouveau type de segment de piston qu'il comptait fabriquer pour la société Toyota.

M. Honda décida souvent de considérer les plus grands obstacles comme de simples étapes à franchir dans la course devant le mener à la victoire finale.

Tous les jours, il allait suivre ses cours, puis il passait la nuit à travailler sur la conception de son engin, le visage et les mains pleins d'huile. Il investit le peu d'argent qu'il possédait dans son projet, sans parvenir à le terminer. En dernier ressort, il dut mettre les bijoux de sa femme au clou pour pouvoir continuer.

Après des années et des années d'efforts, il parvint enfin à dessiner le type de segment de piston qu'il comptait fermement vendre à Toyota. Mais lorsqu'il présenta son produit, Toyota refusa de l'acheter. Il dut retourner à l'université où il se fit humilier par ses professeurs et par ses amis qui lui dirent qu'il était complètement idiot de dessiner les plans d'un machin aussi ridicule.

Était-il frustré ? Et comment ! Était-il fauché ? Sans aucun doute ! Abandonna-t-il la partie ? *L'idée ne l'en effleura même pas !*

Au lieu de cela, il passa les deux années suivantes à réfléchir aux moyens d'améliorer la conception de son segment de piston. Il connaissait la formule clé qui le mènerait à la réussite :

1. Il décida ce qu'il voulait ;
2. Il exécuta son plan d'action ;
3. Il évalua constamment ses progrès et…
4. Il révisa ses méthodes chaque fois qu'il se trouvait sur une fausse piste ; il sut faire preuve de *souplesse* et modifia ses stratégies pour surmonter les obstacles sur son chemin.

Enfin, au bout de deux autres années, il peaufina la conception de son engin et Toyota finit vraiment par le lui acheter !

M. Honda avait besoin de béton pour construire son usine de pistons, mais tout le béton disponible avait été réquisitionné, car le branle-bas de combat régnait au sein du gouvernement japonais qui se préparait à livrer la Seconde Guerre mondiale. Une fois de plus, son rêve paraissait sur le point de s'écrouler. Personne ne semblait pouvoir l'aider. Là encore… en fut-il découragé ? Pas le moins du monde. Il était fermement décidé à construire son usine et n'envisageait même pas la possibilité de renoncer à son projet. Il réunit donc quelques amis et, pendant des semaines, ils travaillèrent nuit et jour pour expérimenter diverses méthodes de fabrication, jusqu'au jour où ils trouvèrent enfin une nouvelle façon de produire du béton. Il construisit alors son usine et put enfin produire ses segments de piston.

« Mais l'histoire continue... »

L'histoire ne s'arrête pas là. Pendant la guerre, les États-Unis bombardèrent son usine et en détruisirent la majeure partie. Au lieu de s'avouer vaincu, M. Honda rallia ses employés autour de lui et leur dit : « Vite, courez observer ces avions. Ils vont larguer leurs bidons d'essence dans le vide. Il faut trouver les points de chute de ces bidons pour les ramasser, car ils sont faits de matières premières dont nous avons besoin pour fabriquer nos produits ! » À l'époque, il était impossible de se procurer ces matériaux au Japon. **M. Honda avait découvert le moyen de profiter de ce que la vie voulait bien lui offrir.** Finalement, un tremblement de terre détruisit son usine et il fut obligé de vendre son entreprise de production de segments de piston à Toyota. Mais Dieu ne nous ferme jamais une porte sans nous en ouvrir une autre, aussi devons-nous rester à l'affût de ce que la vie peut nous offrir.

Lorsque la guerre prit fin, le chaos régnait au Japon. Partout dans le pays, il y avait pénurie de matières premières. L'essence était rationnée et, dans certains cas, presque introuvable. M. Honda ne réussissait même pas à s'en procurer suffisamment pour mettre sa voiture en marche et se rendre au marché acheter des provisions pour sa famille. Au lieu de se sentir vaincu ou impuissant à agir, il prit une nouvelle décision. Il décida qu'il ne se contenterait pas d'une qualité de vie aussi médiocre. Il se posa une question d'une importance cruciale : « Que puis-je faire d'autre pour nourrir ma famille ? Comment mettre à profit les connaissances que je possède déjà pour atteindre mon but ? » Il s'aperçut alors qu'il lui restait un petit moteur, de ceux dont on se sert pour équiper les tondeuses à gazon et l'idée lui vint de le monter sur sa bicyclette. Il créa ainsi la première motocyclette. Il s'en servait pour aller au marché et peu de temps après, ses amis lui demandèrent de leur fabriquer leur propre « motocyclette ». En peu de temps, il en monta un si grand nombre qu'il commença à manquer de moteurs. Il décida alors de construire une nouvelle usine pour les fabriquer lui-même. Mais que faire sans argent, dans un Japon déchiré ?

« *C'est en décidant que nous forgeons notre destin.* »

Anthony ROBBINS

Au lieu d'abandonner la partie et de se dire : « *Il n'y a pas de solution* », une brillante idée lui vint à l'esprit. Il *décida* d'envoyer une lettre à tous les propriétaires de magasins de bicyclettes du Japon, dans laquelle il leur expliquait qu'il avait trouvé une solution pour remédier aux problèmes de transport du Japon, que sa motocyclette serait économique et qu'elle permettrait aux Japonais de se déplacer facilement. Puis, il leur demanda d'investir dans son projet.

Parmi les 18 000 propriétaires de magasins de bicyclettes qui reçurent la lettre de M. Honda, 3 000 décidèrent de le financer et il put alors fabriquer son premier lot. Vous pensez peut-être que le succès fut immédiat, n'est-ce pas ? Eh bien, pas du tout ! Sa motocyclette était trop grande et trop lourde, c'est pourquoi bien peu de Japonais l'achetèrent. Une fois de plus, il analysa ce qui n'allait pas et, au lieu de baisser les bras, il révisa à nouveau sa stratégie. Il *décida* d'épurer le modèle de ses motocyclettes et d'en construire des beaucoup plus légères et de plus petites dimensions. Il nomma son nouveau modèle « The Cub® ». La nouvelle motocyclette fit fureur sur le marché et ce succès inouï valut à M. Honda d'être décoré par l'empereur. Il devint célèbre et tout le monde déclara qu'il avait eu bien de la « chance » d'avoir eu une si bonne idée.

Était-ce vraiment de la chance ? Si « chance » signifie travailler en sachant ce que l'on fait, alors oui, il se peut que M. Honda ait eu de la chance. À l'heure actuelle, son entreprise est l'une des mieux cotées au monde. La société Honda compte plus de 100 000 employés et vend plus de véhicules que tous ses concurrents américains, à l'exception de Toyota. Et tout ça parce que *M. Honda n'accepta jamais de s'avouer vaincu*. Il refusa de se laisser arrêter par les problèmes et les circonstances. Il *avait décidé* une fois pour toutes qu'il y a *toujours* moyen de réussir quand on le veut vraiment.

La vie n'est qu'une suite de décisions !

Vous savez comme moi que certaines personnes sont nées sous une bonne étoile : leurs parents étaient riches et ils ont grandi dans des milieux privilégiés ; la nature semblait les avoir dotés d'une bonne santé et d'une robuste constitution et on a pourvu à leurs moindres besoins. Et pourtant, il arrive parfois que ces mêmes individus deviennent obèses, frustrés et toxicomanes.

Par ailleurs, il est courant d'entendre parler ou de rencontrer des gens qui, contre toutes probabilités, ont réussi à surmonter tous les obstacles et à se dépasser, après avoir pris de *nouvelles décisions* d'une importance capitale pour leur destin. **Ce sont aujourd'hui des modèles du caractère invincible et de la puissance illimitée de l'esprit humain.**

Comment ces gens étonnants procèdent-ils ? Tous ont décidé à un moment donné qu'ils en avaient assez et qu'ils ne se contenteraient que de ce que la vie avait de meilleur à leur offrir. Ils ont vraiment pris la décision de transformer leur vie.

Qu'est-ce que j'entends par « vraiment » ? Eh bien, tant de gens disent par exemple : « Je devrais vraiment perdre du poids. Je devrais gagner plus d'argent. Je devrais chercher un meilleur emploi. Je devrais arrêter de boire et de fumer. » Ce n'est certainement pas à coups de « devrais » que vous allez changer quoi que ce soit !

> *Les vraies décisions ne sont pas des châteaux de cartes : elles sont coulées dans le béton. On se fixe une ligne de conduite et on n'en dévie pas d'un millimètre.*

La seule façon de changer de vie est de prendre une véritable décision. Décider véritablement signifie exclure *la moindre possibilité d'échec* et concentrer toute son énergie sur l'objectif qu'on se propose d'atteindre.

S'il est si facile de prendre des décisions et si les décisions peuvent avoir un tel impact sur notre vie, pour quelle raison si peu de gens en prennent ? C'est qu'ils ne savent pas en quoi consiste une vraie décision. Ils s'imaginent que décider équivaut à dresser une liste de vœux pieux : « J'aimerais arrêter de fumer », ou « J'aimerais arrêter de boire ». En fait, la plupart d'entre nous n'avons plus pris de décision sérieuse depuis si longtemps que nous en avons même oublié ce que c'est !

Lorsqu'on prend une véritable résolution, on se fixe une ligne de conduite dont on ne dévie pas d'un millimètre. Les vraies décisions ne sont pas des châteaux de cartes : elles sont coulées dans le béton. On sait exactement ce qu'on veut. Cette prise de conscience se traduit par une puissance d'action accrue.

Ceux qui luttent contre des forces supérieures et triomphent dans la vie prennent tous les jours trois décisions capitales. Ils décident :

1. sur quoi concentrer leur attention ;
2. quelle est la signification réelle de chaque chose ;
3. quel plan d'action adopter.

L'histoire d'Ed Roberts fait aussi partie des exemples que j'aime citer. C'est un homme « ordinaire », en fauteuil roulant, qui est devenu un être vraiment exceptionnel en décidant un jour de transcender ses limites physiques. Entièrement paralysé depuis l'âge de 14 ans, il a appris, malgré d'énormes difficultés, à se servir quotidiennement d'un appareil respiratoire pour mener une vie aussi normale que possible.

Après avoir frôlé la mort plusieurs fois, il aurait pu prendre la décision de s'abandonner au désespoir, mais il a choisi au contraire de faire progresser la cause des personnes handicapées.

Comment ? En menant depuis quinze ans un combat contre la société des gens dits « normaux » et contre leur condescendance à l'égard des personnes handicapées. Il est parvenu ainsi à améliorer considérablement leur sort et leur qualité de vie. Ed Roberts a éduqué le public ; grâce à lui, l'usage de rampes d'accès pour fauteuils roulants, de barres d'appui et d'emplacements de stationnement réservés s'est répandu considérablement. Il fut le premier tétraplégique à recevoir un diplôme de l'université de Berkeley, en Californie. Il obtint finalement le poste de directeur du Service de rééducation des personnes handicapées de l'État de Californie. Là encore, il fut le premier handicapé à occuper ce poste.

Il est clair que cet homme avait décidé, dès le début, que le cœur de ses préoccupations serait différent de celui de la majorité des personnes handicapées. **Il se concentra sur la façon de faire avancer les choses.** Son handicap physique constituait un « défi » à ses yeux. Il décida de faire tout ce qu'il pouvait pour aider ses semblables, affligés comme lui de handicaps, à mener une vie plus facile. Il prit l'engagement de réaménager l'environnement de façon à améliorer la qualité de vie des handicapés.

Le cas d'Ed Roberts prouve sans contredit que ce qui importe bien plus que le point de départ : c'est la ligne d'arrivée et *notre décision quant à la façon* de l'atteindre. Tout ce qu'il a réussi à accomplir est le fruit d'une vraie décision. Quant à vous, pensez à quel point votre vie se trouverait transformée par ce genre de *décision.*

Décidez dès maintenant !

Tout progrès humain est précédé d'une décision. Quelles sont les choses que vous ne cessez de remettre au lendemain ? Qu'est-ce que vous devez faire pour améliorer votre existence ? Il s'agit peut-être de décider de remplacer la cigarette et l'alcool par du jogging ou de la lecture, ou bien de vous lever plus tôt le matin et d'avoir une attitude plus positive. Ou bien de décider que vous n'accuserez plus personne d'être à l'origine de vos problèmes et de réfléchir à ce que vous pourriez faire chaque jour pour améliorer votre situation. Ou de décider de chercher un nouvel emploi en prenant dès le départ la résolution de devenir indispensable. Ou décider d'étudier et d'acquérir de nouvelles compétences qui vous permettront de gagner plus d'argent. Ou encore de décider de vous consacrer davantage à votre famille et à vos amis.

Dans l'immédiat, prenez deux résolutions que vous vous engagez fermement à respecter, quels que soient

les efforts que vous devrez déployer. Commencez par prendre la décision de faire une promesse facile à tenir, envers les autres ou envers soi-même. En prenant une telle décision et en passant ensuite aux actes, vous vous prouverez que vous êtes capable de prendre des décisions d'une portée bien supérieure à cette première résolution. Vous verrez alors vos « muscles décisionnels » se raffermir à vue d'œil !

Maintenant, prenez une seconde décision qui exige encore plus de détermination de votre part, une résolution qui vous inspire vraiment ! Inscrivez vos deux décisions dans l'espace à la page suivante ; informez-en vos parents et amis, et abandonnez-vous ensuite au plaisir et à la fierté de tenir votre parole !

Deux décisions importantes que j'ai prises
et que je me suis engagé à respecter !

1. ______________________________

____

____

____

____

2. ______________________________

____

____

____

____

Et pour que vos décisions deviennent concrètes, tout cela dépend de votre capacité à...

Quatrième leçon

Bâtir vos croyances… et démarrer en trombe

Il y a une force qui contrôle toutes vos décisions. Elle influence votre manière de penser et vos sentiments au cours de toute votre vie. Elle régit tous vos actes. Elle détermine votre perception des événements. Cette force s'appelle vos *croyances personnelles*.

Lorsqu'on est convaincu de quelque chose, on transmet clairement à notre cerveau l'ordre d'agir de telle ou telle manière. Par exemple, ne vous a-t-on jamais demandé : « Pourrais-tu aller chercher le sel ? » Vous êtes alors entré dans la cuisine en pensant : *« Je ne sais pas où se trouve le sel. »* Puis, vous avez fouillé dans toutes les armoires, en répondant : « Je ne le trouve pas. » Et bien sûr, la personne qui vous avait demandé d'aller chercher le sel, est entrée dans la cuisine, s'est approchée de vous, vous a montré du doigt le sel qui se trouvait sous votre nez, en disant : « Et ça ! Qu'est-ce que c'est ? » C'était le sel, bien entendu ! Était-il à cet endroit tout à l'heure ? Parfaitement ! Comment se fait-il que vous ne l'ayez pas vu ? Car avant même de commencer votre recherche, vous n'étiez pas *convaincu* de le trouver à cet endroit.

Dès que nous entretenons une croyance à propos de quelque chose ou de quelqu'un, celle-ci détermine ce que nous voyons et ce que nous sentons. Saviez-vous que les croyances ont une telle puissance qu'elles peuvent même influer sur la couleur des yeux ? C'est un fait ! Selon le docteur Bernie Siegel, auteur du livre intitulé *L'Amour, la médecine et les miracles,* et d'autres ouvrages à propos de la relation entre l'esprit et le corps, des chercheurs scientifiques ont constaté plusieurs phénomènes intéressants chez des sujets aux multiples personnalités : lorsque certains patients sont persuadés d'être quelqu'un d'autre, leur cerveau reçoit un ordre qui a pour effet de modifier les réactions biochimiques du corps – et la couleur de leurs yeux change au moment où ils adoptent leur nouvelle personnalité !

Vos croyances peuvent même affecter votre rythme cardiaque : les adeptes du vaudou meurent lorsqu'on leur jette un « sort », parce qu'ils transmettent à leur cœur l'ordre d'arrêter de battre.

Croyez-vous que vos croyances puissent affecter votre vie ou votre entourage ? Sans aucun doute ! Nos croyances ont une puissance formidable, aussi faites très attention à ce que vous choisissez de croire, surtout en ce qui vous concerne. Je peux vous assurer qu'au fil des ans, certaines croyances m'ont beaucoup aidé. J'en ai déjà mentionné quelques-unes dans ce livre :

- « Il y a toujours moyen de changer le cours des événements, si je m'y engage fermement. »
- « Dans la vie, il n'y a pas d'échec. Du moment que je tire une leçon des événements, je considère que j'ai réussi. »
- « Ce n'est pas parce que le destin nous refuse quelque chose à une période donnée qu'il faut considérer ce refus comme définitif. »
- « Notre passé n'a rien à voir avec notre avenir. »
- « Je peux à tout moment changer le cours de ma vie en prenant une nouvelle décision. »

Ces croyances ont orienté ma façon de penser et d'agir. Elles m'ont aidé à changer le cours des événements, à surmonter d'énormes obstacles et à réussir ma vie.

> *« Avoir la foi, c'est croire en ce que l'on ne voit pas encore ; cette foi est récompensée lorsqu'on voit enfin ce en quoi on croyait. »*
>
> SAINT AUGUSTIN

Qu'est-ce qu'une croyance après tout ? Souvent, nous parlons de choses sans vraiment en avoir une idée claire, sans connaître la question. La plupart des gens pensent que leurs croyances reflètent la réalité, alors qu'en fait il s'agit d'un **sentiment de certitude** quant à la signification des choses. Lorsque vous vous dites que vous êtes intelligent, tout ce que vous vous répétez en réalité, c'est : « *Je suis certain d'être* intelligent. » Et c'est la force de cette conviction qui vous permet de faire appel à vos ressources de façon à agir intelligemment et à obtenir les résultats que vous désirez. Nous connaissons les réponses à une multitude de problèmes – ou du moins, nous avons accès à ces solutions par le biais d'autrui. Mais souvent nos doutes ou notre manque de certitude nous rendent incapables d'utiliser nos talents et nos capacités.

La façon la plus simple de comprendre en quoi consiste une croyance, c'est de réfléchir à ce qui en constitue le point de départ : une idée. De nombreuses idées peuvent vous venir en tête sans que vous y croyiez pour autant. Examinons, par exemple, l'idée selon laquelle vous croyez être une personne aimante. Prenez quelques secondes et répétez-vous : « Je suis une personne aimante. »

Selon le degré de certitude dont vous faites preuve en répétant cette phrase « Je suis une personne aimante », cela restera une simple idée ou cela deviendra une croyance. Si vous pensez : « Je ne suis pas vraiment une personne aimante », ce que vous dites en fait, c'est : « Je ne suis pas *vraiment certain d'être une personne aimante.* »

Comment transformons-nous une idée en croyance ? Permettez-moi de vous suggérer une métaphore simple pour décrire ce processus : si vous avez assez d'imagination pour vous représenter une *idée* sous l'aspect d'une table n'ayant qu'un ou deux pieds, vous comprendrez déjà pourquoi les idées sont loin d'être aussi solides que les croyances. Sans ses quatre pieds, la table ne peut même pas tenir debout toute seule. En revanche, une croyance est une table munie de quatre pieds solides. Si vous croyez sincèrement : « Je suis une personne aimante », comment savez-vous que c'est réellement le cas ? N'est-il pas vrai que vous avez certains points de référence qui corroborent cette idée ? Autrement dit, est-ce que cette déclaration est fondée sur des *expériences* passées ? Voilà donc de quoi sont faits les « pieds » qui rendent votre table solide – qui vous rendent *certain* de l'exactitude de vos croyances.

Sur quels points de référence et quelles expériences passées vous basez-vous pour établir avec certitude que vous êtes une personne aimante ? Quelqu'un vous a peut-être dit que c'était le cas. Ou vous agissez peut-être tous les jours de façon à rendre la vie des autres plus douce et plus heureuse, ou vous leur donnez de l'espoir. En fait, vous manifestez peut-être de bons sentiments envers les autres, ce qui prouve bien que vous êtes effectivement une personne aimante. Et pourtant, toute votre expérience n'est utile que si vous vous en servez pour renforcer l'idée que vous êtes bien une personne aimante. Ce faisant, vous vous sentez plus solide, plus certain de la véracité de l'idée et vous commencez à y croire. Une fois vos idées munies de pieds solides, vos croyances s'en trouvent automatiquement renforcées.

Quels sont les points de référence et les expériences qui font que vous êtes si certain d'être une personne aimante ?

Une fois que vous aurez compris que les croyances sont structurées comme des tables, vous pourrez commencer à en examiner les diverses composantes, ce qui vous permettra de les modifier. Mais d'abord, il est important de savoir qu'il est possible d'acquérir des croyances à propos de *tout*, si on trouve assez de « pieds » (au vrai sens du terme) pour les soutenir.

N'est-il pas vrai que vous avez vécu suffisamment d'expériences ou que vous connaissez assez de gens qui ont subi des injustices pour vous persuader aisément que les gens sont pourris et qu'ils n'hésiteraient pas à profiter de vous à la moindre occasion ? Vous n'avez peut-être pas du tout envie de croire une telle chose, et je suis persuadé que vous savez très bien que ce genre de croyance ne vous mènera à rien. Mais pourtant, si vous le vouliez, ne disposez-vous pas de suffisamment de preuves, renforcées par vos expériences personnelles, qui pourraient appuyer cette idée et la transformer en certitude ?

Par ailleurs, n'est-il pas également vrai aussi que vous avez vécu certaines expériences agréables, points de référence à l'appui, pour conclure, au contraire, que les gens sont foncièrement bons et qu'ils voudront nous aider si on s'intéresse vraiment à eux et qu'on les traite avec égards ?

La question principale à se poser est la suivante : **laquelle de ces deux croyances est vraie ? C'est celle que vous décidez de structurer dans votre mémoire. Cela dépend du choix que vous ferez.** La clé, c'est de décider quelles croyances vous aident à vous épanouir et lesquelles vous sapent votre énergie et vous enlèvent vos moyens.

Nos croyances constituent une extraordinaire source de pouvoir. Vous pouvez choisir quelles croyances adopter à votre sujet et vos convictions détermineront vos actes. L'important, c'est de choisir des croyances qui vous apportent soutien, espoir et énergie.

Quelles sont les trois croyances dont vous avez besoin dans l'immédiat ? Avez-vous besoin de croire que vous avez suffisamment confiance en vous pour passer une entrevue dans le but de décrocher un nouvel emploi ? ou de croire que vous avez la force de caractère nécessaire pour mettre fin à une relation qui vous pèse ? ou avez-vous besoin de croire que vous vous aimez suffisamment pour rechercher une relation satisfaisante ? Inscrivez au moins une croyance que vous devez adopter immédiatement :

Je dois croire :

____

____

____

____

Parfois, les gens me disent : « Ouais, Tony, j'ai déjà cru en quelque chose autrefois, mais ça n'a pas marché. » Comment pouvaient-ils être certains que cela ne marcherait pas ? Ils auraient peut-être eu avantage à se donner plus de temps.

Peut-être pourraient-ils tirer un précieux enseignement de cette ancienne anecdote provenant de l'Inde. C'est l'histoire d'un fermier qui n'a qu'un seul cheval pour tirer sa charrue ; mais un jour, le cheval s'enfuit. Ses voisins s'exclament : « C'est terrible ! » Le fermier répond : « Peut-être. »

Le lendemain, il revient au champ en tirant deux chevaux par la bride. Ses voisins déclarent : « C'est merveilleux !

— Peut-être », répond le fermier.

Son fils essaie de dompter les chevaux et finit par se casser une jambe. « Oh ! c'est terrible !, déclarent les voisins.

— Peut-être », dit-il.

Le lendemain, un officier de l'armée se présente au village pour recruter tous les hommes car la guerre vient d'être déclarée, mais ils ne peuvent pas emmener son fils blessé. Les voisins lui disent alors : « Quelle chance vous avez ! »

D'après vous, que répondit-il ? C'est exact : « Peut-être. »

Et l'histoire se poursuit, tout comme la vie. Si vous croyez en quelque chose, mais que cela n'a pas encore fonctionné, vous portez peut-être un jugement trop hâtif. Quand vous pensez que vous traversez une période très difficile, ce n'est peut-être pas le cas. C'est peut-être seulement temporaire.

N'oubliez jamais que votre capacité à porter des jugements sages dépend surtout des possibilités que vous envisagez, car...

Cinquième leçon

C'est en vous concentrant sur vos objectifs qu'ils se matérialiseront

Bien des gens désirent changer leur perception des choses, mais ils ne savent pas comment s'y prendre. La façon la plus rapide de modifier votre perception des événements, c'est de changer les pensées sur lesquelles vous vous concentrez. Si vous vouliez vous sentir déprimé à l'instant même, cela serait relativement facile, n'est-ce pas ? Tout ce que vous auriez à faire, c'est de penser à un événement douloureux de votre passé et de concentrer toute votre attention sur cette pensée. En y pensant assez longtemps, vous vous sentirez à nouveau déprimé, comme quand l'événement s'est produit naguère.

Voilà qui est parfaitement ridicule ! Regarderiez-vous le même film minable plusieurs fois de suite ? Certainement pas ! Alors, pourquoi regarder un mauvais film dans votre esprit ? Cette expérience démontre clairement qu'il est très facile de se laisser aller à des sentiments négatifs – et à quel point il est important de contrôler les pensées sur lesquelles vous vous concentrez. Même si vous vivez des moment pénibles, vous devez vous concentrer sur ce que vous *pouvez* faire, sur ce que vous *pouvez* contrôler.

En revanche, si vous vouliez éprouver immédiatement un sentiment de bien-être, cela vous serait tout aussi facile, n'est-ce pas ? Vous pourriez vous concentrer sur un événement qui vous a rendu heureux, qui vous a fait éprouver des sentiments positifs à l'égard de votre famille ou de vos amis, ou envers vous-même. Vous pourriez vous concentrer sur un bienfait de la vie dont vous êtes reconnaissant aujourd'hui. Ou vous pourriez vous concentrer sur l'avenir avec une telle intensité que vous en éprouveriez d'avance un sentiment de joie intense ! Cela vous donnerait l'énergie nécessaire pour mettre les choses en branle.

Permettez-moi de vous donner un exemple simple. Imaginons que vous assistez à une réception et que vous apportez un Caméscope. Pendant la soirée, vous braquez cette caméra vidéo sur le coin gauche de la pièce où se trouve un couple en pleine dispute. Étant donné que votre objectif est fixé sur eux, vous pourriez facilement vous sentir affecté par leur colère et leur tristesse. *Étant donné* que vous concentrez votre attention sur leur rage, vous êtes probablement en train de penser : « *Quel couple lamentable ! Quelle réception lamentable !* »

Que se serait-il produit si, au cours de cette même soirée, vous aviez concentré votre attention sur le coin droit de la pièce ? Là, se trouve un groupe de personnes en train de plaisanter et de rire ; loin de se quereller, elles s'amusent follement. Dans ce cas, si quelqu'un vous demandait : « Comment était la soirée ? », vous répondriez : « C'était une réception *très réussie* ! » La conclusion est simple : les gens peuvent prêter attention à un nombre infini de choses, mais beaucoup d'entre nous choisissons de nous concentrer sur ce qui est épouvantable, sur ces facteurs qui échappent à notre contrôle.

Focalisez votre attention dans la bonne direction

Comprenez-vous pourquoi le point sur lequel vous portez votre attention est tellement important ? Cela contrôle votre façon de percevoir le monde ainsi que les actes que vous posez. Pensez-vous que cela contrôle également les sentiments que vous éprouvez ? Il n'y a aucun doute là-dessus.

Votre centre d'attention peut littéralement vous sauver la vie. L'un de mes passe-temps préférés est la course automobile. Je n'oublierai jamais la principale leçon que j'ai apprise, alors que je suivais des cours dans une école pour pilotes de voitures de course. Le professeur nous a dit : « Le principal, c'est de vous rappeler comment reprendre le contrôle de votre voiture lorsque vous dérapez. » (N'est-ce pas là une bonne métaphore pour la vie ? Nous avons parfois l'impression de déraper et nous nous sentons incapables de reprendre les commandes de notre existence.) « Le secret est très simple, continua le professeur. La majorité des gens se concentrent sur leur peur lorsque la voiture dérape : ils voient le mur sur lequel ils risquent de s'écraser. Vous devez plutôt vous concentrer sur l'endroit *où vous voulez mener votre voiture.* » Je suis sûr que vous avez entendu parler de gens qui se baladent sur une route de campagne dans leur voiture sport et qui perdent soudain le contrôle du volant. Il n'y a qu'un poteau téléphonique dans un rayon de plusieurs kilomètres, et ils réussissent malgré tout à s'écraser dessus. Pourquoi ? Car dès qu'ils perdent le contrôle de leur véhicule, les gens se concentrent précisément sur ce qu'ils cherchaient à éviter et ils établissent ainsi une connexion avec l'objet en question. Vous devez comprendre que l'on se rapproche toujours de notre centre d'attention.

L'instructeur m'a dit : « Nous allons utiliser une voiture spécialement conçue pour les dérapages. Il y a un ordinateur à bord et lorsque je pousserai sur le bouton, votre roue quittera le sol et la voiture commencera à déraper. Au moment du dérapage, *ne regardez pas le mur.* **Concentrez votre attention sur l'endroit où vous voulez mener la voiture.**

— Aucun problème, lui dis-je, j'ai compris. »

La première fois que nous prîmes la route, l'instructeur appuya sur le bouton. Soudain, la voiture se mit à déraper. Sur quoi ai-je porté mon regard, d'après vous ? Parfaitement ! Sur le mur ! Pendant les dernières secondes qui me séparaient du mur, j'étais littéralement terrifié, car je savais que j'allais m'écraser dessus. Mais l'instructeur me saisit la tête et la tourna vers la gauche, ce qui me força à regarder dans la bonne direction. La voiture continuait à déraper et je savais que nous allions droit vers la collision, mais je fus forcé de regarder dans la direction où il avait placé mon visage. Et bien entendu, dès que je me concentrai sur la bonne direction, je réussis automatiquement à braquer le volant et à rectifier la trajectoire de la voiture. Je pus éviter l'accident de justesse. Vous pouvez facilement imaginer mon soulagement !

Voici la leçon à tirer de tout ceci : en général, quand on change son point de mire, on ne réussit pas *immédiatement* à changer de direction. C'est exactement ce qui se produit dans la vie, n'est-ce pas ? Il y a souvent un temps mort entre le moment où vous changez votre centre d'attention et le moment où vous commencez à obtenir enfin des résultats. Cela confirme bien que vous devez dès à présent centrer votre attention sur vos objectifs de façon à résoudre vos problèmes sans plus tarder.

Revenons momentanément à notre histoire. Croyez-vous que la leçon m'a été profitable ? Pas vraiment. La fois suivante, je continuai à me diriger droit sur le mur et l'instructeur dut me crier l'ordre de concentrer mon regard sur mon objectif. En revanche, la troisième fois, je réussis moi-même à tourner la tête au bon moment, confiant que ça marcherait et ça a marché. Maintenant, chaque fois que je fais des dérapages, je tourne automatiquement la tête dans la bonne direction et je redresse le volant. Est-ce là une garantie d'obtenir toujours de bons résultats en contrôlant mon point de mire ? Non. Cela augmente-t-il mes chances de réussite ? Sans le moindre doute !

Concentrez votre attention sur l'endroit où vous voulez mener la voiture.

Quel rapport cette anecdote a-t-elle avec vous ? Vous et moi devons nous concentrer sur des solutions, sur notre objectif, plutôt que sur ce qui nous fait peur. **Les choses sur lesquelles vous centrez toute votre attention finissent par se matérialiser.**

Changer de point de concentration, prendre de nouvelles décisions, modifier nos croyances – est-il possible d'accomplir tout cela du jour au lendemain ? Certainement pas. C'est comme faire de la musculation. Vos muscles ne se gonfleront pas instantanément comme ceux de Popeye[1] ! C'est un processus graduel. Mais je vous garantis que le fait de modifier un tant soit peu votre centre d'attention se traduira par des changements spectaculaires.

Examinons à présent l'un des outils les plus puissants pour vous permettre de changer votre centre d'attention. C'est une technique que j'ai moi-même employée chaque jour depuis que j'ai décidé de réaliser mes rêves...

1. Note de l'éditeur : Personnage de bande dessinée américaine dont les muscles se gonflent instantanément et se raffermissent aussitôt qu'il mange des épinards.

Sixième leçon

Les questions renferment la réponse

La puissance des questions est telle que c'est le meilleur moyen de changer votre centre d'attention. Saviez-vous que le fait de poser la bonne question peut même vous sauver la vie ?

C'est ce qui a sauvé la vie de Stanislavsky Lech. Un soir, les nazis firent irruption chez lui et le poussèrent, sa famille et lui, comme un troupeau de bétail, vers un camp de la mort à Cracovie, en Pologne. Les membres de sa famille furent exécutés sous ses yeux.

Affamé, affaibli et pleurant la mort des siens, il dut travailler de l'aube au crépuscule aux côtés d'autres prisonniers du camp de concentration. Comment était-il possible de survivre à de telles horreurs ? Il réussit à s'accrocher quelque temps. Mais un jour, l'horreur du cauchemar qu'il vivait fut telle, qu'il décida que s'il restait, ne serait-ce qu'un jour de plus, il en mourrait. Il décida de s'enfuir. Mais surtout, il était convaincu d'une chose, même si personne n'avait jamais réussi à s'échapper auparavant, il existait certainement un moyen.

Le centre de ses préoccupations changea et au lieu de se demander comment survivre, il se posa la question suivante : « Comment puis-je m'échapper de cet enfer ? » La même réponse lui revenait sans cesse à l'esprit : « Ne sois pas ridicule ! C'est impossible. Ce genre de question ne sert qu'à te torturer l'esprit. » Mais il ne pouvait se résigner à accepter cette réponse. Il se demandait constamment : « Que faire ? Comment sortir d'ici ? Il existe sûrement un moyen. »

Un jour, monsieur Lech trouva la réponse. Il sentit l'odeur de chair en décomposition qui émanait des cadavres d'hommes, de femmes et d'enfants qui avaient été asphyxiés dans des chambres à gaz. Les corps se trouvaient à peine à quelques mètres de l'endroit où il travaillait, empilés sur la plate-forme arrière d'un camion. Au lieu de s'attarder à se demander comment le Seigneur avait pu permettre qu'un acte aussi monstrueux soit commis, il se posa la question suivante : « Comment puis-je tirer parti de cette situation pour m'échapper ? »

Au coucher du soleil, alors que les Allemands s'éloignaient pour rejoindre leur caserne, il se dévêtit et se précipita pour se glisser parmi les cadavres, à l'insu des soldats.

Il feignit d'être mort et attendit, écrasé sous le poids des cadavres dont l'odeur insupportable lui donnait la nausée. Il entendit enfin le moteur vrombir. Après un court trajet, le chauffeur s'arrêta et déversa les tas énormes de corps dans une fosse à ciel ouvert, puis s'éloigna. Stanislavsky resta immobile et attendit jusqu'à ce qu'il soit certain que personne ne se trouvait dans les parages. Puis il s'élança et parcourut, nu, les quarante kilomètres qui le séparaient de la liberté.

Comment se fait-il que Stanislavsky Lech connut un sort différent de celui des millions de personnes qui périrent dans des camps de concentration ? Plusieurs facteurs peuvent l'expliquer, mais la raison principale, c'est qu'il se posa une question différente et ce, sans relâche, certain de trouver la réponse au bout du compte.

C'est une bonne question !

Nous nous posons des questions à longueur de journée. Ces mêmes questions contrôlent notre façon de penser, nos sentiments et les points sur lesquels nous choisissons de centrer notre attention.

C'est en posant les bonnes questions que j'ai réussi à transformer ma vie. J'ai cessé de me demander : *« Pourquoi la vie est-elle si injuste ? »* et : *« Pourquoi mes plans échouent-ils toujours ? »* Au lieu de cela, j'ai commencé à me poser des questions qui pouvaient m'apporter des réponses utiles.

« Demandez et l'on vous donnera ; cherchez et vous trouverez ; frappez et l'on vous ouvrira. »

(Matthieu 7, 7)

J'ai d'abord formulé un certain nombre de questions pour m'aider à résoudre mes problèmes. Ces questions me permettent de me préparer à trouver des solutions chaque fois qu'un problème surgit.

QUELQUES QUESTIONS MENANT À LA RÉSOLUTION DE PROBLÈMES

1. Quel parti puis-je tirer de ce problème ?
2. Que faut-il encore améliorer ?
3. Que suis-je prêt à faire pour que les choses tournent comme je le veux ?
4. Quels comportements suis-je prêt à modifier pour parvenir à mon but ?
5. Comment rendre agréables les étapes que je dois franchir tout en faisant le nécessaire pour réaliser mes objectifs ?

Si vous éprouvez quelques difficultés à répondre à certaines de ces questions, employez le verbe « pourrait ». Comme par exemple : « Qu'est-ce qui *pourrait* me rendre heureux dans ma situation actuelle ? »

Je me pose également un certain nombre de questions précises le matin, au lever, et quelques questions le soir, avant de me coucher. Cela m'aide à me sentir bien dans ma peau dès le réveil et à finir la journée sur une note extrêmement positive.

LES QUESTIONS ÉNERGISANTES DU MATIN

1. Quels sont les aspects de ma vie dont je suis heureux actuellement ? Pour quelle raison en suis-je heureux ? Quel effet cela a-t-il sur moi ?

2. Qu'est-ce qui me stimule actuellement ? Pour quelle raison est-ce que je me sens stimulé ? Quel effet cela a-t-il sur moi ?

3. Quelles sont les choses dont je peux être fier en ce moment ? Pourquoi est-ce que j'en ressens de la fierté ? Quel effet cela a-t-il sur moi ?

4. Quels sont les bienfaits de la vie dont je suis reconnaissant en ce moment ? Pour quelle raison est-ce que j'en éprouve de la reconnaissance ? Quel effet cela a-t-il sur moi ?

5. Quelles sont mes activités préférées en ce moment ? Qu'est-ce qui me procure le plus de satisfaction ? Quel effet cela a-t-il sur moi ?

6. Qu'est-ce que je me suis engagé à accomplir dans le présent ? Pour quelle raison ai-je pris cet engagement ? Quel effet cela a-t-il sur moi ?

7. Quelles sont les personnes que j'aime ? Qui m'aime ? Quel effet cela a-t-il sur moi ?

LES QUESTIONS ÉNERGISANTES DU SOIR

1. Qu'est-ce que j'ai donné aujourd'hui ? En quoi me suis-je montré généreux ?
2. Qu'ai-je appris aujourd'hui ?
3. En quoi cette journée a-t-elle contribué à améliorer ma qualité de vie ? Que puis-je en retirer pour mon avenir ?

Ces questions ont été mes bouées de sauvetage. Elles vous permettront de changer votre centre d'attention et de transformer votre vie.

L'art de poser la bonne question

Une fois que vous aurez appris à vous poser des questions qui décuplent votre puissance d'action, vous pourrez non seulement améliorer votre vie, mais également aider les autres. Un jour, à New York, j'ai invité l'un de mes amis et associé à déjeuner. C'était un avocat réputé qui avait brillamment réussi dans le monde des affaires. Je l'admirais car il avait travaillé d'arrache-pied depuis qu'il était jeune et il avait réussi à mettre sur pied un cabinet d'avocats très bien coté. Mais ce jour-là, il avait subi une cuisante défaite, du moins c'est ainsi qu'il percevait la situation. Son associé l'avait quitté et il se retrouvait seul à assumer des frais généraux très élevés. Il ne savait absolument pas comment se sortir de cette impasse.

N'oubliez pas ceci : son interprétation de la situation découlait de son centre d'attention. Dans toute situation, vous pouvez vous concentrer sur les aspects positifs ou sur les aspects négatifs. **L'absolu n'existe pas : la réalité est toujours le produit d'une interprétation subjective.** Le problème est qu'il se posait les mauvaises questions : « Comment mon associé a-t-il pu m'abandonner comme ça ? Est-il indifférent aux conséquences que cela entraîne pour moi ? Ne se rend-il pas compte qu'il est en train de détruire ma vie ? Il n'a pas l'air de réaliser que je ne peux pas m'en tirer sans lui. Comment vais-je expliquer à mes clients que je dois fermer boutique ? » Toutes ces questions reposaient sur l'hypothèse que sa vie était bel et bien finie.

Ces questions ont été mes bouées de sauvetage.

J'aurais pu aider mon ami de plusieurs façons, mais je décidai de lui poser simplement quelques questions. Je commençai donc par lui poser les questions énergisantes du matin, puis les questions menant à la résolution de problèmes.

Je lui demandai tout d'abord : « Qu'est-ce qui te rend heureux ? Je sais que ça a l'air stupide et ridicule et que tu penses peut-être que je fais preuve d'un optimisme exagéré, mais dis-moi quelles sont les choses qui te rendent heureux. » Il répondit tout d'abord : « Rien. »

Je lui dis alors : « *Si tu voulais te sentir heureux,* à quoi *pourrais-tu* penser ? » Il réfléchit quelques instants et répondit ensuite : « Ma conjointe me rend très heureux. Sa situation est excellente en ce moment et nous sommes très proches l'un de l'autre. » Je lui demandai ensuite : « Quel effet cela a-t-il sur toi, lorsque tu penses à la merveilleuse relation que vous avez ? » Il répliqua : « C'est l'un des plus beaux cadeaux que la vie ait pu me faire. – C'est une femme extraordinaire, n'est-ce pas ? » lui dis-je. Il commença à se concentrer sur les sentiments qu'il éprouvait à l'égard de sa conjointe, et il se sentit tout de suite plus serein.

Vous pensez peut-être que j'essayais de le distraire, mais en fait je l'aidais vraiment à améliorer son état psychique, et quand on se sent mieux sur le plan affectif, on trouve plus facilement des solutions.

Je lui demandai ensuite de me parler des autres choses qui le rendaient heureux. Il commença à me parler d'un écrivain. Il l'avait aidé à négocier son premier contrat de publication. L'écrivain était aux anges et mon ami me dit qu'il *devrait* se sentir fier de l'avoir aidé, mais que ce n'était pas le cas.

« Si tu étais fier de toi, lui dis-je, *qu'est-ce que tu ressentirais ?* » Il se mit à réfléchir à ce qu'il éprouverait et son état psychologique commença à changer. Je lui demandai ensuite : « Y a-t-il d'autres choses dont tu te sens fier ? » Il répondit : « Je suis très fier de mes enfants. Ils se dévouent beaucoup pour les autres et ils sont indépendants. Je suis fier des adultes qu'ils sont devenus et du fait qu'ils soient mes enfants. Ils font partie de l'héritage que je laisserai derrière moi.

— Quel effet cela a-t-il sur toi de savoir que tu as été un si bon père et que, grâce à toi, tes enfants sont devenus des adultes heureux et équilibrés ? » lui demandai-je. En pensant à tout cela, cet ami – qui venait de me dire qu'il était au bout du rouleau – revint à la vie.

Je lui demandai ensuite s'il était reconnaissant de certaines choses dans la vie. Il répondit qu'il se sentait reconnaissant d'avoir réussi à traverser des moments difficiles lorsqu'il était jeune et qu'il débutait à peine dans sa carrière. Il me dit qu'il avait commencé au bas de l'échelle et qu'il avait réalisé le « rêve américain », c'est-à-dire qu'il avait brillamment réussi en partant de rien. Je lui demandai ensuite : « Qu'est-ce qui te stimule vraiment ? » Il répondit : « **En fait, ça me stimule beaucoup d'avoir l'occasion d'apporter des changements à ma vie actuelle.** »

Depuis le début de notre conversation, c'était la première fois qu'une pensée de ce genre lui était venue à l'esprit. C'était bien sûr attribuable au fait que son état d'esprit avait changé du tout au tout. Je lui demandai : « Qui aimes-tu et quels sont les gens qui t'aiment ? » Il commença à me parler de sa famille et à me dire qu'ils étaient tous très proches les uns des autres.

Je lui posai ensuite une question très difficile : « Quelle est la chose la plus positive à propos du départ de ton associé ? » Il répondit : « Tu sais, ce qui pourrait être vraiment positif, c'est que je déteste aller en ville tous les jours et que j'adore être dans ma maison, au Connecticut. Ce qui est aussi extrêmement positif dans cette histoire, c'est que ça me donne l'occasion d'analyser toute ma situation sous un nouvel angle. » Tout un éventail de nouvelles possibilités lui vint à l'esprit et il décida d'ouvrir un nouveau bureau au Connecticut, à cinq minutes de chez lui, de faire participer son fils à ses affaires et d'installer un répondeur qui enregistrerait ses appels à Manhattan. Il se sentit tellement enthousiasmé à cette idée qu'il décida de se chercher immédiatement un nouveau bureau.

En quelques minutes, le pouvoir que renferment les questions avait produit son effet. Il est certain qu'il disposait déjà de ces ressources ; mais les questions qu'il s'était posées lui avaient donné un sentiment d'impuissance : il s'était perçu comme un vieil homme venant de perdre tout ce qu'il avait réussi à bâtir. En réalité, la vie venait de lui faire un merveilleux cadeau. Mais ce n'est que lorsqu'il commença à se poser les questions justes que la vérité se fit jour dans son esprit.

Une bonne compréhension des mécanismes physiologiques constitue également un puissant outil de changement qui peut nous permettre de transformer notre vie. Voyons un peu ce que j'entends par là...

Septième leçon

Découvrez vos ressources cachées !

La plupart d'entre nous savons que nos émotions se répercutent sur notre état physique. Mais fort peu de gens réalisent que l'inverse est également vrai : notre état physique se reflète sur nos émotions, car les deux sont inséparables.

Il est essentiel de prendre conscience du fait que les émotions sont créées par le mouvement. Notre façon de bouger influe sur nos pensées, sur nos sentiments, et sur notre comportement. Le mouvement affecte les réactions chimiques du corps ; cela inclut n'importe quel type d'activité, qu'il s'agisse d'activités qui exigent une certaine dépense d'énergie physique (faire de la course à pied, frapper dans ses mains, sauter), ou au contraire de minuscules contractions dans les muscles du visage.

Quelle image projette une personne déprimée, par exemple ? Si vous avez déjà été déprimé, vous souvenez-vous de l'effet que cela avait sur votre corps ? Aviez-vous du mal à respirer ? Lorsqu'on se *sent* déprimé, le *corps* réagit d'une certaine manière. Vos épaules sont-elles affaissées ou vous tenez-vous droit, les épaules bien dégagées ? La réponse est évidente, n'est-ce pas ? Avez-vous la tête basse ? Baissez-vous le regard ? Aviez-vous du mal à respirer ? Il faut dépenser de l'énergie pour être déprimé. Vous savez à quel point la dépression vous affecte sur le plan physique, car nous sommes tous passés par là. Même Charlie Brown, le héros des bandes dessinées *Peanuts*, de Charles Schultz.

Je vais vous faire part d'une intéressante découverte scientifique. De nombreux chercheurs ont étudié l'impact des émotions sur le corps ; ce n'est que récemment que la science s'est penchée sur l'effet que le corps a sur les émotions. Tout le monde sait que l'on rit et que l'on sourit lorsqu'on est de bonne humeur. Selon les conclusions de l'une de ces études, il est encore plus important de savoir que le sourire et le rire déclenchent des processus biologiques qui produisent un état physique agréable, plaisant. L'action de rire et de sourire augmente l'apport d'oxygène au cerveau et stimule la production de neurotransmetteurs. Les neurotransmetteurs sont les messagers du cerveau : ce sont des substances chimiques qui assurent la transmission des messages qu'envoie le cerveau. Le même processus s'applique à d'autres expressions corporelles. Faites l'essai suivant : faites volontairement apparaître sur votre visage une expression de crainte, de colère, de dégoût ou de surprise, et vous verrez que cela suscite immédiatement ces sentiments en vous.

Il y a de nombreuses années, l'une des principales méthodes que j'ai employées pour transformer ma vie a été de changer ma façon de bouger, de gesticuler, et ma façon de parler. Au tout début, je me sentais un peu ridicule ; j'avais l'impression « de prendre des airs ». Mais je me suis rendu compte qu'en bougeant différemment mon corps, j'envoyais littéralement un message à mon cerveau, par le biais de mon système nerveux, concernant les attentes que j'avais envers moi-même.

C'est ainsi que j'ai pu commencer à travailler sur mes émotions et sur mon attitude mentale. J'ai commencé à entretenir des pensées plus dynamiques et à me fixer un plan d'action beaucoup plus concret. Mon attitude était plus positive et j'étais beaucoup plus déterminé à agir. Au tout début, le secret était d'agir consciemment et délibérément jusqu'à ce que j'assimile ces mouvements qui ne m'étaient pas familiers.

Par ailleurs, au bout d'un certain temps, je n'avais même plus besoin d'y penser. Ce n'était plus une attitude artificielle. J'avais enfin acquis des habitudes positives, profondément ancrées, que j'avais assimilées dans mon système nerveux et sur le plan mental.

J'avais observé les mouvements d'autres personnes qui avaient grande confiance en elles-mêmes. Je les ai imitées avec la même intensité. Cela m'a donné une perspective entièrement différente de la vie et m'a rendu beaucoup plus persuasif. J'ai pu commencer à exercer une influence positive, non seulement sur moi-même, mais également sur mes amis et mes associés.

On peut littéralement transformer sa vie en apprenant à bouger différemment. Vous trouverez peut-être ce concept trop simpliste, mais c'est un fait. Plus vous changez votre façon de vous mouvoir, plus vous observerez un changement sur le plan psychologique et sur votre comportement de tous les jours. Voici une suggestion : la prochaine fois que vous vous sentirez frustré, levez-vous pendant quelques instants, étirez-vous, respirez profondément, affichez un sourire béat sans aucune raison et posez-vous les questions suivantes : « Quel est l'aspect positif de tout cela ? Quel est le côté absurde ? Quel est l'aspect comique ? Est-ce que ce "problème" aura une importance quelconque dans dix ans ? » Votre état d'esprit sera beaucoup plus positif si vous réussissez à modifier vos réactions physiologiques et à changer votre centre d'attention. Une fois que vous aurez acquis une nouvelle perspective des choses, vous serez en mesure de surmonter vos difficultés beaucoup plus facilement.

Connaissez-vous quelqu'un qui bouge d'une façon qui vous plaît ? Y a-t-il des amis, des membres de votre famille, des professeurs, des acteurs, des danseurs, des conférenciers ou d'autres modèles que vous aimeriez imiter ? Imaginez cette personne. Même si vous n'êtes pas vraiment sûr de sa façon de bouger ou de parler, vous avez certainement une idée approximative.

Supposons que vous êtes un sportif professionnel et que vous venez de marquer le point décisif qui a permis à votre équipe de remporter la finale d'un match de championnat d'envergure nationale. Quelle serait votre démarche ? Auriez-vous la tête basse et les épaules affaissées ? Certainement pas ! Vous seriez en train de vous pavaner ! Votre attitude corporelle manifesterait : « Je suis le meilleur ! » Cela changerait-il vos sentiments et votre façon d'agir ? Il n'y a aucun doute à ce sujet !

Vous observerez qu'en bougeant de la même façon que quelqu'un d'autre, vous commencerez à éprouver des sentiments très semblables. Dès maintenant, avant de passer au chapitre suivant, faites-en donc l'expérience. Levez-vous, et au fur et à mesure que vous lisez cette page, pensez à l'un de vos objectifs ou à l'un de vos désirs, à quelque chose que vous voulez véritablement réaliser. Tout en y pensant, commencez à espérer que cela se produira. Adoptez la même posture que lorsque vous espérez quelque chose, lorsque vous n'êtes pas certain que les choses se dérouleront tel que vous l'espérez. *Vous espérez que ça va marcher. Vous espérez qu'aucun obstacle ne viendra ruiner vos plans*. De quelle façon respirez-vous lorsque vous n'êtes pas sûr, lorsque vous vous contentez d'espérer ? Quelle est l'expression sur votre visage quand vous espérez quelque chose ? Comment placez-vous vos épaules ? De quelle façon le poids de votre corps est-il réparti sur vos membres et sur votre dos ? Quelle image vous vient à l'esprit lorsque vous espérez pouvoir atteindre un objectif ? Et lorsque vous imaginez un scénario positif et un scénario négatif ? Faites-en l'essai dès maintenant. Ne vous contentez-pas simplement de lire les mots sur cette page.

Imaginez à présent que vous êtes *inquiet*. Commencez délibérément à vous faire du souci à propos de vos objectifs ; faites cela pendant quelques minutes pour voir quel effet cela aura sur votre corps. Que faites-vous de vos mains lorsque vous êtes inquiet ? Dans quelle position se trouvent vos épaules ? Ressentez-vous de la tension à un endroit particulier de votre corps ? Est-ce que le rythme de votre respiration ralentit ou bien vous empêchez-vous de respirer ? Les muscles de votre visage sont-ils tendus ? Quel est le ton de votre voix lorsque vous êtes inquiet ? Que visualisez-vous ? Vous imaginez-vous en train d'échouer ? Imaginez-vous le pire scénario possible ? Faites-en à nouveau l'essai : mettez-vous volontairement dans cet état et observez de quelle façon votre corps réagit.

Sortez à présent de cet état et ayez la certitude de réussir. Concentrez-vous sur votre objectif et, dès à présent, respirez et adoptez la posture que vous auriez si vous étiez absolument certain de parvenir à votre but. Comment vous tiendriez-vous s'il n'y avait aucun doute dans votre esprit ? Quelle posture adopteriez-vous ? Mettez-vous dans cet état d'esprit tout de suite, au moment même où vous lisez ces mots. Comment respireriez-vous ? Quelle serait l'expression de votre visage ? Que faites-vous de vos mains lorsque vous êtes absolument certain de réussir ?

Examinez à présent votre posture. Elle est très différente de celle que vous adopteriez si vous étiez inquiet ou plein d'espoir, n'est-ce pas ? Comment le poids de votre corps est-il réparti ? Est-il équilibré ? Si vous éprouvez une réelle certitude, vous vous sentirez probablement parfaitement centré. Quelles images vous viennent à l'esprit ? Je parie que vous n'envisagez plus guère la défaite, mais bien la victoire.

Comment faire pour vous sentir victorieux tous les jours ? Analysez la posture et les mouvements de gens ayant brillamment réussi ; calquez à présent vos mouvements sur les leurs : leurs gestes, leur respiration, leur démarche. Ou, mieux encore, calquez les mouvements que vous faites lorsque vous réussissez une performance de très haut niveau, ou lorsque vous vivez un moment d'euphorie. Vous verrez qu'il ne s'agit pas simplement d'un jeu, mais d'une façon d'avoir accès à l'intelligence inouïe que contient chaque cellule de votre cerveau et de votre corps. En adoptant les mêmes mouvements et le même rythme de respiration, vous récolterez les mêmes récompenses.

Lorsque vous aurez l'occasion de faire la connaissance de modèles de succès, de confiance et de bonheur, ne vous bornez pas à analyser uniquement leurs mouvements. Apprenez également à les écouter. Prêtez attention à leur façon de s'exprimer et vous apprendrez ainsi à acquérir...

HUITIÈME LEÇON

Le vocabulaire du succès

Il y a plusieurs années, j'ai eu l'occasion de participer à une réunion d'affaires qui m'a ouvert les yeux : j'y ai appris que les mots ont un pouvoir incroyable. J'étais accompagné de deux hommes que je connaissais depuis longtemps ; nous venions de nous apercevoir que l'un de nos associés avait tenté de profiter de nous. J'étais bouleversé par la situation. Je dirais même que j'étais carrément fâché.

L'un de mes associés était tellement contrarié que le sang lui était monté au visage. « Je suis *furieux* ! », explosa-t-il. Je lui demandai pourquoi il était si fâché. « Parce que lorsqu'on est vraiment fâché, ça donne une force incroyable et ça permet de renverser la situation ! »

Mais mon autre associé restait tranquillement assis. Il était « légèrement agacé », dit-il. *Agacé* ? « Comment se fait-il que tu sois légèrement agacé au lieu d'être furieux ? lui dis-je.

— Lorsqu'on se fâche, on perd le contrôle de soi, ce qui permet à l'adversaire de gagner la partie », dit-il.

Agacé. « C'est vraiment le mot le plus stupide que j'ai jamais entendu », me dis-je en moi-même. *« Comment un type ayant brillamment réussi peut-il utiliser ce genre de mots, tout en gardant son sérieux ? »*

La réponse est précisément *qu'il ne gardait pas son sérieux*. Il semblait même avoir conservé le sens de l'humour. Il semblait presque content de discuter de sujets qui m'auraient rendu fou dans d'autres circonstances. Son choix de mot avait eu un effet manifeste sur lui – ainsi que sur moi. Il me sembla que le fait d'employer le terme « agacé » atténuait ma colère.

Je décidai d'en faire moi-même l'expérience. Je partis en voyage d'affaires, mais à mon arrivée à l'hôtel, j'appris qu'on ne m'avait pas réservé de chambre. « Excusez-moi, dis-je, mais plus je passe de temps debout à la réception, plus je me sens *agacé*. » L'employé me lança un regard embarrassé ; il ne savait visiblement pas comment réagir et il me sourit malgré lui. Je dus lui répondre par un sourire.

Au cours des semaines suivantes, j'employai ce mot à de nombreuses reprises. Chaque fois, ce mot me semblait si risible que cela atténuait ma colère et faisait baisser mon niveau de frustration.

Il ne s'agissait que d'un simple mot, mais les mots précis que nous employons dans notre dialogue intérieur contrôlent notre façon de penser. Et nos pensées déterminent nos sentiments et nos actes.

Si vous vous répétez que vous êtes « fâché », « dégoûté » ou « au bout du rouleau », quels sentiments allez-vous éprouver ? Quel genre de questions vous poserez-vous ? Sur quoi concentrerez-vous votre attention ? Votre tension artérielle grimpera probablement de façon vertigineuse !

Mais supposons un instant qu'au lieu d'employer le terme « fâché », vous utilisiez le mot « agacé » ? Au lieu de vous dire que vous êtes débordé, dites plutôt que vous êtes « très demandé ». Remplacez le terme « dégoûté » par « ennuyé » et le mot « irrité » par « stimulé ». Lorsque vous vous sentez « rejeté », répétez-vous plutôt qu'on vous a « mal compris ». Et au lieu de vous dire que vous êtes « au bout du rouleau », pourquoi ne pas adopter plutôt l'expression « légèrement préoccupé » ? Croyez-vous que cela aurait un effet positif sur vos émotions ? Sans aucun doute !

Peut-être que cet outil vous semble d'une simplicité qui frise le ridicule. Il est difficile de croire que notre choix de mots puisse influer sur nos émotions à ce point ! Mais c'est un fait que les mots ont effectivement le pouvoir de changer notre état psychologique. C'est le formidable pouvoir des mots qui fait que nous sommes émus en lisant la description que Martin Luther King fils fait de son rêve. C'est la raison pour laquelle le discours de John F. Kennedy, portant sur la responsabilité de chaque citoyen envers son pays, nous va droit au cœur. Et pourtant ces deux hommes sont morts depuis longtemps. Mais la puissance des mots transcende les frontières du temps. Les mots sont éternels...

Les mots ont un impact sur nos émotions et pourtant la plupart d'entre nous n'avons pas réellement conscience des termes que nous employons tous les jours pour communiquer avec les autres – et avec nous-même. Nous sommes encore moins conscients de l'influence qu'ont les mots sur nos pensées et nos sentiments chaque instant de notre vie. Si l'on vous disait par exemple que vous *faites erreur*, cela entraînerait une certaine réaction de votre part. En revanche, si l'on vous disait que *vous avez tort*, votre réaction serait peut-être plus marquée. Mais si l'on vous disait que vous *mentez*, vous auriez peut-être une réaction beaucoup plus violente et vos sentiments se modifieraient à l'instant. Et pourtant, votre interlocuteur n'aurait changé qu'un seul mot !

En super forme !

L'inverse est également vrai. Vous pouvez décupler l'intensité de vos émotions positives en changeant simplement votre façon de les décrire.

Dites que vous vous sentez « euphorique », au lieu de dire que « ça va ». Éprouvez de l'« enthousiasme », plutôt que de l'« intérêt ». Sentez-vous en pleine forme, plutôt que « pas mal ». Lorsqu'on vous demande comment ça va, répondez « super ! », au lieu de dire « bien ». Vous n'êtes pas simplement « déterminé », vous êtes « une dynamo que rien n'arrête » !

Apprêtez-vous donc à passer un nouveau genre de test de vocabulaire. Dressez une liste des mots que vous employez pour décrire vos émotions lorsque les choses vont mal. Pensez ensuite aux nouveaux termes que vous pourriez employer à la place. Choisissez des termes drôles si vous voulez. Amusez-vous !

> *Vous pouvez décupler l'intensité de vos émotions positives en changeant simplement votre façon de les décrire.*

Anciens termes décourageants :	**Nouveaux termes stimulants :**
Je suis à bout de nerfs et stressé.	Je suis très demandé.
__________	__________
__________	__________
__________	__________
__________	__________
__________	__________
__________	__________
__________	__________
__________	__________
__________	__________
__________	__________

Je suis sûr que vous ferez un excellent choix de nouveaux mots. Pour vous inspirer, voici une liste de certains des termes que j'ai moi-même utilisés au fil des ans :

Les mots et phrases qui exprimeent des émotions négatives :	**Se transforment en :**
fâché	désappointé
déprimé	période de calme précédant l'action
déçu	remis à plus tard
embarrassé	conscient
ce truc est pourri	je passe un moment difficile, mais c'est temporaire
échoué	appris quelque chose
perdu	je cherche
terrible	différent

Trouvez maintenant des termes qui décuplent l'intensité de vos sentiments positifs. Transformez des termes neutres en termes pétillants d'enthousiasme !

Anciens termes sans intérêt :	**Nouveaux termes stimulants :**
bon	délicieux
____________________	____________________
____________________	____________________
____________________	____________________
____________________	____________________
____________________	____________________
____________________	____________________
____________________	____________________
____________________	____________________
____________________	____________________

Voici quelques exemples :

Expressions et mots positifs :	**Se transforment en :**
alerte	plein d'énergie
intéressant	positivement génial !
déterminé	une dynamo que rien n'arrête
chanceux	une bénédiction du ciel
bon	excellent
ça va	c'est super !
rapide	fulgurant
intelligent	brillant
savoureux	délectable

Commencez dès à présent à employer les nouveaux termes que vous venez de choisir. Il est important que vous trouviez l'expérience « hyper amusante », plutôt que de « tuer le temps ». Si cet exercice vous pose des difficultés, il vous faudra peut-être répondre à cette question...

Neuvième leçon

Vous trouvez-vous dans une impasse ? sortez-en grâce à de nouvelles métaphores !

Je suis au bout de mon rouleau.
Je suis tombé sur un os.
J'ai la tête qui va exploser.
Je suis à un tournant décisif.
J'ai raté mon coup.
Je suis aux anges.
J'ai l'impression de me noyer.
Je suis heureux comme un pinson.
Je suis dans une impasse.
Je porte un lourd fardeau sur mes épaules.
La vie est une sinécure.

Quel est le dénominateur commun de toutes ces déclarations ? Ce sont des *métaphores*. Quel est le sens exact du terme métaphore ? Lorsqu'on compare quelque chose à quelque chose d'autre de façon imagée, on emploie une métaphore. Tout comme les symboles, les métaphores résument une idée complexe.

Les gens emploient constamment des métaphores pour décrire les sentiments qu'ils éprouvent.

« La vie est un champ de bataille » et « la vie est un jardin de roses » sont des métaphores qui indiquent deux façons opposées de percevoir le monde. Lorsque vous pensez que la vie est un champ de bataille, quels sentiments et quels comportements cela entraîne-t-il ? Si vous aviez cette perception de la vie, vous penseriez probablement que les gens luttent perpétuellement les uns contre les autres. En revanche, si vous compariez la vie à un jardin de roses, vous pourriez en conclure qu'il est possible de passer des moments délicieux, dans un paysage magnifique.

« La vie est un jeu. »

Les métaphores qui changent votre perception

Chaque métaphore représente un système de croyances. **Lorsque vous choisissez une métaphore pour décrire votre vie ou votre situation, vous choisissez également d'adopter les croyances qui y correspondent.** C'est pour cela qu'il faut faire preuve de prudence dans le choix des termes que l'on emploie pour décrire le monde – tant pour soi-même que pour les autres.

Martin Sheen et sa femme, Janet, utilisent des métaphores que j'admire. La métaphore qu'ils emploient pour décrire l'humanité est la suivante : « Une immense famille. » Par conséquent, ils se dévouent et font preuve d'une grande compassion, même envers de parfaits étrangers.

Je me souviens du moment où Martin me fit part de l'émouvante histoire qui transforma sa vie il y a quelques années, pendant le tournage du film *L'Apocalypse*. Avant cela, la vie lui faisait peur. Il la perçoit à présent comme un défi mystérieux. Pourquoi ? Il a adopté la nouvelle métaphore : « La vie est une énigme. »

Qu'est-ce qui a provoqué ce changement de métaphore ? Une douleur intense. Le tournage du film se déroulait dans la jungle, aux Philippines. Tout le monde avait été soumis à un horaire de travail épuisant. Après avoir passé une nuit agitée, il se réveilla le lendemain et se rendit compte qu'il était en proie à une crise cardiaque. Diverses parties de son corps étaient engourdies et paralysées. Il tomba à terre ; seule son incroyable force de volonté lui permit de ramper jusqu'à la porte et d'appeler à l'aide.

Grâce aux efforts que déployèrent les membres de l'équipe de tournage, les médecins et même un pilote cascadeur, Martin put être transporté en hélicoptère au département des soins intensifs de l'hôpital le plus proche. Janet se rendit immédiatement à son chevet. Les forces de Martin déclinaient rapidement. Elle refusa d'accepter qu'il se trouvait dans un état grave – elle savait que son mari avait besoin de soutien –, aussi lui sourit-elle tendrement et lui dit : « Ce n'est qu'un film, chéri ! Ce n'est qu'un film. »

Martin me raconta qu'il sut dès cet instant qu'il allait s'en sortir. Il était incapable de rire, mais il esquissa un faible sourire, et ce sourire marqua le début de sa guérison.

Quelle merveilleuse métaphore ! Dans les films, les gens ne meurent pas vraiment, n'est-ce pas ? Dans un film, c'est à *vous* de décider du dénouement.

Je vous entends d'ici me dire : « Tout ça *a l'air* formidable, mais pour l'instant, je me sens complètement coincé. » Pas de problème ! Il suffit de trouver la porte de sortie et de l'ouvrir. Vous me direz peut-être : « Ouais, mais je porte le fardeau de l'humanité sur mes épaules. » Eh bien, posez votre fardeau et continuez votre chemin !

De quelle façon décririez-vous le monde où *vous* vivez ? est-ce une épreuve ? est-ce une lutte ? et si c'était plutôt un ballet ? ou un jeu ? ou un jardin plein de fleurs ? que se passerait-il si la vie était un ballet ? Vous auriez des partenaires avec lesquels vous exécuteriez des mouvements gracieux, au son d'une musique mélodieuse. Et si la vie était un jeu ? Ce serait amusant ; cela vous donnerait l'occasion de jouer avec d'autres personnes ; cela pourrait même signifier qu'il y a des règles – et des gagnants. Et si la vie était un jardin plein de fleurs ? Pensez aux couleurs chatoyantes, à l'exquis parfum et à la beauté naturelle des fleurs ! La vie vous semblerait-elle plus douce dans un tel paysage ?

De quoi avez-vous besoin pour faire de votre vie *exactement* ce que vous voulez ? Vous devez tout d'abord être...

Dixième leçon

À vos marques ! prêts ? partez ! Comment bâtir votre avenir en vous fixant des buts ?

Lorsque les gens atteignent des objectifs extraordinaires qui auraient pu sembler irréalisables, on suppose souvent qu'ils ont eu « de la chance », « qu'ils sont bien tombés », ou « qu'ils sont nés sous une bonne étoile ». Mais j'ai interviewé un bon nombre de personnes ayant brillamment réussi et l'une des choses intéressantes que j'ai apprise, c'est que leurs incroyables prouesses ont toutes commencé par une première étape : se fixer un objectif.

Par exemple, lorsque j'ai fait la connaissance de Michael Jordan, je lui ai demandé en quoi il se distinguait des autres joueurs, et qu'est-ce qui lui avait permis de passer d'une victoire à l'autre, tant dans le monde du sport que sur le plan personnel. Comment est-il devenu le meilleur joueur au monde ? était-ce un don du ciel ? de l'habileté ? une stratégie ? Michael me répondit : « Bien des gens ont reçu des talents du Seigneur, et c'est certainement mon cas. Mais la raison pour laquelle je me suis distingué, c'est que je n'ai jamais connu quelqu'un de plus compétitif que moi. Je refuse d'arriver en seconde place, et ce, dans tous les domaines. »

Vous vous demandez probablement, tout comme moi à l'époque, d'où provenait cet esprit de compétition. La vie de Michael prit un nouveau tournant vers la fin de ses études secondaires. C'est à cette époque qu'il connut une défaite temporaire qui le motiva à poursuivre un objectif formidable. Voyez-vous, la plupart des gens ignorent le fait que Michael – baptisé « le joueur aux pieds ailés », « le super champion », « le héros américain », « l'étoile du basket-ball » – l'un des plus grands joueurs de basket-ball de tous les temps, le héros légendaire qui marqua à jamais ce sport – ne réussit même pas à faire partie de l'équipe de basket-ball de son école secondaire.

Le jour où Michael fut éliminé de l'équipe des Buccaneers de l'école secondaire Laney, il rentra chez lui et passa le reste de l'après-midi à pleurer. Il aurait facilement pu s'avouer vaincu après une telle déception. Mais il décida au contraire de transformer cette expérience douloureuse en un désir brûlant de faire ses preuves et même de se surpasser. Il prit une authentique décision, d'une importance capitale, qui forgea son destin et eut un impact considérable sur le basket-ball. Il résolut non seulement d'être accepté dans l'équipe, mais aussi de devenir le meilleur joueur.

Pour réaliser son ambition, il fit ce que font tous les hommes et les femmes qui réussissent brillamment : il se fixa un objectif et concentra toute son énergie pour l'atteindre. Il mit immédiatement à exécution son plan d'action. Au cours de l'été, il demanda conseil à l'entraîneur de l'équipe, Clifton Herring. Chaque matin, à six heures, monsieur Herring conduisit Michael au terrain de basket-ball où il lui fit subir un entraînement intensif. Vers la même époque, cet athlète en herbe connut une poussée de croissance et atteignit 1,86 m. Son ambition de parvenir à son but était telle qu'il se pendait par les bras aux barres du gymnase dans l'espoir d'étirer son corps davantage, car il espérait que cela l'aiderait à rentrer dans l'équipe. (Cela démontre bien que la force de volonté permet de se surpasser !)

Michael s'entraîna tous les jours et fut finalement admis dans l'équipe. Il prouva clairement – comme en fit la remarque l'entraîneur des Bulls de Chicago, Doug Collins, dix ans plus tard – que **plus on se prépare, plus on semble avoir de chance.** Certaines personnes ont peur de se fixer des buts car elles craignent d'être déçues ou d'échouer. Ce qu'elles ne réalisent pas, c'est qu'il est plus important de se fixer un but et de concentrer toute son énergie dans cette direction que d'atteindre l'objectif en question.

Nous nous fixons des objectifs dans le but de donner une orientation à notre vie. Mais en fin de compte, la formation que l'on acquiert et le genre de personne que l'on devient en poursuivant ces objectifs ont plus d'importance que l'objectif même.

Le fait de choisir un objectif ne changera que très peu l'orientation de votre vie au tout début. C'est comme un de ces énormes cargos en mer : si le capitaine change de cap de quelques degrés, c'est à peine perceptible au début. Mais au bout de quelques heures ou de quelques jours, ce changement mènera le bateau à une destination entièrement différente.

Il y a une dizaine d'années, alors que j'essayais de me sortir de ma situation instable, j'ai dû orienter ma vie très différemment et j'ai également dû me fixer de nombreux objectifs. Tandis que je m'efforçais de les atteindre (améliorer ma forme physique, avoir davantage confiance en moi-même, etc.), j'ai appris quelque chose d'une importance capitale : pour réussir, je devais faire de mon mieux – non pas de temps en temps, mais *constamment*.

Tous ceux qui réussissent font des efforts *continus*. Ils ne se contentent jamais de bons résultats et cherchent toujours à se surpasser. Si vous adoptez la philosophie selon laquelle on doit constamment apprendre et évoluer – ce que j'appelle « JE PEUX ! » – je vous garantis que non seulement vous évoluerez sur le plan personnel – et c'est là le véritable secret du bonheur – mais aussi que vous réussirez à réaliser vos ambitions. Je tiens à vous signaler au passage que « JE PEUX ! » ne signifie pas que vous exécutez chaque tâche à la perfection ni que tout changera à l'instant même. Les gens ayant brillamment réussi sont ceux qui comprennent l'importance de procéder par étapes, car selon le dicton populaire : « Qui trop embrasse, mal étreint. » En d'autres termes, ils divisent leur objectif en petits « sous-objectifs » simples, ce qui leur permet finalement de réaliser leurs ambitions.

Mais il ne suffit pas de se fixer des sous-objectifs ; il est important de célébrer chaque petite victoire. Cela vous permettra de continuer sur votre lancée et d'acquérir des habitudes qui vous permettront de réaliser vos rêves.

Nous connaissons tous le proverbe selon lequel : « Un périple de mille kilomètres débute par un seul pas. »

Pour se sortir d'une situation instable, il faut se fixer de nombreux objectifs.

Mais nous oublions souvent cette sage maxime lorsque nous nous fixons un but. Quand avez-vous pris la peine de vous féliciter de vos progrès, aussi mineurs fussent-ils ? Il y a de nombreuses années, alors que j'étais au régime, je n'ai pas attendu de perdre vingt kilos avant de me féliciter et de m'accorder des récompenses. Au tout début, le simple fait de laisser de la nourriture dans mon assiette était une victoire majeure ! Si vous commencez par consulter cinq personnes aujourd'hui au sujet de vos plans de carrière et que vous recueillez des renseignements utiles, eh bien, vous aurez déjà fait cinq pas en avant ! Même si vous ne vous lancez pas dans cette carrière aujourd'hui, vous êtes déjà dans la bonne direction. N'oubliez pas que vos actes passés n'ont rien à voir avec ce que vous entreprendrez à l'avenir.

Vous êtes seul maître à bord après Dieu. Tout dépend de vous. Fixez-vous des objectifs sans plus tarder. Commencez dès maintenant à changer le cap de votre navire, car votre avenir est là, tout près de vous.

Un avenir qui vaut la peine de travailler sans relâche

Quel est le facteur qui pousse certaines personnes à agir, même lorsqu'elles sont déprimées ou qu'elles ont peur ? Comment se fait-il que certaines personnes réussissent à surmonter de formidables obstacles ? Comment font-elles pour retomber chaque fois sur leurs pieds après avoir subi ce que les autres appellent une défaite ?

Elles sont prêtes à se consacrer *corps et âme* à leur avenir.

Prenons l'exemple de mon ami W. Mitchell. Il fut impliqué dans un terrible accident de motocyclette. Les deux tiers de son corps étaient brûlés. Allongé sur son lit d'hôpital, il décida de trouver un moyen de se consacrer à son entourage, quel que soit l'effort que cela lui demanderait. Bien que son visage ait été si gravement brûlé qu'il était complètement défiguré, il décida que son sourire pouvait tout de même enrichir la vie de ses proches. Et il avait raison. Il était convaincu qu'il pouvait écouter les autres, les réconforter, et leur remonter le moral. Et c'est ce qu'il fit.

Quelques années plus tard, il fut impliqué cette fois-ci dans un accident d'avion et il eut les deux jambes paralysées. S'avoua-t-il vaincu ? Non. Il remarqua la présence d'une belle infirmière à l'hôpital. « *Comment pourrais-je la fréquenter ?* », se demandait-il. Ses copains lui dirent qu'il était fou. Peut-être qu'en son for intérieur il était d'accord avec eux. Mais il refusa d'abandonner son rêve.

W. Mitchell était convaincu que c'était la femme de sa vie. Il fit preuve de charme, d'esprit, et de dynamisme et elle se sentit attirée par lui. Il finit par l'épouser. La plupart des gens à sa place n'auraient même pas essayé. Mais il vit grand et sa vie en fut transformée à jamais.

Comment réussit-il à bâtir son avenir coûte que coûte ? Il se fixa des objectifs bien supérieurs à ce qu'il se pensait capable de réaliser. Il prit la décision d'atteindre ses buts, envers et contre tous. Il procéda par toutes petites étapes : de minuscules mouvements imperceptibles qu'il fit tous les jours avant de pouvoir se lancer dans des projets plus ambitieux. Lorsque vous choisissez un objectif qui vous inspire réellement, vous libérez une force intérieure qui vous permet d'accomplir des choses qui défient l'imagination. Vous vous donnez ainsi une occasion fantastique de vous dépasser et d'évoluer.

« Toute victoire commence par un premier pas. »

(Anonyme)

Nous connaissons tous des gens qui ont toujours l'air désorientés. Ils s'intéressent brièvement aux choses et changent constamment d'orientation.

Leur problème est simple : ils ne savent pas ce qu'ils veulent. Il est impossible de parvenir à destination si l'on ne sait pas où l'on veut aller.

Ce que vous devez faire à présent, c'est de rêver. Mais il est essentiel que vous concentriez toute votre attention sur vos rêves. Ne vous contentez pas uniquement de lire ce livre ; il faut agir. Dressez une liste de vos rêves dès maintenant.

Installez-vous dans un endroit confortable, où vous vous sentirez en sécurité et tout à fait à l'aise. Planifiez une séance d'une demi-heure minimum et réfléchissez à vos attentes, à ce que vous désirez faire, partager, voir et créer et au genre de personne que vous souhaitez devenir. Ce sera peut-être la demi-heure la plus importante de votre vie ! Vous allez apprendre à vous fixer des objectifs et à vous tracer un plan d'action. Dressez-vous une carte des chemins que vous souhaitez parcourir dans la vie. C'est à vous de décider où vous voulez aller et comment faire pour vous y rendre.

Je dois tout d'abord vous donner un avertissement très important : ne vous fixez aucune limite quant à ce que vous pouvez accomplir.

Que feriez-vous si vous étiez certain de ne pas échouer ? Accordez-vous un moment de réflexion et étudiez la question en détail. **Si vous étiez absolument certain de réussir, quel plan d'action vous traceriez-vous, quels projets entreprendriez-vous ?**

Soyez précis. Plus vous ajoutez de détails, plus cela augmente votre puissance d'action. Au fur et à mesure que vous dressez votre liste, certaines des choses que vous inscrirez seront des choses auxquelles vous avez rêvé depuis des années, d'autres auxquelles vous n'aviez jamais pensé. Mais il est essentiel de décider ce que vous voulez vraiment, car c'est ainsi que vous pourrez enfin atteindre vos buts. **Avant qu'une chose ne se produise dans le monde, elle doit tout d'abord se produire dans votre esprit.**

Pas de limites !

J'ai inclus quelques pages vierges à la fin de ce livre. Ce serait peut-être un outil idéal pour cette séance que vous consacrerez à vous fixer des objectifs. Passons à l'action :

1. **Imaginez que c'est la période des fêtes, le moment de l'année où l'on donne et reçoit de nombreux cadeaux ! Rêvez sur grand écran, en technicolor !** Inscrivez tous vos rêves, toutes les choses que vous souhaitez accomplir, posséder et partager. Visualisez le genre de personne que vous souhaitez devenir. Faites une liste des gens que vous voulez inclure dans votre vie, des sentiments que vous souhaitez éprouver, des endroits que vous voulez visiter. Asseyez-vous sans perdre une minute de plus, prenez un crayon et commencez à écrire. N'essayez pas de faire cela mentalement ; **mettez tout par écrit. Ne vous imposez aucune limite.**

2. Parcourez maintenant votre liste et calculez approximativement à quelle date vous pensez atteindre ces objectifs : six mois, un an, deux ans, cinq ans, dix ans, vingt ans. Il est utile de se fixer des échéances et de savoir de combien de temps vous disposez pour chaque objectif.

Analysez le contenu de votre liste. Certains se rendent compte que leur liste est remplie de choses qu'ils désirent aujourd'hui. D'autres réalisent que leurs rêves se situent dans un avenir plus lointain, dans un monde parfait où ils connaîtront le succès et la sérénité. Mais un périple de 1 000 kilomètres débute par un seul pas et il faut prendre conscience de l'importance de toutes les étapes, de la première à la dernière.

3. Une fois que vous vous serez fixé des échéances, choisissez quatre objectifs que vous pourrez atteindre *cette année*. Décidez quels sont les buts que vous êtes fermement décidé à atteindre, qui suscitent un véritable enthousiasme en vous et qui vous procureront le plus de satisfaction. Faites-en une liste séparée et inscrivez également les raisons qui font que **vous y parviendrez coûte que coûte.** Le *pourquoi* l'on désire accomplir quelque chose est beaucoup plus important que le *comment*. Si votre motivation est assez puissante, vous trouverez bien le moyen de réaliser vos ambitions.

Ne pensez pas seulement à vous ; tenez compte de votre entourage. Si vous parveniez à atteindre vos buts, en quoi cela profiterait-il à votre famille et à vos amis ? Si vous avez assez de raisons d'agir, vous accomplirez pratiquement tout ce que vous souhaitez sur cette terre.

4. Après avoir élaboré ce plan d'action, posez-vous la question suivante : quel genre de personne dois-je devenir pour atteindre mes objectifs. Vous faut-il faire preuve de plus de compassion ou de plus de dynamisme ? Devez-vous reprendre vos études ? Si, par exemple, vous souhaitiez devenir professeur, pensez au genre de personne qu'il vous faudrait être pour avoir une influence vraiment positive sur la vie des autres.

Exercez votre cerveau

L'une des règles d'or que j'observe quand je me fixe un but, je me trace immédiatement un plan d'action que je mets à exécution sans plus tarder. W. Mitchell commença à sourire aux gens le jour où il décida d'apporter quelque chose au monde. Il demanda sur-le-champ un rendez-vous galant à l'infirmière dont il était amoureux.

Mais leur idylle ne naquit pas du jour au lendemain. Vous aussi progresserez par étapes. Apprenez à devenir votre meilleur ami et ne vous critiquez pas lorsque vous ne réussissez pas immédiatement à atteindre votre but.

Et enfin « exercez votre cerveau » et faites-lui assimiler l'idée que votre but est en voie de réalisation :

• Deux fois par jour, accordez-vous quelques minutes de réflexion dans un coin tranquille et pensez à votre objectif.

• Imaginez que vous avez déjà atteint votre but. Éprouvez la fierté, le plaisir et l'enthousiasme qui accompagnent la réussite. Visualisez tous les détails plaisants. Pendant votre visualisation, mettez tous vos sens à contribution ; voyez, sentez, écoutez, goûtez, touchez à votre rêve !

C'est une sensation extraordinaire, n'est-ce pas ? Croyez-vous en ce que je vous raconte ? Oui ? Non ? À moitié ? J'aimerais vous prouver l'efficacité de ces outils. C'est dans ce but que j'ai conçu une espèce de jeu.

Si vous êtes prêt à respecter scrupuleusement les règles du jeu – à relever les défis avec détermination – les récompenses que vous en retirerez dépasseront vos rêves les plus fous.

Êtes-vous prêt ? Alors relevons...

Onzième leçon

Le défi mental de 10 jours

Même si vous décidez de ne pas tester l'efficacité des techniques que j'ai présentées dans ce livre, FAITES AU MOINS CET EXERCICE ! Je l'ai baptisé le *défi mental de 10 jours*. Cette méthode m'a permis de transformer ma vie. Comment ?

En m'interdisant d'entretenir des pensées négatives, j'ai réussi à exercer un contrôle sur mon esprit.

Êtes-vous prêt ? Voici les règles du jeu :

1. Au cours des 10 prochaines journées, *refusez* d'entretenir tout sentiment, toute pensée, toute métaphore, toute question ou tout mot négatifs.
2. Lorsque vous vous surprendrez à vous concentrer sur des choses négatives – et cela se produira certainement – posez-vous immédiatement des questions pour améliorer votre état d'esprit. Commencez par les questions menant à la résolution de problèmes (reportez-vous à la page 672).

3. Au réveil, posez-vous les questions énergisantes du matin (reportez-vous à la page 673). Juste avant de vous coucher, posez-vous les questions énergisantes du soir (reportez-vous à la page 674). Cela vous aidera énormément à vous mettre dans un état d'esprit positif.

4. Au cours des 10 prochains jours, concentrez-vous *entièrement* sur les solutions et non pas sur les problèmes.

5. Ne vous faites pas de reproche si une question, une pensée ou un mot négatifs vous vient à l'esprit. Changez immédiatement le cours de vos pensées. En revanche, si vous ressassez des pensées négatives pendant plus de cinq minutes, *attendez jusqu'au lendemain matin, puis recommencez votre programme pendant 10 journées consécutives.*

Prenez dès maintenant la décision d'utiliser les outils offerts dans ce livre, ce qui vous permettra d'éviter toute pensée négative au cours des 10 prochains jours.

Votre objectif est de n'entretenir aucune pensée négative pendant 10 journées *consécutives*. Chaque fois que vous ressasserez des pensées négatives pendant plus de quelques minutes, vous devrez repartir de zéro, même si vous avez déjà observé les règles du jeu pendant plusieurs jours.

Je voudrais que vous compreniez ceci : ce défi mental de 10 jours est un outil extrêmement puissant qui vous permettra d'obtenir des résultats extraordinaires ! Si vous faites preuve de persévérance, vous déclencherez une chaîne interminable d'événements positifs. Voici un échantillon des bienfaits que vous pourrez en retirer :

1. Vous prendrez conscience de toutes les habitudes mentales qui entravent votre succès.

2. Cela stimulera votre cerveau et vous permettra de chercher des options intéressantes et des solutions efficaces.

3. Lorsque vous vous rendrez compte que vous êtes capable de transformer votre vie, votre confiance en vous-même s'en trouvera décuplée.

4. Cela vous permettra d'acquérir de nouvelles habitudes et de nouveaux critères. Vous aurez de nouvelles attentes face à vous-même et, une fois ce processus d'évolution personnelle enclenché, votre vie s'en trouvera grandement enrichie tous les jours !

Bienvenue dans un monde plein de compassion

La première fois que j'ai tenté de relever le défi mental de 10 jours, j'ai à peine tenu le coup deux jours ! Mais je peux vous assurer qu'en me fixant des critères plus élevés et en persévérant, le défi mental de 10 jours a littéralement transformé ma vie. Je suis convaincu que si vous faites preuve de diligence, cette expérience sera tout aussi bénéfique pour vous et vous éprouverez un nouveau sentiment de liberté.

Et maintenant, j'aimerais vous proposer un autre genre de défi... une invitation spéciale en quelque sorte.

Dès le début de ce livre, mon hypothèse de départ était que l'une des meilleures façons de résoudre nos problèmes – de créer notre propre bonheur – c'est d'aider quelqu'un qui se trouve dans une situation encore plus pénible que la nôtre. Lorsque les gens me confient à quel point leur vie est difficile et me disent que leurs problèmes sont insurmontables, la première chose que je fais c'est d'interrompre ce genre de discours qui reflète une habitude mentale profondément ancrée. Je formule une simple demande. « Je voudrais que vous *oubliiez* vos problèmes pendant un ou deux jours. Cherchez quelqu'un qui passe par des moments plus difficiles que vous et donnez un coup de main à cette personne pour améliorer "un tout petit peu" sa situation. »

En fait, lorsque je donne ce conseil, mon interlocuteur me lance souvent un regard qui veut bien dire : « Personne n'a de problèmes plus sérieux que les miens. » Mais cela n'est jamais vrai, bien sûr. Si vous avez perdu votre emploi, cherchez donc quelqu'un qui a perdu son fils ou sa fille. Si vous n'arrivez pas à joindre les deux bouts, trouvez donc quelqu'un qui lutte pour survivre dans la rue. Si vous êtes bouleversé parce que vous n'avez pas obtenu de promotion, trouvez quelqu'un qui se blottit sous un porche pour se protéger du froid et de la pluie, et qui est obligé d'aller à la soupe populaire parce qu'il n'a rien d'autre à manger. N'oubliez jamais la chance que vous avez.

Par ailleurs, il y a de fortes probabilités que bien des gens vivent des moments beaucoup plus pénibles que vous en ce moment même. En leur tendant la main, vous accomplirez deux choses :

1) Cela vous permettra de mettre vos problèmes en perspective. Le fardeau que vous portez vous semblera moins lourd en comparaison et vous comprendrez le remarquable courage dont font preuve les gens lorsqu'ils se trouvent face à de formidables obstacles.

2) Même si vous ne réussissez pas à « résoudre » le problème, même si tout ce que vous pouvez faire, c'est d'écouter et de réconforter la per-

> sonne en question, vous verrez que tout ce que l'on donne nous est rendu au centuple. Je ne parle pas ici d'obtenir des récompenses pour nos efforts. Je fais référence à l'expression de l'un des besoins primordiaux de l'espèce humaine : le besoin de donner, de faire sa part. Le fait de donner sans compter et de faire preuve d'altruisme vous procurera une immense satisfaction et vous permettra de vous épanouir.

Comment faut-il s'y prendre ? Est-ce difficile ? Pas le moins du monde ! Au cours des prochaines 24 heures – ou du moins au cours de la semaine prochaine – offrez votre aide et votre soutien à un inconnu, ne serait-ce que pendant quelques heures. Vous pourriez, dès demain, chercher dans l'annuaire le numéro de téléphone d'une maison de convalescence ou d'une maison de retraités. Lorsque vous rentrerez chez vous à la fin de la journée, au lieu de rester coincé dans les embouteillages, vous pourriez faire un saut là-bas, vous présenter au responsable et demander à rendre visite à quelqu'un qui n'a pas reçu de visite depuis longtemps. Vous pourriez demander à voir quelqu'un qui n'a aucune famille, ou bien quelqu'un qui ne reçoit jamais de visite de sa famille. Lorsque vous vous présentez pour la première fois, faites un grand sourire et dites : « Bonjour, Pierre ! » Si Pierre est aussi heureux de faire votre connaissance que vous, pourquoi ne pas lui donner une accolade ? Passez une petite heure à ses côtés, à parler tout simplement. Renseignez-vous sur sa vie et sur ses intérêts. Quel effet pensez-vous que votre visite aurait sur un individu seul et isolé qui verrait un parfait étranger s'intéresser à lui ? Ou mieux encore, quel effet croyez-vous que cela aurait sur vous ?

Tout au moins, cela vous fera prendre conscience du genre de personne que vous êtes réellement, et cela vous donnera une perspective différente de vos problèmes. Cet acte, aussi simple soit-il, répondra au besoin le plus noble de la race humaine : créer des liens et faire sa part. Cette expérience vous transformera. Prenez donc le temps de donner de votre personne... et vous connaîtrez la satisfaction qu'éprouvent ceux qui savent donner sans aucun motif ultérieur, par simple altruisme.

Nous arrivons au terme de notre rencontre, aussi, je voudrais vous demander une faveur personnelle. Promettez-moi que vous prendrez bien soin de vous. Il faut d'abord s'occuper de soi avant de pouvoir aider les autres. Faites plus que vous occuper de vous-même. Bâtissez-vous une vie extraordinaire – c'est-à-dire une vie ordinaire à laquelle vous aurez su ajouter quelques ingrédients simples : le dévouement, l'engagement, et l'amour.

Je vous prie également de bien vouloir m'écrire pour me faire part de ce que vous avez retiré de ce petit ouvrage, des techniques que vous avez acquises pour améliorer votre vie ou celle des autres. Ce serait un plaisir pour moi que d'établir un contact direct avec vous. En attendant...

« Que la route vous soit agréable. Que le vent vous soit toujours favorable. Que le soleil caresse votre visage, que

la pluie arrose doucement vos champs, et, d'ici à notre prochaine rencontre, que Dieu vous tienne avec bienveillance dans la paume de Sa main. »

Ancienne bénédiction irlandaise

Au revoir et que Dieu vous protège,

Anthony ROBBINS

Épilogue

Vous trouverez de plus amples renseignements concernant les idées exprimées ici dans le best-seller d'Anthony Robbins, intitulé *L'Éveil de votre puissance intérieure*[1].

Veuillez vous reporter aux chapitres suivants :

Chapitre 2 Les décisions : le chemin du pouvoir
Chapitre 4 Les systèmes de croyance : le pouvoir de créer et de détruire
Chapitre 7 Comment obtenir ce que vous voulez vraiment
Chapitre 8 Les questions sont l'outil par excellence
Chapitre 9 Le vocabulaire de l'ultime succès
Chapitre 10 Surmontez les obstacles, abattez les murs et prenez votre envol vers le succès : le pouvoir des métaphores
Chapitre 12 Une magnifique obsession : un avenir extraordinaire
Chapitre 13 Un défi à relever en dix jours

Pour plus de renseignements concernant de nouvelles habitudes alimentaires et une énergie accrue, veuillez vous reporter au chapitre 10, intitulé : « L'énergie : le carburant de l'excellence » de l'ouvrage *Pouvoir illimité*.

1. Éditions J'ai lu, 2013, n° 10193

Quelques mots à propos de l'auteur

Anthony Robbins a consacré plus de la moitié de sa vie à aider les autres à découvrir et à développer les merveilleuses qualités qui les rendent uniques. Considéré comme chef de file dans le domaine des performances de très haut niveau, il est fondateur et président des entreprises Anthony Robbins dont la mission est d'aider les gens à réaliser leur potentiel sur le plan personnel et professionnel.

Anthony Robbins a été consulté à titre d'expert-conseil par des entreprises aussi connues qu'IBM, AT&T, American Express, McDonnell-Douglas, par l'armée américaine, ainsi que par des équipes sportives professionnelles telles que les Dodgers de Los Angeles, les Kings de Los Angeles, l'équipe du voilier America 3 lors de la course de voiliers pour la Coupe America, ainsi que par des champions ayant remporté des médailles d'or aux Jeux olympiques. M. Robbins est aussi expert-conseil auprès de célébrités mondiales et conseiller principal dans le cadre du projet de revitalisation de Sheffield, la quatrième ville principale de l'Angleterre.

Anthony Robbins se consacre avec passion à la mission qu'il s'est fixée : améliorer le monde en aidant les gens à devenir maîtres de leur destinée – qu'il s'agisse d'établir des relations harmonieuses avec leur famille, de concentrer leur énergie sur la réalisation de leurs objectifs, d'améliorer leur état affectif ou leur situation financière, ou de contribuer au bien-être de leur collectivité ou de leur pays.

Depuis de nombreuses années, il consacre généreusement son énergie et ses ressources aux personnes dans le besoin. En 1991, il a fondé une organisation à but non lucratif dans le but d'aider les enfants issus de milieux défavorisés, les sans-abri, les gens âgés et les prisonniers.

Anthony Robbins est né en 1960 et vit à Del Mar, en Californie, avec sa femme et ses enfants.

Quelques mots à propos de la Tony Robbins Foundation

La Tony Robbins Foundation est une organisation à but non lucratif dont la mission est d'aider constamment les sans-abri, les enfants issus de milieux défavorisés, les personnes âgées et les prisonniers. Tous ceux qui participent aux efforts de la Fondation fournissent d'excellentes ressources visant à inspirer, éduquer et former ces membres importants de notre société.

La réalisation d'une vision

Cette fondation est la consécration du plus grand rêve d'Anthony Robbins. Philanthrope depuis l'âge de 18 ans, il a longtemps collaboré avec l'Armée du Salut dans le district sud du Bronx et à Brooklyn, à New York, ainsi qu'avec des sans-abri à Hawaii et dans la région de San Diego. (M. Robbins s'est engagé personnellement à fournir les fonds nécessaires au budget annuel d'une agence de services sociaux dans le comté nord de San Diego.)

Le programme de bourses d'études : « Les champions de l'excellence »

Le programme de bourses d'études « Les champions de l'excellence » est l'un des projets conçus par la Fondation qui se révèle une grande source d'inspiration.

En 1991, alors que M. Robbins visitait une école élémentaire à Houston au Texas, il fut tellement touché par le désir d'apprendre des élèves et par le dévouement des professeurs et du personnel de l'école, qu'il s'engagea à défrayer les coûts des études universitaires de tous les élèves en dernière année du primaire qui réussiraient à obtenir un pourcentage donné pendant toutes leurs études secondaires. Les candidats devaient s'engager à faire une moyenne de quarante-trois heures de service communautaire par an jusqu'à la fin de leurs études universitaires et devaient également répondre à une série d'autres critères d'excellence sur le plan scolaire et personnel.

D'ailleurs, ce programme fut couronné de succès. Les élèves que M. Robbins s'était engagé à aider, apprirent à servir la société et travaillèrent à titre bénévole dans diverses organisations. Ils donnèrent des cours particuliers à leurs camarades de classe, s'occupèrent de personnes âgées dans des foyers de soins infirmiers, travaillèrent dans des centres d'hébergement et participèrent à de nombreuses autres initiatives philanthropiques.

« La Brigade des paniers du jour de l'Action de grâce »

En hommage à l'esprit de générosité de leurs semblables dont sa famille put profiter en ce fameux jour d'Action de grâce, alors que M. Robbins avait 11 ans, il décida d'observer cette tradition et déploya des efforts, de concert avec les membres de sa famille et ses amis, afin de distribuer des aliments et d'autres provisions aux personnes dans le besoin. Depuis la création de la Fondation Anthony Robbins, en 1991, l'un des accomplissements les plus remarquables a été de transformer cette initiative personnelle en un programme transcontinental, baptisé « La Brigade des paniers du jour de l'Action de grâce ». La Brigade est composée d'un réseau de bénévoles et distribue chaque année de la nourriture, des vêtements et d'autres ressources aux familles dans le besoin. En 1993, la Brigade a pu servir 100 000 familles, réparties dans plus de 400 collectivités, aux États-Unis et au Canada.

Le défi

La vie est un don du ciel et tous ceux qui en ont la possibilité, doivent se rappeler que nous avons tous la responsabilité de rendre ce qui nous a été donné et de faire preuve de générosité. Votre contribution sera grandement appréciée. Joignez-vous à notre équipe et engagez-vous à aider les personnes défavorisées à jouir d'une meilleure qualité de vie.

La Fondation remplit donc sa mission par le biais de ces programmes et d'autres initiatives semblables. Tous ceux qui sont intéressés à obtenir plus de renseignements au sujet de la Fondation sont priés d'écrire à l'adresse ci-dessous, ou encore de téléphoner au :

1-800-554-0619 ou 858-444-3080.
Fax : 858-653-5286
THE TONY ROBBINS FOUNDATION
6170 Cornerstone Ct E., Ste. 130
San Diego, CA 92121

La Tony Robbins Foundation est une organisation à but non lucratif, exonérée d'impôts. Toute contribution à la Fondation est déductible du revenu imposable.

Quelques mots au sujet des entreprises Anthony Robbins

Les entreprises Anthony Robbins (ARC) sont un organisme ombrelle regroupant diverses organisations qui s'acquittent de la même mission et se consacrent sans relâche à améliorer la qualité de vie des individus et celle des membres des organisations qui le désirent réellement. ARC offre des techniques de pointe dans la gestion du comportement humain et des émotions, permettant ainsi aux individus de découvrir la gamme infinie des choix qui s'offrent à eux et de *mettre en pratique* ces nouvelles méthodes.

Robbins Research International, Inc.

Cette branche des entreprises Anthony Robbins se consacre à la recherche et à la mise en marché. Le RRI offre des séminaires destinés au grand public et aux entreprises dans le monde entier. On y aborde une vaste gamme de sujets, tels que les performances de très haut niveau, la saine gestion financière, les stratégies de négociation et la restructuration de sociétés.

Mastery University est l'un des projets éducatifs du RRI qui a remporté le plus vif succès. Ce cours portant sur l'acquisition d'habiletés de leadership est divisé en trois modules ; il est offert toute l'année dans divers sites de toute beauté. Le corps professoral de Mastery University est hautement qualifié. On compte parmi les conférenciers de l'université, le général Norman Schwarzkopf qui y a présenté un cours sur le leadership, le docteur Deepak Chopra qui y a donné un cours sur le lien entre la santé et l'esprit. Monsieur Peter Lynch et Sir John Templeton y ont donné un cours portant sur la finance. L'université a reçu des étudiants provenant de 42 nations.

Anthony Robbins & Associates

Ce réseau de distributeurs et de franchisage offre des séminaires multimédias à des collectivités et des entreprises, à l'échelle mondiale.

L'achat d'une franchise *Anthony Robbins & Associates* donne à ses propriétaires l'occasion d'être une véritable source d'inspiration et de contribuer à l'évolution personnelle des membres de leur collectivité. *Anthony Robbins & Associates* offre à ses détenteurs de franchises la formation et le soutien qui leur permettront de bâtir une entreprise capable de jouer un rôle positif dans la vie des gens, et assure leur présence sur le marché.

Robbins Success Systems^MC

Robbins Success Systems^MC (RSS) offre aux plus prestigieuses entreprises des États-Unis des systèmes de gestion d'avant-garde, des techniques de communication et des séminaires de formation permettant d'acquérir des méthodes pour travailler en équipe. L'équipe du RSS offre des services de qualité : analyse préalable, techniques d'animation et de formation conçues selon les besoins particuliers de chaque client, évaluation de fin de programme et suivi. RSS élabore ses programmes en fonction des objectifs précis de chacun et peut parfaitement répondre à vos besoins. RSS s'est donné comme mission d'améliorer constamment le climat de travail des entreprises à l'échelle internationale.

Fortune Practice Management

Cette entreprise offre aux professionnels de la santé une gamme complète de services, incluant des stratégies essentielles et le soutien nécessaire pour améliorer la qualité des services et maximiser la rentabilité de leur cabinet. Fortune Practice Management se consacre à améliorer la qualité des soins de santé et la qualité de vie des praticiens.

Site de villégiature dans la plantation de Namale

Depuis de nombreuses années, la famille Robbins s'est réfugiée aux îles Fidji, un endroit magnifique où la recherche du bonheur est la principale préoccupation des habitants. Vous pouvez aussi faire un séjour au paradis privé des Robbins, un domaine de 60 hectares, situé sur une île tropicale, parsemé de plages vierges, de magnifiques récifs de coraux, de caves souterraines et de chutes d'eau. Vous pourrez faire de la plongée sous-marine, du ski nautique, vous reposer sur la plage, faire du cheval, ou jouer au tennis, au basket-ball ou au volley-ball, ou vous ébattre sous une cascade d'eau fraîche. Venez baigner dans l'atmosphère chaleureuse et la joie de vivre qui règnent aux îles Fidji, et découvrez la musique typique de ses habitants !

Nous ne pouvons pas recevoir plus de 20 personnes à la fois dans ce magnifique paradis tropical. Votre perception du monde – et de vous-même – changera à tout jamais après un séjour à Namale. Si vous souhaitez visiter ce splendide lieu de villégiature, pour obtenir plus de renseignements, faire des réservations ou vous procurer la liste détaillée de tous les services qu'offrent les entreprises Anthony Robbins, veuillez téléphoner au 1-858-535-9900.

Table des matières

POUVOIR ILLIMITÉ

Préface 11
Introduction 15

PREMIÈRE PARTIE
APPRENDRE L'EXCELLENCE HUMAINE

1. La marchandise des rois 23
2. Le détail qui change tout 52
3. Savoir se mettre dans un état donné 77
4. La naissance de l'excellence : la croyance 100
5. Les sept mensonges du succès 123
6. La maîtrise de votre esprit, ou comment faire fonctionner votre cerveau 144
7. La syntaxe du succès 190
8. Comment découvrir la stratégie d'un individu 209
9. Physiologie : la voie royale vers l'excellence 241
10. L'énergie : le carburant de l'excellence 264

DEUXIÈME PARTIE
LA FORMULE FONDAMENTALE DU SUCCÈS

11. Qu'attendez-vous de la vie ? 309
12. Le pouvoir de la précision 334
13. La magie de la sympathie 353
14. Établir des distinctions :
les métaprogrammes 381
15. Comment venir à bout des résistances
et résoudre les problèmes 413
16. Restructuration des schémas :
le pouvoir de la perspective 431
17. Les points d'ancrage de la réussite 463

TROISIÈME PARTIE
DIRIGER : LE DÉFI DE L'EXCELLENCE

18. Les systèmes de valeurs :
jugement ultime de la réussite 501
19. Les cinq clés de la richesse
et du bonheur 542
20. Création des tendances :
le pouvoir de la persuasion 563
21. Vivre l'excellence : le défi humain 589

Remerciements 605

LES ONZE LOIS DE LA RÉUSSITE

Quelques mots à propos de ce livre 613
Merci 615

INTRODUCTION
Histoire d'un généreux inconnu 621
PREMIÈRE LEÇON
Vous vous sentez dépassé par les événements... Comment renverser la situation ? 631
DEUXIÈME LEÇON
L'échec n'existe pas 639
TROISIÈME LEÇON
Apprenez à décider et plus rien ne saura vous arrêter 642
QUATRIÈME LEÇON
Bâtir vos croyances... et démarrer en trombe 654
CINQUIÈME LEÇON
C'est en vous concentrant sur vos objectifs qu'ils se matérialiseront 663
SIXIÈME LEÇON
Les questions renferment la réponse 669
SEPTIÈME LEÇON
Découvrez vos ressources cachées ! 679
HUITIÈME LEÇON
Le vocabulaire du succès 687
NEUVIÈME LEÇON
Vous trouvez-vous dans une impasse ? sortez-en grâce à de nouvelles métaphores ! 694

DIXIÈME LEÇON
À vos marques ! prêts ? partez ! Comment bâtir votre avenir en vous fixant des buts ? 698

ONZIÈME LEÇON
Le défi mental de 10 jours 710

Bienvenue dans un monde plein de compassion 713

Épilogue 719

Quelques mots à propos de l'auteur 721

Quelques mots à propos de la Tony Robbins Foundation 723

Quelques mots au sujet des entreprises Anthony Robbins 727

Composition
NORD COMPO

Achevé d'imprimer en Italie
par GRAFICA VENETA
le 7 juillet 2020.

Dépôt légal : novembre 2018.
EAN 9782290169766
OTP L21EDDN000947A003

ÉDITIONS J'AI LU
87, quai Panhard-et-Levassor, 75013 Paris

Diffusion France et étranger : Flammarion